Axel Rüth
Imaginationen der Angst

Axel Rüth

Imaginationen der Angst

Das christliche Wunderbare und das Phantastische

DE GRUYTER

ISBN 978-3-11-070978-0
e-ISBN (PDF) 978-3-11-060618-8
e-ISBN (EPUB) 978-3-11-060455-9

Library of Congress Control Number: 2018954396

Bibliographic information published by the Deutsche Nationalbibliothek
The Deutsche Nationalbibliothek lists this publication in the Deutsche Nationalbibliografie;
detailed bibliographic data are available on the Internet at http://dnb.dnb.de.

© 2020 Walter de Gruyter GmbH, Berlin/Boston
Dieser Band ist text- und seitenidentisch mit der 2019 erschienenen gebundenen Ausgabe.
Coverabbildung: Nastagio degli Onesti, scene III from The Decameron, by Sandro Botticelli
(1445-1510). Madrid, Museo Del Prado (Photo by DeAgostini/Getty Images)
Printing and binding: CPI books GmbH, Leck

www.degruyter.com

Bei der vorliegenden Arbeit handelt es sich um meine Habilitationsschrift im Fach Romanische Philologie, die im Jahr 2014 von der Philosophischen Fakultät der Universität zu Köln angenommen wurde. Ohne die Hilfe und Mitwirkung einer Reihe von Personen hätte dieses Buch nicht entstehen können. Mein besonderer Dank gilt meinem akademischen Lehrer Prof. Dr. Andreas Kablitz, der mich stets bedingungslos und tatkräftig unterstützt hat. Ebenso gebührt mein Dank den Gutachtern, Prof. Dr. Udo Friedrich, Prof. Dr. Joachim Küpper und Prof. Dr. Gerhard Regn für ihre ebenso kritischen wie anregenden Kommentare. Herzlich danken möchte ich zu guter Letzt Juana von Stein und Peter Werle für ihre akribischen Lektüren und kritischen Bemerkungen.

Köln, im Mai 2018 Axel Rüth

Inhalt

1 Das phantastische Potential christlicher Wundererzählungen —— 1
1.1 Die christliche Lehre und die Literatur —— 1
1.2 Das christliche Wunderbare in der Literatur —— 10
1.3 Historische Narratologie —— 13
1.4 Zum Aufbau der Arbeit —— 16

2 Das Wunderbare, das Wunder und das Phantastische —— 19
2.1 Semantische Unschärfen —— 19
2.2 Das Wunderbare und das Wunder im Mittelalter —— 22
2.2.1 Allgemeiner Wunderglaube —— 22
2.2.2 Zeitgenössische Begriffsdifferenzierungen —— 25
2.2.2.1 *Miraculosus* vs. *mirabilis* —— 25
2.2.2.2 *Miraculosus* als Kern des christlichen Wunderbaren —— 30
2.3 Gibt es ein *merveilleux chrétien*? —— 32
2.4 Das christliche Wunderbare und das Phantastische —— 37
2.4.1 Motivische Traditionen —— 39
2.4.2 *Hésitation* im Mittelalter? —— 40
2.4.3 Phantastische Aspekte mittelalterlichen Erzählens —— 48
2.4.4 Für ein phantastikkompatibles christliches Wunderbares —— 54
2.5 Evokation statt Fiktion —— 57
2.6 Die Inkommensurabilität von menschlicher und göttlicher Vernunft als Kern des *miraculum* (Altes und Neues Testament, Caesarius von Heisterbach, Dante Alighieri, Rudolf Otto) —— 60

3 Erzählungen des christlichen Wunderbaren —— 69
3.1 Zur Textauswahl —— 69
3.1.1 *Miracula:* Texte aus dem kirchlichen und dem klösterlichen Milieu —— 69
3.1.2 *Mirabilia:* Texte von Hofklerikern und Chroniken —— 72
3.1.3 Der Wiedergänger, ein *miraculum* und ein *mirabile* —— 74
3.2 Textanalysen: *Miracula* —— 76
3.2.1 Die Wunder der Heiligen —— 76
3.2.1.1 *Virtutes sanctae Geretrudis* —— 76
3.2.1.2 *Libellus de miraculo Sancti Martini* —— 81
3.2.2 Wunder ohne Heilige —— 91
3.2.2.1 Caesarius von Heisterbach, *Dialogus miraculorum* —— 91
3.2.2.2 Petrus Venerabilis, *De miraculis libri duo* —— 114

3.2.2.3	Iacopo Passavanti, *Lo Specchio della vera penitenzia* —— 135	
3.2.2.4	Das literarische Gegenstück: *Decamerone*, V 8 —— 148	
3.3	Mirabilia —— 153	
3.3.1	Inhaltliche und pragmatische Charakteristika —— 153	
3.3.2	Walter Map, *De nugis curialium* —— 155	
3.3.3	Gervasius von Tilbury, *Otia imperialia* (III. decisio) —— 164	
3.3.4	Wilhelm von Newburgh, *Historia rerum anglicarum* —— 168	
4	**Das christliche Wunderbare in der modernen Phantastik —— 177**	
4.1	Remigio Zena, *Confessione postuma* —— 177	
4.2	Luigi Capuana, *Un vampiro* —— 202	
4.3	Ein christlicher Wiedergänger im Film: *The Sixth Sense* —— 213	
5	**Fazit —— 230**	
6	**Literaturverzeichnis —— 237**	
6.1	Quellen —— 237	
6.2	Forschungsliteratur —— **238**	

1 Das phantastische Potential christlicher Wundererzählungen

1.1 Die christliche Lehre und die Literatur

Das christliche Denken des Mittelalters stand bekanntlich allen Formen von Kunst, die nicht der Verherrlichung Gottes gewidmet waren, kategorisch ablehnend gegenüber. Das gilt insbesondere für das Staunen Erregende: Die Kirche bekämpfte jede Form des Wunderbaren[1], die nicht mit dem Konzept des *miraculum* vereinbar war. Staunen, das nicht auf Gott bezogen ist, gilt spätestens seit Augustinus als tadelnswert, führt es doch zur Gottvergessenheit. Berühmt ist die Verurteilung des philosophischen Staunens in den *Confessiones:* Das *thaumazein*, von dem Platon und Aristoteles schreiben, es markiere den Beginn aller Philosophie, mündet dem Kirchenvater zufolge nur in *curiositas* und *morbus cupiditatis*.[2] Der Vorwurf richtet sich aber nicht allein an die philosophische und wissenschaftliche Neugier, sondern betrifft, wie die *concupiscentia oculorum*, auch die Lust am literarischen und unterhaltenden Staunen. Wessen Aufmerksamkeit von Dingen in Anspruch genommen wird, die auf vordergründige Weise allein seine Sensationslust ansprechen, der gibt sich den äußerlichen, oberflächlichen, rein sinnlichen Verlockungen der Welt hin und gefährdet auf diese Weise sein Seelenheil. Die christliche Auffassung des Wunderbaren verlangt, dass ein *prodigium* über den Reiz des Außergewöhnlichen hinaus stets zugleich ein auf die göttliche Offenbarung verweisendes *signum et portentum* ist. Einzig das Staunen über zeichenhafte, auf Gott weisende *miracula* ist den Christen erlaubt, alle anderen Formen der *admiratio* sind unzulässig. Das gilt für das Staunen über *mirabilia*, die dem Bereich des Natürlichen und eben nicht dem des Übernatürlichen

---

[1] Die substantivierte Form des Adjektivs ‚wunderbar' wird im Folgenden in der Bedeutng von frz. *le merveilleux* und ital. *il meraviglioso* verwendet.
[2] Augustinus, *Confessiones*, X,35,55, zitiert nach: Aurelius Augustinus, *Bekenntnisse*. Zweisprachige Ausgabe. Lateinisch und Deutsch. Eingeleitet, übersetzt und erläutert von Joseph Bernhart. Mit einem Vorwort von Ernst Ludwig Grasmück, Frankfurt a. M.: Insel, 1987, hier: S. 572. Siehe dazu auch Stefan Matuschek, *Über das Staunen. Eine ideengeschichtliche Analyse*, Tübingen: Niemeyer, 1991, S. 82; Dieter Hattrup, „Morbus cupiditatis. Augustinus über die Neugierde", in: Fischer, Norbert/Hattrup, Dieter (Hg.), *Selbsterkenntnis und Gottsuche. Augustinus: Confessiones*, Paderborn/München/Wien/Zürich: Schöningh, 2007, S. 95–116. Zur *curiositas* siehe Klaus Krüger, „Einleitung" in: ders. (Hg.), Curiositas. *Welterfahrung und ästhetische Neugierde in Mittelalter und früher Neuzeit*, Göttingen: Wallstein, 2002, S. 7–19.

https://doi.org/10.1515/9783110606188-001

zuzuschlagen sind,³ wie für das durch künstlerische Artefakte hervorgerufene Staunen. Ohnehin paganen Ursprungs, provoziert das Staunen über von Menschen geschaffene bildliche oder narrative, nicht der Erbauung dienende Trugbilder seit Augustinus die Gottvergessenheit, denn die allein Gott und dem Gottessohn zustehende *admiratio* darf keinem Odysseus und keinem Aeneas zukommen. Erzählungen, die nicht auf die Offenbarung verweisen, gehören zum Bereich der Fiktionen im schlechtesten Sinne, sie sind *fabulae*, Erfindungen, die von der Wahrheit ablenken. Das Erzählen darf nur dann auf die Evokation von Affekten zielen, wenn diese Affekte im Dienste der Erbauung und Belehrung stehen, wie dies etwa in Heiligenlegenden der Fall ist.

Die Entstehung moderner Literarizität wird vor diesem Hintergrund in der Regel als Prozess der Emanzipation des zweckfreien, nur der *delectatio* (im weitesten Sinne) verpflichteten Erzählens von früheren, pragmatischen Erzählformen meist christlichen Inhalts erklärt. Als ein Paradebeispiel für diese Sichtweise auf die Anfänge der Literatur gilt, neben dem höfischen Roman, die Novelle, insbesondere das *Decamerone:* Boccaccio greife in seinen Novellen auf ältere Erzählformen zurück, modifiziere sie dabei inhaltlich wie formal grundlegend und entfremde sie dadurch ihrem ursprünglichen Verwendungskontext. Auf diese Weise würden Merkmale christlicher Textsorten wie Heiligenlegende und Exemplum in zweckfreie Literatur überführt. Damit einher gehe in der Regel die Infragestellung und sogar Zerstörung der weltanschaulichen Ordnung, die den älteren, noch nicht im eigentlichen Sinne *literarischen* Gattungen zugrunde liege.⁴

---

3 Legitim ist dieses Staunen freilich, wenn man diese *mirabilia*, wie die ganze Schöpfung, als göttliches Wunder begreift, wie Augustinus (dessen Konzeption des *miraculum* nicht in all seinen Werken dieselbe ist) dies in *De civitate Dei* tut. Die Wunder der Natur, so Augustinus, bewiesen ebenso wie die göttlichen Wunder im engeren Sinne, dass Gottes Macht die Rationalität des Menschen übersteige. Vgl. dazu Lorraine Daston, „Wunder und Beweise im frühneuzeitlichen Europa", in: dies., *Beweise und Tatsachen. Zur Geschichte der Rationalität*, Frankfurt a. M.: Fischer, 2001, S. 29–76, hier: S. 32ff., sowie dies./Katharine Park, *Wunder und die Ordnung der Natur 1150–1750*, Frankfurt a. M.: Eichborn, 2002.

4 So Hans Jörg Neuschäfer in seiner Studie *Boccaccio und der Beginn der Novelle*, München: Fink, 1969. Gleichwohl blieb Neuschäfers Ansatz nicht von Kritik verschont, welche vor allem auf die seinem Ansatz inhärente Teleologie zielt, der zufolge Boccaccios Novellen deshalb symptomatisch für die Entstehung der modernen Literatur sind, weil sie durch Ausstellung von Kontingenz und nicht mehr wie die Exempla durch Einbettung der Ereignisse in eine ‚höhere Ordnung' gekennzeichnet seien. Neben der Teleologie ist auch diese Verwendung des Begriffs der Kontingenz bei Neuschäfer kritisiert worden, sehr stichhaltig (und aus der Distanz von vierzig Jahren) bei Susanne Reichlin, „Kontingenzkonzeptionen in der mittelalterlichen Literatur: Methodische Vorüberlegungen", in: dies./Cornelia Herberichs (Hg.), *Kein Zufall. Konzeptionen von Kontingenz in der mittelalterlichen Literatur*, Göttingen: Vandenhoeck und Rupprecht, 2009, S. 11–49, hier: 11f. Dort in Anm. 5 weitere Angaben zur Kritik an Neuschäfers Teleologie. Von ähnlichen Annahmen

Literarizität und Fiktionsbewusstsein, so die allgemeine Überzeugung, haben sich gerade in Opposition zum christlichen Umgang mit Literatur entwickelt.

Die vorliegende Arbeit will diesen Befund weder in Frage stellen noch widerlegen, wohl aber differenzieren, indem sie eine andere Perspektive einnimmt. So zutreffend die These vom Konnex zwischen der Entstehung der modernen Literatur und dem Konzept der Zweckfreiheit ist, so sehr geraten in dieser Sichtweise die narrativen Verfahren der christlichen Texte aus dem Blick. Es trifft ja in der Tat zu, dass das Wunderbare in Heiligenlegenden, Mirakeln und Exempla in aller Regel vollständig theologisch legitimiert ist: Autoritäre Lehrmeinungen über Heilige und die Wunder Gottes, über Diesseits und Jenseits, über echte und scheinbare Wiedergänger bestimmen den Aufbau dieser Geschichten. Die strukturierende Funktion, die in dichterischen Texten der Poetik zukommt, so eine in der Forschung weit verbreitete Position, werde in den christlichen Gebrauchstexten durch die Lehre vom rechten Glauben besetzt, wobei die Theologie die starke Tendenz habe, alle Aspekte der Darstellung und Erzählung auf die Frage nach der Dignität des Gegenstands zu reduzieren.[5] Und da die Theologie gebietet, dass alles Staunenswerte und Wunderbare allein auf Gott zurückführbar sein darf, betreibe das christliche Denken folglich eine ‚Austreibung des Wunderbaren'[6], wie Jacques Le Goff es genannt hat: Die Einordnung eines Ereignisses als *miraculum* tilge das Staunen restlos durch die Zurückführung des nicht Verstehbaren auf den Willen und die Handlungen Gottes, der als einziges Wesen *contra* oder *praeter naturam* handeln kann, da er ja die Natur selbst erschaffen hat. Die narrative Gestaltung der christlichen Wundergeschichten scheint also zunächst die Diagnose zu bestätigen, vor allem aufgrund der maximalen Transparenz der Erzählung im Hinblick auf eine erbauliche Sentenz oder ein Glaubensprinzip.

---

wie Neuschäfer geht Jauß aus: Hans Robert Jauß, „Zur historischen Genese der Scheidung von Fiktion und Realität", in: Henrich, Dieter/Iser, Wolfgang (Hg.), *Funktionen des Fiktiven* (Poetik und Hermeneutik 10), München: Fink, 1982, S. 423–431.

5 Vgl. Matuschek, *Über das Staunen*, S. 81. Der Gedanke trifft durchaus eine Eigenschaft christlicher Texte. Dennoch erweist er sich bei näherer Betrachtung als prekär, impliziert er doch für die Dichtung eine Überbewertung der Poetik als Verfahren. Diese Position, die mittlerweile als nicht mehr hinterfragtes neuphilologisches Allgemeingut gelten darf, muss wohl als ein Erbe der strukturalistischen und vor allem dekonstruktivistischen Phase der Literaturwissenschaft verstanden werden. Es ist aber offensichtlich, dass die Struktur dichterischer Texte eben nicht nur poetisch determiniert ist. Dichtung und Literatur treffen ebenso sehr wie andere, auch faktuale, Texte Aussagen über Wirklichkeit, sie offerieren Sinnangebote – selbst in der Moderne. Ihre Struktur verdanken sie dementsprechend nicht allein ihren poetischen Verfahren.

6 Jacques Le Goff, „Le merveilleux dans l'Occident médiéval", in: ders., *L'imaginaire médiéval. Essais*, Paris: Gallimard, 1985, S. 17–39, hier: S. 22f.

Allein dieser an das Christentum gerichtete Vorwurf, das Wunderbare zu domestizieren, greift zu kurz. Zum einen ist die Dominanz exemplarischer und allegorischer Konstruktionslogiken ein generelles Merkmal mittelalterlichen Erzählens, sie finden sich nicht allein in christlichen Texten. Ohne Zweifel treten sie besonders deutlich in christlichen Texten zutage, doch eben nicht ausschließlich dort und dort nicht ausschließlich. Abgesehen davon, dass die Transparenz auf die Sentenz hin einerseits und die Verkettung der Ereignisse nach anderen Kompositionsprinzipien wie Wahrscheinlichkeit und Notwendigkeit andererseits keinen strukturellen Widerspruch darstellen müssen, versperrt das Urteil den Blick auf die Vielfalt des Erzählens vom christlichen Wunderbaren. Heiligenlegenden, Exempla und Mirakel sind pragmatische Texte; sie sind fast ausnahmslos Bestandteil einer sehr konkreten Rezeptionssituation und ziehen ihre Legitimation in der Tat nicht daraus, Staunen oder gar Angst als ‚ästhetischen' Kitzel zu bieten. Das hindert die Verfasser dieser Geschichten aber nicht daran, Effekte des Staunens und des Schreckens erzielen zu wollen, und zwar auf mitunter offensichtlich kunstvolle Weise und mit einem Hang zu Originalität und Überbietung. Die Tatsache, dass sich diese zunehmende Rhetorisierung der Offenbarungsbotschaft in der Abgesichertheit des theologischen Diskurses vollzieht und der *sensus moralis* in aller Regel dadurch unbeeinträchtigt bleibt,[7] wird üblicherweise und nicht zu Unrecht als Beleg für die umfassende Dominanz der Theologie über das christliche Erzählen betrachtet. Andererseits aber lässt sich nicht leugnen, dass sich bei all diesen Geschichten, die sich völlig innerhalb des Horizonts des christlich Legitimen bewegen, eine ‚Literarisierung' und ‚Ästhetisierung' des christlichen Wunderbaren vollzieht.[8] Den Kern dieser ‚Ästhetik' bildet die erklärte Absicht, im Leser *admiratio* bis hin zu *horror*, *tremor* und *stupor* zu erzeugen. Die Sorgfalt in der Ausgestaltung unheimlicher Szenerien geht in manchem Text so weit, dass mitunter der *sensus moralis* hinter die Exposition des Unheimlichen gleichsam auf den zweiten Rang verwiesen zu werden scheint. So entwickeln sich in vielen christlichen Gebrauchstexten Erzählverfahren, die sich als frühe Schreibweisen des Wunderbaren und des Phantastischen, wie es sich in späteren Jahrhunderten in der fiktionalen Literatur entwickeln wird, bezeichnen lassen –

---

7 Vgl. Matuschek (*Über das Staunen*, S. 86), der in Analogie zu den als *biblia pauperum* verstandenen Bildern von Wundererzählungen als *theologia pauperum* spricht.
8 Von Moos spricht von einer „christlichen Unterhaltungsästhetik" und einer „uns radikal fremde[n] Paarung von Gläubigkeit und ästhetischem Spieltrieb, von religiöser Überzeugung und bedenkenlosem ‚l'Art pour l'Art'" (Peter von Moos, *Geschichte als Topik. Das rhetorische Exemplum von der Antike bis zur Neuzeit und die* historiae *im „Policraticus" Johanns von Salisbury*, Hildesheim/Zürich/New York: Olms, 1996, S. 113, Anm. 276).

einer ‚Literatur der Angst'⁹ eben. Dies geschieht nicht *trotz* Theologie und kirchlicher Literaturfeindlichkeit, sondern gerade im Rahmen einer theologischen Indienstnahme des Unheimlichen und sogar des Phantastischen: Die Phänomene werden in das Dogma integriert.

Die Annahme einer Affinität von christlichem Wunderbaren und literarischer Phantastik wird nicht nur Zustimmung finden. Denn während das Christentum das Unerklärliche und Wunderbare generell und überall durch Gott ersetzen will, steht das Phantastische gerade im Zeichen entgegengesetzter Eigenschaften. Es setzt ein durch Naturgesetze fundiertes Weltbild voraus, indem für göttliche Wunder kein Platz ist: „Le fantastique, j'y insiste, est partout postérieur à l'image d'un monde sans miracle, soumis à une causalité rigoureuse."¹⁰ Phantastik erzählt vom Einbruch des Unerklärlichen ins Alltägliche, vom Zweifel, ob es ‚mit rechten Dingen zugeht', von Angst und Schrecken – gerade das bis zum Schluss Rätselhafte steht hoch im Kurs in der philologischen Beschäftigung mit phantastischen Texten. Doch eben dies, die plötzliche Konfrontation mit dem Verstörenden im Alltag, kennzeichnet auch die christlichen Wundergeschichten, die im Folgenden analysiert werden sollen. Die weitverbreitete, um nicht zu sagen allseits anerkannte These, dass die christliche Lehre das Wunderbare regelrecht austreibe, übersieht einen zentralen Aspekt des christlichen Denkens: die konstitutive Inkommensurabilität von göttlicher und menschlicher Rationalität. Auch jedes Wunder beinhaltet einen bis zum Schluss unkontrollierbaren Aspekt des als göttliche Handlung erklärten Eingriffs in den gewöhnlichen Lauf der Dinge. Die, denen das Übernatürliche begegnet, können das Wunder niemals erschöpfend

---

9 So der deutsche Titel von H. P. Lovecrafts Essay *Supernatural Horror in Literature* aus dem Jahre 1927 (H. P. Lovecraft, *The Annotated Supernatural Horror in Literature*. Revised and Enlarged, hg. v. S. T. Joshi, New York: Hippocampus Press, 2012): H. P. Lovecraft, *Die Literatur der Angst*, Frankfurt a. M.: Suhrkamp, 1996. Zur literaturwissenschaftlichen Emotionsforschung siehe Frank Zipfel, „Emotion und Fiktion. Zur Relevanz des Fiktions-Paradoxes für eine Theorie der Emotionalisierung in Literatur und Film", in: Sandra Poppe (Hg.), *Emotionen in Literatur und Film*, Würzburg: Königshausen & Neumann, 2012, S. 127–153; Katja Mellmann, „Literaturwissenschaftliche Emotionsforschung", in: Zymner, Rüdiger (Hg.), *Handbuch Literarische Rhetorik*, Berlin/Boston: De Gruyter, 2015, S. 173–192; Koppenfels, Martin/Zumbusch, Cornelia (Hg.), *Handbuch Literatur & Emotionen*, Berlin/Boston: De Gruyter 2016. Zur historischen Emotionsforschung siehe Annette Gerok-Reiter/Sabine Obermeier (Hg.), *Angst und Schrecken im Mittelalter. Ursachen, Funktionen, Bewältigungsstrategien in interdisziplinärer Sicht*, Berlin: De Gruyter, 2007 (= *Das Mittelalter. Perspektiven mediävistischer Forschung* 12,1 [2007]); Keagan Brewer, *Wonder and Skepticism in the Middle Ages*, London: Routledge, 2016. Brewer befasst sich in seiner sehr interessanten und anregenden Studie punktuell auch mit Texten, die in der vorliegenden Arbeit untersucht werden, und zwar im Hinblick auf die ihnen enthaltene Wunderskepsis.
10 Roger Caillois, „De la féerie à la science-fiction", in: ders. (Hg.), *Anthologie de la littérature fantastique*, Bd. 1, Paris: Gallimard, 1966, S. 7–24, hier: S. 14.

verstehen, denn das hieße, die menschliche und die göttliche Rationalität gleichzusetzen. Und auch die Bemühungen derjenigen, die vom Wunder erzählen, möglichst viel zu erklären, können diese Unsicherheit nie ganz beseitigen. Diesen für die phantastische Dimension des *miraculum* ganz wesentlichen Aspekt vernachlässigt die Literaturwissenschaft beständig. Hinzu kommt, dass die Erklärung des Wunders als diesseitiges Eingreifen Gottes *contra* oder *praeter naturam* bei näherer Betrachtung zu kurz greift. Das Wunder bedeutet nicht nur den Einbruch des Transzendenten in die diesseitige Welt; es ist zudem die Manifestation einer normalerweise verborgenen und für den Menschen opaken höheren Ordnung, die derjenigen der Welt, die der Mensch zu kennen glaubt, ganz offensichtlich weit überlegen ist. In dieser durch das *miraculum* ausgelösten furchteinflößenden Erkenntnis liegt das wohl größte phantastische Potential des christlichen Wunderbaren.[11]

Es sei an dieser Stelle noch betont, dass von einer literarischen Ästhetik im engeren Sinne im Falle der hier verhandelten Texte selbstverständlich keine Rede sein. Gleichwohl handelt es sich bei ihnen um sprachlich-narrative Artefakte mit spezifischen *causae scribendi*; ihren Verfassern stehen bei ihrem Vorhaben, den Zuhörer und Leser durch das Ansprechen seiner Vernunft wie seiner Affekte zu belehren, zu überzeugen und emotional zu bewegen, nun einmal allein sprachliche Mittel zur Verfügung.[12] Die Verurteilung der christlichen Gelehrtenkultur als Totengräberin des Wunderbaren betont zu einseitig die kognitive Seite der christlichen Texte und vernachlässigt darüber die rhetorischen und erzählerischen Mittel, mittels derer Staunen und Angst dargestellt und *evoziert* werden. Viele Exempla begnügen sich damit, die Affekte einfach nur benennen, in anderen aber erhält der Leser bzw. Zuhörer einen ‚Stellvertreter' in der Diegese zugewiesen, der genau die Angst empfindet, die in der Rezeption ausgelöst werden soll. Die textuellen Verfahren können sogar so weit gehen, die Begegnung mit dem Übernatürlichen in gewisser Weise sinnlich erfahrbar zu machen, nämlich dann, wenn die Wahrnehmung selbst zum Gegenstand der Darstellung wird. Leserlenkung, Spannungsaufbau und affektive Wirkung sind keine Privilegien fiktionaler oder dichterischer Texte, ja, der Verwendungszweck der im Folgenden interpretierten christlichen Texte, fast ausschließlich Exempla, verlangt gerade danach, dass die Angst im Angesicht des Übernatürlichen nicht nur dargestellt, sondern im Leser und Zuhörer selbst *evoziert* wird. Die Frage „Was galt im latei-

---

[11] Siehe Kapitel 2.6. dieser Arbeit.
[12] Vgl. Niklaus Largier, „Die Applikation der Sinne. Mittelalterliche Ästhetik als Phänomenologie rhetorischer Effekte", in: Manuel Braun/Christopher Young (Hg.), *Das fremde Schöne. Dimensionen des Ästhetischen in der Literatur des Mittelalters*, Berlin/New York: De Gruyter, 2007, S. 43–60.

nischen Mittelalter als das Literarische an der Literatur?"¹³ ist damit also gar nicht berührt, denn die lateinischen Texte, um die es hier gehen soll, sind in keiner Weise Teil einer literarischen Kommunikationssituation. Sie gehen stattdessen vollständig in ihrer *utilitas* auf. Sämtliche in ihnen auffindbare rhetorische und narrative Verfahren dienen allein der Aufmerksamkeitslenkung der Ungebildeten und haben nichts mit Dichtung im engeren Sinne gemein. In zeitgenössischer Wahrnehmung werden christliche Wundergeschichten womöglich durchaus einen Unterhaltungswert besessen haben, doch decken sich dabei *delectare* und *movere* mit einer christlich legitimen *admiratio*, d. h. sie beziehen sich auf einen Gegenstand von theologischer Dignität. Die motivische wie stilistische Kontinuität zwischen wunderbaren Erbauungstexten des Mittelalters und frühneuzeitlichen Flugblatt-Schauergeschichten bestätigt jedoch die Vermutung, dass das Potential eines ‚genüsslichen' Schreckens bereits in den christlichen Exempla des Mittelalters zumindest angelegt ist.¹⁴ Die sprachlichen Mittel in der Darstellung des Schreckens gewinnen im Laufe der Jahrhunderte offenbar ein Eigenleben jenseits der erbaulichen Absichten der Autoren. So schreibt Erasmus im *Encomium moriae* (1509) von eben jenen erzählerischen Gegenständen christlicher Texte, die im Mittelpunkt der vorliegenden Studie stehen:

> Caeterum illud hominum genus haud dubie totum est nostrae farinae qui miraculis ac prodigiosis gaudent mendaciis, vel audiendis vel narrandis. Nec vlla satietas talium fabularum, cum portentosa quaedam, de spectris, de lemuribus, de laruis, de inferis, de id genus milibus miraculorum commemorantur; quae quo longius absunt a vero, hoc et creduntur lubentius et iucundiore pruritu titillant aures. Atque haec quidem non modo ad leuandum

---

13 So der Titel eines Aufsatzes von Peter von Moos: „Was galt im lateinischen Mittelalter als das Literarische an der Literatur? Eine theologisch-rhetorische Antwort des 12. Jahrhunderts", in: Joachim Heinzle (Hg.), *Literarische Interessenbildung im Mittelalter*. DFG-Symposion 1991, Stuttgart/Weimar: Metzler, 1993, S. 430–451.
14 Dies gilt auch für die *mirabilia*. So erklärt sich im Übrigen ja auch das vernichtende Urteil nachfolgender Jahrhunderte über die mitunter reißerischen *miracula* und *mirabilia* mittelalterlicher Autoren, es handele sich bei ihnen um geschmacklose Verirrungen vorrationaler Zeiten. Man denke etwa an Erasmus' Schelte der Wundergläubigen, an Leibniz' Urteil über Gervasius von Tilbury oder an den heute noch in der Forschung verbreiteten, aus dem 19. Jahrhundert stammenden Begriff des ‚Predigtmärleins'. G. W. Leibniz besorgte die erste vollständige Ausgabe von Gervasius' *Otia Imperiala* und entschuldigt sich im Vorwort für die Publikation eines derartigen *stercus* (Jacques Le Goff, „Préface", in: Gervasius von Tilbury, *Le livre des merveilles. Divertissement pour un Empereur [Troisième partie]*. Traduit et commenté par Annie Duchesne, Paris: Les Belles Lettres, 2004, S. IX–XVI, hier: S. XI). Zum ‚Predigtmärlein' siehe von Moos, *Geschichte als Topik*, S. 113–134.

horarum taedium mire conducunt, verum etiam ad quaestum pertinent, praecipue sacrificis et concionatoribus.[15]

Ein sehr anschauliches Beispiel für dieses Nebeneinander von Nervenkitzel und Erbauung liefert Roger Chartier in seiner vergleichenden Analyse zweier Flugblatt-Exempla über eine wundersam errettete Gehängte.[16] Die Faszination eines bedrohlichen Übernatürlichen, das die reißerischen Flugblätter[17] prägt, ist nicht mehr oder nur noch stark modifiziert an die didaktische Kommunikationssituation gebunden, ja, es stellt sich sogar die Frage, ob die einer ungebildeten Leserschaft gegenüber beteuerte Verbürgtheit und Wahrhaftigkeit des Berichteten eigentlich viel mehr darstellt als die Schwundstufe einer einstmals sehr konkreten christlich-erbaulichen Kommunikationssituation, die nunmehr nur noch der Steigerung des Nervenkitzels dient. Als bräuchte es dieses Beharren auf der Faktizität geradezu, um so etwas wie einen Vorläufer jenes schönen Schauers

---

15 Erasmus von Rotterdam, *Moriae encomivm id est stvltitiae lavs*, in: ders., *Opera omnia*, Bd. IV, 3, hg.v. Clarence H. Miller, Amsterdam/Oxford: Brill, 1979, S. 121 f. – „Unseres Zeichens sind zweifellos ganz und gar die Liebhaber lügenhafter Wunder und Weissagungen, ob sie nun bereitwillige Zuhörer oder Verbreiter sind. Sie sind unersättlich, wenn irgendwo Schauergeschichten von Erscheinungen, Totengeistern, Gespenstern, Abgeschiedenen und tausenderlei Wundern dieser Art berichtet werden. Je unwahrscheinlicher sie sind, um so bereitwilliger werden sie geglaubt und um so angenehmer juckt und kitzelt es in den Ohren. Das alles eignet sich nicht nur zum Zeitvertreib, sondern dient sogar dem Erwerb, besonders bei Geistlichen und Predigern." (Erasmus von Rotterdam, *Das Lob der Torheit. Encomium moriae*, übers. u. hg. v. Anton J. Gail, Stuttgart: Reclam, 1949, S. 50 f.).
16 Roger Chartier, „La pendue miraculeusement sauvée", in: ders. (Hg.), *Les usages de l'imprimé*, Paris: Fayard, 1987, S. 83–127, dt.: ders., „Die wunderbar errettete Gehenkte. Über eine Flugschrift des 16. Jahrhunderts", in: ders., *Die unvollendete Vergangenheit. Geschichte und die Macht der Weltauslegung*, Frankfurt a. M.: Fischer, 1989, S. 83–119.
17 Die der Kolportageliteratur zuzurechnenden Flugblätter der Frühen Neuzeit, die in der Regel als Einblattdrucke oder Quarthefte unter reißerischen Titeln mit einem Holzschnitt auf dem Titelblatt für wenig Geld verkauft wurden, sind nicht mit der gelehrteren Prodigienliteratur zu verwechseln (Rudolf Schenda, *Die französische Prodigienliteratur in der zweiten Hälfte des 16. Jahrhunderts*, München: Hueber, 1961, S. 23). Zu den Flugblättern in Frankreich siehe auch Jean-Pierre Séguin, *L'information en France de Louis XII à Henri II. 517 canards imprimés entre 1529 et 1631*, Genf: Droz, 1964. Séguin interessiert sich für die Flugblätter allerdings vor allem als Vorformen der späteren Wochen- und Monatszeitschriften (frz. ‚presse périodique'). Dieses Erkenntnisinteresse versperrt erstens den Blick auf die Frage nach früheren Textsorten, auf deren Wundergeschichten die Broschüren ganz offensichtlich zurückgreifen, und zweitens auf die Tatsache, dass die Flugblätter in sich geschlossene Geschichten erzählen, die sich völlig unabhängig von ihrer (stets im Titel behaupteten, indes faktisch niemals gegebenen) Aktualität auch Jahre später noch immer wieder lesen lassen. Insofern erinnern sie mehr an Literatur, etwa Groschenromane, als an journalistische Presse.

entstehen zu lassen, den die *gothic novel* dann im 18. Jahrhundert voll realisieren wird (bezeichnenderweise anfangs noch in der Überzeugung, dabei nicht auf den *thrill* des Authentischen verzichten zu können, wie Horace Walpoles Vorworte von 1764 und 1765 zu *The Castle of Otranto* verdeutlichen).

Am Beispiel von Erzählungen des christlichen Wunderbaren soll im Folgenden gezeigt werden, dass sich das frühe Verhältnis von klerikaler Gelehrtenkultur und Literatur nicht in der Bekämpfung letzterer durch erstere erschöpft. Der literaturfeindlichen theologischen Programmatik steht eine Erzählpraxis gegenüber, die durchaus die Lust am Fabulieren kennt. So hat das Christentum Texte hervorgebracht, die sich als Beitrag zur Entstehung von im engeren Sinne literarischen Schreibweisen lesen lassen. Die große literarhistorische Erzählung von der Emanzipation der Literatur durch Transformation und Überwindung traditioneller christlicher Erzählformen wird dadurch nicht revidiert, wohl aber differenziert: In christlichen Erzählungen lassen sich Schreibweisen des Wunderbaren, ja des Phantastischen finden, die auf sehr viel spätere, fiktionsspezifische Schreibweisen ab dem 18. Jahrhundert vorausweisen.[18] Das zentrale Kriterium dieser Schreibweise ist die Darstellung und Evokation von Affekten, genauer gesagt: von metaphysischer Angst. Die Intensität des ‚Literarischen' im christlichen Wunderbaren lässt sich dabei nach verschiedenen Abstufungen differenzieren, wie in den Textanalysen zu zeigen sein wird: von der schlichten Benennung des Affekts über die allegorisch abgesicherte Ausgestaltung bis zur szenischen Dramatisierung und Thematisierung von Wahrnehmung. In seltenen Fällen lässt sich auch eine Steigerung von Emotionalität im Sinne einer Handlungsspannung beobachten, wenngleich ohne veritable Peripetien.

---

[18] Diese These versteht sich als reine Beobachtung, nicht als Wertung. Die hier skizzierten Phänomene werden in der Forschung in der Regel als Trivialisierung bewertet, so bei Matuschek, *Über das Staunen*, S. 95 f., oder bei Manfred Fuhrmann, der von „trivialem Unterhaltungsfutter" spricht („Wunder und Wirklichkeit. Zur Siebenschläferlegende und anderen Texten aus christlicher Tradition", in: Henrich/Iser (Hg.), *Funktionen des Fiktiven*, S. 209–224, hier: S. 223). Vergleichbare Wertungen finden sich auch bei Manfred Fuhrmann, „Die Mönchsgeschichten des Hieronymus. Formexperimente in erzählender Literatur", in: ders. (Hg.), *Christianisme et formes littéraires de l'Antiquité tardive en Occident*, Genf: Droz, 1976, S. 41–89. Matuschek spricht von der ‚Preisgabe des theologischen Anspruchs' und der ‚Profanation des göttlichen Zeichens'. Solche Bewertungen finden sich überall dort, wo die Theologie entgegen aller ansonsten generell betont historisch-distanzierter Perspektive zum normativen Maßstab gemacht wird. Eine Kritik an solchen die Grenzen distanzierter Deskription überschreitenden Beiträgen findet sich bei von Moos, *Geschichte als Topik*, S. 112 f.

1.2 Das christliche Wunderbare in der Literatur

Es fällt auf, dass die Literatur im engeren Sinne an dieser Entwicklung einer ‚Literatur der Angst' im Mittelalter wie in der Renaissance keinen Anteil hat. Sie pflegt ihr eigenes, meist märchenhaftes Wunderbares, in dem der Darstellung des Unheimlichen und des übernatürlichen Schreckens nur eingeschränkte Bedeutung zukommt – in Lai und höfischem Roman ebenso wenig wie in Fabliau und Novelle, und auch nicht im italienischen Ritterroman der Renaissance. In den weltlichen Erzählgattungen dominieren höfische Ethik und Liebe oder aber Komik. Einerseits erklärt sich die Absenz des Unheimlichen womöglich durch den angesprochenen Nexus von Angst und Faktizität, der der Literatur im engeren Sinne abgeht. Aber auch die generelle Zeichenhaftigkeit des Erzählten dürfte ein wesentlicher Faktor sein.[19] Und schließlich verfügt Angst als durch Texte hervorgerufener Affekt offensichtlich über keine literarische Dignität: Die Mehrzahl der christlichen Texte, die ihre Leserschaft durch Furchterregendes beeindrucken wollen, richtet sich entweder an Ungebildete oder Novizen. Literarische Angst verfügt im Gegensatz zu Ethik und Liebe eben über kein soziales Distinktionspotential.

Auch das christliche Wunderbare spielt in der Literatur eine vergleichsweise bescheidene Rolle. Die stärkste Präsenz zeigt es noch in den *chansons de geste*: Gott erweist den Seinen stets durch Wunder seine Gunst, etwa wenn er bei Ronceval die Sonne stillstehen lässt. Das christliche Wunderbare funktioniert in der *chanson de Roland* auf die gleiche Weise wie etwa in den Kreuzzugsepen. Aber wie hoch auch immer man die Fiktionalität mittelalterlicher Gattungen im Einzelnen zu veranschlagen geneigt ist, so lässt sich doch zweifelsohne festhalten, dass die *chansons de geste* ohnehin weniger fiktional und damit weniger literarisch im engeren Sinne als der höfische Roman sind. Es ist daher auch kaum erstaunlich, dass sich das Wunderbare in ihnen als christliches und noch dazu als sehr stereotyp zeigt. Doch selbst für die *chansons de geste* gilt, dass die wunderbaren Ereignisse nicht im Zentrum der Erzählung stehen. Gottes Wunder zum rechten Zeitpunkt sind vielmehr lediglich ein funktionales und motivisches Element. Für die *chansons de geste* wie für den höfischen Roman gilt, dass das Wunderbare, christlich oder pagan, in ihnen zwar seinen festen Platz hat, dass es aber nicht den Anlass des Erzählens darstellt.

---

[19] So kommt Neuschäfer in seiner Betrachtung des *Bisclavret*-Lai zu dem Ergebnis, „daß in der mittelalterlichen Literatur das Unheimliche noch nicht dargestellt oder zum Problem wird." Bisclavret ist keine ‚realistische' Werwolfgeschichte, der allegorische Charakter des Lykanthrops ist evident und steht im Vordergrund (Neuschäfer, *Boccaccio und der Beginn der Novelle*, S. 111).

Was die Novelle angeht, so steht das Erzählen in dieser für die Entstehung moderner Literarizität zentralen Gattung ohne Zweifel sehr viel stärker im Zeichen des Lachens und damit eines Affekts, der dem Staunen, und erst recht der *admiratio* des christlichen Wunderbaren in mehrerer Hinsicht diametral entgegengesetzt ist: So verweist das Lachen auf das Irdische, nicht auf das Göttliche, es ist gewitzt oder derb, nicht erhaben, und es stellt, im Gegensatz zur Furcht, einen positiv besetzten Affekt dar. Diejenigen Novellen Boccaccios, in denen das christliche Wunderbare relevant ist, sind ausschließlich satirisch-burlesken Charakters und üben, explizit oder implizit, Kritik am Wunder.[20] Gerade in den burlesken Geschichten macht sich der Gläubige, der mit *admiratio* auf ein von listigen Menschen fingiertes Wunder reagiert, damit nicht zum Mitglied einer Gemeinschaft (des Glaubens), sondern schließt sich vielmehr aus einer Gemeinschaft (des Lesens, Lachens, Liebens) gerade aus.[21] Neben den eher derb-burlesken Beispielen kann dies auch auf subtilere Weise geschehen, indem Elemente des christlichen Wunderbaren auf im christlichen Sinne nicht erbauliche Gegenstände bezogen werden.[22] Bezeichnenderweise gibt es keine einzige Novelle im *Decamerone*, in der das christliche Wunderbare abseits fabliauhafter Stoffe zur Darstellung käme. Wunderbare Novellen mit übernatürlichen Elementen, die nicht zum komischen Register zählen, erzählen ausschließlich von pagan Wunderbarem (schwarzer Magie).[23] Novellen, die den Schrecken als ästhetischen Kitzel zu evozieren suchen, erzählen gerade nicht vom Übernatürlichen, sondern von der Brutalität menschlicher Leidenschaften.[24]

All diese Beobachtungen führen zu der Arbeitshypothese, dass man die Vorformen des phantastischen Erzählens gerade nicht in der fiktionalen Literatur, sondern in nicht-fiktionalen christlichen Texten findet. Hinsichtlich der Motive dürfte diese These kaum auf Widerstand stoßen: Die christlichen Autoren des 11. bis 13. Jahrhunderts bieten im Wesentlichen bereits das ganze Arsenal an Wiedergängern, Gespenstern und Dämonen auf, das man aus modernen literarischen und filmischen Artefakten kennt. In den meisten Fällen handelt es sich dabei

---

20 Besonders hervorzuheben sind die Novellen I 1, III 8, III 10, IV 2, V 8, VI 10, V 8 und VII 10.
21 Z. B. der Beichtvater des Ser Ciappelletto und alle, die ihn als Heiligen verehren (I 1), oder der eifersüchtige Ferondo, der sich im Fegefeuer wähnt (III 8), oder die Gläubige, die sich vom Erzengel Gabriel besucht glaubt (IV 2).
22 Dies ist auch in der achten Novelle des fünften Tages der Fall, in der das System der Jenseitsstrafen aus dem Bereich der Morallehre auf den der höfischen Liebe übertragen wird, u. a. mit dem Ergebnis, dass Keuschheit nunmehr keine Tugend, sondern vielmehr eine Sünde darstellt (siehe Kap. 3.2.2.4.).
23 IV 5, IV 7, X 5, X 9.
24 Man denke etwa an die Novellen Matteo Bandellos.

allerdings nicht um christliche Erfindungen; pagane und volkstümliche Vorstellungswelten werden vielmehr in die christlichen integriert. Die Textanalysen werden indes zeigen, dass die Relevanz der spezifisch christlichen Vermittlung vorchristlicher Motive nicht zu unterschätzen ist. So beschränken sich die volkstümlichen Vorstellungen von der Bekämpfung eines lebenden Toten weitgehend auf die technische Seite der Unternehmung, während die christliche Sicht auf das Phänomen das Verhältnis zwischen den Lebenden und den Toten wesentlich vielschichtiger zu einem moralischen Drama ausgestaltet. Während der Leser eines Berichts über volkstümliche Wiedergänger (etwa bei Wilhelm von Newburgh) vor allem lernen kann, dass er im Falle einer Begegnung mit einem Wiedergänger ein scharfes Beil im Hause haben sollte, erfährt der Zuhörer eines christlichen Exemplums grundlegende Dinge über das Verhältnis zwischen den Lebenden und den Toten, etwa darüber, was die Toten von den Lebenden eigentlich wollen und wie man ihnen helfen kann, was man als Lebender von den Toten über das Jenseits erfahren kann, und wie man selbst dem Schicksal des Wiedergängers entgehen kann, kurz: lauter Dinge, die die Beschaffenheit von Diesseits und Jenseits und den Menschen selbst betreffen. Während die volkstümlichen Erzählungen oftmals eine Art Vorform dessen bieten, was sich im Film einmal als *splatter*-Genre herauskristallisieren wird, geben die christlichen Texte dem Motiv des Wiedergängers eine metaphysische Dimension.[25]

---

25 Diese Beobachtung lässt sich an die Differenzierung anschließen, die Caciola in ihrem Aufsatz über die Vorstellungen der Grenze zwischen Leben und Tod im 13. Jahrhundert vornimmt, anschließen. Zwei Modelle konkurrieren demnach im hohen Mittelalter: einerseits ein spirituelles, das in (theologisch oder medizinisch) gebildeten Milieus verortet ist, und andererseits ein materielles, das in solchen gesellschaftlichen Bereichen vorherrscht, wo die Problematik des Verhältnisses von Körper und Seele weitgehend bedeutungslos ist (Nancy Caciola, „Wraiths, Revenants and Ritual in Medieval Culture", in: *Past and Present* 152 [1996], S. 3–45). Die nicht nur in der Literaturwissenschaft zu beobachtende Trennung von volkstümlich-paganem und christlichem Imaginären deckt sich zudem mit der in der geschichtswissenschaftlichen Forschung lange Zeit üblichen Unterscheidung zwischen einem kirchlichen und einem germanisch-keltischen Totenkult: Während in der kirchlichen und klösterlichen Praxis Fürbitten für die Verstorbenen im Mittelpunkt stünden, sei die vorchristliche Auffassung des Totenkults ganz auf den Gedanken der Abwehr des Toten (als Wiedergänger bzw., im deutschen Forschungskontext, als ‚lebender Leichnam') ausgerichtet. Diese Unterscheidung scheint auf den ersten Blick jene Auffassung zu bestätigen, der zufolge die christlichen Texte das Wunderbare zähmen. Gegen diese Unterscheidung spricht indes, dass die von tiefer Furcht geprägte apotropäische Haltung gegenüber den Toten durchaus keinen historisch kontinuierlichen Zug des germanischen Totenkults darstellt. Von zentraler Bedeutung sind bei diesem vielmehr die Verehrung für den Toten und das Gefühl der Verbundenheit mit ihm (Otto Gerhard Oexle, „Die Gegenwart der Toten", in: Herman Braet/Werner Verbeke [Hg.], *Death in the Middle Ages*, Leuven: Leuven University Press, 1982, S. 19–77, hier: S. 58 ff.). Oexle sieht in der Faszination, mit der die moderne Forschung dem im Vergleich zur

1.3 Historische Narratologie

Eine nicht unwesentliche Anregung zu der vorliegenden Arbeit stellt ein Aufsatz von Ilse Nolting-Hauff dar, in dem sie die Relevanz mittelalterlicher christlicher Erzählmuster für die moderne Phantastik am Beispiel von Théophile Gautiers Novelle *La morte amoureuse* herausarbeitet.[26] Nolting-Hauff weist überzeugend nach, dass phantastische Novellen häufig ältere Erzählmuster, in diesem Falle dasjenige des Mirakels, imitieren und transformieren. Als besonders fruchtbar erweist sich dabei die Entscheidung, gerade nicht den damals obligatorischen Einstieg über das Todorovsche Phantastische zu wählen, sondern sich den Texten des 19. Jahrhunderts über die historische Fragestellung nach der Relevanz früherer Schreibweisen des Wunderbaren zu nähern. Dieser Weg soll auch in der vorliegenden Arbeit beschritten werden, allerdings mit einer modifizierten Fragestellung. Nolting-Hauffs auf die Strukturen der erzählten Geschichte konzentrierter Blick soll um andere Aspekte der literarischen Darstellung erweitert werden: die pragmatischen Kontexte, die Thematisierung von Wahrnehmung, die Darstellung und Evokation von Affekten, der Aufbau von Spannung und unheimlicher Atmosphäre. Während Nolting-Hauff ausschließlich aus der Perspektive der modernen Texte den Blick zurück auf die mittelalterlichen christlichen Erzählformen richtet, wählt die vorliegende Arbeit eine doppelte Perspektive: Auch hier soll in einem zweiten Teil die Relevanz des christlichen Wunderbaren für das moderne phantastische Erzählen, wie es sich in mittelalterlichen Texten darstellt, anhand dreier Fallstudien erläutert werden. In einem ersten Teil aber stehen eben diese mittelalterlichen Texte im Vordergrund. Sie sollen weniger in ihrer Eigenschaft als narrativer Formen- und Motivfundus für die Moderne gelesen als vielmehr in ihr eigenes Recht gesetzt werden, d. h. als eine historische Variante dessen, was in der Moderne zu einer Ästhetik des Schreckens und zur Phantastik wird, gelesen werden. Die Analysen sollen dabei die Möglichkeiten, aber auch die Grenzen christlicher Texte in der Darstellung des Übernatürlichen herausarbeiten.

---

christlichen Praxis als ‚ursprünglicher' bewerteten apotropäischen Totenkult begegnet, keine angemessene Beschreibung mittelalterlicher Zustände, sondern vielmehr einen Reflex des modernen Denkens. Das Verhältnis der Lebenden zu den Toten sei ja nicht nur durch Gleichgültigkeit und Pietät gekennzeichnet, sondern eben auch durch eine „steigende Faszination für den toten Körper" (S. 63), die sich seit dem 17. Jahrhundert durch ein zunehmendes wissenschaftliches Interesse, aber auch, ab dem 18. Jahrhundert, in neuen Phänomenen wie Nekrophilie, der Furcht vor belebten Leichnamen und der Angst davor, lebendig begraben zu werden, bemerkbar machte. Davon zeugen Testamente und im 19. Jahrhundert schließlich literarische Erzählungen.
26 Ilse Nolting-Hauff, „Die fantastische Erzählung als Transformation religiöser Erzählgattungen (am Beispiel von Th. Gautier, *La morte amoureuse*)", in: Karl Maurer/Winfried Wehle (Hg.), *Romantik. Aufbruch zur Moderne*, München: Fink, 1992, S. 73–100.

Die Einzelinterpretationen zielen ebenso sehr darauf ab, das Frühere im Späteren wie das Spätere im Früheren zu finden. Es geht in ihnen also nicht um die Rekonstruktion einer historischen Kontinuität (die angesichts eines Zeitraums von etwa 1000 Jahren ohnehin nur spekulativ ausfallen könnte), sondern um die Korrelierung zweier historisch spezifischer diskursiver Konstellationen: Einerseits werden bestimmte diskursive Konstituenten in der Moderne rekonstelliert, rekontextualisiert und dabei transformiert, andererseits dient das moderne Phantastische dazu, den Blick für die Besonderheiten des mittelalterlichen *merveilleux chrétien* frei werden zu lassen. Dieses Vorgehen mündet nicht etwa in eine mittelalterliche ‚Vorgeschichte' des Phantastischen. Die Studie zielt vielmehr auf die Erhellung phänomenaler Äquivalente zwischen Mittelalter und Moderne, die gleichwohl in einen jeweils sehr verschiedenen konzeptuellen Zusammenhang gehören. Es geht ausdrücklich nicht um die spekulative Rekonstruktion einer historischen Kontinuität des Phantastischen, sondern um die historische Umbesetzung vergleichbarer Phänomene.

Die vorliegende Studie versteht sich damit als ein Beitrag zur historischen Narratologie.[27] Diese Verortung macht einige kurze Ausführungen notwendig. Einerseits werden in den Textanalysen Begriffe, die der modernen – der strukturalistischen, aber auch der hermeneutisch-phänomenologischen – Erzähltheorie entstammen, auf einen Gegenstand angewandt, der historisch weit entfernt ist von jenen Texten des 18. bis 20. Jahrhunderts, mit denen sich die literaturwissenschaftliche Erzähltheorie üblicherweise beschäftigt hat. Zu diesen Begriffen zählen, um nur einige zu nennen: Erzähler (Stimme), Perspektive (Modus), Plot, Geschichte, *suspense*, aber auch Gattung, Mündlichkeit und Schriftlichkeit sowie die damit einhergehenden Rezeptionsbedingungen (Fiktionalität und Faktualität). Andererseits aber gilt es, die Eigenarten des mittelalterlichen Erzählens adäquat zu beschreiben, und dies eben nicht im Sinne eines

---

27 Zur historischen Narratologie siehe: Harald Haferland/Matthias Meyer, „Einleitung", in: dies. (Hg.), *Historische Narratologie. Mediävistische Perspektiven*, Berlin/New York: De Gruyter, 2010, S. 3–15; Hartmut Bleumer, „‚Historische Narratologie'? Metalegendarisches Erzählen im *Silvester* Konrads von Würzburg", in: Haferland/Meyer (Hg.), *Historische Narratologie*, S. 231–261. Astrid Erll/Simone Roggendorf, „Kulturgeschichtliche Narratologie. Die Historisierung und Kontextualisierung kultureller Narrative", in: Ansgar Nünning/Vera Nünning (Hg.), *Neue Ansätze in der Erzähltheorie*, Trier: Wissenschaftlicher Verlag, 2002, S. 73–114; Ansgar Nünning, „Narratology or Narratologies? Taking Stock of Recent Developments, Critique and Modest Proposals for Future Usages of the Term", in: Tom Kindt/Hans-Harald Müller (Hg.), *What Is Narratology? Questions and Answers Regarding the Status of a Theory*, Berlin/New York: De Gruyter, 2003, S. 239–275; Ansgar Nünning, „Narratology and Cultural History. Tensions, Points of Contact, New Areas of Research", in: Herbert Gabes/Wolfgang Viereck (Hg.), *The Wider Scope of English*, Frankfurt a. M. u. a.: Lang, 2006, S. 154–185.

‚Noch nicht'. Das vormoderne Erzählen kennt diskursive Regeln, die es vom modernen Erzählen mitunter radikal unterscheiden. Dass es beispielsweise keinen Fiktionsvertrag[28] im modernen Sinne und damit auch keine Trennung von Autor und Erzähler gibt, ist für die meisten der hier behandelten Texte nicht einmal relevant, da sie ‚faktual' sind. Auffälliger sind Aspekte wie der Hang zu Wiederholungen, Rekurrenzen und Parallelismen, zum Wieder- und Neuerzählen, zu serieller Episodenstruktur sowie ein anderes Verständnis von Spannung. Spekulationen über die Identifikation des Lesers mit literarischen Figuren müssen stets bedenken, dass man anstelle einer Psychologie bestimmte Grundstrukturen vorfindet, nach denen dem Besten die Schönste und dem Frommsten der größte Lohn zusteht. Nicht zuletzt wirken sich die spezifischen Grundzüge des mittelalterlichen Denkens (*ordo*-Gedanke, symbolisch-allegorisches und typologisches Denken) auf das Erzählen aus.

Es gilt als ausgemacht, dass das Erzählen eine wo nicht zeitlose, so zumindest transhistorische kulturelle Kompetenz darstellt.[29] Diese Diagnose vereinfacht die Überbrückung der Kluft zwischen der Wahrnehmung des heutigen Lesers und der Gestalt mittelalterlicher Texte und ihrer zeitgenössischen Rezeption paradoxerweise nicht. Deshalb wird die Textanalysen stets eine Reflexion über die Art und Weise, in der sich moderne erzähltheoretische Begriffe überhaupt auf einen narrativen Text etwa des 12. Jahrhunderts anwenden lassen, begleiten. So gilt ‚Perspektive' nicht als eine klar umrissene, ahistorische Kategorie, die sich problemlos auf alle narrativen Texte anwenden ließe, sondern als eine Art Vorgabe, die es in ihrer historisch spezifischen Bedeutung zu verstehen gilt; überspitzt ließe sich formulieren: Perspektive gibt es bei Flaubert wie bei Petrus Venerabilis.

---

28 Zur Fiktionalität im Mittelalter siehe: Brigitte Burrichter, *Wahrheit und Fiktion. Der Status der Fiktionalität in der Artusliteratur des 12. Jahrhunderts*, München: Fink, 1996, S. 12–28; Peters, Ursula/Warning, Rainer (Hg.), *Fiktion und Fiktionalität in den Literaturen des Mittelalters*, München: Fink, 2009; Sonja Glauch, „Fiktionalität im Mittelalter, revisited", in: *Poetica* 46 (2014), S. 85–139; dies., „Fiktionalität im Mittelalter", in: Klauk, Tobias/Köppe, Tilmann (Hg.), *Fiktionalität. Ein interdisziplinäres Handbuch*, Berlin/Boston: De Gruyter, 2015, S. 387–418; Gertrud Grünkorn, *Die Fiktionalität des höfischen Romans um 1200*, Berlin: Erich Schmidt, 1994, sowie diverse Beiträge in Henrich/Iser (Hg.), *Funktionen des Fiktiven*.
29 Diese Einschätzung geht durch alle theoretischen und philosophischen Lager. Der Strukturalist Roland Barthes spricht von der „universalité du récit": „international, transhistorique, transculturel, le récit est là, comme la vie" („Analyse structurale des récits", in: *Communications* 8 [1966], S. 1–27, hier: S. 1) und ist sich in dieser Einschätzung einig mit dem Phänomenologen und Hermeneutiker Paul Ricœur, für den es keine menschliche Zeiterfahrung und keine menschliche Kultur ohne Erzählung geben kann: „Car nous n'avons aucune idée de ce que serait une culture qui ne saurait plus ce que signifie *raconter*" (Paul Ricœur, *Temps et récit*, Bd. 2, Paris: Le Seuil, 1984, S. 58).

Bei beiden Autoren findet sich die visuelle und affektive Bindung der Erzählung an die Wahrnehmung durch ein Subjekt in der erzählten Welt, so dass man einerseits legitimerweise von demselben Phänomen sprechen kann; andererseits aber sind die kulturellen, pragmatischen und rhetorischen Voraussetzungen grundverschieden und bringen spezifische textuelle Formen der Realisierungen und Funktionalisierungen von Perspektive mit sich.

1.4 Zum Aufbau der Arbeit

Das solchermaßen umrissene Erkenntnisinteresse macht einige Vorbemerkungen hinsichtlich der zwei zentralen Begriffe des Wunderbaren und des Phantastischen notwendig (Kapitel 2). Zum einen ist es für das Verständnis der Texte unabdingbar, die zeitgenössischen Diskurse über das Wunderbare, in die sie eingebettet sind, zu kennen. Zum anderen geht es darum, den eigenen erkenntnisleitenden Begriff des christlichen Wunderbaren von den zeitgenössischen mittelalterlichen Auffassungen über das Wunderbare, das Übernatürliche und das göttliche Wunder zu unterscheiden und zu ihnen in Bezug zu setzen. Der – genuin moderne – Begriff des Phantastischen wiederum bedarf im Kontext unserer Fragestellung einiger Erläuterungen, da er sich nur in bestimmten Hinsichten auf mittelalterliche, noch dazu nicht-fiktionale Texte übertragen lässt.

Im ersten Interpretationsteil der Arbeit steht das literarische Potential des mittelalterlichen christlichen Wunderbaren im Mittelpunkt (Kapitel 3). Es bietet sich an, die institutionelle Verortung der Texte zum Gliederungskriterium zu machen. Die erste Gruppe ist im klösterlichen und kirchlichen Milieu entstanden (Kapitel 3.2.). Es handelt sich um von Mönchen oder Predigern verfasste hagiographische Mirakelsammlungen, Exempla und Predigten, die das christliche Wunderbare im engeren Sinne repräsentieren (neben drei Mirakelerzählungen mit Heiligen sind das Exempla ohne Heilige von Caesarius von Heisterbach, Petrus Venerabilis und Iacopo Passavanti). Die zweite Gruppe umfasst Texte, die ebenfalls von Klerikern verfasst worden sind, die aber dem höfischen Milieu zuzurechnen sind: Walter Map, Gervasius von Tilbury und Wilhelm von Newburgh (Kapitel 3.3). Diese Texte sind keine Exempla und sie dienen nicht der Erbauung, sondern sind historiographische und ethnographische Berichte bzw. Mirabiliensammlungen. Es finden sich in ihnen einerseits christliche Interpretationen ungewöhnlicher Ereignisse und andererseits Berichte von volkstümlichen Überlieferungen und Vorstellungen (insbesondere von Wiedergängern), die gerade in ihrer Andersartigkeit die Eigenarten des christlichen Wunderbaren umso stärker zu bestimmen helfen.

Die meisten der in Kapitel 3 analysierten christlichen Texte sind in lateinischer Sprache geschrieben, die einzige Ausnahme stellt Iacopo Passavantis *Specchio di vera penitenzia* dar. Die Geschichte vom Köhler von Niversa (Nevers) greift ein von anderen christlichen Autoren bekanntes Motiv paganen Ursprungs auf, die Höllenjagd, und zwar zu etwa der gleichen Zeit, in der auch Boccaccio den Stoff verarbeitet und daraus ein auf recht weltliche Weise ‚erbauliches' Exemplum macht. Damit darf die Novelle V 8 als ein Beispiel spezifisch literarisch-fiktionaler ‚Konterdiskursivität' gelten: Das von Boccaccio angewandte Verfahren besteht in einer parodistischen Überdehnung der Möglichkeiten, die das Schema der *visio corporalis* im christlichen Wunderbaren eröffnet.

Was die Erzählgegenstände betrifft, so stehen in Kapitel 3 Heilige und Wiedergänger im Mittelpunkt. Letztere stellen nicht nur das für die literarische Phantastik wohl relevanteste Stück Überlieferung vormoderner Narrative des Übernatürlichen dar, sondern repräsentieren zugleich die zentrale Grenzüberschreitung aller Geschichten vom Übernatürlichen, diejenige zwischen Diesseits und Jenseits, Leben und Tod.

Die christlichen Texte, die in dieser Arbeit einer Lektüre unterzogen werden, stammen aus Frankreich, Italien, Großbritannien, Flandern und dem Rheinland. Der einheitliche christliche Kulturraum, den Europa im Mittelalter darstellt, rechtfertigt diese Auswahl.[30] Die Spuren der Christianisierung, verstanden als Prozess der „Auseinandersetzung einer Hochreligion mit einfachen religiösen Systemen"[31], finden in Wundertexten aus allen Gebieten Europas ihren Niederschlag, ja gerade in Wundertexten muss sich der neue Glaube mit älteren Vorstellungen vom Übernatürlichen auseinandersetzen, sie bekämpfen oder integrieren. Es versteht sich von selbst, dass die Textauswahl angesichts der reichen Überlieferung christlicher Verfasser des Mittelalters bei weitem nicht jeden Autor berücksichtigen kann, der vom Wunderbaren erzählt. Die Textauswahl folgt daher zum einen schlicht einer thematischen Maxime, zum anderen aber auch der Frage nach den Erzählverfahren, die in ihnen zur Anwendung kommen. Es wurden vor allem solche Texte berücksichtigt, die den oben skizzierten Relevanzkriterien eines auf die Darstellung und Evokation von Affekten zugeschnittenen Erzählstils genügen.

---

30 Vgl. Arnold Angenendt, *Grundformen der Frömmigkeit im Mittelalter*, München: Oldenbourg, 2004, S. XI: „Der ethnische, kulturelle und religiöse Flickenteppich Europa fand zu einer religiösen Einheit, die von Schweden bis Spanien reichte. Was also im heute deutschsprachigen Mitteleuropa ablief, geschah, wenn auch nicht gleichzeitig, so doch im Wesentlichen gleichartig in der ganzen westlichen Christenheit."
31 Ebd.

Der zweite Interpretationsteil (Kapitel 4) widmet sich der Relevanz des christlichen Wunderbaren in phantastischen Erzählungen der literarischen Moderne in Italien (Remigio Zenas *Confesssione postuma* und Luigi Capuanas *Un vampiro*) sowie in einem amerikanischen Spielfilm (M. Night Shyamalans *The Sixth Sense*). Es wird zu zeigen sein, dass sich das christliche Wunderbare, wie es uns in den Texten des Mittelalters begegnet, eine strukturelle Affinität zur Phantastik aufweist und mitnichten einen Widerspruch zu dieser darstellt. Widerlegt werden soll auf diese Weise die weitverbreitete These von der Unvereinbarkeit des Wunderbaren und des Phantastischen mit dem christlichen Wunderbaren.[32] Die Analysen werden zeigen, dass das Unerklärliche und das Geheimnis integrale Bestandteile des christlichen Wunderbaren sind und es in Form von Rekontextualisierungen und Transformationen an die moderne Phantastik anschließbar machen.

---

32 Ebd.

2 Das Wunderbare, das Wunder und das Phantastische

2.1 Semantische Unschärfen

Die Begriffe ‚Wunder' und ‚wunderbar' sind in ihrer heutigen alltagssprachlichen Verwendung im Deutschen durch eine semantische Unschärfe gekennzeichnet, die vor allem daher rührt, dass sie metaphorisch zur Bezeichnung von fast allem, was mehr oder weniger unerwartet geschieht oder nicht auf Anhieb verständlich ist, vor allem aber worüber man schlicht glücklich ist, benutzt werden können.[1] ‚Wunderbar' können im heutigen Sprachgebrauch ein gutes Essen, eine leidenschaftliche Liebe, die Stimmung auf einer Feier und glückliche Fügungen jeder Art sein. Im Falle eines Fußball-Weltmeistertitels und eines Wirtschaftsbooms ist das Wunder gar zum Bestandteil von Eigennamen geworden. Wer vom ‚Wunder von Bern' oder vom ‚Wirtschaftswunder', spricht, benennt zwei historische Ereignisse, an denen so gar nichts übernatürlich ist und für die Kräfte verantwortlich sind, die alles andere als transzendent sind. Das Lateinische und die romanischen Sprachen verfügen über eine größere Vielfalt an Begriffen zur Bezeichnung staunenswerter Phänomene. Gleichwohl muss man hinzufügen, dass sich auch hier diese Differenzierungsmöglichkeiten im Laufe der Zeit abgeschliffen haben: Die Austauschbarkeit der Verwendungsmöglichkeiten von *merveille/merveilleux* (*meraviglia/meraviglioso*) und *miracle/miraculeux* (*miracolo/miracoloso*) steht denjenigen der deutschen Wörter ‚Wunder' und ‚wunderbar' kaum noch nach. Die wohl stärkste semantische Verengung gegenüber dem mittelalterlichen Sprachgebrauch besteht darin, dass sämtliche Begriffe in der Alltagssprache ausschließlich zur Bezeichnung positiver Dinge und Ereignisse verwendet werden. Speziell für das Substantiv *le merveilleux* gilt zudem, dass der Begriff heute ausschließlich eine Kategorie zur Qualifizierung künstlerischer Artefakte und der in ihnen dargestellten künstlichen Welten verwendet wird. Laurence Harf-Lancner bringt die Differenz zwischen Mittelalter und Moderne auf den Punkt:

---

[1] Die Herausgeber eines Sammelbandes zum Wunder im 20. Jahrhundert haben sich offenbar bewusst dafür entschieden, dem Begriff seine semantische Offenheit zu lassen. Das führt zu mitunter sehr anregenden Einzelstudien, das Phänomen an sich aber bleibt völlig konturlos. So stehen traditionelle Heilungswunder neben ‚Wundern der Technik', ‚Theaterwundern' oder dem Staunen in der Sowjetpropaganda (Alexander C. T. Geppert/Till Kössler [Hg.], *Wunder: Poetik und Politik des Staunens im 20. Jahrhundert,* Berlin: Suhrkamp, 2011).

> Pour nous le merveilleux n'est que littérature. C'est la représentation littéraire du surnaturel. Il a sa place dans l'univers de nos formes, pas dans celui de nos croyances. Mais le surnaturel correspond bien, au Moyen Âge, à une catégorie mentale. [...] pour le Moyen Âge, le surnaturel est bien réel, la nature surnaturelle. [2]

Während wir heute unter dem Wunderbaren die künstlerische Darstellung des Übernatürlichen (für das es in der Wirklichkeit kaum noch einen anderen Platz gibt) verstehen, ist das Wunderbare für die Menschen des Mittelalters kein Buchbegriff, sondern eine kollektive Vorstellung (im Sinne der geschichtswissenschaftlichen *mentalités*[3]) mit Wirklichkeitsrelevanz. Es bezeichnet Phänomene, die als extrem selten, fremdartig oder übernatürlich galten. Das moderne ‚Wunderbare' (*merveilleux*) ist daher weder identisch mit der *merveille* der volkssprachlichen Literatur noch mit dem Adjektiv *mirabilis* der gelehrten lateinischen Literatur im Mittelalter.[4] Auch der Status des Übernatürlichen ist im Mittelalter ein anderer als in der Moderne.[5] Heutzutage gibt es das Übernatürliche im Grunde nicht mehr in der Realität, sondern nur noch in Artefakten, und zwar gerade in solchen, die man als im weiteren Sinne ‚phantastisch' bezeichnet. Natürlich steht es jedem frei, religiöse Überzeugungen zu haben oder an jene Dinge, die im Allgemeinen als ‚Esoterik' bezeichnet werden, zu glauben, aber im offiziellen und verbindlichen Wissen hat das Übernatürliche keinen Platz. Ganz anders verhält es sich im Mittelalter: Hier ist das Übernatürliche Teil des offiziellen Denkens.

Die Bedeutung des *christlichen* Wunders hat sich hingegen auffallend wenig verändert. Sie ist immer noch mehr oder weniger identisch mit derjenigen der mittelalterlichen Auffassung vom *miraculum*. Ein Wunder ist demnach ein Ereignis, das sich in seiner Außergewöhnlichkeit nicht auf die herkömmliche Weise erklären lässt und in dem sich Gottes Wirken in der Welt der Menschen zeigt. Entweder scheinen die naturwissenschaftlichen Gesetzmäßigkeiten nicht zu greifen, oder das eintretende Ereignis ist so unwahrscheinlich, dass es als unmöglich eingestuft werden muss, wie im Falle des Koinzidenzwunders, das durch zwei gleichzeitige Ereignisse gekennzeichnet ist, die in ihrem Zusammentreffen eine Wirkung erzielen, die zwar nicht den Naturgesetzen widerspricht, aufgrund

---

[2] Laurence Harf-Lancner, „Merveilleux et fantastique dans la littérature du Moyen Âge: une catégorie mentale et un jeu littéraire", in: Frölich, Juliette (Hg.), *Dimensions du merveilleux/Dimensions of the Marvellous*, Oslo: Universitetet i Oslo, 1987, Bd. 1, S. 243–256, hier: S. 244.
[3] Siehe dazu Jacques Le Goff/Pierre Nora (Hg.), *Faire de l'histoire*, Paris: Gallimard, 1974; Jacques Le Goff (Hg.), *La nouvelle histoire*, Paris: Retz-CEPL, 1978.
[4] Vgl. Harf-Lancner, „Merveilleux et fantastique", S. 243.
[5] Vgl. Robert Bartlett, *The Natural and the Supernatural in the Middle Ages*, Cambridge/New York: Cambridge University Press, 2008, S. 1–33.

der extremen Unwahrscheinlichkeit des Zusammentreffens aber sehr wohl ein Scheitern herkömmlicher Erklärungsmodelle bedeutet – mit dem Effekt, dass das Resultat des Aufeinandertreffens der Ereignisse als Handlung einer transzendenten Macht betrachtet werden muss. Letztlich aber hängt die Einstufung eines Ereignisses als Wunder vom Glauben des Betrachters ab. Selbst eine Heilung, die nach dem heutigen naturwissenschaftlichen und medizinischen Wissen als nicht unwahrscheinlich gelten darf, kann als Wunder bewertet werden. Ausschlaggebend hierfür ist allein, dass der Gläubige einen kausalen Zusammenhang zwischen Gebet und Ereignis im Sinne einer Erhörung herstellt. Max Webers Diagnose von der „Entzauberung der Welt"[6] in der Moderne kann dem Wunderglauben wenig anhaben. Webers Beobachtung bezieht sich auf die zunehmende Rationalisierung des Denkens, sie besagt nicht, dass ein jeder nunmehr in der Lage wäre, angebliche Wunder rational erklären zu können. Vielmehr meint ‚Entzauberung', dass das Gros der Menschen im beginnenden 20. Jahrhundert davon überzeugt ist, dass sich jedes Phänomen im Rahmen der Naturgesetze erklären ließe, wenn man es nur darauf anlegen würde. Es handelt sich also lediglich um eine Überzeugung, die in Konkurrenz zu einer anderen Überzeugung tritt, dem Wunderglauben. Die Anhänger der Entzauberung sind in der Moderne in der Überzahl, aber der Wunderglaube hat in der christlichen Welt und auch im ‚rationalen' Abendland nach wie vor einen hohen Stellenwert. Wer weiter an Wunder glauben will, der tut dies trotzdem, ungeachtet seiner naturwissenschaftlichen Kompetenz oder Inkompetenz.

Einer weit verbreiteten Auffassung zufolge waren die Menschen des Mittelalters besonders wundergläubig. Die ungebrochene Popularität von Heiligenverehrung, Wallfahrten und Reliquienkult im 21. Jahrhundert verdeutlicht indes, dass der Wunderglaube mitnichten ein spezifisch mittelalterliches Phänomen darstellt.[7] Doch auch außerhalb offizieller Religiosität erscheint es ungerechtfertigt, eine rationale Moderne von einer irrationalen und naiven Vormoderne abzugrenzen. Esoterische Publikationen und Veranstaltungen sind im 21. Jahrhundert

---

6 „Die zunehmende Intellektualisierung und Rationalisierung bedeutet also *nicht* eine zunehmende allgemeine Kenntnis der Lebensbedingungen, unter denen man steht. Sondern sie bedeutet etwas anderes: das Wissen davon oder den Glauben daran: daß man, wenn man *nur wollte*, es jederzeit erfahren *könnte*, daß es also prinzipiell keine geheimnisvollen unberechenbaren Mächte gebe, die da hineinspielen, daß man vielmehr alle Dinge – im Prinzip – durch *Berechnen beherrschen* könne. Das aber bedeutet: die Entzauberung der Welt" (Max Weber, „Wissenschaft als Beruf [1919]", in: ders., *Schriften. 1894–1922*. Ausgewählt und herausgegeben von Dirk Kaesler, Stuttgart: Kroener, 2002, S. 477–511, hier: S. 488).
7 So auch Gabriela Signori, *Wunder. Eine historische Einführung*, Frankfurt/New York: Campus, 2007, S. 12f.

ein äußerst einträglicher Markt, auf dem die Grenzen dessen, was man den ‚gesunden Menschenverstand' nennt, beständig überschritten werden. Einschränkend muss man allerdings hinzufügen, dass solche Phänomene heutzutage Nischen darstellen (wenn auch mitunter sehr breite), im offiziellen Denken spielen diese Formen der Spiritualität keine Rolle. Die historische Kluft zwischen unserer Gegenwart und dem Mittelalter fällt also hinsichtlich des religiösen Wunders deutlich geringer aus als hinsichtlich des Wunderbaren.

Schon diese wenigen Bemerkungen zur historischen Semantik und zur religiösen Praxis verdeutlichen, dass die Beschäftigung mit dem christlichen Wunderbaren des Mittelalters synchrone wie diachrone Begriffsdifferenzierungen voraussetzt. Die heutige Verwendung der mit dem Wunderbaren in Relation stehenden Begriffe entspricht nicht derjenigen im Mittelalter, und für das Mittelalter selbst muss wiederum zwischen den verschiedenen Diskurssystemen unterschieden werden: dem religiösen, dem literarischen und dem des Wissens.

2.2 Das Wunderbare und das Wunder im Mittelalter

2.2.1 Allgemeiner Wunderglaube

Die Überzeugung, dass sich jederzeit ein göttliches Wunder ereignen kann, geht im Mittelalter durch alle Bevölkerungsgruppen und -schichten.[8] Ereignisse und Phänomene konnten auf jeder Ebene des Lebens, vom Alltag bis in den Bereich höchster politischer Entscheidungen, im Sinne eines *miraculum* gedeutet werden, aber auch im Sinne eines ‚Aberglaubens', etwa, indem man Veränderungen der Himmelskörper, Mond- und Sonnenfinsternisse zum Tod eines Herrschers in Bezug setzte, wie zahlreiche Chroniken berichten. Solche und andere natürliche Phänomene wurden als *prodigia* bezeichnet, in der Renaissance wurden sie in Kompilationen publiziert, besonders prominent in Frankreich von Pierre Boaistuau in den *Histoires prodigieuses* von 1560. Sie stehen den *mirabilia*[9] nah: Beide,

---

[8] Vgl. Arnold Angenendt, *Geschichte der Religiosität im Mittelalter*, Darmstadt: Wissenschaftliche Buchgesellschaft, ²2000; Signori, *Wunder*; Graham H. Twelftree (Hg.), *The Cambridge Companion to Miracles*, Cambridge: Cambridge University Press, 2011; Benedicta Ward, *Miracles and the Medieval Mind. Theory, Record and Event 1000–1215*, London: Scolar Press, 1982; dies., „Miracles in the Middle Ages", in: Twelftree, *Cambridge Companion to Miracles*, S. 149–164; Maria Wittmer-Busch/Constanze Rendtel, *Miracula. Wunderheilungen im Mittelalter. Eine historisch-psychologische Annäherung*, Köln/Weimar/Wien: Böhlau, 2003.
[9] Siehe Kapitel 2.2.2.

prodigia wie *mirabilia*, werden nicht mit Gott in Verbindung gebracht, allerdings sind die *prodigia* im Unterschied zu den *mirabilia* zeichenhaft.[10]

Wenngleich man davon ausgehen darf, dass die Empfänglichkeit für reißerische Wunderexempla in einem reziproken Verhältnis zur Bildung stand,[11] so war der Wunderglaube in all seinen Facetten letztlich keine Frage der Bildung. Bedenkt man, wie ungesichert zum einen das Wissen über die Natur für die Menschen des Mittelalters war, und zum anderen, wie unhinterfragbar selbstverständlich Religiosität war, so wird deutlich, wie regelrecht *vernünftig* die Annahme von Wundern verschiedener Art war. Das gilt für die völlig ungebildete Bevölkerung nicht weniger als für einen hochgebildeten Kleriker wie Gervasius von Tilbury und seine in gewissem Sinne schon wissenschaftlich zu nennende Unterscheidung von *mirabilia* und *miracula*. Gervasius ist ein interessanter Gewährsmann für die Rationalität des Wunderbaren: Er pflegt einerseits einen auf moderne Wissenschaftlichkeit vorausweisenden Umgang mit wunderbaren Phänomenen, reflektiert seine Kategorien und versucht zu systematisieren, er stellt aber andererseits weder das *miraculum* noch die vorchristliche legendarische Überlieferung in Frage. Gervasius' Denken ist, innerhalb der mentalen Möglichkeiten und Grenzen des Wissens seiner Zeit, vollkommen rational. Es wurde sicherlich unterschieden zwischen dem, was *erfahrungsgemäß* geschieht oder möglich ist, und dem wirklich Außergewöhnlichen; aber allgemein verbindliche Naturgesetze oder einen verbindlichen Wissenskanon, der es jedem Menschen – oder sei es auch nur den gebildeten – erlaubt hätte, sich über jeden gegebenen Fall ein Urteil zu bilden, gab es nicht. Was als möglich, wahr oder glaubhaft und eben übernatürlich gilt, war im Mittelalter in Ermangelung empirischer Wissenschaften nicht so eindeutig bestimmbar wie heute. So bleibt vieles dem Feld der Erfahrung überlassen – und natürlich der Theologie, die bestrebt ist festzulegen, was es geben darf und was nicht, was real ist und was phantasmatisch-illusionistisch. Für die Kirche muss alles Übernatürliche auf Gott zurückführbar sein, was mitunter aufwendige Argumentationsgänge notwendig macht. An den widersprüchlichen Ausführungen der Theologen seit Augustinus über das Phänomen des *phantasticum hominis*[12] lässt sich nicht nur ablesen, wie groß das Bestreben der Kirche war, die Erklärungshoheit über das gesamte Feld des Wunderbaren zu erobern, sondern auch, wie ungeordnet das Feld der Gewiss-

---

10 Dennoch wurden die Begriffe vor allem im frühen Mittelalter nicht immer trennscharf verwendet.
11 Peter von Moos, „Das *exemplum* und die *exempla* der Prediger", in: ders., *Rhetorik, Kommunikation und Medialität. Gesammelte Studien zum Mittelalter*, Bd. 2, hg.v. Gert Melville, Berlin: LIT, 2006, S. 107–116, hier: S. 109 f. und 121 ff.
12 Siehe Kapitel 2.4.2.

heiten war. Umso bedeutsamer waren andere Instanzen, Texte und Personen, auf die man sich in seinen Urteilen verlassen konnte. Wunderberichte, die auf Schriftautoritäten oder auf den Berichten von durch Amt und Tugendhaftigkeit verlässlichen Zeugen beruhten, konnten nur als wahr betrachtet werden.

Hinzu kommt, dass die These vom naiven Wunderglauben des Mittelalters von einer unreflektierten Rückprojektion freier Wahlmöglichkeiten aus der Moderne auf das Mittelalter zeugt. Man muss davon ausgehen, dass es nur wenige Inseln des Denkens gab, die nicht von den ihrerseits dominant christlich geprägten Vorstellungen über die grundsätzliche Sinnhaftigkeit von Diesseits und Jenseits bestimmt waren. Christliche Überzeugungen, wie sie uns in den Texten der Mönche und Kleriker begegnen, sind nicht nur als religiöser Glaube relevant, sondern auch als Mentalitäten, als kaum hintergehbare kollektive Vorstellungen. Haben wir uns heute daran gewöhnt, dass Glaube und Religionszugehörigkeit auf weitgehend freien individuellen Entscheidungen beruhen, so müssen wir für die kollektiven Vorstellungen des europäischen Mittelalters von der Situation ausgehen, dass es kein Außerhalb von Religion gab und dass religiöse Vorstellungen ausschließlich christlich waren.[13] Insbesondere die christliche Vorstellung eines Eingreifen Gottes oder anderer übernatürlicher Akteure (Engel, Heilige, Dämonen) in die Lebenswirklichkeit war eine Selbstverständlichkeit. Auch die Existenz von Wunderkritik darf nicht zu der Annahme verführen, man habe die Wahl gehabt, an Wunder zu glauben oder eben nicht. Die Kritik am Wunder bezieht sich im Mittelalter auf das hypertrophe Auftreten wunderbarer Phänomene am Verehrungsort eines Heiligen und die Sensationsgier der Gläubigen; die Existenz des Wunders wird dabei in aller Regel nicht in Frage gestellt.[14]

---

13 Natürlich gibt es auch im Mittelalter nicht-christliche Vorstellungen, die man als religiöse oder quasi-religiöse bezeichnen kann und muss, doch selbst diese werden in ihrem Verhältnis zum Christentum bestimmt – als ‚Aberglaube'. Der Historiker, der sich mit eben diesem beschäftigt, sieht sich mit dem Problem konfrontiert, auf die Verwendung dieses Begriffs nur schwer verzichten zu können, und das, obwohl er einen rein deskriptiven Blick ‚von außen' auf das Phänomen hat, und nicht etwa ‚von innen', aus christlicher Perspektive argumentiert. Insofern gilt für den Wunderglauben, was Jean-Claude Schmitt in Bezug auf den sog. Aberglauben sagt. (Jean-Claude Schmitt, *Heidenspaß und Höllenangst. Aberglaube im Mittelalter*, Frankfurt a. M./New York: Campus, 1993, S. 8f.). Eine Überblicksdarstellung sowohl des mittelalterlichen Diskurses als auch der Forschung über den sogenannten Aberglauben ab den 1960er Jahren findet sich bei Micheline Laliberté, „Religion populaire et superstition au Moyen Âge", in: *Théologiques* 8/1 (2000), S. 19–36.

14 Vgl. Caroline W. Bynum, „Wonder", in: *American Historical Review* 102/1 (1997), S. 1–17, hier: S. 12f. Darin liegt ein zentraler Unterschied zur Wunderkritik, wie sie im 14. Jahrhundert literarisch formuliert wird, etwa in der Novelle. Bei Boccaccio wird das christliche Wunderbare auf ver-

Weder der christliche Wunderglaube noch der ‚Aberglaube' sind also mit dem heutigen Verständnis von Religion adäquat erfasst. An Wunder zu glauben und das Übernatürliche als selbstverständlichen Teil der Realität zu begreifen, stellt keine freie Entscheidung, sondern eine Evidenz dar.

2.2.2 Zeitgenössische Begriffsdifferenzierungen

2.2.2.1 *Miraculosus* vs. *mirabilis*

Der wohl am häufigsten zitierte Aufsatz zum mittelalterlichen Wunderbaren stammt von Jacques Le Goff: „Le merveilleux dans l'Occident médiéval".[15] Es handelt sich dabei weniger um eine ausführliche Studie als um einige begriffs- und funktionsgeschichtliche Erläuterungen zum Wunderbaren, nebst einer historischen Entwicklungsskizze sowie einem „essai d'inventaire du merveilleux dans l'Occident médiéval". Die breite Rezeption, die der Aufsatz erfahren hat, erklärt sich durch einige zentrale Hypothesen und Differenzierungen, welche auch als begriffliche Basis für die vorliegende Arbeit relevant sind. In der Klerikerkultur gab es zur Bezeichnung dessen, was wir heute mit *merveilleux* und *wunderbar* bezeichnen, das in etwa semantisch deckungsgleiche Adjektiv *mirabilis*. Hingegen gab es kein Substantiv ‚*das* Wunderbare', sondern lediglich Dinge, die mittels des Adjektivs als wunderbar bestimmt wurden. Für die mittelalterlichen Gelehrten verfügte dieses Adjektiv, anders als heute, nicht über den Status einer intellektuellen, literarischen oder mentalen Kategorie,[16] sondern bezeichnete vielmehr eine Eigenschaft, die individuellen Phänomenen und Dingen zugesprochen werden konnte. So erklärt sich wohl auch der Hang zum Katalog, der das mittelalterliche Wunderbare von Augustinus bis Gervasius kennzeichnet.

Die von Le Goff skizzierte Entwicklung[17] des Wunderbaren in seinem Verhältnis zum Christentum wurde – implizit wie explizit – zur Grundlage zahlreicher literaturwissenschaftlicher Publikationen: Im frühen Mittelalter (5. bis 11. Jahrhundert) bekämpft die Kirche das pagane bzw. volkstümliche Wunderbare mit aller Macht, einerseits durch Unterdrückung der entsprechenden Themen und Motive, andererseits durch deren Christianisierung in der hagiographischen Literatur. Ab dem 12. Jahrhundert hält dieses vorchristliche Wunderbare Einzug in von Klerikern verfasste Wissenstexte (sehr häufig bei angelsächsischen Autoren

---

schiedene Art und Weise der Lächerlichkeit preisgegeben, und zwar auf die denkbar grundsätzlichste Art, wie gleich die erste Novelle des ersten Tages zeigt.
15 Le Goff, „Le merveilleux".
16 Le Goff, „Le merveilleux", S. 18.
17 Le Goff, „Le merveilleux", S. 20 f.

wie Gervasius von Tilbury, Walter Map, Gerald von Wales und William von Newburgh), aber auch, in christianisierter Form, in Mirakelbücher wie diejenigen von Petrus Venerabilis und Caesarius von Heisterbach. Die zunehmende Toleranz der Kirche gegenüber Werwölfen, Wiedergängern und Zauberern wird in der Regel durch die mittlerweile längst erfolgte Christianisierung Europas erklärt. Die Kirche konnte angesichts dieses Erfolgs eine entspanntere Haltung gegenüber den paganen Superstitionen einnehmen, Motive aufnehmen und sie sich sogar zunutze machen; jedoch dürfte auch die nach wie vor ungebrochene Popularität solcher Überzeugungen einen gewissen Druck ausgeübt haben. Eine dritte, sich daran anschließende Phase ist dadurch gekennzeichnet, dass das Wunderbare nun zunehmend ‚ästhetisiert' wird, es wird zum literarischen Spiel und Verfahren, vor allem in der höfischen Literatur.[18] In der mittleren Phase (12. Jahrhundert) finden wesentliche Begriffsdifferenzierungen statt.

Die Rede vom *christlichen* Wunderbaren impliziert die Annahme der Existenz einer allgemeineren, übergeordneten Kategorie, die sich durch Adjektive näher bestimmen lässt. Es gibt religiöse, wissenschaftliche, politische, legendenhafte, märchenhafte, realitätsbezogene und artefaktbezogene Formen des Wunderbaren – die Zahl der Prädikationsmöglichkeiten kennt keine Grenzen. Seine Unschärfe verliert das allgemeine Wunderbare erst, wenn es mit einem anderen Begriff korreliert wird. Als Kriterium dienen: die Motive und Gegenstände des Staunens, die Formen der Vermittlung und schließlich die gesellschaftliche Funktion. Der gemeinsame Nenner bleibt allein das Staunen über das Außergewöhnliche.[19] Dieses Außergewöhnliche wird in den meisten Fällen als überna-

---

18 Vgl. Claude Lecouteux, „Paganisme, christianisme, merveilleux", in: *Annales ESC*, 37,4 (1982), S. 700–716, bes. S. 711 ff.; vgl. auch Harf-Lancner, mit Bezug auf Le Goffs Aufsatz zum Wunderbaren im Abendland und mit Blick auf die *merveilles* des höfischen Romans: „Cette tolérance serait impensable avant le triomphe de la religion chrétienne. C'est parce que les anciens dieux sont bien morts qu'ils peuvent renaître, cadavres exquis, à la littérature. L'entrée de ce merveilleux dans la littérature française au XIIe siècle coincide en fait avec son esthétisation" (Harf-Lancner, „Merveilleux et fantastique dans la littérature du Moyen Âge", S. 244).

19 So spricht Le Goff von einem „merveilleux scientifique" (*mirabilia*-Sammlungen) und einem „merveilleux politique" (z. B. die Melusinensage). Claude Lecouteux, der aus der Perspektive des ethnologisch arbeitenden Germanisten zahlreiche Artikel und Bücher zum Wunderbaren veröffentlich hat, unterscheidet ein „merveilleux chrétien", ein „merveilleux dans la littérature de divertissement" und ein „merveilleux savant" (Claude Lecouteux, *Au-delà du merveilleux. Des croyances au Moyen Âge*, Paris: Presses de l'Université de Paris-Sorbonne, 1995, S. 13–31). Siehe auch: ders., „Introduction à l'étude du merveilleux médiéval", in: *Etudes Germaniques* 36 (1981), S. 273–290; ders., „Paganisme, christianisme et merveilleux". Harf-Lancners von Le Goff übernommene Unterscheidung verschiedener Arten des Übernatürlichen (*surnaturel chrétien/paien/ des contes de fées*) stellt ebenfalls eine Unterkategorisierung des Wunderbaren dar (Harf-Lancner, „Merveilleux et fantastique dans la littérature du Moyen Âge"). Bei Poirion finden wir die Diffe-

türlich wahrgenommen. Le Goff unterscheidet drei Formen des Übernatürlichen für das abendländische Denken des 12. und 13. Jahrhunderts, die sich an drei Adjektiven festmachen lassen: *mirabilis*, *magicus* und *miraculosus*. Mit *mirabilis* werden übernatürliche Phänomene bezeichnet, die in etwa dem heutigen, durch vorchristliche Motive dominierten Wunderbaren entsprechen.[20] *Magicus* ist das Prädikat des teuflischen Wunderbaren (welches letztlich ein Element des christlichen Wunderbaren ist), *miraculosus* schließlich bezeichnet das Übernatürliche, wie es sich im göttlichen Wunder offenbart. Das Verhältnis von Mirakulösem und Wunderbarem ist komplex: Einerseits ist das Mirakulöse bei Le Goff offensichtlich eine Unterkategorie des Wunderbaren, andererseits ist es aber geradezu ein Gegenbegriff zum Wunderbaren, was mit dem monotheistischen Charakter des Christentums zusammenhängt: Während das nicht-christliche Wunderbare eine Vielzahl übernatürlicher Wesen und Kräfte kennt, gibt es im Mirakulösen nur einen Urheber, Gott. Hinzu kommt, dass das nicht-christliche Wunderbare Le Goff zufolge durchaus durch einen Rest von Geheimnis charakterisiert sein könne, während die Urheberschaft Gottes stets eine restlose Tilgung des Geheimnisses bedeute. Dies ist wohl auch der Grund dafür, dass man in hagiographischen Texten zwar viele Wunder, aber wenige Wundereffekte findet[21]. Treten Heilige in einer Erzählung auf, stellt das Wunder sogar den zu erwartenden Normalfall dar, so Le Goff.

Im frühen Mittelalter sind die Begriffe zur Bezeichnung von Wundern noch undifferenziert und austauschbar. Dies betrifft nicht nur das später maßgeblich werdende Oppositionspaar *mirabilis* vs. *miraculosus*, sondern auch die Begriffe *signum*, *virtus*, *portentum*, *prodigium* und *monstrum*.[22] Zwischen Augustinus und

---

renzierungen „l'imagination religieuse", „le merveilleux de la guerre", „la mythologie antique" sowie mehrere Kapitel zur höfischen Literatur der *matière de Bretagne* (Daniel Poirion, *Le merveilleux dans la littérature française du Moyen Âge*, Paris: Presses Universitaires de France, 1992). Susanne Friede unterscheidet in ihrer Studie zum Alexanderroman vier Formen des Wunderbaren im 12. Jahrhundert: das märchenhafte, das technische, das natürliche und das religiöse Wunderbare (Susanne Friede, *Die Wahrnehmung des Wunderbaren. Der Roman d'Alexandre im Kontext der französischen Literatur des 12. Jahrhunderts*, Tübingen: Niemeyer, 2003, S. 4).

20 Um Missverständnissen vorzubeugen, sei noch einmal betont, dass es Le Goff hier um die Differenzierung verschiedener Formen des Übernatürlichen geht. Das bedeutet nicht, dass sich die Kategorie *mirabilis* im Übernatürlichen erschöpfen würde, sondern sie umschließt gleichermaßen Natürliches wie Übernatürliches.

21 „Finding wonder-words is easy; finding wonder is far more complicated" (Bynum, „Wonder", S. 15.)

22 Caroline W. Bynum, „Miracles and Marvels: The Limits of Alterity", in: *Vita Religiosa im Mittelalter*. Festschrift für Kaspar Elm zum 70. Geburtstag, hg.v. Franz J. Felten und Nikolas Jaspert, unter Mitarbeit von Stephanie Haarländer, Berlin: Duncker & Humblot, 1999, S. 799–817, hier

der Scholastik waren göttliche Wunder kein zentraler theologischer Reflexionsgegenstand, was sich zum Teil wohl dadurch erklärt, dass Wunder ein so selbstverständlicher Bestandteil christlicher Erfahrung waren, dass man gar nicht erst auf den Gedanken verfiel, ihre Voraussetzungen erklären zu wollen.[23] War für Augustinus in *De civitate Dei* noch die ganze Schöpfung ein Wunder Gottes, so änderte sich dies im 12. Jahrhundert bei Autoren, die verstärkt über das Konzept der Natur nachdachten. Erst diese zunehmende Reflexion des Begriffsfelds führte zu einer Präzisierung und Differenzierung. Am Ende dieser Entwicklung steht um 1200 das Oppositionspaar *mirabilis–miraculosus*, mit dem Mönche und Hofkleriker weltliche oder natürliche von den göttlichen Wundern unterschieden (was nicht bedeutet, dass nicht alle Begriffe weiterhin auch durcheinander verwendet worden wären). Beide Wörter beinhalten die lateinische Wurzel ‚mir', was auf die große Bedeutung des Sehsinns verweist. Schon in der Etymologie des Worts zeigt sich so, was für das literarische Konzept des Wunderbaren in all seinen Spielarten schlechthin gelten darf. Es verweist auf eine Wahrnehmung, die von verschiedenen Affekten begleitet werden kann: Neugier, Staunen, Furcht, Schrecken, Ehrfurcht oder Bewunderung. Beide Adjektive bezeichnen also Ereignisse und Phänomene, die als Reaktion im Menschen *admiratio* hervorrufen; doch während der Mensch im Falle der nicht die Grenzen des Natürlichen überschreitenden *mirabilia* staunt, weil er sie sich nicht erklären kann, staunt er bei den *miracula* über die erkennbare Übernatürlichkeit eines göttlichen Eingriffs in die diesseitige Welt, über das „surgissement inopiné du divin dans le monde des hommes", die „intrusion du numineux, du *numen*, sur terre"[24]. *Mirabilia* können also zahlreiche, wenn auch unbekannte Ursachen haben, *miracula* hingegen nur die eine. Gervasius von Tilburys Ausführungen im Vorwort der *Otia Imperialia* dürfen als repräsentativ für die zeitgenössische Unterscheidung der beiden Kategorien gelten:

> Ex hiis, duo proueniunt: miracula et mirabilia, cum utrorumque finis sit admiratio. Porro miracula dicimus usitatius que preter naturam diuine uirtuti ascribimus, ut cum uirgo parit, cum Lazarus resurgit, cum lapsa membra reintegrantur. Mirabilia uero dicimus que nostre cognicioni non subiacent, etiam cum sunt naturalia; sed et mirabilia constituit ignorantia reddende rationis quare sic sit.[25]

S. 802; Klaus Herbers/Lenka Jirouskova/Bernhard Vogel (Hg.), *Mirakelberichte des frühen und hohen Mittelalters*, Darmstadt: WBG, 2005, S. 20.
23 Ward, *Miracles and the Medieval Mind*, S. 1f.
24 Alain Dierkens, „Réflexions sur le miracle au haut Moyen Âge", in: *Miracles, prodiges et merveilles au Moyen Âge*, Paris: Publications de la Sorbonne, 1995, S. 9–30, hier: S. 11.
25 „From these causes arise two things, miracles and marvels, though they both result in wonderment. Now we generally call those things miracles which, being preternatural, we ascribe to

Ähnliche Differenzierungen finden sich bei anderen Autoren, z. B. bei Gervasius' Zeitgenossen Walter Map und Gerald von Wales. Bei ihnen erfährt das christliche Wunder eine weitere nähere Bestimmung: Es ist nicht nur durch ein Eingreifen Gottes gekennzeichnet, sondern zudem dadurch, dass sich Gott dabei stets der Heiligen bedient.[26] Allerdings muss man hinzufügen, dass die sehr klaren Differenzierungen in der narrativen Praxis nicht immer beachtet wurden.

Das Oppositionspaar *mirabilia* vs. *miracula* bezieht sich aber nicht nur auf Phänomene und Ereignisse, sondern auch auf Textsorten. *Miracula* gibt es fast ausschließlich in christlichen Geschichten, die in einer ganz bestimmten Absicht erzählt werden und fest in einem ideologischen System verortet sind: Der Leser soll über die Eingriffe Gottes in die Natur staunen. *Mirabilia* hingegen begegnen in Wissens- und Unterhaltungstexten, die auf die *curiositas* zielen,[27] womit sie, wie phantastisch auch immer sie auf den heutigen Leser wirken, dem philosophischen Staunen nahestehen.[28] Zu den *mirabilia* zählt man auch mündlich überlieferte Geschichten märchenhaften Charakters von Feen, Zauberern, Wiedergängern und Lykanthropen – offensichtlich übernatürliche, dabei aber weder Gott noch dem Teufel als Urheber zuschreibbare Phänomene ohne Zeichencharakter. Sie konnten durch eine narrative Christianisierung allerdings problemlos Zeichencharakter erhalten und als ein *miraculum* präsentiert werden, mit dem Gott den Menschen etwas mitteilt. So finden sich bei Caesarius von Heisterbach zahlreiche Motive, die offensichtlich aus der volkstümlichen mündlichen Überlieferung stammen. In der Regel gehen solche Christianisierungen mit einer Diabolisierung des Wunderbar-Übernatürlichen einher. Rein stofflich-motivisch findet man in *mirabilia*-Sammlungen wie Gervasius' *Otia imperialia* und Walter

---

divine power, as when a virgin gives birth, when Lazarus is raised from the dead, or when diseased limbs are made whole again; while we call those things marvels which are beyond our comprehension, even though they are natural: in fact the inability to explain why a thing is so constitutes a marvel" (Gervasius von Tilbury, *Otia Imperialia. Recreation for an Emperor*, hg. u. übers. v. S. E. Banks and J. W. Binns, Oxford: Clarendon Press, 2002, S. 558 f.). Die Beispiele, die Gervasius im Anschluss an diese begriffliche Differenzierung nennt, entstammen zum größten Teil Augustinus' *De civitate Dei* (der im Feuer lebende Salamander, die Vulkane Siziliens, das Pfauenfleisch, das nicht verwest).

26 Gerald von Wales, *Topographia Hibernica*, in: *Giraldi Cambrensis Opera*, hg. v. James F. Dimock, Bd. 5, London: Longman 1867, S. 74 (Vorwort zur zweiten Distinctio), engl. Übers.: ders., *The History and Topography of Ireland*, London/New York: Penguin Classics, 1982, S. 57; Walter Map, *De nugis curialium. Courtiers' Trifles*, hg. u. übers. v. M. James, Oxford: Clarendon Press, 1983, S. 132 (Prolog zur zweiten Distinctio).
27 Jean-Claude Schmitt, *Les revenants. Les vivants et les morts dans la société médiévale*, Paris: Gallimard, 1994, S. 77–78 und S. 99–100.
28 Krüger, *Curiositas*; Daston, „Wunder und Beweise im frühneuzeitlichen Europa".

Maps *De nugis curialium* durchaus einige *miracula*, wie man andererseits in Mirakelsammlungen Episoden findet, die mit *mirabilia* korrekt bezeichnet wären. Aber während ein *miraculum* insular unter lauter *mirabilia* stehen kann (schließlich erfüllt es das wichtigste Aufnahmekriterium, es ist erstaunlich), wird ein paganes *mirabile* in aller Regel nur als christlich transformiertes, also als deklariertes Wunderexemplum, Eingang in eine Mirakelsammlung finden.

2.2.2.2 *Miraculosus* als Kern des christlichen Wunderbaren

Den konzeptuellen Kern des christlichen Wunderbaren findet man in Lukas 1,37: „quia non erit inpossibile apud Deum omne verbum"[29], spricht der Engel der Verkündigung. Hier kündigt sich nicht allein die theologische Diskussion über die Möglichkeiten Gottes an, vorbei an der von ihm geschaffenen Ordnung der Natur zu handeln,[30] sondern auch die idealtypische Reaktion der Gläubigen: Maria erschrickt und staunt zunächst (Lukas 1,29), dann akzeptiert sie das vom Engel verkündete Wunder der unbefleckten Empfängnis (fast) fraglos.

Die mit Abstand größte Anzahl von Wundern ereignete sich an den Gräbern von Heiligen, bzw. an ihren Todesorten oder dort, wo sich ihre Gebeine befanden. Durch Gebete konnten die Gläubigen die toten Heiligen als ihre ‚Anwälte' dazu bewegen, für sie bei Gott ein Wunder zu erwirken. Die Wundertätigkeit ist bis heute eine unabdingbare Voraussetzung für die Heiligsprechung einer Person, wenn auch nicht das einzige Kriterium. Gerade die Erzählungen von Wundern, die Gott über die Vermittlung der Heiligen wirkt, zeichnen sich durch Absenz des Wunderbaren und des Staunens aus. Dies erklärt sich zum einen dadurch, dass das göttliche Wunder im Mittelalter auf andere Weise als in der Bibel funktioniert, zum anderen ist dies aber auch dem pragmatischen Kontext der Erzählungen geschuldet. Die Wunder etwa, die in *Passiones, Virtutes, Translationes* und *Vitae* erzählt werden, rufen beim heutigen Leser keinerlei Staunen hervor. Die Texte wurden in der Regel dort geschrieben, wo die Reliquien eines Heiligen verehrt wurden[31] und besitzen einen dementsprechend engen und präzisen Verwen-

---

29 Alle Bibel-Zitate nach der *Biblia Sacra iuxta vulgatam versionem*, hg. v. Roger Gryson u. Robert Weber, Stuttgart: Deutsche Bibelgesellschaft, ⁵2007.
30 *Miracula* galten je nach Autor (auch in den späteren Texten der Scholastiker) als *contra naturam* oder *praeter naturam*. Der Unterschied zwischen den einzelnen scholastischen Positionen ist für die Belange dieser Arbeit nicht zentral, da die Entscheidung für *praeter* oder *contra naturam* bei unseren Autoren noch nicht auf dahinter stehende präzise Konzepte verweist. Augustinus begründete die argumentative Tradition, dass Gott niemals gegen seine eigene Schöpfung handele, sondern lediglich in Ausnahmefällen an ihr vorbei.
31 Dierkens, „Réflexions sur le miracle au haut Moyen Âge", S. 17.

dungskontext, der eher durch argumentative Serialität denn durch narrative Überraschungsmomente geprägt ist. Hinsichtlich ihrer Motive (v. a. Heilungen) knüpfen die hagiographischen Wunder nahtlos an das Neue Testament an, nicht aber hinsichtlich ihrer Funktionsweise.[32] Im Neuen Testament wird stets die Heilsbotschaft des Wunders betont. Die Wunder sind Zeichen dafür, dass das Heil durch Gott möglich ist und dass die Heilsgeschichte bereits begonnen hat.[33] Die neutestamentarischen Wunder funktionieren zudem in den meisten Fällen nach der Logik des ‚Dein Glaube hat dir geholfen'[34]. Das Wunder ist also lediglich der Beleg für die bereits gegebene Dignität desjenigen, dem das Wunder geschieht.[35] In mittelalterlichen Wundern geschieht meist das genaue Gegenteil: Entweder ein Sünder zeigt durch intensive Gebete aufrichtige Reue, oder aber das Wunder überzeugt die Menschen erst von der Notwendigkeit zu glauben. Die Konzeption ist im Gegensatz zu derjenigen des Neuen Testaments durch einen Mechanismus gekennzeichnet: Jemand hat ein Problem, betet und erfährt Hilfe durch einen Heiligen. Die neutestamentarische Konzeption war noch im Frühmittelalter verbreitet, bevor Wundern im Zuge der Mission eine immer stärkere argumentative Funktion zukam, entweder als Beleg für die Heiligkeit eines herausragenden Menschen oder für die Wirksamkeit der Bekehrung eines normalen Menschen. Während bei dieser letztgenannten Erzählvariante die *admiratio* in die Aufforderung ans Publikum zur *imitatio* mündete, lässt sich *admiratio* bei jener am besten mit Bewunderung für den heiligen Helden übersetzen, den man zwar in seiner Tugend nachahmen konnte, nicht aber in seiner Fähigkeit, Wunder zu wirken.

Die Vorhersehbarkeit des *miraculum*, vor allem wenn es durch Heilige geschieht, hat die Frage aufkommen lassen, ob es überhaupt ein christliches Wunderbares gibt, ob es sich nicht im *miraculum* erschöpfe und als solches sogar

---

32 Vgl. Marc van Uytfanghe, „La controverse biblique et patristique autour du miracle, et ses répercussions sur l'hagiographie dans l'Antiquité tardive et le haut Moyen Âge latin", in: Pierre Richet (Hg.), *Hagiographie, cultures et sociétés IVe-XIIe siècle*, Paris: Études Augustiniennes, 1981, S. 205–233; Uda Ebel, *Das altromanische Mirakel. Ursprung und Geschichte einer literarischen Gattung*, Heidelberg: Winter, 1965, S. 5–8; Arnold Angenendt, „Das Wunder – religionsgeschichtlich und christlich", in: Martin Heinzelmann, Klaus Herbers und Dieter R. Bauer (Hg.), *Mirakel im Mittelalter. Konzeptionen, Erscheinungsformen, Deutungen*, Stuttgart: Steiner, 2002, S. 95–113; Lutz E. von Padberg, „Die Verwendung von Wundern in der frühmittelalterlichen Predigtsituation", in: *Mirakel im Mittelalter*, S. 77–94.
33 Ebel, *Das altromanische Mirakel*, S. 5f.
34 Matthäus 9,22; Markus 5,34.
35 Van Uytfanghe, „La controverse biblique et patristique", S. 207.

einen Gegenbegriff zum Wunderbaren darstellt.[36] Diese Frage ist für eine Einschätzung der literarhistorischen Relevanz des christlichen Wunderbaren entscheidend, da der angeblich ausschließlich affirmative Charakter christlicher Narrative zu der literaturwissenschaftlich recht weit verbreiteten Überzeugung geführt hat, dass ihre Bedeutung für die Literatur der Moderne gegen Null tendiere. Das christliche Wunderbare verbreite die Langeweile der Vergewisserung, während andernorts die beunruhigende Transgression der Gewissheiten avisiert werde.[37] Insbesondere aus der literarhistorischen Entwicklung des Unheimlichen und Phantastischen wird das christliche Wunderbare mit diesem Argument vollkommen ausgeschlossen. Stattdessen sucht man die Vorformen des Phantastischen ausschließlich im märchenhaften Wunderbaren der Artuswelt und der volkstümlichen Überlieferung. Im Folgenden soll diese Argumentation vorgestellt und einer Kritik unterzogen werden. Im Anschluss daran wird die in engem Zusammenhang damit stehende Frage nach der Anwendbarkeit des Phantastikbegriffs auf mittelalterliche Texte erörtert, bevor abschließend ein bisher bewusst ausgesparter Aspekt des *miraculum* vorgestellt wird, den die geschichts- und literaturwissenschaftlichen Vertreter der wunderkritischen Position geflissentlich übersehen: die zutiefst beunruhigende Inkommensurabilität von göttlicher und menschlicher Vernunft, die sich im Wunder offenbart.

2.3 Gibt es ein *merveilleux chrétien*?

Das Christentum und die ihm vorangehenden Kulturen stehen in einem Substrat-Superstrat-Verhältnis. In rein motivgeschichtlicher Hinsicht gibt es keinen Zweifel daran, dass christliche Wundergeschichten auf pagane Hinterlassenschaften zurückgreifen. Das gilt für den christlich überformten Werwolf bei Gerald von Wales wie für zahlreiche ‚Gespenstergeschichten' bei Caesarius von Heisterbach und einige Kapitel der *Legenda aurea*. Man denke etwa an die Geschichte vom Heiligen Georg: Der mit Gottes Hilfe besiegte Drache ist aus der antiken Mythologie bekannt.[38] In der *Legenda aurea* wird die Geschichte vom Sieg über den Drachen zu

---

36 Vor allem: Le Goff, „Le merveilleux en Occident". Fast alle französischen Beiträge zum Wunderbaren im Mittelalter übernehmen diese Position (z. B. Dubost, Harf-Lancner, Lecouteux, Meslin).
37 Siehe z. B. Francis Dubost, *Aspects fantastiques de la littérature narrative médiévale (XIIe–XIIIe siècle). L'autre, l'ailleurs, l'autrefois*, 2 Bde., Paris: Champion, 1991.
38 Er ist für die Menschen im Mittelalter kein märchenhaftes oder übernatürliches Wesen, sondern Teil der Fauna, ein Extremfall, den noch niemand gesehen hatte; aber das galt auch für Nashorn und Elefant. Eine Ausnahme stellt allein jener Elefant dar, den Hārūn-ar-Raschīd Karl

einem göttlichen Wunder stilisiert, indem Georg nicht als ein Held im antiken Sinne, sondern als *miles Christi* präsentiert wird, der der Stadt unter der Voraussetzung hilft, dass sich ihre Bewohner augenblicklich zum rechten Glauben bekennen. Zahlreiche vorchristliche Geschichten werden auf diese Weise christianisiert. Sie stammen aus der antiken, der germanischen oder der keltischen Mythologie, aus dem Alten Testament und dem Orient. Die Rede des Erzählers verwandelt jedes wunderbare Motiv gleich welcher Herkunft durch Hinzugabe einiger christlicher Details problemlos in eine erbauliche Lektion. Dass man die Frage nach einem genuin christlichen Charakter des Wunderbaren im Hinblick auf die Motive nur verneinen kann, ist kaum erstaunlich.

Gibt es also überhaupt ein christliches Wunderbares? Le Goff vertritt die These, dass das Wunderbare im Christentum keine große Bedeutung besitzt: „Le christianisme a peu créé dans le domaine du merveilleux."[39] Dass sich jenseits des Mirakels überhaupt ein christliches Wunderbares entwickeln konnte, liege, so Le Goff, allein daran, dass das Christentum im Wunderbaren einen Konkurrenten sah, den es auszuschalten galt. So erkläre sich, dass das einzige Wunderbare, das man überhaupt im Christentum findet, ein aus vorchristlichen Kulturen übernommenes Wunderbares sei, dem gegenüber man in der Missionierung Position beziehen musste. Im Grunde seien jene vom vorchristlichen Wunderbaren geerbten Elemente das einzig Wunderbare am Christentum, denn: „Pour les clercs, il y a du miraculeux, il n'y a pas de merveilleux."[40] Hinzu komme, dass das Mirakulöse, das man so gerne in einem Atemzug mit dem Wunderbaren nennt, von seiner kulturellen Funktion her etwas ganz anderes sei als das vorchristliche Wunderbare. Ein „merveilleux chrétien, indubitable", lasse sich daher nicht wirklich definieren, sondern allenfalls skizzieren. Für Le Goff ist das *merveilleux chrétien* im Grunde identisch mit dem *miraculum* und als solches eine verschwindend kleine Teilmenge des Wunderbaren – wenn man es nicht gar von der Kategorie des Wunderbaren ausschließen müsste, da es letztlich völlig anders als das Wunderbare funktioniere und regelrecht zu dessen Abschaffung beitrage. Dies erkläre sich durch das politische Interesse der Kirche, jegliches Staunen in die Eindeutigkeit der göttlichen Urheberschaft münden zu lassen:

> Le surnaturel proprement chrétien, ce que l'on pourrait justement appeler le merveilleux chrétien, c'est ce qui relève du *miraculosus*, mais le miracle, le *miraculum*, ne me paraît être qu'un élément, et je dirais un élément assez restreint du vaste domaine du merveilleux,

---

dem Großen im Jahre 801 zukommen ließ. Erfunden oder real, waren die Tiere aus der griechischen Mythologie wie aus der Bibel reine Buchwesen.
39 Le Goff, „Le merveilleux", S. 19.
40 Le Goff, „Le merveilleux", S. 37.

> mais il avait tendance à le faire s'évanouir. Il fallait pour l'église qui repoussait peu à peu une grande partie du merveilleux dans le domaine de la *superstition*, dégager le miraculeux du merveilleux.[41]

Da sich hinter den *mirabilia* vielfältige natürliche und übernatürliche Kräfte verbergen können, stellt das nicht-christliche Wunderbare eine Provokation für den christlichen Monotheismus dar:

> Une des caractéristiques du merveilleux c'est, bien entendu, d'être produit par des forces ou des êtres surnaturels, mais qui sont précisément multiples. On retrouve quelque chose de cela dans le pluriel *mirabilia* du Moyen Âge. C'est que non seulement le merveilleux renferme un monde d'objets, un monde d'actions diverses, mais que par-derrière, il y a une multiplicité de forces. Or, dans le merveilleux chrétien et dans le miracle il y a un auteur, mais un seul auteur qui est Dieu, et c'est ici que se pose précisément le problème de la place du merveilleux, non seulement dans une religion, mais dans une religion monothéiste. Ensuite, il y a une réglementation du merveilleux dans le miracle. C'est à la fois un contrôle et une critique du miracle, qui, à la limite, fait s'évanouir le merveilleux, et finalement une tendance à rationaliser le merveilleux, et en particulier à lui ôter plus ou moins un caractère essentiel, l'imprévisibilité.[42]

Wo das Wunderbare für Unvorhersehbarkeit und Geheimnis sorgt, da zeigen sich im christlichen Wunder, so Le Goff, nur Vorhersehbarkeit, Berechnung und Rationalisierung („une orthodoxie du surnaturel"[43]). Dies gelte zumindest für die Wunder der Heiligen, von denen man, sobald sie auftreten, schon weiß, dass sie Wunder wirken werden. Das eigentliche Wunderbare, so Le Goff, muss man sich hingegen als „en définitive une forme de résistance à l'idéologie officielle du christianisme"[44] vorstellen. Le Goff drückt sich stellenweise weniger kategorisch als die ihn rezipierenden Literaturwissenschaftler aus, doch ist die Aussage letztlich eindeutig: Das christliche Wunderbare ist in seinem konzeptuellen Kern nichts anderes als das *miraculum* und als solches nicht etwa eine Unterkategorie des Wunderbaren, sondern ein Gegenbegriff und ein narrativer Apparat zur Unterdrückung des eigentlichen Wunderbaren.

Die Skepsis gegenüber der kulturellen Leistung des Christentums im Bereich des Wunderbaren, wie sie sich bei Le Goff zeigt, ist eine in der französischen Literaturwissenschaft weitverbreitete Position. So liegt allen Publikationen des auf volkstümliche pagane Mythologie spezialisierten Germanisten Claude Lecouteux der *grand récit* einer Korruption zugrunde: Lecouteux betrachtet alle von

---

41 Le Goff, «Le merveilleux», S. 22.
42 Le Goff, «Le merveilleux», S. 23.
43 Le Goff, „Le merveilleux", S. 26.
44 Le Goff, „Le merveilleux", S. 24.

ihm untersuchten volkstümlichen Mythen und Legenden als durch die christlichen Aktualisierungen vereinnahmt und ihrer ‚ursprünglichen' Vielfalt und Eigenheiten beraubt: Die Vielfalt übernatürlicher Wesen wird in der Diabolisierung vereinheitlicht, das Phänomen Wiedergänger wird in den Bereich der Trugbilder und Träume verschoben, die Bekämpfung übernatürlicher Schädlinge findet nicht mehr mit physischen sondern mit symbolischen Mitteln statt. Die kontinuierlich sich ausbreitende Macht des usurpatorisch agierenden Christentums, so Lecouteux, verfremde und zähme in der Anverwandlung das volkstümliche Mythenrepertoire:

> Le merveilleux chrétien est donc à la fois propagande missionnaire – dans les chansons de geste les preux montent au ciel –, défense de la foi – qui refuserait de croire à la lecture des miracles qu'opèrent les saints ? –, et, enfin, arme politique. L'aspect édifiant et didactique ne saurait cacher les visées temporelles de l'Eglise voulant établir un pouvoir incontesté sur les âmes et sur les royaumes. Le surnaturel est donc, en grande partie, la transposition sur un plan allégorique, moral et spirituel des luttes que l'Eglise mène dans le siècle.[45]

Da sich Lecouteux weniger mit Erzählverfahren als mit Motiven beschäftigt, ist diese Sichtweise völlig plausibel, zumal sie zu zahlreichen reichhaltigen und unverzichtbaren Publikationen über das Wunderbare im Mittelalter geführt hat. Lecouteux ist im Grunde weniger Literaturwissenschaftler als Historiker und Ethnologe. Problematisch wird die Reduktion des christlichen Wunderbaren auf das *miraculum* indes, wenn sie in der Perspektive genuin literaturwissenschaftlicher Fragestellungen als Argument dafür angeführt wird, christliche Texte als irrelevant auszuschließen. Dies ist der Fall in Francis Dubosts Studie zur mittelalterlichen Phantastik.[46] Dubost betrachtet *miracle* in der volkssprachlichen Literatur als eine semantische Spezifizierung und Positivierung von *merveille* und *surnaturel* durch die Rückführung auf die Urheber Gott, Jesus, Heilige, Engel. Durch sie wird das Phänomen der Sphäre des Sakralen zugeordnet.[47] Den Gegensatz von *miracle* und *merveille* beschreibt er folgendermaßen:

> Le miracle ferme l'investigation intellectuelle, alors que la *merveille* suscite la curiosité et ouvre un questionnement qui préfigure, selon des modalités à préciser, le questionnement

---

45 Lecouteux, *Au-delà du merveilleux*, S. 22.
46 Dubost, *Aspects fantastiques*. Die Kritik an Dubosts Bewertung des christlichen Wunderbaren ändert indes nichts an dem herausragenden Stellenwert dieser umfangreichen Studie. Auch die zahlreichen Arbeiten Lecouteux' gehören zu den wichtigsten Publikationen über das Wunderbare überhaupt. Siehe auch Jutta Eming, „Mittelalter", in: Hans Richard Brittnacher/Markus May (Hg.), *Phantastik. Ein interdisziplinäres Handbuch*, Stuttgart/Weimar: Metzler, 2013, S. 10–18, bes. S. 14–16 zu Dubost.
47 Dubost, *Aspects fantastiques*, S. 85 ff.

fantastique. [...] Le miracle est conclusif et résolutif; la *merveille*, très souvent inassignable, au moins dans un premier temps, ouvre une crise, instaure une épreuve, dresse un obstacle et sollicite les ressources humaines et surhumaines. Dans le miracle, le surnaturel opère à la place de l'homme; dans la *merveille* le surnaturel met l'homme à l'épreuve. Le miracle comble; la *merveille* creuse autour du héros l'espace incertain et périlleux de l'aventure, marquant ainsi un progrès très net dans le sens du romanesque.[48]

Diese Beobachtungen beziehen sich ausschließlich auf die volkssprachliche Literatur. Lateinischen Autoren wie Walter Map und Caesarius von Heisterbach attestiert Dubost durchaus eine früh ausgeprägte Sensibilität für das Phantastische, schließt sie aber aus seinem Textkorpus aus.[49] So legitim ein solches Vorgehen im Sinne philologischer Fachtraditionen ist, so wenig wird es dem Titel der Studie gerecht und lässt den Eindruck entstehen, dass die wesentlichen Entwicklungen so gut wie ausschließlich in der volkssprachlichen höfischen Literatur stattgefunden hätten. Dieser Eindruck wird noch verstärkt durch die Tatsache, dass das christliche Wunder als Konzept ja durchaus wie in der oben zitierten Passage immer wieder Gegenstand der Erörterung ist: Während das *miracle* als Arretierung jeder geistigen Tätigkeit beschrieben wird, zeichnet die im höfischen Roman beheimatete *merveille* alles aus, was die Literaturwissenschaft an moderner Literatur schätzt: semantische Offenheit, Subversivität, Transgression und Konterdiskursivität.[50] Das Resultat ist, nicht nur bei Dubost, ein binäres Modell, das in gewisser Weise eine Spiegelfechterei darstellt, da es ein theologisches mit einem literarischen Konzept vergleicht. Die gesamte von literaturwissenschaftlicher Seite geäußerte Kritik am christlichen Wunderbaren tendiert zu diesem Missverständnis. Aber das Christentum als monotheistische Offenbarungsreligion ist im Kern übernatürlich; seine Fundamente sind die Menschwerdung Gottes und die Auferstehung. Ein Verständnis der daraus resultierenden unverzichtbaren theologischen Notwendigkeit, das Übernatürliche im Kern vor dem Eindringen volkstümlicher Elementen zu bewahren, sucht man in den literaturwissenschaftlichen Publikationen vergeblich.

---

48 Dubost, *Aspects fantastiques*, S. 87.
49 „Il y a là certainement une piste intéressante à explorer, mais qui n'entre pas dans le cadre de la présente étude" (Dubost, *Aspects fantastiques*, S. 91). Da die Gründe für die Nichtberücksichtigung nicht genannt werden, dürfte diese schlicht dem sprachlichen Kriterium geschuldet sein.
50 Zur Konterdiskursivität siehe Rainer Warning, *Heterotopien als Räume ästhetischer Erfahrung*, München/Paderborn: Fink, 2009; ders., „Petrarcas Tal der Tränen", in: Klaus W. Hempfer/Gerhard Regn (Hg.), *Petrarca-Lektüren. Gedenkschrift für Alfred Noyer-Weidner*, Stuttgart: Steiner, 2003, S. 225–246, hier: S. 235; ders., „Poetische Konterdiskursivität. Zum literaturwissenschaftlichen Umgang mit Foucault", in: ders., *Die Phantasie der Realisten*, München: Fink, 1999, S. 313–345.

Eine Auflösung dieser theologisch-philologischen Schieflage setzt voraus, dass man die zeitgenössischen mittelalterlichen Begriffe nur mit großer Achtsamkeit in die eigene Heuristik übernimmt. Auf eben diesen Sachverhalt zielt die Differenzierung des zeitgenössischen *miraculum*-Diskurses einerseits und des weiter gefassten christlichen Wunderbaren andererseits. Das dieser Arbeit zugrundeliegende Verständnis des christlichen Wunderbaren ist weiter gefasst als das *miraculum*. Nicht das erzählte Phänomen ist ausschlaggebend, sondern die erzählerische Vermittlung im Rahmen einer spezifisch christlichen Kommunikationssituation. Unter dem christlichen Wunderbaren soll hier alles Wunderbare, gleich welchen Ursprungs, von dem in christlichen Texten erzählt wird, verstanden werden. In den folgenden Textanalysen werden die mittelalterlichen Konzepte stets deutlich zu erkennen sein: Wenn von natürlichen oder übernatürlichen Wundern die Rede ist, dann ist damit die Semantik der zeitgenössischen Begriffe, vor allem *miraculosus* und *mirabilis* gemeint. Das ‚christliche Wunderbare' wird hingegen stets als durch historische Distanz markierter konzeptueller Begriff verwendet. Es umfasst mehr als nur die Phänomenologie des göttlichen Wunders, mehr als nur die intendierte Botschaft und den expliziten christlichen Diskurs der Erzähler – es beinhaltet alle Merkmale des Texts: seine Pragmatik, seinen institutionellen Ort, die Motive und die Erzählweise. Es sei zudem ausdrücklich darauf hingewiesen, dass die Adjektive ‚pagan' und ‚heidnisch' hier nicht mit ihren vielfältigen ideologischen Implikationen verwendet werden, sondern lediglich in der Bedeutung von ‚nicht-christlich' bzw. ‚vorchristlich'.

2.4 Das christliche Wunderbare und das Phantastische

Die Fragestellung dieser Arbeit macht die Erörterung einer weiteren Problematik notwendig: Lassen sich mittelalterliche Texte des christlichen Wunderbaren legitimerweise mit den modernen Kategorien des Phantastischen und des Unheimlichen in Verbindung bringen? Hinter dieser Problematik verbergen sich im Grunde zwei Fragen: zum einen die nach der Anwendbarkeit moderner literaturwissenschaftlicher Begrifflichkeiten auf mittelalterliche Texte, zum anderen die nach der Anschließbarkeit des modernen Phantastischen an das christliche Wunderbare, welches – auch in unserem oben dargelegten weitgefassten Verständnis – doch stark vom *miraculum* geprägt ist, einem Konzept, das so gar nicht mit Zweifel und Verunsicherung verrechenbar zu sein scheint. Unsere Vorgehensweise beruht indes auf der Überzeugung, dass beide Fragen zu bejahen sind: Es gibt das Phantastische im Mittelalter – nur darf man den Begriff nicht zu eng fassen; und es gibt das Phantastische in christlichen Texten des Mittelalters, ja gerade dort.

Dem Phantastischen nah steht das Unheimliche. Auf den ersten Blick scheinen sich die beiden Begriffe auf verschiedene Textebenen zu beziehen. Das Unheimliche bezeichnet eine Atmosphäre in der Welt im Text sowie den im Leser evozierten Affekt und ist daher in Narration und Deskription zu verorten, während das Phantastische spätestens seit Todorovs *Introduction à la littérature fantastique* ‚epistemisch' gemeint ist: Es betrifft nicht die Diegese, sondern das Verständnis des ganzen Texts und mündet in die Frage, ob in der erzählten Welt die Naturgesetze gelten, oder ob man dem Übernatürlichen ein Existenzrecht einräumen muss. Bei näherer Betrachtung benennen die beiden Begriffe aber zwei Ansichten desselben Phänomens: Die phantastische *hésitation* gründet in einer Angst auslösenden, eben unheimlichen Orientierungslosigkeit angesichts bestimmter Phänomene. ‚Unheimlich' bezeichnet eine affektive Reaktion, eine ängstliche Verunsicherung angesichts dessen, „was im Geheimniß, im Verborgenen, in der Latenz bleiben sollte und hervorgetreten ist" (Schelling zitiert nach Freud)[51], und es ist umso stärker, wenn es im ‚Heimischen', im Vertrauten auftritt. Diese nicht einmal psychoanalytisch, sondern wortgeschichtlich begründete Semantik trifft auf die meisten Ereignisse zu, von denen die in dieser Arbeit gelesenen christlichen Texte erzählen. Hinzu kommt, dass in ihnen permanent von der Überschreitung der Grenze zwischen Leben und Tod berichtet wird. Schon Jentsch wies in seinem als frühes Zeugnis des Nachdenkens über das Unheimliche berühmt gewordenen Aufsatz aus dem Jahre 1906 darauf hin, dass das Unheimliche zumeist dann empfunden wird, wenn „Zweifel an der Beseelung eines anscheinend lebendigen Wesens" aufkommen, oder wenn umgekehrt die Frage aufgeworfen werde, „ob ein lebloser Gegenstand nicht etwa beseelt sei".[52] Das trifft in ebenso starkem Maße auf *ehemals* beseelte Wesen, sprich: Verstorbene, zu: die Wiedergänger. Im Frühen Mittelalter dürfen zunächst nur die Heiligen erscheinen (was wenig unheimlich ist), doch im Laufe des Hohen Mittelalters erscheinen immer mehr ‚normale' Menschen als Verstorbene ihren Klosterbrüdern und Familienmitgliedern an den Orten, an denen sie gelebt haben.[53]

---

51 Sigmund Freud, „Das Unheimliche", in: ders., *Gesammelte Werke. Chronologisch geordnet*, Frankfurt a. M.: Fischer, 1982, Bd. 12, S. 241–274, hier: S. 247. Ein Überblick über die ‚Theoriegeschichte' des Unheimlichen findet sich bei Anneleen Masschelein, „Unheimlich/Das Unheimliche", in: Barck, Karlheinz u. a. (Hg.), *Ästhethische Grundbegriffe*, Bd. 6, Stuttgart: Metzler, 2005, S. 241–260.
52 Ernst Jentsch, „Zur Psychologie des Unheimlichen", in: *Psychiatrisch-Neurologische Wochenschrift* 22 (1906), S. 195–198, hier: S. 197, und 23 (1906), S. 203–205.
53 In unserem Kontext interessiert das Unheimliche in Verbindung mit dem Übernatürlichen; der Begriff ist jedoch nicht obligatorisch an das Übernatürliche gebunden. Hinsichtlich der Todorovschen Begriffstrias ‚*merveilleux – fantastique – étrange*' ist hier eine nicht unwesentliche Bemerkung angebracht: Sie wird im Deutschen als „wunderbar – phantastisch – unheimlich"

2.4.1 Motivische Traditionen

Hinsichtlich der Motive kann es überhaupt keinen Zweifel daran geben, dass sich die moderne phantastische Literatur beim Bildervorrat mittelalterlicher Vorstellungswelten bedient. Die in mittelalterlichen Texten narrativ entfalteten Themen und Motive lesen sich wie ein Katalog moderner Phantastik: Dämonen, Geister, gequälte Seelen, lebende Gegenstände, Verhexungen, Teufelspakte, Tiermetamorphosen, etc.[54] – all dies kennt der Leser aus der Literatur des 18. und 19. Jahrhunderts wie aus Filmen der einschlägigen Genres. Besondere Prominenz genießen Werwolf und Wiedergänger. Von Menschen, die sich in Wölfe verwandeln, erzählen schon das Gilgamesch-Epos, Ovid und Plinius, im Mittelalter Gervasius von Tilbury, Gerald von Wales, Marie de France, der anonyme *Lai de Mélion* und Boccaccio, in der Moderne Alexandre Dumas, Claude Seignolle, Tommaso Landolfi, Stephen King und viele andere mehr oder weniger bekannte Autoren. Im Film erfreut sich der Werwolf seit den 1930er Jahren mit Abstrichen bis heute ungebrochener Beliebtheit. Gleiches gilt in noch stärkerem Maße für den Wiedergänger, vor allem in seiner nicht-christlichen Spielart als physischer Schädling, dem nur mit Gewalt beizukommen ist. Eine Aufzählung von Autoren, die sich des Vampirstoffs angenommen haben, würde jeden Rahmen sprengen.[55]

übersetzt. ‚Unheimlich' hat hier aber nicht viel mit dem gemein, was Jentsch und Freud meinen, sondern bedeutet vielmehr: Ein scheinbar übernatürliches Ereignis schien nur übernatürlich und angsteinflößend, ließ sich aber letztlich im Sinne der Naturgesetze erklären – es war nur ‚seltsam' (*étrange*), aber nicht übernatürlich.

54 Vgl. Jean-Luc Steinmetz, *La littérature fantastique*, Paris: Presses universitaires de France, ⁴2003, S. 23–36, sowie Dubost, *Aspects fantastiques*, Bd. 1, S. 9, dort mit Bezug auf die zwölf großen phantastischen Themen bei Caillois, *Au cœur du fantastique*, Paris: Gallimard, 1965, S. 104 f., Hans Richard Brittnacher, *Ästhetik des Horrors*, Frankfurt a. M.: Suhrkamp, 1994.

55 Einen reichhaltigen, wenn auch nicht mehr ganz aktuellen Überblick über die Tiermetamorphose liefert die von Klaus Völker herausgegebene Anthologie *Von Werwölfen und anderen Tiermenschen. Dichtungen und Dokumente*, München: Hanser, 1972. Einen ebenfalls nicht mehr ganz aktuellen Überblick über Wiedergänger und Vampire gibt die von Dieter Sturm und Klaus Völker herausgegebene Anthologie *Von den Vampiren oder Menschensaugern. Dichtungen und Dokumente*, München: Hanser, 1968. Beide Anthologien beinhalten nicht nur literarische Texte, sondern auch historische Dokumente. Dem Wiedergänger widmet sich außerdem eine Fülle populärwissenschaftlicher Bücher. Unverzichtbare Informationen finden sich in den zahlreichen Publikationen von Claude Lecouteux (für mehr Literaturangaben zu den Wiedergängern siehe die textanalytischen Kapitel dieser Arbeit) sowie bei Francis Dubost, „La vie paradoxale : la mort vivante et l'imaginaire fantastique au Moyen Âge", in: Francis Gingras (Hg.), *Une étrange constance. Les motifs merveilleux dans les littératures d'expression française du Moyen Âge à nos jours*, Saint Nicolas (Quebec): Les Presses de l'Université de Laval, 2006, S. 11–38, wieder abgedruckt in: Dubost, Francis, *La Merveille médiévale*, Paris: Honoré Champion, 2016, S. 145–174. Ferner sei

Hier liegt eine ganz besondere Fülle historischer wie literarischer Texte vor, was kaum verwundert, darf der lebendig zurückkehrende Tote doch als ein anthropologisches Motiv gelten, das man in fast allen menschlichen Kulturen vorfindet. Doch nicht nur Figuren, auch bestimmte Typen dramatisch-unheimlicher Situationen finden sich in mittelalterlichen Texten bereits vorbereitet. Dabei dominieren zwei Varianten: Oft begegnen einzelne Menschen Werwölfen, Wiedergängern und Dämonen in menschenverlassenen Gegenden, etwa am Rande eines Wegs, im Wald oder einem Moor, in der Regel bei Nacht. Andererseits entsteht Unheimlichkeit häufig dadurch, dass ein Dämon die Menschen in ihrer ureigensten, vertrauten Umgebung heimsucht. Dass die mittelalterlichen Texte ein regelrechtes Motivarsenal für ein literarisches Genre darstellt, das nicht umsonst in seinen Anfängen *gothic* genannt wurde, liegt also auf der Hand.

2.4.2 *Hésitation* im Mittelalter?

Als problematischer erweist sich eine Anwendung des Attributs ‚phantastisch' im Todorovschen Sinne auf mittelalterliche Texte. Sind die eben erwähnten Motive in der Moderne doch Bestandteil von fiktionalen Geschichten, deren genuiner Zweck – mal mit mehr, mal mit weniger literarischem und philosophischem Anspruch – darin besteht, den Leser zu verunsichern, Zweifel und Ängste in ihm auszulösen, kurz: einen ‚schönen Schauer' zu erzeugen. Richard Alewyn spricht in diesem Zusammenhang (in Anlehnung an Edmund Burkes *delightful horror*) von der „Lust an der Angst"[56] und argumentiert, dass eine spezifische Angst erst dann zum Gegenstand von Literatur werden kann, wenn sie in der Wirklichkeit an Bedeutung zu verlieren beginnt. In dem Augenblick, in dem man vor bestimmten Dingen vernünftigerweise keine Angst mehr haben muss, kann diese Angst zum Gegenstand einer Art von Spiel mit der Vorstellung werden. Ein eben solches betreibe der Schauerroman, der ab der Mitte des 18. Jahrhunderts in seinen Lesern Ängste schürt, für die im wirklichen Leben kein Platz mehr sei, die aber eben auch noch nicht ganz aus den kollektiven Vorstellungen verschwunden seien (Dunkelheit, Gewitter, Friedhöfe, etc.):

---

verwiesen auf Christa Agnes Tuczay, *Geister, Dämonen – Phantasmen. Eine Kulturgeschichte*, Wiesbaden: Marix, 2016, S. 135–190; Jean-Claude Faucon, *L'horreur au Moyen Age*, Toulouse: Editions Universitaires du Sud 1999.

56 Richard Alewyn, „Die Lust an der Angst" [1965], in: ders., *Probleme und Gestalten. Essays*, Frankfurt a. M.: Suhrkamp, 1974, S. 307–330. Es handelt sich dabei um eine überarbeitete Fassung eines früheren Aufsatzes „Die literarische Angst", in: Hoimar von Ditfurth (Hg.), *Aspekte der Angst*, Stuttgart: Thieme, 1965, S. 24–36.

> Die Aufklärung hatte es unternommen, Wunder und Geheimnisse auszutilgen, und damit auch die Angst vor dem Unbekannten. Diese Lehre hatte den Verstand überzeugt, aber sie ließ das Gefühl unbefriedigt.[57]

Hinzu kommt etwa zeitgleich die von Edmund Burke prominent gemachte These, die Empfindung des Erhabenen werde par excellence durch Angst und Schrecken ausgelöst:

> Whatever is fitted to excite the ideas of pain, and danger, that is to say, whatever is in any sort terrible, or is conversant about terrible objects, or operates in a manner analogous to terror, is a source of the sublime; that is, it is productive of the strongest emotion which the mind is capable of feeling.[58]

Für die christlichen Wundergeschichten des 12. Jahrhunderts muss hingegen festgehalten werden, dass der Schrecken gerade nicht angenehm sein, sondern von den Gläubigen auf das eigene Leben und Sterben bezogen werden soll. Und auch in der fiktionalen Literatur des Mittelalters scheint ‚ästhetische' Angst nicht besonders stark ausgeprägt zu sein. Höfische Erzähltexte entführen ihre Leser gerne in wunderbar-märchenhafte Welten, andere Erzählformen wie Fabliau und Novelle stehen vornehmlich im Zeichen des Lachens, allenfalls des Staunens, aber niemals im Zeichen der Angst vor dem Übernatürlichen. Das Verhältnis der modernen literarischen Phantastik zu den mittelalterlichen Texten ist daher als ambig zu bezeichnen: Einerseits steht die moderne Phantastik dem Wunderbaren des höfischen Romans nah; beide sind literarisch und fiktional. Hinsichtlich dieses Kriteriums bleiben die christlichen Wundergeschichten, die weder als Literatur noch als Unterhaltung rezipiert wurden, außen vor. Andererseits aber rückt ihr Realismus die moderne Phantastik in die Nähe der christlichen Erzählungen, denn diese erzählen wie die modernen Texte vom Einbruch des Übernatürlichen in den Alltag, vom berühmten ‚Riss' (R. Caillois), der plötzlich durch die Wirklichkeit geht und den Blick auf eine andere Ordnung freigibt.[59] Dieses Aufeinandertreffen von Alltag und Übernatürlichem, eine zentrale Voraussetzung der Phantastik, geht der *matière de Bretagne* gerade ab. Dennoch suchen die meisten literaturwissenschaftlichen Publikationen die Vorläufer der modernen

---

57 Alewyn, „Die Lust an der Angst", S. 328.
58 Edmund Burke, *A Philosophical Enquiry into the Origin of our Ideas of the Sublime and Beautiful* [1757], hg.v. James T. Boulton, London: Routledge and Kegan Paul, 1958, S. 39.
59 „[...] dans le fantastique, le surnaturel apparaît comme une rupture de la cohérence universelle. Le prodige y devient une agression interdite, menaçante, qui brise la stabilité du monde dont les lois étaient jusqu'alors tenues pour rigoureuses et immuables" (Caillois, „De la féerie à la science-fiction", S. 9).

Phantastik in der höfischen Literatur, in der *merveille* der *matière de Bretagne*. Eine Ausnahme stellen die Arbeiten Claude Lecouteux' dar, dessen Erkenntnisinteresse sich aber auf die Erforschung von Motiven und ihrer historischen Genese konzentriert. Die Textlektüren der vorliegenden Studie beruhen hingegen auf der Annahme, dass sich die Vorformen des Phantastischen gerade in den nicht-literarischen christlichen Texten auffinden lassen, weil das christliche Wunderbare dort, über die Motive hinaus, in weitaus stärkerem Maße den Einbruch des Übernatürlichen in den Alltag thematisiert.

Die geschichts- und literaturwissenschaftliche Mediävistik ist durch eine große Skepsis gegenüber dem Konzept des Phantastischen geprägt.[60] So lesen wir bei Le Goff:

> Surtout ce qui m'empêche d'utiliser pour le Moyen Âge le beau livre de Todorov c'est qu'il n'y a pas de *fantastique*. En parlant du *Moyen Âge fantastique*, Baltrušaitis a transporté anachroniquement une vision romantique et surréaliste.[61]

Ein anderer *Annales*-Historiker differenziert:

> Il est bien vrai que la civilisation médiévale n'a pas produit de littérature fantastique telle qu'elle est apparue à la fin du XVIIIe siècle [...]. Mais la civilisation médiévale n'en a pas moins connu *du* fantastique, qui avait, dans ce contexte, une fonction sociale même si celle-ci était étrangère au projet littéraire caractéristique des siècles plus récents.[62]

Doch nicht nur unter Historikern, auch bei Philologen überwiegt die Skepsis. So ist Paul Zumthor kategorisch in seiner Diagnose, dass die einzige in mittelalterlichen literarischen Texten auffindbare Phantastik diejenige sei, die ihr von modernen Lesern übergestülpt wird. Die Abwesenheit von Phantastik in den Romanen und Lais des 12. Jahrhunderts erkläre sich erstens dadurch, dass sich aufgrund der vielen Jahrhunderte, die uns von den Texten trennen, kein impliziter Leser mehr ausmachen lasse, dem man die phantastikspezifische *hésitation* zu-

---

[60] Eine knappe Zusammenfassung der Diskussion findet sich bei Uta Störmer-Caysa, *Grundstrukturen mittelalterlicher Erzählungen. Raum und Zeit im höfischen Roman*, Berlin: De Gruyter, 2007, S. 215–218.
[61] Le Goff, «Le merveilleux», S. 37. Le Goff bezieht sich hier auf Jurgis Baltrušaitis' kunsthistorische Monographie *Le moyen âge fantastique. Antiquités et exotismes dans l'art gothique*, Paris: Armand Colin, 1955, die den Begriff ‚phantastisch' nicht konzeptuell verwendet, sondern schlicht im Sinne von ‚fabulös', ‚imaginativ', und ‚bizarr'.
[62] Jean-Claude Schmitt, «Les morts qui parlent : voix et visions au XIIe siècle», in: Sylvain Auroux/Jean-Claude Chevalier/Nicole Jacques-Chaquin/Christiane Marchello-Nizia (Hg.), *La linguistique fantastique*, Paris: Denoël, 1985, S. 95–102, hier: S. 95f.

ordnen könnte.⁶³ Zweitens setze Phantastik voraus, dass eine Geschichte nach der Wahrscheinlichkeit abläuft. Für die mittelalterliche Literatur sei es aber typisch, dass sie keinem Wirklichkeitsbegriff verpflichtet ist, sondern einer dichterischen Tradition, weshalb beispielsweise der offensichtlich nicht ganz kurze Brief, den Tristan im *Chèvrefeuil* an Iseut auf einen Haselnusszweig schreibt, für den zeitgenössischen Leser durchaus keine Unannehmbarkeit darstelle.⁶⁴ Carolyne W. Bynum hält Todorovs Begriffstrias *merveilleux–fantastique–étrange* immerhin durchaus für nützlich, betont dabei aber, dass sich die Komplexität mittelalterlicher Texte nicht auf das relativ einfache, auf Wahrscheinlichkeit und Glaubwürdigkeit basierende Schema Todorovs reduzieren lasse.

> I find Todorov's categories useful. But even if they need a bit of adjustment in order to describe the wide variety of places where medieval authors recount the astonishing, it is clear that these authors framed their stories in such a way as to suggest complicated reader responses not limited to credulity.⁶⁵

Damit ist gemeint, dass die einzelnen wunderbaren Geschichten stets im Rahmen eines größeren textuellen Zusammenhangs stehen, der das intendierte Verständnis der Texte maßgeblich prägt. Dieses basiert also nicht allein wie im Falle moderner Phantastik auf der Frage, welche Erklärung innerhalb der Welt im Text die letztlich wahrscheinliche darstellt. Der erzählerische Rahmen ist von wesentlicher Bedeutung für die Leserlenkung (z.B. Mirakel- oder Mirabiliensammlung, Didaktik oder Unterhaltung). Es stellt sich indes die Frage, ob nicht ein grundlegendes Missverständnis Bynums in Bezug auf die *hésitation* vorliegt. So scheint sie davon auszugehen, dass nicht die *hésitation* des Lesers, sondern die der Figur Phantastik-konstitutiv sei:

> According to Todorov, 'the marvelous' is a genre in which characters accept the supernatural; in the 'strange' or 'uncanny,' it is rationalized; in the 'grotesque' or 'fantastic,' characters vacillate between natural explanation and acceptance of the supernatural as supernatural.⁶⁶

Dieses Missverständnis trifft präzise den kritischen Punkt: Die *hésitation* des Lesers ist in Todorovs Modell maßgeblich,⁶⁷ und gerade deshalb ist Phantastik ein

---

63 Paul Zumthor, *Essai de poétique médiévale*, Paris : Seuil Points, 1972, S. 170.
64 Zumthor, *Essai de poétique médiévale*, S. 171.
65 Bynum, «Miracles and Marvels: The Limits of Alterity», S. 812.
66 Bynum, "Wonder", S. 2, Anm. 6.
67 Tzvetan Todorov, *Introduction à la littérature fantastique*, Paris: Le Seuil, 1970, Kap. 2, S. 28 ff., besonders S. 35: „*L'hésitation du lecteur* est donc la première condition du fantastique [...] ensuite,

literarisches Spiel, was man von den für Bynum relevanten Erzählungen von Gerald von Wales, Walter Map und Wilhelm von Newburgh nicht behaupten kann – und von den christlichen Texten, die Bynum ebenfalls behandelt, erst recht nicht. Die genannten Autoren haben sehr verschiedenartige Texte geschrieben, die sich zwischen volkstümlichen Mythen, christlichen Wundern und Geschichtsschreibung bewegen. So kommt man am Ende wieder bei der Frage nach der Vereinbarkeit einer fiktionsspezifischen Kategorie ‚Phantastik' mit nicht-fiktionalen Texten an.

Francis Dubosts bereits erwähnte Studie darf als ein bedachtes Plädoyer für die Eignung des Adjektivs ‚phantastisch' zur Beschreibung mittelalterlicher Texte gelten. Dabei ist er sich des argumentativen Gewichts der Einwände gegen seine Position durchaus bewusst, wie seine Hinweise darauf zeigen, dass Todorovs *hésitation* nicht auf das Mittelalter anwendbar sei,[68] und dass sich sowohl die Künste als auch die lebensweltliche Wahrnehmung des Übernatürlichen im Mittelalter nicht unabhängig vom Bereich des Sakralen betrachten lassen. Dubosts Aufmerksamkeit gilt den „manifestations épisodiques d'une sensibilité fantastique qui reste à definir", und er betont:

> Il faut être très clair sur ce point: ce n'est pas *le* fantastique en tant que genre qui fait l'objet de ce travail, mais le fantastique en tant que *forme de l'imaginaire* dont l'expression littéraire relève d'une esthétique de la peur ou, plus précisément, d'une 'poétique de l'incertain' […].[69]

Dubosts Versuch, die Kategorie des Phantastischen für die Interpretation literarischer Texte des Mittelalters zu gewinnen, beruht also auf der Ersetzung des Substantivs durch das Adjektiv: Keine Phantastik, wohl aber „aspects phantastiques" (so ja auch der Titel der Studie) gebe es in mittelalterlichen Texten. Damit zieht er die Konsequenz aus der Unvereinbarkeit der formalistischen Definition Todorovs mit dem mittelalterlichen Denken. Die der Epoche nicht angemessene Frage nach der *hésitation*, welche im Übrigen ja auch erst durch Todorov eine solche Prominenz gewonnen hat, ist damit zugunsten eines flexibleren Verständnisses der phantastischen Verunsicherung verabschiedet.

---

cette hésitation peut être ressentie également par un personnage; ainsi le rôle de lecteur est pour ainsi dire confié à un personnage et dans le même temps l'hésitation se trouve représentée, elle devient un des thèmes de l'œuvre" (S. 38).
68 Dubost, *Aspects fantastiques*, S. 11. Siehe auch Ders., „Fantastique médiévale : esquisse d'une problématique", in: Ders., *La Merveille médiévale*, Paris: Honoré Champion, 2016, S. 121–143.
69 Dubost, *Aspects fantastiques*, S. 9.

Eine der phantastischen *hésitation* durchaus verwandte Form kennt das christliche Denken des Mittelalters gleichwohl. Der spätantike und mittelalterliche Diskurs über das Wunderbare offenbart vor allem eines: eine große Verunsicherung darüber, wie staunenswerte Phänomene zu verstehen sind, und welche Bedeutung man ihnen geben kann und darf. Dies betrifft vor allem den Status visionärer Wahrnehmung: Ist das Geschaute körperlich oder geistig, real oder phantasmatisch? Es handelt sich im Grunde um eine *hésitation*, die zwar wohlgemerkt nicht auf Texte bezogen ist, die aber dafür ungleich komplexer ist als die Unentschiedenheit des Lesers zwischen *étrange* und *merveilleux*. So bringt Augustinus in seiner Erklärung von Tiermetamorphosen – die auch für Wiedergänger gilt – eine Art von *hésitation* ins Spiel, welche freilich nicht die beiden Alternativen natürlich/übernatürlich betrifft, sondern die Ungewissheit, ob ein Phänomen wahr und von Gott erlaubt oder eine dämonische Illusion ist. Schon in *De trinitate* führt er die Unterscheidung von *phantasia* und *phantasma* ein.[70] Während sich die *phantasia* auf die Erinnerung an Gesehenes stützt (etwa einen tatsächlichen Aufenthalt in Karthago), ist das *phantasma* von jeder sinnlichen Vermittlung abgeschnitten (so das Bild, das sich der Zuhörer nach einem Bericht Dritter von Alexandria macht). Es beruht entweder auf einer sekundären Vermittlung (Erzählung, Bericht, Beschreibung) oder auf der reinen Imagination. Damit ist die *phantasia* näher an der Wahrheit als das *phantasma*, dessen Zuverlässigkeit letztlich unkontrollierbar bleibt.

In *De civitate Dei* XX,18 erläutert Augustinus die Funktionsweise der Trugbilder, die die Dämonen zu erzeugen in der Lage sind. Im Mittelpunkt dieser Ausführungen steht der Begriff des *phantasticum hominis*. Das oberste Ziel des Kirchenvaters besteht darin, den Dämonen die Fähigkeit abzusprechen, die Natur der Lebewesen zu verändern, da sie sich andernfalls auf Augenhöhe mit Gott befänden. Der argumentative Ausweg besteht darin, zu behaupten, dass die Werke der Dämonen lediglich Täuschungen seien – ein Gedanke, den Augustinus von Tertullian übernimmt.[71] Augustinus verwendet *phantasticus* als substantiviertes Adjektiv auf eine für unsere Thematik relevante Weise, impliziert der Begriff doch eine Art *hésitation* zwischen Wahrheit und Illusion. *Phantasticus* bedeutet soviel wie ‚vorgestelltes Bild', in Abgrenzung zu den Wahrnehmungen, die auf Vermittlung durch die (zum Körper gehörenden) Sinne beruhen. Phantasien sind also Bilder, die nicht mit der Wirklichkeit abgeglichen werden können und daher weder einen Realitäts- noch einen Wahrheitsstatus haben. Augustinus

---

70 Aurelius Augustinus, *De trinitate*. Lateinisch-Deutsch. Hg. u. übers. v. Johann Kreuzer, Hamburg: Meiner, 2001, S. 22 ff.
71 Vgl. Claude Lecouteux, *Geschichte der Gespenster und Wiedergänger im Mittelalter*, Köln/Wien: Böhlau, 1987, S. 48–55.

unterscheidet die sinnliche Wahrnehmung einerseits und die mentalen Bilder, die der Mensch zu schaffen vermag, andererseits. Solche illusorischen Visionen sind strikt zu unterscheiden von den Visionen, die Gott schickt. Sie funktionieren folgendermaßen:

> Haec vel falsa sunt vel tam inusitata, ut merito non credantur. Firmissime tamen credendum est omnipotentem Deum posse omnia facere quae voluerit, sive vindicando sive praestando, nec daemones aliquid operari secundum naturae suae potentiam (quia et ipsa angelica creatura est, licet proprio vitio sit maligna) nisi quod ille permiserit, cuius iudicia occulta sunt multa, iniusta nulla. Nec sane daemones naturas creant, si aliquid tale faciunt, de qualibus factis ista vertitur quaestio; sed specie tenus, quae a vero Deo sunt creata, commutant, ut videantur esse quod non sunt. Non itaque solum animum, sed ne corpus quidem ulla ratione crediderim daemonum arte vel potestate in membra et liniamenta bestialia veraciter posse converti, sed phantasticum hominis, quod etiam cogitando sive somniando per rerum innumerabilia genera variatur et, cum corpus non sit, corporum tamen similes mira celeritate formas capit, sopitis aut obpressis corporeis hominis sensibus ad aliorum sensum nescio quo ineffabili modo figura corporea posse perduci; ita ut corpora ipsa hominum alicubi iaceant, viventia quidem, sed multo gravius atque vehementius quam somno suis sensibus obseratis; phantasticum autem illud veluti corporatum in alicuius animalis effigie appareat sensibus alienis talisque etiam sibi esse homo videatur, sicut talis sibi videri posset in somnis, et portare onera, quae onera si vera sunt corpora, portantur a daemonibus, ut inludatur hominibus, partim vera onerum corpora, partim iumentorum falsa cernentibus.[72]

---

[72] „Das alles [Tiermetamorphosen bei Apuleius und anderen antiken Autoren] ist entweder unwahr oder so ungewöhnlich, daß es mit Recht nicht geglaubt wird. Nur eines ist ganz fest zu glauben: daß der allmächtige Gott alles machen kann, was er will, sei es zur Strafe, sei es zur Gewährung, und daß Dämonen durch die Macht ihrer Natur (die ja Engelskreatur ist, wenn auch durch eigenes Gebrechen böse) nur dann etwas vermögen, wenn jener es zuläßt, dessen verborgene Entscheidungen zwar vielgestaltig sind, jedoch nie ungerecht. Freilich erschaffen Dämonen niemals neue Wesen, wenn sie etwas Derartiges tun, wie es hier bei solchen Taten in Frage steht; sondern sie verändern nur der Gestalt nach, was vom wahren Gott erschaffen ist, so daß die betreffenden Geschöpfe etwas zu sein scheinen, was sie nicht sind. Ich denke nicht, daß Dämonen Seele oder Leib eines Menschen in tierische Glieder oder tierische Wesenszüge umformen können, aber sie können auf einem unbeschreiblichen Weg das Trugbild eines Menschen in leiblicher Gestalt an die Sinne anderer heranführen. Etwas Derartiges ereignet sich auch in unserm Denken oder Träumen bei tausend verschiedenen Dingen, und wenn es auch kein Körper ist, nimmt es doch mit wunderbarer Schnelligkeit körperähnliche Formen an und wirkt auf die betäubten oder unterdrückten Sinne des Menschen in einer ganz unfaßbaren Weise als Trugbild, das nur auf seiner Gedankenvorstellung beruht, während der menschliche Leib selbst an einem andern Platz mit verschlossenen Sinnen, lebendig zwar, aber doch in einer Bewußtlosigkeit liegt, die tiefer und betäubter sein kann als im Schlaf. So kann ein solches Trugbild in körperlicher Gestalt anderen erscheinen, und auch ein Mensch kann sich selbst so erscheinen, wie er sich auch im Traume selbst erscheinen kann, und kann sogar Lasten tragen dabei. Sind diese Lasten wirklich körperhaft, dann sind es die Dämonen, die sie tragen, um die Menschen zu foppen, die entweder

Das *phantasticum hominis* ist nicht körperhaft, und es macht sich Augenblicke der Schwäche des menschlichen Bewusstseins zunutze, sowohl beim Wahrnehmenden als auch bei demjenigen, an dem sich die Transformation vollzieht. Die Tatsache, dass Augustinus' Theorie bis ins hohe Mittelalter relevant blieb, spricht dafür, dass der zu bekämpfende Glaube an alte Gottheiten gleich welcher Herkunft sehr präsent war. Das pagane Übernatürliche zu leugnen, war vor diesem Hintergrund wohl unmöglich, und so verschob Augustinus die heidnischen Wunder in den Bereich des Dämonischen. Mühselig wird indes die Unterscheidung, was als dämonisch-diabolisches Übernatürliches fortan seinen Platz im christlichen Glauben haben soll und was nicht (nämlich Hexen, Kobolde und sonstige Figuren aus dem Arsenal paganer Vorstellungen).[73] Fabelhafte Wesen (Monster, tierisch-menschliche Mischwesen, Wiedergänger, Geister und Besessene, ganz gleich ob antiker, keltischer oder germanischer Herkunft) finden sich in verschiedensten Textsorten, so auch in christlichen Texten. Die christlichen Bearbeitungen müssen stets versuchen, zwei Dinge auszubalancieren: Das Wunderbare der Phänomene soll nicht geleugnet werden, doch gleichzeitig muss dieses Wunderbare im Sinne der Doxa rationalisiert werden – was mitunter zu wenig überzeugenden Lösungen führt:[74] Die Hagiographie kennt das Motiv, dass der Heilige angsterfüllte Menschen auf den illusorischen Charakter eines vom Teufel geschaffenen Wunders hinweist und die Verwirrung aufhebt. Was Augustinus' Argumentation indes nicht zu erklären vermag, sind die konkreten physischen Folgen für Lebende, die eine Begegnung mit einer solch dämonischen Illusion haben kann. So lassen sich die Wiedergänger und Dämonen bei Wilhelm von Newburgh, Walter Map[75] oder Gervasius von Tilbury (also in Texten, die wir nicht zum christlichen Wunderbaren zählen) schon allein aufgrund ihrer Körperlichkeit kaum mit dem *phantasticum hominis* plausibel erklären. Und auch in einem Text mit christlicher Pragmatik wie Caesarius von Heisterbachs *Dialogus miraculorum* gibt es Exempla, die diese Ungewissheit hinterlassen.[76] Mit der Theorie des *phantasticum hominis* steht Augustinus am Beginn der christlichen Bemühungen, das vorchristliche Übernatürliche zu diabolisieren und zu vergeistigen. Im weiteren Verlauf dieser Entwicklung wird der Wiedergänger zu ei-

---

wirkliche Lasten oder eingebildete Tiere zu sehen vermeinen" (Aurelius Augustinus, *Der Gottesstaat. De civitate Dei*, übers. v. Carl Johann Perl, Paderborn/ München/ Wien/ Zürich: Schöningh, 1979, Bd. 2, S. 324 ff.).
73 Vgl. Dubost, *Aspects fantastiques*, S. 36.
74 Siehe dazu Bynum, „Miracles and Marvels", S. 807–811.
75 Vgl. dazu Dubost, *Aspects fantastiques*, S. 36–45.
76 Siehe dazu Kap. 3.2.2.1.

nem Wesen zwischen den Kategorien: „Il n'est ni un corps, ni une illusion, mais une image, 'quelque chose'".[77]

2.4.3 Phantastische Aspekte mittelalterlichen Erzählens

Es bleibt indes die Notwendigkeit zu bestimmen, was das Phantastische denn als „forme de l'imaginaire" (Dubost) ausmacht. Es sind Angst und Ungewissheit, und zwar in Bezug auf das Übernatürliche. Als ‚phantastisch' bezeichnet Dubost eine bestimmte Teilmenge des Wunderbaren, die sich dadurch auszeichnet, beunruhigend und furchteinflößend zu sein, im Gegensatz zu einem nur beruhigenden Wunderbaren und Mirakulösen. Zur schärferen Konturierung einer „esthétique de la peur" und einer „poétique de l'incertain" setzt Dubost das literarische *merveilleux* immer wieder in Opposition zur christlichen „pensée officielle". Das Übernatürliche der Literatur setze den christlichen Gewissheiten seine verführerischen „merveilles poétiques et troublantes parfaitement étrangères aux mystères de la foi"[78] entgegen. Dubost weist in diesem Kontext auf Walter Map hin, bei dem das Adjektiv *fantasticus* stets auf ein ganz bestimmtes Übernatürliches be-

---

[77] Jean-Claude Schmitt, „Les revenants dans la société féodale", in: *Le Temps de la réflexion* 3 (1982), S. 285–306, hier: S. 290. Vgl. auch Lecouteux, *Geschichte der Gespenster und Wiedergänger im Mittelalter*, S. 12 u. S. 65. Das *phantasticum hominis* lädt auch dazu ein, die moderne Phantastik, insbesondere die *hésitation* neu zu betrachten. Denn in gewisser Weise ist das Zögern zwischen Wahrheit und Täuschung, das Augustinus' Ausführungen zugrunde liegt, eine grundsätzlichere, weil abstraktere Opposition als Todorovs Unentschiedenheit zwischen natürlicher und übernatürlicher Erklärung. Das lässt sich am Beispiel des Traums oder der Psychose verdeutlichen. Bei Todorov bedeutet die Auflösung eines Rätsels dadurch, dass es sich ‚nur' um den Traum oder die Psychose einer Figur handelte, ein Kippen zur Seite des *étrange:* Das Übernatürliche war eben nur eine Illusion, nun ist die gewohnte Realität mit ihren Naturgesetzen, die nie außer Kraft gesetzt waren, wieder deutlich erkennbar. Es lässt sich aber auch problemlos ein Text denken, in dem es um eine strukturell identische Entscheidung geht, ohne dass indes das Übernatürliche ins Spiel käme. Die *hésitation* bezöge sich auch hier auf die beiden Möglichkeiten Illusion (Irrtum, Fehlinterpretation) oder Wahrheit (überprüfbares Faktum). Der Leser müsste nicht entscheiden, ob es sich um ein übernatürliches oder geträumtes (natürliches) Geschehen handelt, sondern hätte sich zwischen den zwei Möglichkeiten Traum und Wirklichkeit zu entscheiden. Maupassants *Le Horla* stellt den Leser vor die Frage, ob der Erzähler unter psychotischen Wahnvorstellungen leidet (Illusion) oder ob das übernatürliche Wesen real ist (Wahrheit). Auf dieselbe Weise (hier: die Form des Tagebuchs) ließe sich aber ebenso gut beispielsweise das Thema Eifersucht behandeln (und Alain Robbe-Grillet tut dies ein Stück weit in *La Jalousie*): Ist der Verdacht des Ehebruchs eine dem Wahn geschuldete Illusion, oder ist sie begründet? Das Phantastische nach Todorov ist nichts anderes als eine thematische Aufladung der grundlegenden Opposition ‚Wahrheit vs. Täuschung' durch das Übernatürliche.
[78] Dubost, *Aspects fantastiques*, Bd. 1, S. 10.

zogen ist: Es ist furchteinflößend, aggressiv und als solches absolut unvereinbar mit dem christlichen Übernatürlichen.[79] Hinzu kommt, dass die als *fantasticus* bezeichneten Figuren und Geschichten vom Verfasser der ‚höfischen Bagatellen' als unglaubwürdig präsentiert werden, während die christlichen Wunder als die glaubwürdigen vorgestellt werden. Die Unglaubwürdigkeit ergibt sich nach Walter daraus, dass für die Vernunft inakzeptable Dinge im Volksmund als tatsächliches Geschehen, als *historia*, erzählt werden. *Phantasticus* kennzeichnet bei Walter (und anderen, z. B. bei Gervasius von Tilbury) eine bestimmte kritische Haltung gegenüber bestimmten übernatürlichen Phänomenen, und zwar solchen, die sich nicht mit den üblichen Kategorien des christlichen Diskurses erklären lassen.[80]

Dubosts Verständnis des Phantastischen als Kombination aus Angst und Verunsicherung, ausgelöst durch das Übernatürliche, stellt im Grunde den gemeinsamen Nenner der bekannten Bestimmungsversuche des Phantastischen vor Todorov dar. Es ist weiterhin dadurch gekennzeichnet, dass es niemals den ganzen Text betrifft, sondern immer nur ‚insular' innerhalb eines Texts auftritt, der selbst nicht phantastisch zu nennen ist. Dubost bringt den Unterschied zwischen moderner Phantastik und dem in einer spezifischen historischen Epoche zu beobachtenden Phantastischen treffend auf den Punkt:

> Aucun récit médiéval n'est composé de manière à jouer *dans son intégralité* (c'est-à-dire dans son argument principal comme dans le détail de son agencement), sur un effet d'ambiguïté savamment entretenue et cultivée en vue de créer un état d'indécision et, au-delà, un état d'angoisse ou de terreur. La finalité strictement fantastique est inconnue du texte médiéval. Autrement dit, en reprenant la distinction entre les composantes du discours narratif, la fonction fantastique, au Moyen Âge, reste, dans la quasi-totalité de ses manifestations, une *fonction dépendante* et n'atteint pas le statut de *fonction constitutive*. [...] On tiendra pour acquis que le fantastique, en tant que genre constitué, générateur de formes textuelles assez bien identifiables et, surtout, *autonomes*, ne s'est établi en France qu'après le triomphe de l'esprit cartésien et l'avènement de l'individualisme bour-

---

79 Dubost, *Aspects fantastiques*, Bd. 1, S. 36–43.
80 Dazu Dubost: „Ce mot [*fantasticus*] s'applique au versant négatif du merveilleux et caractérise des situations étranges et inexplicables, qui laissent l'esprit hésitant et troublé, suscitent des interrogations auxquelles aucun code, aucun système de pensée ne peut jamais apporter de réponse satisfaisante. Et lorsque la religion pourrait offrir une clé, cette clé est brûlante comme celle qui est appliquée sur la peau de la matrone diabolique et criminelle du *De Nugis Curialium*. Le fantastique sollicite à la fois la conscience religieuse et la conscience intellectuelle. Il caractérise un surnaturel suspect, rebelle à toute saisie par la symbolique sacrée, et un mode narratif qui met en débat sa propre matière. A ce double titre il est étrangement proche du fantastique moderne" (Dubost, *Aspects fantastiques*, Bd. 1, S. 45).

geois. Mais, en tant que forme dépendante, intégrée à d'autres formes de la fiction narrative, le fantastique échappe à toute tentative de périodisation.[81]

Doch wenngleich wir Dubost in seiner Unterscheidung von Phantastik und Phantastischem folgen, so besteht doch ein Dissens hinsichtlich der doppelten Ausgrenzung des christlichen Wunderbaren aus dem Bereich des Phantastischen. Christliche Texte können für Dubost gleich aus zwei Gründen keinen geeigneten narrativen Rahmen für phantastische Elemente abgeben: Sie sind nicht fiktional, und sie partizipieren am Konzept des *miraculum*, welches er als unvereinbar mit der *poétique de l'incertain* betrachtet.[82] Gerade aus vielen christlichen Texten, so wird zu zeigen sein, lässt sich jedoch ein solcher im Hinblick auf die Denkstrukturen und Vorstellungswelten des Mittelalters modifizierter Begriff des Phantastischen gewinnen. Wir finden in ihnen einen Umgang mit dem Übernatürlichen, der mit dem in anderen Textsorten nicht vergleichbar ist: Er entspricht weder den christlichen Wundern der *chansons de geste* noch dem märchenhaften Wunderbaren der höfischen Literatur, aber auch nicht den hagiographischen Wundern. Für dieses mittelalterliche Phantastische gelten andere Kategorien als für die moderne literarische Phantastik; doch bleibt es als Phantastisches deutlich erkennbar, auch wenn man es flexibler als das moderne Phantastische fassen muss, etwa in der Weise, wie es Schmitt als Mentalitätenhistoriker im Hinblick auf mittelalterliche Texte getan hat:

> Le fantastique est produit par l'irruption extraordinaire du surnaturel dans la réalité familière des objets quotidiens ou, ce qui revient au même, par le choix des détails réalistes

---

81 Dubost, *Aspects fantastiques*, Bd. 1, S. 139. Im weiteren Verlauf der Passage hebt Dubost einmal mehr die Konterdiskursivität des Phantastischen und damit letztlich das subversive Potential der Literatur zu allen Zeiten hervor: «Chaque époque construit ses propres normes de saisie du monde et produit, parallèlement, une littérature qui en conteste la validité. Le fantastique serait alors une fonction permanente de l'imaginaire, orientée vers l'élaboration de situations et de formes *incompatibles*» (ebd.) – eine Überzeugung, der wir uns nur sehr bedingt anschließen können, da sich hier einmal mehr in aller Deutlichkeit zeigt, welch weitreichende Folgen das Postulat von der Subversivität der Literatur hat. Was sich an den Erzählverfahren christlicher Texte wirklich beobachten lässt, würde in dieser Optik sekundär gegenüber der Überzeugung, dass sich in christlichen Texten ja ohnehin nur Affirmation finden lässt, und dass sie deshalb auch kein Ort des Phantastischen sein können, da dieses ja, so das Postulat, Gewissheiten in Frage stellt.
82 Auch Friede betont, in Übereinstimmung mit Dubost, von ‚phantastisch' zu sprechen, mache nur Sinn, wenn man damit eine sprachliche Stilisierung im Bereich des nicht-christlichen Wunderbaren meint (Friede, *Die Wahrnehmung des Wunderbaren*, S. 3).

se mêlant à l'imaginaire, dont il naît un doute générateur d'inquiétude, d'angoisse et parfois d'épouvante.[83]

Man findet dieses gerade nicht legenden- und sagenhafte Übernatürliche nicht etwa in der volkssprachlichen höfischen Literatur, sondern vor allem in lateinischen Texten von Klerikern aus dem monastischen und aus dem höfischen Milieu des 11. bis 13. Jahrhunderts.

Trotz aller berechtigten Einwände sollte klar geworden sein, dass sich die Anwendung des Begriffs ‚phantastisch' auf mittelalterliche Texte durchaus erkenntnisfördernd auswirken kann. Würde man das Phantastische vollständig aus den Textanalysen verbannen und ausschließlich vom Wunderbaren reden, so verlöre man eine begriffliche Differenzierung, die die Texte selbst ganz offensichtlich einfordern. Im Folgenden soll im Lichte dieser Hypothese ein Blick auf die Begriffsbildung im 20. Jahrhundert geworfen werden.

Die literaturwissenschaftliche Theoretisierung der phantastischen Literatur des 19. Jahrhunderts vollzog sich maßgeblich in Frankreich, und dies innerhalb von nur zwei Jahrzehnten: Die Eckpunkte dieser Entwicklung markieren Pierre-Georges Castex' 1951 erschienene Dissertation *Le conte fantastique en France de Nodier à Maupassant* und Tzvetan Todorovs 1970 erschienene *Introduction à la littérature fantastique*. Dazwischen liegen Marcel Schneiders *Histoire de la littérature fantastique en France* (1964) und Louis Vax' *La séduction de l'étrange. Étude sur la littérature fantastique* (1965). Keine dieser Untersuchungen liefert eine Definition, mit der sich die ganze empirisch zu beobachtende Vielfalt der literarischen Phantastik verrechnen ließe, daher sollen diese Bestimmungsversuche auch nicht im Einzelnen referiert werden. Es fällt aber auf, wie sehr sie, obwohl sie sich auf fiktionale Texte des 19. Jahrhunderts beziehen, den Blick auf die wunderbaren, und vor allem die christlich-wunderbaren Texte des Mittelalters schärfen können. So zeichnet sich die nähere Bestimmung des Phantastischen schon bei Castex durch die Abgrenzung vom Wunderbar-Märchenhaften aus:

> Le fantastique ne se confond pas avec l'affabulation conventionnelle des récits mythologiques ou des féeries, qui implique un dépaysement de l'esprit. Il se caractérise au contraire par une intrusion brutale du mystère dans la vie réelle ; il est lié généralement aux états morbides de la conscience qui, dans les phénomènes de cauchemar ou de delire, projette devant elle des images de ses angoisses ou de ses terreurs.[84]

---

83 Schmitt, «Les morts qui parlent : voix et visions au XIIe siècle», S. 96.
84 Pierre-Georges Castex, *Le conte fantastique en France de Nodier à Maupassant*, Paris: Corti, 1951, S. 8.

Castex zielt mit dieser Begriffsbestimmung auf Hoffmann, Gautier, Maupassant und andere, doch man findet darin alles, was eine Vielzahl von christlichen wunderbaren Erzählungen des Mittelalters ausmacht: Keine märchenhaft oder mythisch weit entfernte Zeit, sondern die Gegenwart des Alltags, der plötzliche Einbruch des Übernatürlichen in diese Gegenwart sowie die Angst, die damit einhergeht, und die ‚morbiden Bewusstseinszustände'. In gewisser Hinsicht entsprechen die christlichen Erzählungen sogar mehr als die modernen literarischen Texte diesem Verständnis von Phantastik: Der mit dem pragmatischen Kontext einhergehende Wahrheitsanspruch christlicher Wunderexempla schafft eine dem entlastenden *dépaysement* diametral entgegengesetzte Aufmerksamkeitshaltung, entsprechen die Ängste, die in diesen Texte evoziert werden, doch den realen Ängsten der Rezipienten und lenken gerade nicht von der Lebenswirklichkeit ab. Denn das im Erzählen gegenwärtig werdende Grauen ist ja zugleich dem eigenen zukünftigen Schicksal im Jenseits *in potentia* vergleichbar.

Die bedeutendste Modifikation, die die Anwendung des Begriffs auf mittelalterliche Texte notwendig macht, bleibt daher die Todorovsche *hésitation*, die im Vergleich zum mittelalterlichen Wunderbaren eine Komplexitätsreduktion darstellt. Todorovs Modell ist im Grunde denkbar einfach: Zwischen *merveilleux* und *étrange* ist das *fantastique* angesiedelt und führt als *hésitation* eine prekäre Existenz; ständig droht sie nach der einen oder der anderen Seite umzukippen. Die Einordnung eines Texts hängt davon ab, ob das Übernatürliche in der erzählten Welt den Status einer Tatsache besitzt oder nicht. Im idealtypischen phantastischen Text bleibt die Frage bis über das Ende hinaus unentschieden, in wunderbaren Texten ist sie mit ‚Ja' zu beantworten, in unheimlichen mit ‚Nein'. Nur wenige moderne Erzählungen sind vollkommen phantastisch zu nennen, etwa Henry James' *The turn of the screw* oder Guy de Maupassants *Le Horla*. In den meisten Fällen löst sich das Phantastische in ein lediglich Unheimliches, rational Erklärbares (*étrange*) oder ins Wunderbare (*merveilleux*) auf. Verglichen damit erweist sich das mittelalterliche Wunderbare, verstanden allerdings nicht als Buchbegriff, sondern als eine *catégorie de mentalité*, als geradezu komplex. Denn mit der Feststellung, dass ein Phänomen sich aufgrund seiner extremen Außergewöhnlichkeit nicht auf die herkömmliche Weise erklären lässt, beginnt erst die Frage nach seiner Bedeutung (*mirabilis, magicus* oder *miraculosus?*). Es geht also um die qualitative Differenzierung dieses Phänomens, während sich bei der modernen Phantastik im Sinne Todorovs alles nur um die beiden Optionen ‚übernatürlich'/‚nicht übernatürlich' dreht.

Bei Todorov ist die *hésitation* des impliziten Lesers obligatorisch, während ihre Darstellung in der Geschichte, d.h. durch die Wahrnehmung einer Figur, fakultativ ist (womit Phantastik auf moderne fiktionale Texte beschränkt ist). Empirisch betrachtet gibt es aber kaum einen phantastischen Text, in dem die *hésitation* allein beim Leser läge, während die Figur sich in aller Gewissheit für eine rationale oder eine übernatürliche Erklärung entschieden hätte; mit anderen Worten: In den allermeisten phantastischen Texten gibt es eine Entsprechung zwischen der Wahrnehmung der Figur und der des Lesers. Genau dies kennzeichnet aber ebenso – wenn auch wohlgemerkt im nicht-fiktionalen Modus – die christlichen Texte: Der Leser soll das Staunen und die Angst der Figur nachempfinden. Allerdings ist diese ‚Verunsicherung' angesichts des Übernatürlichen kein Relationsbegriff wie das Phantastische: „Le concept de fantastique se définit donc par rapport à ceux de réel et d'imaginaire"[85], heißt es bei Todorov; die kollektiven Vorstellungen des Mittelalters und die Pragmatik der christlichen Texte liefern jedoch völlig andere Voraussetzungen. So bewegt sich die Verunsicherung nicht zwischen *réel* und *imaginaire*, denn die Jenseitsvorstellungen und das Übernatürliche sind Teil des *réel*. So prekär die damit angesprochene Einebnung des kategorialen Unterschieds zwischen Literaturbegriff und Wirklichkeitsbegriff zunächst erscheint, als so angemessen erweist sie sich bei näherer Betrachtung, denn fast alle in dieser Arbeit behandelten Wundergeschichten verstehen sich als Wirklichkeitsaussagen und wurden auch so rezipiert. Das Jenseits und die, die es bevölkern und sich manchmal den Lebenden zeigen, sind Teil der Wirklichkeit,[86] die Erzählungen von ihnen sind ‚imaginativ', gelten aber nicht als erfunden. Der Verfasser ist in der Regel auch der Erzähler (wenn kein erzählender Zeuge dazwischen geschaltet wird), und für den Leser gehört die Figur derselben Welt wie er selbst an. Für einen impliziten Leser ist in diesem Kommunikationssystem kein Platz, für den Rezipienten gibt es nur zwei Orientierungen: Sein Stellvertreter im Text ist die Figur, oftmals ein Sünder wie er selbst, aber gerade aufgrund dieser Sündhaftigkeit in Wahrnehmung und Verstehen mitunter beschränkt – im Gegensatz zum Erzähler, der die Wahrheit des Texts benennt und dem Leser (bzw. Zuhörer) mitteilt.

Dass die theologischen Erklärungen über eine starke Affinität zur phantastischen *hésitation* verfügen, zeigt sich in der häufig vorkommenden Bestimmung eines Geschehens als vom Teufel in Szene gesetzte Täuschung. Die vermeintliche Eindeutigkeit des Urteils gilt bei näherer Betrachtung nur für den Leser, nicht aber für den Getäuschten selbst, der die Täuschung oftmals erst *post mortem* als Teufelswerk erkennt. Gerade mit ihm identifiziert sich aber der zeitgenössische Leser. Für ihn werfen die Geschichten damit die Frage auf, ob er in einer vergleichbaren Situation in der Lage wäre, die Täuschung als solche zu erkennen.

---

[85] Todorov, *Introduction*, S. 29.
[86] Man muss wohl auch davon ausgehen, dass die Darstellungen von Dämonen in Kirchenportalen als Wirklichkeitsaussagen wahrgenommen wurden.

Die Möglichkeit, der Rolle eines impliziten Lesers zu folgen, bei dem ja die *hésitation* nach Todorov maßgeblich liegt, entfällt also in der zeitgenössischen Rezeption. Unsicherheit und Geheimnis gibt es dennoch, indes nicht als textueller Effekt, sondern allein hinsichtlich der Bedeutung des Geschehens im Kontext des von Erzähler, Figur und Zuhörer/Leser geteilten christlichen Glaubens.

2.4.4 Für ein phantastikkompatibles christliches Wunderbares

Es wird nach dem bisher Gesagten kaum verwundern, dass diese Arbeit auf der Annahme fußt, dass man berechtigterweise von einem christlichen Wunderbaren sprechen kann, und dass dieses durch wesentlich mehr als nur das Konzept des *miraculum* gekennzeichnet ist. Es erschöpft sich nicht in spiritueller Beruhigung, sondern konfrontiert den Menschen auf beängstigende, verunsichernde, unheimliche Art und Weise mit dem Übernatürlichen, dem Jenseits, dem Numinosen. Die Ausgrenzung des christlichen Wunderbaren aus dem heterogenen Feld des Wunderbaren und des Phantastischen trifft weder die Realität der kollektiven Vorstellungen noch die Erzählweise der Texte, in denen sie zum Gegenstand werden. Man könnte annehmen, der Irrtum bestehe darin, das Christliche im Wunderbaren auf das *miraculum* zu reduzieren, aber im Grunde ist schon das Verständnis des *miraculum* unvollständig, wo nicht falsch, denn es wird letztlich nahezu ausschließlich auf die in der Tat nicht sonderlich staunenswerten Wunder der Heiligen beschränkt, die ebenso zuverlässig wie berechenbar als Helfer in der Not auftreten.[87] Von dieser Reduktion ist es dann nur noch ein Schritt bis zur Beurteilung christlicher Wundergeschichten als ‚Austreibung des Wunderbaren'. So nachvollziehbar diese Argumentation auch ist, stellt sich doch die Frage, ob diese Sicht der Dinge dem Erwartungshorizont gerecht wird, der die christlichen Texte charakterisiert. Man muss davon ausgehen, dass pagane, oft regionale Mythen zu stark im Bewusstsein der Bevölkerung verankert waren, als dass die Kirche sie hätte bekämpfen können. Man integrierte sie also in das christliche Weltbild. Den Menschen im Mittelalter hat sich die Christianisierung des älteren Wunderbaren womöglich als eine Aktualisierung dargestellt, wie sie historische Entwicklungen generell kennzeichnet: Jüngere Kulturen treffen auf bereits vor-

---

87 Dass sie dies tun, hat einen theologischen Grund: „So wird die Traditionsgebundenheit, ja Stereotypie und Monotonie vieler hagiographischer Darstellungen verständlich als angemessener Ausdruck des kollektiven Ideals eines gemeinsamen Aufgehens in Christus, das im Sinne des Wortes: ‚Nicht mehr ich lebe, Christus lebt in mir' (Gal. 2,20) die Entindividualisierung bis zur spirituellen Vertauschbarkeit vorantreiben soll" (von Moos, *Geschichte als Topik*, S. 102).

handene Kulturen, Superstrat und Substrat vermischen sich in einem Prozess, der sich als Selektion und Transformation eines kulturellen und imaginären Erbes beschreiben lässt.[88] Dass dabei Fragen politischer Einflussnahme eine sehr große Rolle spielen, liegt auf der Hand, doch sollte dieser Umstand nicht zu Bewertungen führen, die das Erkenntnisinteresse einer historisch arbeitenden Wissenschaft bestimmen.

Obgleich eines ihrer zentralen Erkenntnisinteressen auf die Entwicklung narrativer Formen und Verfahren im Laufe der Jahrhunderte gerichtet ist, hat die Literaturwissenschaft den Erzählverfahren der hier interessierenden Texte keine besondere Aufmerksamkeit zukommen lassen. Man kann sich des Eindrucks nicht erwehren, dass den wunderkritischen literaturwissenschaftlichen Positionen ein spezifisch moderner emphatischer Literaturbegriff zugrunde liegt, der auf dem Postulat von der Literatur als Gegendiskurs fußt: Literatur, so schwingt in dieser Position stets mit, ist umso mehr einer Analyse und Interpretation würdig, je subversiver sie ist. Bei Dubost findet sich die These, der Schriftsteller habe sich im Mittelalter zu entscheiden gehabt zwischen „la paraphrase infinie au service de la vérité officielle" und „l'aventure d'une écriture qui le poussait à faire *tot el*, et dont la vérité est toujours à inventer ou à conquérir"[89]. Diese These lässt sich in mehrfacher Hinsicht hinterfragen. Schon die Grundannahme, die christlichen Texte lieferten nichts als die immer wieder neue Paraphrasierung offizieller Wahrheiten, verkennt das phantastische Potential des christlichen Wunderbaren.[90] Sodann scheinen die allgemeinen wie die institutionellen Lebensbedingungen in Klöstern, Kirchen und an Höfen in dieser Sichtweise keine Rolle zu spielen, geradeso als hätte den Menschen des Mittelalters die Möglichkeit freier Lebensentscheidungen wie in der späten Moderne offen gestanden. Hinzu kommt, dass die höfische Literatur einen extrem kleinen gesellschaftlichen Bereich darstellt, an dem nur sehr wenige Menschen überhaupt partizipieren. Und schließlich vergleicht Dubost, was nicht verglichen werden kann, zwei kategorial verschiedene Textsorten mit grundverschiedenen Rezeptionsbedingungen: lite-

---

88 Vgl. Le Goff, „Le merveilleux", S. 19, der im Hinblick auf die kulturellen Erbschaften, die das Christentum vorfindet, ablehnt, übernimmt und an das eigene System anpasst, den Begriff des *héritage* denjenigen von *source* und *origine* bevorzugt.
89 Dubost, *Aspects fantastiques*, S. 153. Die Wendung „aventure d'une écriture" darf als eindeutiger Hinweis auf das Paradigma gelten, das Dubosts Sicht prägt, bedient sie sich doch beim *nouveau-roman*-Topos von der *aventure d'une écriture*, die die traditionelle *écriture d'une aventure* ersetzt habe (Jean Ricardou, „Esquisse d'une théorie des générateurs", in: Michel Mansuy [Hg.], *Positions et oppositions sur le roman contemporain*, Paris: Klincksieck, 1971, S. 143).
90 Siehe Kap. 2.6. und 2.7.

rarische und religiöse Texte. Einen literaturwissenschaftlich würdigen Gegenstand scheint nur das literarische Wunderbare abzugeben: „C'est bien entendu dans la seconde voie, dans la voie périlleuse, que nous rencontrerons le fantastique qui, depuis toujours, a partie liée avec la littérature du refus."[91] Dubosts Formulierung zeugt nicht nur von der Projektion eines romantischen Bildes vom literarischen Autor, der heroisch und aus freien Stücken ein Leben im Zeichen des („gefährlichen") Kampfes gegen die Gewissheiten wählt: *„la* littérature du refus" wird durch den bestimmten Artikel in den Status eines literarhistorischen Faktums erhoben. So wird Chrétien de Troyes implizit in eine Reihe mit Baudelaire oder Rimbaud gestellt – der höfische Autor als Kirchenschreck. Der Mythos von der Subversivität des Ästhetischen, das die Realität stets gegen den Strich bürstet und sich jeder Sinnarretierung verweigert, verstellt nicht weniger als die Apologie der vorchristlichen, ‚ursprünglichen' Mythen den Blick auf christliche Wundererzählungen in nicht geringem Maße. Dass sich in Texten, die der offiziellen Linie des Christentums entsprechen, literarisch zu nennende Schreibweisen entwickeln, dass das Wunderbare so stark wie in keiner anderen narrativen Textsorte mitten aus dem Alltäglichen heraus entsteht und dass diese Texte sogar ein Fasziniertsein durch das Böse in Szene setzen konnten – diese Aspekte kommen gar nicht erst in den Blick.

Den Textanalysen der vorliegenden Studie liegt die Überzeugung zugrunde, dass die modernen Versuche, das Phänomen Phantastik systematisch zu beschreiben, auf legitime Weise auch den Katalog jener Fragen erweitern, mit denen wir uns vormodernen Texten nähern können, um deren literarhistorische Produktivität zu beschreiben. Denn dass es einzelne Textphänomene gibt, die man phantastisch nennen kann, daran kann es keinen Zweifel geben – phantastisch verstanden als Kombination dreier Komponenten: eines übernatürlichen Geschehens, einer mit Angst einhergehenden Wahrnehmung dieser Phänomene sowie einer tiefen Verunsicherung darüber, wie das Übernatürliche einzuschätzen ist und wie groß die Gefahr ist, die von ihm ausgeht.

Die folgenden Textlektüren verzichten vollständig darauf, die vorchristlichen Ursprünge der Motive aufzuspüren. Der Blick ist nicht archäologisch auf die Offenlegung früherer Schichten gerichtet, sondern auf die narrativen Innovationen, die mit der Christianisierung einhergehen. Dabei soll deutlich werden, dass die christlichen Texte Vermittlungsstrategien hervorgebracht haben, die sich nicht in der didaktischen Vermittlung eindeutiger Glaubenswahrheiten erschöpfen. Die

---

91 Dubost, *Aspects fantastiques*, S. 153. Dubost redet hier wohlgemerkt von der volkssprachlichen höfischen Literatur, also nur von Literatur im engeren Sinne, zu der unsere Texte nicht zählen.

Texte sind mehr als der explizite theologische Diskurs ihrer Erzähler. Läse man ein Exemplum nur als Ausdruck und Medium christlicher Affirmation, so reduzierte man damit die eigene Frageperspektive auf das explizite Programm der Texte, auf die *causae scribendi* der Verfasser; man bliebe vollständig im zeitgenössischen Horizont und vergäbe die Erkenntnismöglichkeiten, die sich gerade durch die historische Distanz ergeben. Literarhistorisch interessant sind die Texte nicht aufgrund ihrer Didaktik, sondern durch die erzählerischen Gestaltungsmöglichkeiten, die sich durch diese Didaktik erst ergeben. Alle in dieser Arbeit behandelten Texte des christlichen Wunderbaren wollen ihre Leser und Zuhörer überzeugen. Die Wunder dienen einerseits als Argumente, doch ihre literarhistorisch bedeutsamste Eigenschaft besteht andererseits in der erklärten Absicht, *admiratio* in der Geschichte darzustellen und im Rezipienten auszulösen; dies macht die christlichen Texte zu einem privilegierten Ort der Gestaltung von Affekten. Didaktik und Erbaulichkeit legen den Rahmen des Legitimen fest, schaffen zugleich aber auch die Voraussetzung für eine mitunter ambivalente Darstellung des Bösen und Schrecklichen – ambivalent, weil die Autoren ihren rhetorischen Ehrgeiz darauf richten, das zur Abschreckung eingesetzte Schreckliche effektvoll zu veranschaulichen. Die Texte sind zwar in keiner Weise literarisch-fiktional, wohl aber hochgradig imaginativ und bieten daher durchaus einen Raum für eine ‚lustvolle' narrative Gestaltung von Sünden, Wiedergängern und Jenseitsqualen sowie der Angst der Lebenden, die damit in Berührung kommen. Welche Art von Texten hat das Aufeinandertreffen von vorchristlicher, ‚volkstümlicher' Kultur und Christentum also hervorgebracht, welche Erzähltechniken und Plotstrukturen, welche narrative Morphologie und welche Formen der Aufmerksamkeitslenkung? Die christlichen Modifikationen lassen sich ja womöglich als erzählerische Komplexitätssteigerung eigentlich simpler Geschichten verstehen.

2.5 Evokation statt Fiktion

Die Erzählungen des christlichen Wunderbaren können beim Leser und Zuhörer ein zumindest in den wichtigsten Grundzügen bereits vorhandenes Wissen um die Beschaffenheit von Diesseits und Jenseits voraussetzen. Dieses Wissen betrifft nicht nur die als faktisch angenommenen Eigenschaften dieser Ordnung, sondern es ist zudem zu einem beträchtlichen Anteil in Affekten aufgehoben. Die Verfasser der Exempla konnten sich auf einen regelrechten kollektiven Affekthaushalt verlassen. Die darin aufgehobenen Ängste galt es, ganz im Sinne der rhetorischen Affektenlehre, durch Bilder zu evozieren. In allen Texten des Wunderbaren, in volkssprachlichen wie in lateinischen, in fiktionalen wie in pragmatischen, wird *admiratio* dargestellt: das Staunen desjenigen, durch dessen Wahrnehmung sich ein Ereignis erst als wunderbar konstituiert.[92] Der Affekt des Staunens erhält im Erleben der Wahrnehmungsinstanz eine genauere Prädikation: Freude, Ehrfurcht, Ergriffenheit, Angst, Horror. Diese Prädikation entspricht genau dem Affekt, der auch im Leser oder Zuhörer hervorgerufen werden soll; denn wie wir gesehen haben, müssen wir davon ausgehen, dass die Figur zugleich die intendierte Leserreaktion im Text repräsentiert, hermeneutisch gesprochen: Der Rezipient hat nicht die Rolle eines impliziten Lesers auszufüllen, er soll keine Textverfahren verstehen, sondern er soll sich die Erfahrung der Figur ‚eins zu eins' zu eigen machen.

Die *admiratio* ist textanalytisch ambivalent. Sie ist einerseits in keiner Weise literarisch-fiktional, durch den ‚Als-ob-Modus' abgesichert, sondern authentisch, in dem Sinne, dass die affektive Reaktion des Lesers einem Geschehen gilt, das er für wahr hält; das Staunen gilt überhaupt nicht dem Artefakt. Andererseits aber ist dieses Staunen der Effekt einer rhetorischen, narrativen, textuellen Strategie, die mittels der Sprache ein Geschehen ‚vor Augen führt' – nicht im Sinne eines ‚Stellen wir uns vor, es wäre so gewesen', sondern im Sinne eines ‚Stellen wir uns das, was wirklich geschehen ist, vor'. Die Skepsis oder Ungläubigkeit gegenüber dem Erzählten wird tatsächlich suspendiert, aber selbstredend nicht im Sinne einer Gleichgültigkeit gegenüber dem Wahrheitswert des Erzählten, sondern im Sinne des bedingungslosen Glaubens an das Berichtete. Denn was in Geschichten über teuflische Versuchungen oder die Hilferufe der im Purgatorium leidenden Seelen verhandelt wird, zielt auf den radikalen Abbau jeder Distanz zwischen dem Leser und dem Erzählten. Der Leser weiß, dass ihn das Erzählte auf sehr konkrete Weise angeht, dass es sein eigenes Schicksal werden kann, wenn er keine Vorkehrungen zu Lebzeiten trifft, oder aber dass es um das Leid seiner eigenen toten Familienmitglieder im Jenseits geht, für die er jetzt im Diesseits etwas tun kann. Ohne Zweifel wussten die Verfasser um die einigende Wirkung intensiver Affekte auf Kollektive. Gemeinschaften definieren sich sicherlich über gemeinsame Überzeugungen und gemeinsames Wissen, doch am engsten rücken ihre Mitglieder in einem geteilten Affekt zusammen, in der Euphorie eines beginnenden Kriegs, in der Hoffnung auf das Ende einer Not oder eben in der gemeinsamen Angst vor den alle sozialen Unterschiede nivellierenden Strafen von Purgatorium und Hölle.

---

92 Bynum, „Wonder", S. 3: „Medieval artists, I shall argue, understood wonder (*admiratio*) as cognitive, non-appropriative, perspectival, and particular. Not merely a physiological response, wonder was a recognition of the singularity and the significance of the thing encountered. Only that which is really different from the knower can trigger wonder; yet wonder will always be in a context and from a particular point of view." Vgl. auch Bynum, „Miracles and Marvels", S. 13.

2.5 Evokation statt Fiktion — 59

Die Diagnose der authentischen Angst wirft unweigerlich die Frage auf, ob sie nicht der dieser Arbeit zugrundeliegenden These vom ‚lustvollen' Erzählen des Angsteinflößenden im ‚Absicherungsmodus' der Didaxe widerspricht. Daran ließe sich schließlich mit Recht zweifeln, wenn sich die narrativ geschürten Ängste doch auf das eigene Schicksal im Jenseits beziehen. Aber eine Erzählung ist kein theologischer Traktat: Eine narrativ ausgebreitete Lehre entwickelt immer einen Mehrwert mit der Tendenz, sich zu verselbständigen, sei es durch Dramatisierung, durch szenisch-anschauliche Verlebendigung, durch die Bindung des exemplarischen Geschehens an die Handlungen und das Schicksal *eines* Menschen oder schlicht durch die Notwendigkeit, die Aufmerksamkeit des Zuhörers aufrecht zu erhalten. Das gilt auch für didaktische Erzählungen: Sie gehen nicht in ihrer Botschaft auf; die Funktion ist nicht alles, sondern Voraussetzung für vieles. Das liegt daran, dass Erzählen immer ‚lustvoll' ist, insofern es auf dem Einsatz von Phantasie und Vorstellungskraft beruht,[93] und schließlich: Die Geschichte ist und bleibt die eines anderen, ist nicht die eigene, und dem Zuhörer bleibt ja noch genügend Lebenszeit, das Schlimmste zu verhindern. Aber diese Bestimmungsversuche treffen letztendlich die Kommunikationsbedingungen christlicher Texte nur in einer sich annähernden, einkreisenden Bewegung, denn letztlich lässt sich ihre Funktionsweise und Rezeption mit dem Begriffsinstrumentarium moderner Erzähl- und Fiktionstheorien nicht fassen. Eine angemessene Herangehensweise an den aus moderner Sicht eigentümlich fremden Charakter der Texte könnten Begriffe wie ‚Imaginationsraum'[94] und ‚sprachlicher Möglichkeitsraum'[95] ermöglichen. Der Begriff, mit dem diese spezifische Form der sprachlich-narrativen Repräsentation von Handlungen in der vorliegenden Arbeit bezeichnet wird, ist derjenige der Evokation. Er soll auf keine spezifische Theorie verweisen, bezeichnet werden soll damit schlicht die Eigenschaft von Erzählungen, im Leser

---

[93] Von ähnlichen Prämissen geht auch Albrecht Koschorke in seiner *Allgemeinen Erzähltheorie* aus, wenn er über didaktische Geschichten schreibt: „Dass Erziehung, das heißt die intergenerative Übermittlung von Verhaltensweisen und Wissen, zu einem wesentlichen Teil auf dem Königsweg des Geschichten-Erzählens erfolgt, ist ohne die elementare Freude und Attraktionskraft, die das Erzählen schon als reines sprachliches Tätigsein mit sich bringt, schwer vorstellbar. Die pädagogischen Instrumentalisierungen, die den Geschichten aufgebürdet werden – spielerischer Wissenserwerb, Belehrung, fiktionsgestütztes Einüben von Normen, Befriedigung des Gerechtigkeitssinns – machen sich diese Freude zunutze, aber sind nicht ihr letzter Grund." (Albrecht Koschorke, *Wahrheit und Erfindung. Grundzüge einer Allgemeinen Erzähltheorie*, Frankfurt a. M.: Fischer, 2012, S. 108).
[94] Vgl. beispielsweise Koschorke, *Wahrheit und Erfindung*, S. 102.
[95] Ludwig Jäger, „Die ‚Apartheit' der Semantik. Bemerkungen zum narrativen Fundament der Referenz", in: Axel Rüth/Michael Schwarze (Hg.), *Erfahrung und Referenz. Erzählte Geschichte im 20. Jahrhundert*, Paderborn: Fink, 2016, S. 11–26, hier: S. 25.

Vorstellungen von einem Geschehen hervorzurufen. Der aktuelle Duden definiert ‚Evokation' als „[suggestive] Erweckung von Vorstellungen oder Erlebnissen (z. B. durch ein Kunstwerk, seine Formen und Inhalte)."[96] Ältere Ausgaben legen sich auf die Wirkung künstlerischer Artefakte fest: „Erweckung von Vorstellungen bei Betrachtung eines Kunstwerkes"[97]. Die Modifikation ist in unserem Kontext ebenso aufschlussreich wie berechtigt: In der Tat muss eine Geschichte nicht dem Bereich der Kunstwerke zugeordnet sein, um Vorstellungen zu evozieren, ja man könnte so weit gehen zu behaupten, dass die meisten Erzählungen auf die Erweckung von Vorstellungen abzielen, ganz gleich ob sie als fiktionale oder als faktuale rezipiert werden. Für die christlichen Exempla, die in der vorliegenden Arbeit behandelt werden sollen, gilt dies ganz besonders: Sie wollen durch die Evokation von Bildern Ängste aktivieren, und sie können dabei auf affektiv besetzte Vorstellungen zurückgreifen, die im Bewusstsein der Leser und Zuhörer bereits vorhanden sind. So werden Vorstellungen vom Jenseits, dem Teufel, Wiedergängern und vielem mehr aufgerufen – Ängste, mit denen der normale Christ eben lebt, und die die Exempla präsent halten wollen, damit der Gläubige ein Leben lang Unsicherheit hinsichtlich des späteren Schicksals seiner Seele im Jenseits empfindet. Gerade die Erzählungen vom Jenseits verdeutlichen, dass das Erzählte als eine der Logik eines Bedingungssatz folgende Antizipation zu verstehen ist: Wer die Sünde nicht vermeidet, dem droht selbst die Strafe, von der am Beispiel eines Anderen erzählt wird. Diese Geschichten sind für die Zeitgenossen ganz sicher keine Erfindung, sondern eine mögliche zukünftige Wirklichkeit.

2.6 Die Inkommensurabilität von menschlicher und göttlicher Vernunft als Kern des *miraculum*

Die vorangegangenen Ausführungen betrafen die begrifflichen und theoretischen Grundlagen dieser Arbeit. Bevor wir zu den Textanalysen kommen, soll indes noch einmal der Begriff des *miraculum* beleuchtet werden, und zwar im Hinblick auf das in ihm bereits angelegte Phantastik-Potential. Wie bereits erwähnt, beruht die Einschätzung des christlichen Wunderbaren als kulturell wie literarisch unproduktiv vor allem auf dem Missverständnis, dass man es auf seinen Kern, das

---

[96] „Evokation", in: *Duden* (URL: https://www.duden.de/rechtschreibung/Evokation, aufgerufen am 30. März 2018).
[97] „Evokation", in: *Duden. Die deutsche Rechtschreibung*, hg. v. der Dudenredaktion, Berlin: Dudenverlag, ²⁶2013, S. 397. Siehe auch „Evokation", in: Renate Wahrig-Burfeind (Hg.), *Wahrig. Deutsches Wörterbuch*, Gütersloh/München: Wissen Media Verlag, 2008, S. 484: „Erweckung von Vorstellungen (bei der Kunstbetrachtung)."

Konzept des *miraculum*, reduziert. Doch dieses Missverständnis ist nicht das einzige: Schon das *miraculum* selbst wird in dieser Argumentation falsch verstanden. Es sei beruhigend, nehme dem Menschen die Lösung seiner Konflikte ab, es ebne alles Geheimnisvolle ein, beseitige das Staunen durch restlose Erklärung, und es geschehe in den meisten christlichen Texten auf vorhersehbare Weise, geradezu auf Zuruf. Als narratives Moment gilt das Wunder als etwa so aufregend wie die Lösung eines dramatischen Konflikts durch einen *deus ex machina*. All diese Beobachtungen sind nicht grundsätzlich zurückzuweisen, taugen aber gleichwohl nicht zur Verallgemeinerung, insofern sie das zutiefst verunsichernde Moment des *miraculum* konsequent ausklammern. Den Kern dieser Verunsicherung macht die Inkommensurabilität der menschlichen und der göttlichen Rationalität aus. Die transhistorische Qualität dieses konzeptuellen Kerns des Wunders ist ein zentrales Argument für die Anschließbarkeit des theologischen Konzepts an die literarische Phantastik. Sie soll im Folgenden anhand von vier historisch sehr verschiedenen Texten kurz beleuchtet werden.

Altes und Neues Testament

Angst und Furcht gehören seit jeher zu den ursprünglichsten Erfahrungen der Begegnung des Menschen mit Gott und seiner Sphäre der Transzendenz. Dies zeigt sich schon bei Jahwes Erscheinung im brennenden Dornbusch: Mose verbirgt sein Antlitz, weil er sich fürchtet, den Herrn anzuschauen.[98] Auch der Engel Gabriel fordert im Augenblick der Verkündigung die zur Gottesmutter bestimmte Jungfrau Maria auf, sie solle sich nicht fürchten.[99] Und selbst in der Stunde, in der es um die Erlösung des gefallenen Menschen geht, im Augenblick der Verkündigung der Geburt des Heilands durch den Engel des Herrn an die Hirten, lautet das erste Wort des Engels: „[...] nolite timere [...]."[100] Die Begegnung mit der Trans-

---

[98] 2. Mose 3,6.
[99] Lukas 1,30.
[100] Lukas 2,10. Dass die Angst überflüssig ist, erklärt sich durch die Verkündigung der Heilsbotschaft selbst: „ecce enim evangelizo vobis gaudium magnum"(ebd.) spricht der Engel. Das gleiche galt schon für die Verkündigung Mariens. Der Engel Gabriel versichert Maria, sie brauche sich nicht zu fürchten: „Ne timeas, Maria: invenisti enim gratiam apud Deum" (Lukas 1,30). Das bedeutet aber nicht, dass die Erscheinung des Numinosen fortan nicht mehr angstbesetzt wäre, weil Gott nicht mehr strafend aufträte. Denn das würde ja bedeuten, dass mit Jesu Geburt das Ende der Furcht vor dem Einbruch der Transzendenz ins diesseitige Leben eingetreten wäre – was offensichtlich nicht der Fall ist, wie schon das Neue Testament selbst in der Erzählung der Auferstehung lehrt. Dass sich die heidnischen Wärter im Angesicht des Engels, der die Auferstehung verkündet, zu Tode erschrecken, wäre noch verständlich. Aber auch die frommen Frauen am

zendenz ist stets angsteinflößend. Im Neuen Testament findet sich eine theologische Begründung für dieses Erschrecken im Angesicht des Göttlichen. Im ersten Korintherbrief stellt Paulus die grundsätzlichen Unterschiede zwischen den Erkenntnisbedingungen der Lebenden im Diesseits und der Erlösten im Jenseits fest. Dabei werden auch die Ursachen des Erschreckens im Angesicht der Begegnung mit dem Transzendenten plausibel:

> videmus nunc per speculum in enigmate tunc autem facie ad faciem nunc cognosco ex parte tunc autem cognoscam sicut et cognitus sum[101]

In zwei bildhaften Begriffen bringt Paulus zum Ausdruck, dass unter den Bedingungen der irdischen Existenz alle Erkenntnis vorläufig und defizitär ist: In dieser Welt sehen wir nur wie im *Spiegel* und in einem *Rätsel*. Zwischen dem physikalischen (Spiegel) und dem intellektuellen Bild (Rätsel) besteht eine auffällige Differenz, die selbst wieder bedeutungsvoll ist. Ein Spiegel kann nicht mehr als ein unzulängliches Abbild bieten – umso mehr, wenn man die technischen Unterschiede zur Leistung heute gebräuchlicher Spiegel in Rechnung stellt. Und in eben dieser Weise ist die Wahrheit nur als Rätsel zu erkennen; die Erkenntnis, die der Spiegel verspricht, bleibt eher ein Versprechen, als dass sie wirkliche Einsicht verschaffen würde. Bezeichnenderweise wird aber für die Erkenntnis der Erlösten im Jenseits gesagt, dass sie dann so erkennen werden, wie sie auch selbst erkannt werden; erkannt aber werden sie durch niemand anderen als Gott selbst; dessen Erkenntnisfähigkeit werden sie damit also angeglichen. Die kategoriale Differenz des Verstehens wird durch die Gegenseitigkeit des Erkenntnisvermögens abgelöst – aber eben erst im Jenseits, und nur für die Erlösten.

Bleibt die Frage, warum das Neue Testament so sehr auf den Unterschieden zwischen der kognitiven Leistungsfähigkeit von Gott und Mensch insistiert. Schon der Schöpfungsbericht hält mit unzweideutiger Klarheit fest, dass Gott den Menschen nach seinem Bilde geschaffen hat.[102] Als einziges unter allen irdischen

---

leeren Grabe müssen vom Engel aufgefordert werden, sich nicht zu fürchten: „angelus dixit mulieribus nolite timere vos scio enim quod Iesum qui crucifixus est quaeritis." (Matthäus, 28,5) Die Begegnung mit dem Numinosen bleibt, auch als das Heil schon in die Welt gekommen ist, angstbesetzt. Die Botschaft kann noch so positiv sein, die Begegnung mit dem Übernatürlichen bleibt furchterregend und überwältigend.
101 1 Korinther 13,12. („Jetzt schauen wir in einen Spiegel und sehen nur rätselhafte Umrisse, dann aber schauen wir von Angesicht zu Angesicht. Jetzt erkenne ich unvollkommen, dann aber werde ich durch und durch erkennen, so wie ich auch durch und durch erkannt worden bin.")
102 Jahwe selbst spricht diese Worte, als er sich daran macht, als letztes aller Geschöpfe den Menschen zu erschaffen: „et ait faciamus hominem ad imaginem et similitudinem nostram" (Genesis 1,26).

Geschöpfen verfügt der Menschen über einen Verstand – wodurch er dem Schöpfergott ähnlich wird. Gerade diese Vernunftbegabtheit des Menschen lässt sich einerseits als das Merkmal seiner Gottesebenbildlichkeit begreifen, und gerade diese Ähnlichkeit erweist sich andererseits als riskant für die göttliche Ordnung als ganze, denn aus der Ähnlichkeit erwächst schnell der Anspruch auf Gleichheit. Nicht umsonst wurde diese zunächst rein theoretische Gefahr schon bei den ersten Menschen zur zerstörerischen Realität – im Sündenfall.[103] Die Vorstellung der Gottesebenbildlichkeit des Menschen verlangt deshalb geradezu nach einer sehr präzisen Differenzierung. Bei der von Paulus eingebrachten Temporalisierung geht es einerseits darum, dem Menschen seinen privilegierten Platz in der Ordnung der Geschöpfe zu bewahren, und andererseits darum, die Ähnlichkeit zwischen Gott und Mensch zu begrenzen. Andernfalls würde sie zur Identität werden, und die für das christliche Weltbild so fundamentale Differenz zwischen Schöpfer und Geschöpf ginge verloren. Im menschlichen Staunen über göttliche Wunder wird sie besonders spürbar.

Caesarius von Heisterbach

Bei Caesarius von Heisterbach, dessen Exempla wir weiter unten näher betrachten werden, finden wir zu Beginn der zehnten Distinctio („De miraculis") das folgende Gespräch zwischen Novize und Mönch:

> NOVICIUS: Quid est miraculum ?
> MONACHUS: Miraculum dicimus quicquid fit contra solitum cursum naturae, unde miramur. Secundum causas superiores miraculum nihil est.
> NOVICIUS: A quo vel a quibus fiunt miracula?
> MONACHUS: Miracula fiunt Deo auctore, secundum quod in Psalmo legitur: „Tu es Deus qui facis mirabilia." Fiunt etiam miracula tam per malos quam per bonos. De bonis quaestio non est; de malis vero Salvator dicit in Evangelio: „Multi dicent mihi in illa die, ,Domine Domine, nonne in nomine tuo prophetavimus, et in nomine tuo daemonia eiecimus?'" et cetera, usque illuc, „nescio qui estis".
> MONACHUS: Quae est causa miraculorum?
> MONACHUS: Causa multiplex est, mihique inexplicabilis. Aliquando Deus miracula operatur ut in elementis, ut mortalibus suam ostendat potentiam. Aliquando genera dat linguarum, sive spiritum prophetiae, ut manifestet suam sapientiam. Aliquando gratiam dat sanitatum, ut suam magnum nobis revelet misericordiam.
> MONACHUS: In quibus fiunt miracula?

---

103 Bezeichnenderweise lockt die Schlange den Menschen denn auch mit der Aussicht auf Erkenntnis und darauf, Gott ebenbürtig zu sein: „aperiuntur oculi vestri et eritis sicut dii, scientes bonum et malum" (Genesis 3,5).

MONACHUS: In hominibus, in elementis, igne scilicet, aere, aqua et terra, in avibus, piscibus, animalibus et reptilibus. Quae ut magis tibi fiant nota, aliqua de singulis tibi subiungam exempla.[104]

Diese Definition des Wunders teilt auffällig wenige Gemeinsamkeiten mit der These, dass das Christentum das Wunderbare tilge. Caesarius betont ganz im Gegenteil die Eigenschaft des Wunders, sich dem menschlichen Verstand nie vollständig zu erschließen. Ausgangspunkt des *miraculum* ist das Staunen („unde miramur"), also die Sinneswahrnehmung und die mit ihr einhergehenden Affekte. Wir staunen, weil sich das Wunder „contra solitum cursum naturae" vollzieht. Diese Definition ist relativ unscharf, die Natur erscheint hier nicht als ein gesetzförmig organisiertes System, stattdessen wird der ‚Lauf' der Natur thematisiert, was den empirischen Aspekt der Beobachtbarkeit hervorhebt. Dazu passt auch, dass der Novize durch Beispiele lernen soll, wie man Wunder erkennt. Nicht etwa einen Kriterienkatalog bekommt er an die Hand, sondern eine Anzahl von Fällen, an denen er sozusagen seine Wundersensibilität schulen soll. Der entscheidende Satz aber lautet: „Secundum causas superiores miraculum nihil est." Nichts ist das Wunder, weil es für Gott ein Leichtes ist, Wunder zu wirken, und weil das für den Menschen Wahrnehmbare keinen Aufschluss über die zeitlosen und

---

104 „NOVIZE: Was ist denn ein Wunder?
   MÖNCH: Als Wunder bezeichnen wir etwas, was gegen den gewöhnlichen Lauf der Natur geschieht, weshalb wir uns wundern. Gemessen an den höheren Ursachen ist ein Wunder nichts.
   NOVIZE: Von wem oder von welchen werden Wunder bewirkt?
   MÖNCH: Wunder geschehen durch Gott als ihren Urheber gemäß dem Psalmwort: ‚Du bist ein Gott, der Wunder tut!' (Ps 77,15; Ps 76, 16 Vg.) Wunder geschehen auch durch gute und böse Menschen. Daß sie durch Gute geschehen, steht außer Frage. Über die Bösen aber sagt der Erlöser im Evangelium: ‚Viele werden zu mir an jenem Tage (*sc.* des Gerichts) sagen: Herr, Herr, haben wir nicht in Deinem Namen geweissagt und in Deinem Namen Dämonen ausgetrieben?' *et cetera* bis zu jenem Wort: ‚Ich weiß nicht, wer Ihr seid' (Mt 7,22f.).
   NOVIZE: Was ist der Grund für die Wunder?
   MÖNCH: Die Gründe sind vielfältig und mir unerklärlich: Manchmal wirkt Gott Wunder wie zum Beispiel in den Elementen, um den Sterblichen seine Macht zu zeigen. Manchmal gibt er (jemandem) (verschiedene) Arten der Sprachen oder den Geist der Weissagung, um seine Weisheit zu zeigen. Manchmal gibt er die Gabe der Krankenheilung (vgl. Kor 12,4–9), um uns seine Barmherzigkeit zu offenbaren.
   NOVIZE: An welchen (Geschöpfen) geschehen die Wunder?
   MÖNCH: An Menschen, an den Elementen, nämlich Feuer, Luft, Wasser und Erde; ferner an den Vögeln, Fischen, (Land)lebewesen und Kriechtieren. Damit Du solche Wunder besser kennenlernst, werde ich Dir für all dieses Beispiele bringen." (Caesarius von Heisterbach, *Dialogus miraculorum. Dialog über die Wunder*, eingeleitet von Horst Schneider, übersetzt und kommentiert von Nikolaus Nösges und Horst Schneider, 5 Bde., Turnhout: Brepols, 2009, hier: X,1, Bd. 4, S. 1894f.).

göttlichen *causae superiores* gibt. Im Grunde vollzieht sich die Identifizierung eines Ereignisses oder Phänomens als Wunder negativ: Die *causae superiores* verweisen auf die (hier nicht explizit genannten) *causae inferiores*, die den *cursus naturae* bestimmen.[105] Sie allein kann der Mensch wahrnehmen, woraus sich ergibt, dass das Wunder für ihn nur negativ, als Abweichung von eben diesen Gründen zu erkennen ist. Die göttliche Rationalität, die den Grund eines jeden Wunders ausmacht, bleibt dem Menschen stets verborgen: „Causa multiplex est, mihique inexplicabilis", wie es einige Sätze später heißt. Diese Inkommensurabilität der göttlichen und der menschlichen Vernunft hat zur Folge, dass das göttliche Wunder nicht obligatorisch beruhigend wirkt, sondern erstens eine Suche nach der Bedeutung des stets zeichenhaften Wunders auslöst, und zweitens einen Erfahrungsraum der Ungewissheit eröffnet, dessen affektive Seite nicht nur durch Freude und Versicherung, sondern ebenso durch Furcht und Verunsicherung gekennzeichnet ist.

Dante Alighieri

Dante hat in der *Commedia*, im siebten Gesang des *Inferno*, den Versuch unternommen, die Inkommensurabilität der menschlichen und der göttlichen Vernunft zu systematisieren. Den Anlass dieser Erörterungen bietet der von Vergil geäußerte Versuch, die Rolle Fortunas in der Ordnung der Schöpfung zu bestimmen. Es ist schon an sich bemerkenswert, dass hier ein Restbestand des polytheistischen antiken Olymps in die monotheistische Weltdeutung des Christentums integriert wird. Beschränken wir uns aber in dem Zusammenhang, der uns hier interessiert, auf die Frage, mit welchen Argumenten Dante versucht, die Gestalt der Fortuna als Verwalterin menschlicher Geschicke ins christliche Weltbild zu integrieren; die antike Göttin wirkt im Auftrag Gottes und vollzieht seinen Willen:

> Colui lo cui saver tutto trascende, 73
> fece li cieli e diè lor chi conduce
> sì, ch'ogne parte ad ogne parte splende,
>   distribuendo igualmente la luce. 76
> Similemente a li splendor mondani
> ordinò general ministra e duce

---

105 Caesarius dürfte die entsprechenden Schriften eines anderen berühmten Zisterziensers, Alanus ab Insulis, gekannt haben, in dessen *Anticlaudianus* sich exakt die von Caesarius benutzten Begrifflichkeiten finden. Siehe dazu: Andreas Speer, „Kosmisches Prinzip und Maß menschlichen Handelns. *Natura* bei Alanus ab Insulis", in: ders./Albert Zimmermann (Hg.), *Mensch und Natur im Mittelalter*, Berlin/New York: De Gruyter, 1991, S. 109–128, hier: S. 113f.

>   che permutasse a tempo li ben vani 79
> di gente in gente e d'uno in altro sangue,
> oltre la difension d'i senni umani;
>   per ch'una gente impera e l'altra langue, 82
> seguendo lo giudicio di costei,
> che è occulto come in erba l'angue.
>   Vostro saver non ha contasto a lei: 85
> questa provede, giudica, e persegue
> suo regno come il loro li altri dèi.
>   Le sue permutazion non hanno triegue: 88
> necessità la fa esser veloce;
> sì spesso vien chi vicenda consegue.
>   Quest'è colei ch'è tanto posta in croce 91
> pur da color che le dovrien dar lode,
> dandole biasmo a torto e mala voce;
>   ma ella s'è beata e ciò non ode: 94
> con l'altre prime creature lieta
> volve sua spera e beata si gode.
> (*Inferno*, VII, 73–96)[106]

Bezeichnenderweise beginnt die Textpassage bereits mit der Feststellung der grundsätzlichen Überlegenheit von Gottes Verstand („lo cui saver tutto trascende", V. 73), wie sie in der Ordnung der Schöpfung zum Ausdruck kommt. Und so wie die Engel (versteckt in der Umschreibung: „fece li cieli e diè lor chi conduce", V. 74) verantwortlich für die Ordnung der Natur sind, gibt es eben auch eine Instanz, die die Geschicke des Menschen und die Verteilung irdischer Güter lenkt (V. 77–79). Während die Ordnung der Natur offensichtlich zu sein scheint, gilt das anscheinend keinesfalls für diejenige des menschlichen Geschicks: ständig beklagen sich die Menschen über Fortuna („Quest'è colei ch'è tanto posta in croce", V. 91), obwohl sie doch Lob verdienen würde (V. 92f.). Die Verse 85 bis 87 klären über die Ursachen dieses Missverhältnisses zwischen der faktischen Ordnung des Wirkens der Fortuna (und folglich auch der Gerechtigkeit ihres Tuns) und der eben darum irrtümlichen Annahme ihres zufälligen und ungerechten Handelns auf: „Vostro saver non ha contasto a lei: questa provede, giudica, e persegue suo regno come il loro li altri dèi". Besonders deutlich wird die Ursache der Fehldeutung von Fortunas Wirken im ersten Vers der Terzine angesprochen („Euer Wissen kann es mit dem ihren nicht aufnehmen'). Die Überlegenheit des Verstandes, die schon in der ersten der hier zitierten Zeilen dem Schöpfergott zugesprochen wurde, wird nun also auch für Fortuna beansprucht. Besonders auffällig

---

[106] Zitiert nach: Dante Alighieri, *La Commedia secondo l'antica vulgata*, a cura di Giorgio Petrocchi, Mailand: Mondadori, 1966 (*Opere*, Bd. 7).

ist, dass Fortunas Handeln nun in die Ordnung des Kosmos eingefügt wird: Sie dreht ihr Rad nicht anders als die Engel ihre Sphären in Bewegung setzen. Dass der Mensch ihr Wirken dennoch als zufällig und gerade ohne Ordnung wahrnimmt, hat seine Ursache im Unvermögen des Menschen, ihren ‚verborgenen Ratschluss' (V. 83f.) zu erkennen. Entscheidend ist also, dass die vermeintliche Zufälligkeit in Wahrheit auf einer verborgenen Rationalität beruht („provede, giudica, e persegue", V. 86), die dem Menschen aufgrund der Unzulänglichkeit seines Verstandes indes unzugänglich bleibt.

Auch wenn es vordergründig um die Fortuna geht, besteht Dantes Anliegen in den zitierten Versen offensichtlich darin, Gottes Wirken gegen den Vorwurf (scheinbarer) Ungerechtigkeit zu verteidigen und seine universelle Macht und Güte zu bekräftigen. Zu diesem Zweck greift er auf die Unterscheidung zwischen unterschiedlichen Graden von Rationalität zurück. Damit hebt er die grundsätzliche Rationalität der Welt hervor. Nur der Mensch nimmt die Welt bisweilen als Unordnung wahr – *de facto* herrscht aber eine ebenso universelle wie rationale Ordnung. Dante postuliert also eine Opazität der rationalen Ordnung, die für das Diesseits wie für das Jenseits gilt – auch dort, wo die Dinge vordergründig keiner Ordnung folgen, nämlich in der (eben nur vermeintlichen) Kontingenz menschlicher Geschicke. Aber eben diese Opazität der von Gott hergestellten rationalen Ordnung kommt auch im Wunder zum Vorschein, wenn durch den Einbruch der Transzendenz die Prinzipien der natürlichen Welt außer Kraft gesetzt zu sein scheinen. Tatsächlich aber herrscht, im Zufall wie im Wunder, die eine und universelle göttliche Rationalität. Sie ist unhintergehbar, und dass der Mensch sie verkennt, liegt allein an seiner kognitiven Unzulänglichkeit. Somit haben die Klage über ein vermeintlich ungerechtes Schicksal und die Furcht resp. Ehrfurcht im Angesicht des Wunders dieselbe Ursache, nämlich die defizitäre Vernunft des Menschen. Ein Punkt ist dabei hinsichtlich des phantastischen Potentials des *miraculum* besonders wichtig: Im Wunder zeigt sich nicht einfach die Durchbrechung der Ordnung, sondern die *Überlegenheit* einer unbekannten Ordnung. Vermutlich wird gerade hier eine entscheidende historische Differenz zwischen dem modernen Phantastischen und dem mittelalterlichen Konzept des Übernatürlichen sichtbar: Im Falle des letztgenannten ist die (verborgene) Ordnung des (vermeintlich) Unordentlichen vorausgesetzt; die Durchbrechung der Ordnung kann deshalb stets als Erscheinung einer überlegenen Macht gedeutet werden. In der Phantastik ist das nur eine Option neben anderen – aber eine, die sich besonders für den metaphysischen Horror anbietet. Darin liegt das christliche Erbe manch eines phantastischen Texts, der vordergründig in nichts dem christlichen Denken verpflichtet zu sein scheint.

Rudolf Otto, *Das Heilige*

Das Wunder ist eigentlich weniger ein einfacher ‚Bestandteil' des christlichen Glaubens als vielmehr repräsentativ für die Erfahrung des christlichen Glaubens schlechthin. Dies wird besonders deutlich, wenn man die Ergebnisse der bisherigen Ausführungen mit den Schriften eines religionsphilosophischen Klassikers der Moderne vergleicht. In seinem Hauptwerk *Das Heilige*[107] identifiziert Rudolf Otto das Numinose als zentral für jene Erfahrung des Heiligen, die sich als *mysterium tremendum* und *mysterium fascinans* darstellt. In der religiösen Erfahrung erschaudert der Mensch angesichts der überwältigenden Macht Gottes, oft in Verbindung mit einem Gefühl des Unheimlichen. Der Mensch kennt sich durchaus als vernünftiges Wesen, doch tritt für Otto, trotz aller Theologie, angesichts der totalen göttlichen Rationalität nur eines hervor: die Beschränktheit der menschlichen Rationalität. Die Vernunft kann deshalb auch nie die ganze Religiosität des Christen ausmachen. Damit wird das Numinose als „das Heilige minus seines sittlichen Moments und [...] minus seines rationalen Momentes überhaupt"[108] zum Kern der religiösen Erfahrung, die sich in der „numinosen Gemüts-gestimmtheit"[109] zeigt. Das Wesentliche der religiösen Erfahrung liegt Otto zufolge jenseits des Verstehbaren und ist deshalb in besonderem Maße an Affekte gebunden, insbesondere an die Furcht, wie Ottos zentraler Begriff des *mysterium tremendum* verdeutlicht.

Es dürfte deutlich geworden sein, dass auch das *miraculum* zum Quell von Furcht und Verunsicherung in der Begegnung mit dem Übernatürlichen werden kann. Eben diese in der geschichts- wie literaturwissenschaftlichen Forschung weitgehend ausgeschlossene Dimension macht das Wunder anschließbar an das Unheimliche und Phantastische. Nicht vergessen werden soll darüber freilich die grundlegende Differenz zwischen dem mittelalterlichen und dem modernen Phantastischen: Für die Moderne steht die Verunsicherung als solche im Vordergrund, während ein mittelalterliches Phantastisches eher darauf zielt, die Verunsicherung als ein Argument für die Manifestation einer höheren Macht oder Ordnung zu beschreiben – einer Ordnung, die sich, wie oben dargelegt, dem menschlichen Erkennen gerade verschließt.

---

107 Otto, Rudolf, *Das Heilige. Über das Irrationale in der Idee des Göttlichen und sein Verhältnis zum Rationalen*, München: Beck, 1979 [1917].
108 Otto, *Das Heilige*, S. 6.
109 Otto, *Das Heilige*, S. 7.

3 Erzählungen des christlichen Wunderbaren

3.1 Zur Textauswahl

Von entscheidender Bedeutung für die erzählerische Gestaltung des christlichen Wunderbaren ist der pragmatische Kontext der Texte. Daher trennen die beiden folgenden textanalytischen Kapitel kirchlich-klösterliche Exempla (*miracula*) von Wissenstexten (*mirabilia*), die in die Bereiche Geschichtsschreibung, Reisebericht und Unterhaltungsliteratur fallen.

3.1.1 *Miracula:* Texte aus dem kirchlichen und dem klösterlichen Milieu

Die beiden ersten analysierten Texte sind zwei traditionelle Heiligenmirakel, die als Beispiele für jene Variante des erzählten *miraculum* gelten dürfen, die Le Goff und andere zu der Überzeugung brachte, dass es im christlichen Wunderbaren wenig Staunenswertes und viel Erwartbares gibt. Es handelt sich um die im Kloster Nivelles um 700 aufgezeichneten *Virtutes Sanctae Geretrudis* und um den von Radbod von Utrecht verfassten *Libellus de miraculo Sancti Martini* (frühes 10. Jahrhundert). Die Tendenz zur serialisierten Regelhaftigkeit ist vor allem in den durch Heilige gewirkten Wundern zu beobachten, wenn auch nicht ausschließlich. Der angestammte textuelle Ort solch typisierter Ereignisse ist die Heiligenvita. Als ein besonders einflussreiches Modell gilt die um das Jahr 396 herum verfasste *Vita Sancti Martini* von Sulpicius Severus. Sie zeichnet sich durch eine typisierende Enthistorisierung der Ereignisse und der Gestalt des Heiligen aus.[1] Als Hagiographie bezeichnet man Texte, die von heiligen Personen oder Heiligkeit im Allgemeinen handeln. Man unterscheidet Heiligenviten (*vitae*), Wunderberichte (*miracula*), Translationsberichte (*translationes*) sowie Heiligen- und Märtyrerverzeichnisse (*kalendaria, martyrologia*).[2] Wunderberichte wurden oft als *miracula post mortem* im Anhang einer Vita gesammelt. Wesentlich für Textsammlungen dieser Art ist die Entwicklung der Reliquienverehrung: Die Wundergeschichten sollten den Kult des jeweiligen Heiligen propagieren und

---

[1] André Vauchez, „Der Heilige", in: Jacques Le Goff (Hg.), *Der Mensch des Mittelalters*, Frankfurt a. M.: Magnus Essen, 1996, S. 340–373, hier: S. 345; Angenendt, *Geschichte der Religiosität im Mittelalter*, S. 231 f. Zur Heiligenlegende bzw. -vita: Hellmut Rosenfeld, *Legende*, Stuttgart: Metzler, ³1972; Dieter von der Nahmer, *Die lateinische Heiligenvita*, Darmstadt: Wissenschaftliche Buchgesellschaft, 1994; Eberhard Demm, „Zur Rolle des Wunders in der Heiligenkonzeption des Mittelalters", in: *Archiv für Kulturgeschichte* 57 (1975), S. 300–344.
[2] Herbers, *Mirakelberichte*, S. 2.

konnten zur Etablierung neuer Wallfahrtsorte beitragen.³ Mit der Ausbreitung des Reliquienkults entstehen solche Sammlungen von *miracula post mortem* in der Regel an den Orten, an denen der betreffende Heilige bzw. seine Reliquien verehrt werden.⁴ Ob ein Toter als Heiliger verehrt wurde, hing maßgeblich von seinem dortigen Wunderwirken ab. Es handelt sich daher um ein regionales, im Wesentlichen durch Volkes Stimme bestimmtes Phänomen; die päpstliche Institutionalisierung des Kanonisierungsprozesses erfolgt erst am Ende des 12. Jahrhunderts.

Theologisch betrachtet kann allein Gott Wunder wirken, die Heiligen sind nur die Medien des göttlichen Wunderwirkens. Geht es aber an das Erzählen von Wundern, konzentriert sich das Geschehen ganz auf die Situation, den Menschen in Not und den Heiligen. In der Wahrnehmung der Zeitgenossen stellt sich die Sache so dar, dass sich in Wundern zwar die Größe Gottes zeichenhaft offenbart, die konkrete Hilfe ist jedoch das Werk eines einzelnen Heiligen. Für den Zeitraum, aus dem die hier behandelten Texte stammen, ist zudem zu bedenken, dass es noch keine theologisch begründete Unterscheidung zwischen dem kirchlich anerkannten Wunder und der persönlichen Vision oder Gebetserhörung gibt.

Der zeitgenössische Begriff *miraculum* bezeichnet sowohl das Ereignis selbst als auch die Erzählung dieses Ereignisses bzw. seine Darstellung auf der Bühne.⁵ Der literaturwissenschaftliche Begriff ‚Mirakel' hingegen bezeichnet im heutigen Sprachgebrauch ausschließlich narrative und dramatische Texte. Die Mirakel stellen eine „literarisch fixierte Form einer Gebetserhörung"⁶ dar. Ihr narratives Schema ist durch eine andere Perspektive als die der Heiligenlegende gekennzeichnet. Nicht besonderen, sondern gewöhnlichen Menschen widerfährt das Wunder. Während die Legende darauf abzielt, die Erwähltheit des Einen zu plausibilisieren, will das Mirakel verdeutlichen, wie sinnvoll und nützlich die Verehrung des Heiligen für die Lebenden ist. Vorgeführt wird dies am Beispiel eines moralischen Dramas, in dessen Zentrum ein eigentlich frommer, aber vorübergehend vom rechten Weg abgekommener Mensch steht. Der Auftritt des Heiligen oder Marias zur Rettung des Sünders aus seiner hoffnungslosen Verstrickung stellt zwar das zentrale Ereignis dar, den narrativen Kern des Mirakels bildet indes die Läuterung des weder vollkommen schlechten noch vollkommen

---

3 Herbers, *Mirakelberichte*, S. 4.
4 Herbers, *Mirakelberichte*, S. 3 ff.; Signori, *Wunder*; Arnold Angenendt, *Heilige und Reliquien. Die Geschichte ihres Kultes vom frühen Christentum bis zur Gegenwart*, München: Beck, 1994, S. 138 ff.
5 Ingo Schneider, „Mirakel", in: *Enzyklopädie des Märchens*, Bd. 9, Berlin/New York: De Gruyter, 1999, Sp. 682–691, hier: Sp. 683.
6 Schneider, „Mirakel", Sp. 684 f.

guten Menschen. Dieses Schema gilt vor allem für die volkssprachlichen Mirakel,[7] etwa diejenigen Gautiers de Coinci, findet sich aber auch vereinzelt in einigen Wunder-Exempla bei Petrus Venerabilis und Caesarius von Heisterbach.

Die *Virtutes* und der *Libellus* sind – trotz des großen Zeitraums, der die beiden Texte trennt – repräsentativ für jene frühmittelalterliche Phase (nach Le Goff), in der die Kirche alle nicht auf Gott zurückführbaren Formen des Übernatürlichen als heidnischen Aberglauben bekämpfte. Eines der wichtigsten Mittel bestand in der Propagierung der *virtus* der Heiligen, der Fähigkeit, Wunder zu wirken. Die narrative Morphologie dieses Wundertyps ist beschränkt, gründet sie doch auf Kalkulierbarkeit und Vorhersehbarkeit, was dem eigentlich Ereignishaften, vor allem, wenn es in Serie gestellt wird, die Ereignishaftigkeit gerade nimmt – so jedenfalls der Eindruck, den diese Texte beim modernen Leser hinterlassen: Ein Mensch befindet sich in einer Notlage, betet daraufhin zu einem Heiligen, der Heilige kommt ihm zu Hilfe und stellt auf diese Weise seine herausragende *virtus* unter Beweis.

Die beiden Exemplasammlungen von Caesarius von Heisterbach und Petrus Venerabilis gehen hingegen über das in solchen Heiligenwundern übliche Maß an erzählerischem Raffinement deutlich hinaus. Schon allein die Ausführlichkeit, mit der Caesarius (seltener) und Petrus (häufiger) von Wundern erzählen, wirkt dem Eindruck eines bloßen Schematismus entgegen. Für alle christlichen Texte gleichermaßen relevant ist das Exemplum. Das christliche Exemplum hat einen institutionellen Ort, die Predigt. Es bezeichnet jedoch nicht nur eine Textsorte im engeren Sinn, sondern zudem eine textuelle Logik. Es handelt sich nicht um eine Gattung, sondern um ein funktionales Element.[8] Le Goff bestimmt es als ein „récit bref donné comme véridique et destiné à être inséré dans un discours (en général un sermon) pour convaincre un auditoire par une leçon salutaire"[9]. Diese Lektion muss aber nicht im Rahmen einer Predigt vermittelt sein, sondern kann auch Teil

---

7 Schneider, „Mirakelliteratur", Sp. 687. Zum Mirakel aus literaturwissenschaftlicher Perspektive siehe Ebel, *Das altromanische Mirakel*; Peter-Michael Spangenberg, *Maria ist immer und überall. Die Alltagswelten des spätmittelalterlichen Mirakels*, Frankfurt a. M.: Suhrkamp, 1987.
8 Rudolf Schenda, „Stand und Aufgaben der Exemplaforschung", in: *Fabula* 10 (1969), S. 69–85. Für einen Überblick siehe: Gerd Dicke, „Exemplum", *Reallexikon der deutschen Literaturwissenschaft*, Bd. 1, Berlin: De Gruyter, 2007, S. 534–537; Markus Schürer, *Das Exemplum oder die erzählte Institution. Studien zum Beispielgebrauch bei den Dominikanern und Franziskanern des 13. Jahrhunderts*, Berlin: LIT, 2005, S. 51–66, sowie die im Folgenden zitierten Publikationen von Le Goff, Stierle, Daxelmüller u. a.
9 Jacques Le Goff/Claude Bremond/Jean-Claude Schmitt (Hg.), *L'Exemplum*, Turnhout 1982, S. 37f.

einer Mirakelsammlung sein.[10] Das Exemplum muss also als ein variabel einsetzbares Element des christlichen Diskurses begriffen werden (woraus auch resultiert, dass sich Exemplum und Mirakel nicht gegenseitig ausschließen)[11], welches sich wie folgt beschreiben lässt:

> eine narrative Minimalform, die einen abstrakten, theoretischen oder thesenhaften Textsinn konkret beleuchtet (*illustrare*), die in diesem enthaltene Aussage induktiv beweist (*demonstrare*) und damit sowohl eine dogmatische oder didaktische Interpretationshilfe schafft als auch – je nach dem das Exemplum bestimmenden Kontext – mit moralisierender Implikation zur Belehrung, Erbauung oder Unterhaltung des Rezipienten [...] beiträgt (*delectare*). Ziel des Exemplumgebrauchs ist die auf seiner Überzeugungskraft (*persuasio*) beruhende Aufforderung, sich am beispielhaften Vorbild zu orientieren (*imitatio*). Es ist keine eigene, für sich lebensfähige literarische Gattung, sondern seit der Antike Teil einer aus der Gerichtsrede hervorgegangenen Argumentationstechnik.[12]

Die literaturwissenschaftliche Lektüre eines Exemplums muss daher zwingend den pragmatischen Rahmen berücksichtigen, will sie die Eigenheiten eines gegebenen Exemplums treffen. Eben diesem Umstand trägt die Unterscheidung zwischen kirchlichen und klösterlichen *miracula* einerseits und den *mirabilia* andererseits Rechnung.

3.1.2 *Mirabilia:* Texte von Hofklerikern und Chroniken

Völlig anderer Natur ist die zweite hier berücksichtigte Gruppe wunderbarer Erzählungen, verfasst von Klerikern aus dem nicht-klösterlichen Milieu. Während Wilhelm von Newburgh Kanoniker im Augustiner-Stift von Newburgh war, lebten Walter Map und Gervasius von Tilbury als Hofkleriker im Dienst Heinrichs II. (Walter) und Ottos IV. (Gervasius). Es handelt sich bei den Hofklerikern um

---

10 Siehe auch von Moos, *Geschichte als Topik*, S. 93–99; Karlheinz Stierle, „Geschichte als Exemplum – Exemplum als Geschichte. Zur Pragmatik und Poetik narrativer Texte", in: ders., *Text als Handlung*, München: UTB Fink, 1975, S. 14–48.
11 So lässt sich beispielsweise bezüglich der *De miraculi libri duo* des Petrus Venerabilis eine forschungsgeschichtliche Unentschiedenheit feststellen, ob es sich bei den Erzählungen denn nun um Exempla oder um Mirakel handele, eine Frage, die Oppel pragmatisch beantwortet, indem er von ‚exemplarischen Mirakelsammlungen' spricht (Hans D. Oppel, „Exemplum und Mirakel. Versuch einer Begriffsbestimmung", in: *Archiv für Kulturgeschichte* 58 (1976), S. 96–114, hier: S. 114. Generell hält auch Oppel das Exemplum nicht für eine „selbständige Gattung" (S. 103).
12 Christoph Daxelmüller, „Exemplum", in: *Enzyklopädie des Märchens. Handwörterbuch zur historischen und vergleichenden Erzählforschung*, Bd. 4, Berlin/New York: De Gruyter: 1984, S. 627–659, hier: S. 627.

Geistliche, die einen Verwaltungsposten innehatten und zwischen der kirchlichen und der höfischen Lebenssphäre pendelten, etwa als Archidiakone.[13] Für unsere Fragestellung sind diese Autoren aus zwei Gründen interessant. Zum einen gehören einige ihrer Geschichten zu den Randbezirken des christlichen Wunderbaren. Ihre Bücher unterscheiden sich fundamental von den kirchlich-klösterlichen Werken, insofern sie in einem völlig anderen Kommunikationskontext stehen. Sie verstehen sich als Unterhaltung, Geschichtsschreibung oder Reisebericht. Wilhelm von Newburgh, Walter Map, Gerald von Wales und Gervasius von Tilbury praktizieren eine Art Ethnographie *avant la lettre*, zu welcher auch die Wiedergabe volkstümlicher Erzählungen gehört. Die Wundergeschichten dieser Autoren sind, was ihren diskursiven Ort betrifft, keine *miracula*, sondern *mirabilia*. Aber – und deshalb gehören sie noch zu den ‚Randbezirken' des christlichen Wunderbaren – sie partizipieren an den allgemeinen christlichen kollektiven Vorstellungen. Da die Autoren selbstverständlich Teil der christlichen Kultur ihrer Zeit sind, erzählen auch sie nicht ausschließlich von *mirabilia*, sondern vereinzelt auch von göttlichen Wundern. So finden sich auch bei ihnen mehr oder weniger explizite Christianisierungen volkstümlicher Narrative. Oft beschränken sich die christlichen Elemente auf einen Erzählerkommentar, häufig machen die Verfasser eine Lehre geltend, die aus den Ereignissen zu ziehen sei. In anderen Fällen weisen sie, in Ermangelung anderer Erklärungsmöglichkeiten, das staunenswerte Phänomen der Sphäre des Göttlichen oder des Magisch-Teuflischen zu. Nur in seltenen Fällen geht das Christliche über solche insularen Erzählerkommentare hinaus und gewinnt Relevanz auf der Handlungsebene, etwa durch die Einführung christlicher Figuren, namentlich Geistlicher und Heiliger, oder die Integration christlicher Moral in eine offensichtlich pagane Geschichte. Doch all diese Vermischungen christlicher und paganer Elemente verändern in keiner Weise den Status der Texte: Die *mirabilia* sind inhaltlich-thematisch wunderbar, bisweilen auch christlich wunderbar, doch unterscheidet sich ihr kommunikativer Kontext fundamental von dem der christlichen Exempla. Die Autoren erzählen nicht in didaktischer Absicht, sondern um Staunen zu erwecken. Das christliche Wunderbare findet sich in ihren Büchern, weil es ein Teil des allgemeinen Wunderbaren ist und nicht weniger als Feen, Medusenköpfe und lebende Tote Anlass zum Staunen gibt. Darüber hinaus erlauben uns diese Texte, gerade weil das christliche Element in ihnen nur eingeschränkt nachweisbar ist, einen kontrastiven Blick auf andere, nicht-christliche Formen des Wunderbaren. Besonders relevant

---

13 Vgl. Monika Otter, *Inventiones. Fiction and Referentiality In Twelfth-Century English Historical Writing*, Chapel Hill/London: University of North Carolina Press, 1996, S. 2; ausführlich zur Besonderheit dieser Position zwischen dem geistlichen und dem höfischen Milieu: S. 125 f. ‚sowie Schmitt, *Heidenspaß und Höllenangst*, S. 102 f.

ist hier das Motiv des Wiedergängers. Der Vergleich zwischen den spezifischen Charakteristika der volkstümlichen Vorstellung von wandernden Toten einerseits und den Varianten dieses Themas in christlichen Texten andererseits erlaubt, wie wir sehen werden, eine literarhistorische Würdigung des christlichen Wunderbaren jenseits der üblichen Bewertungen christlicher Texte als propagandistische Verfremdung volkstümlicher Motive.

3.1.3 Der Wiedergänger, ein *miraculum* und ein *mirabile*

Dass Tote ihre Gräber verlassen können, um den Lebenden zu erscheinen, gilt im Mittelalter als selbstverständlich. Diese Überzeugung erklärt sich nicht allein durch Unbildung, Naivität und Aberglauben, sondern auch durch die christlich legitimierten Annahmen über die Auferstehung Jesu, die biblischen Auferweckungsepisoden sowie zunehmend die allgemein verbreiteten (christlichen wie nichtchristlichen) Vorstellungen über die Beziehungen zwischen den Lebenden und den Toten. Die von Klerikern aufgeschriebenen mündlichen Erzählungen geben eine Vorstellung von den volkstümlichen kollektiven Vorstellungen, während die patristischen und theologischen Texte den gebildeten Diskurs über Wiedergänger, Geister und Dämonen abbilden. In den Exempla wiederum vermischt sich Vorchristliches und Christliches, mündlich Überliefertes und Theologie untrennbar miteinander. Die vorchristliche Herkunft der Motive darf als erwiesen gelten und wird hier allenfalls noch punktuell Gegenstand von Erörterungen sein. Stattdessen geht es im Folgenden – immer mit dem Blick auf die Erzählverfahren – um die Frage, wer für wen und in welcher Absicht eine wunderbare Geschichte erzählt und welche Aussagen über die Beziehungen zwischen den Lebenden und den Toten dabei getroffen werden.

Den mentalitätsgeschichtlichen Rahmen dieser Lektüren bildet Jean-Claude Schmitts Studie *Les revenants*.[14] In Wiedergängergeschichten geht es um den Prozess des Gedenkens und Vergessens, der von den wiederkehrenden Toten gestört wird. Sie geben Aufschluss über eine ‚Sozialgeschichte des Imaginären' (Schmitt), über die sozialen Verbindungen, die über die Grenze des Todes hinaus von Bedeutung sind: Bruderschaft, Familie, Lehnsverhältnisse.

Die Vorstellung, dass die Toten nicht immer vollkommen tot sind, dass die Grenze zwischen Diesseits und Jenseits durchaus ihre Schlupflöcher hat, darf als

---

[14] Jean-Claude Schmitt, *Les revenants*. Für die mittelalterlichen kollektiven Vorstellungen im Allgemeinen siehe: Hervé Martin, *Mentalités médiévales. XIe–XVe siècle*, Paris: Presses universitaires de France, 1996.

ein mentalitätsgeschichtliches Phänomen von sehr langer Dauer bezeichnet werden. Die christlichen Toten erscheinen den Lebenden vor allem im eigenen Interesse, während die germanischen und keltischen Wiedergänger in aller Regel bösartige Schädlinge sind, denen nur mit gröbster Gewalt beizukommen ist. Sie suchen bevorzugt die Sozialverbände auf, in denen sie einst gelebt haben: ihre Familie, ihr Dorf, die Region. Sie können verschiedenste Formen der Gewalt gegen die Lebenden ausüben, bis hin zur Verbreitung von Epidemien. Die Schädlichkeit des Wiedergängers entsteht nicht erst mit seinem Tod: In der Regel zeichnet er sich schon zu Lebzeiten durch Boshaftigkeit und Gewalttätigkeit aus.[15] Die Kirche hat auf derlei Vorstellungen reagiert, indem sie die heidnischen Untoten dem Bereich des Teuflischen zuschlug. Auf diese Weise sollte ein nicht mit dem rechten Glauben kompatibles Übernatürliches aus dem Bewusstsein der Menschen verdrängt werden.[16]

Von großer Bedeutung für die Phänomenologie des christlichen Wiedergängers ist die Entstehung des Fegefeuers. Das Substantiv *purgatorium* setzt sich im Laufe des 13. Jahrhunderts zur Bezeichnung eines konkreten dritten Orts zwischen Himmel und Hölle durch.[17] Während das Instrumentarium der Strafen schon länger bestand, verbreitet sich nun die Vorstellung eines den nicht ganz schlechten und den nicht ganz guten Toten angemessenen Platzes. Das hat zur Folge, dass die Toten nicht mehr so leicht auftreten können; das Jenseits wird reglementierter als es noch im 11. und 12. Jahrhundert war, als die meisten Geschichten von Wiedergängervisionen aufgeschrieben wurden. Während also die christlichen Toten als Seelen im Purgatorium leiden und die Lebenden um Verkürzung ihrer Buße bitten, liegen die heidnischen Toten als Kadaver in ihren Gräbern, aus denen sie sich erheben, um die Welt der Lebenden in Angst und Schrecken zu versetzen, sei es in Verteidigung ihrer Interessen, sei es aus schierer Bösartigkeit.[18] Den Unterschied macht also letztendlich aus, dass es bei den christlichen Wiedergängern um das Seelenheil geht, während dieses bei den heidnischen Wiedergängern keine Rolle spielt. So erklärt sich auch, dass die Erzählungen von heidnischen Wiedergängern eher keine moralischen Dramen bergen. In der Anlage moralischer Konflikte um Schuld und Buße ist die zentrale Erklärung dafür zu suchen, dass das christliche Übernatürliche das paganvolkstümliche Übernatürliche nachhaltig verändern wird.

---

15 Lecouteux, *Au-delà du merveilleux*, S. 193.
16 Vgl. Lecouteux, *Au-delà du merveilleux*, S. 186 f.
17 Le Goff, *La naissance du Purgatoire*, Paris: Gallimard, 1981.
18 Vgl. Lecouteux, *Au-delà du merveilleux*, S. 182 f.

Es fällt auf, dass die christlichen Wiedergänger immer in direkter Rede sprechen, während die Antworten des Lebenden meistens vom Erzähler zusammengefasst werden.[19] Da sie eine Botschaft zu übermitteln haben, reden sie auf sehr verständliche Art und Weise. Für Jean-Claude Schmitt stellt die direkte Rede des Toten daher das sprachliche Korrelat des Phantastischen selbst dar, des Einbrechens des Übernatürlichen in die alltägliche Wirklichkeit. Zugleich steigere die direkte Rede den Realismus des Geschehens,[20] und das, obwohl es sich eigentlich um ein Paradox handelt: Die direkte Rede schafft die Illusion einer wahren Rede, und stammt dabei doch aus dem Mund eines rein imaginären Wesens.[21]

Die Anordnung der mittelalterlichen Texte im analytischen Teil entspricht der zunehmenden erzählerischen Komplexität hinsichtlich der Darstellung von *admiratio*, insbesondere von Angst. Auf den ersten Blick scheint diese Reihenfolge schlicht der historischen Chronologie zu folgen; die einzige Abweichung besteht darin, dass Petrus' *De miraculis* nach Caesarius' *Dialogus* behandelt wird. Es soll indes nicht der Eindruck entstehen, dass es sich um die Abbildung einer historischen Entwicklung handele. Dies würde den verschiedenen Textsorten und ihren pragmatischen Kontexten nicht gerecht: Die wenig innovativen Erzählungen von den Wundern der Heiligen sind zwar ungleich älter als die in dieser Arbeit als innovativ vorgestellten Wunderexempla, aber es handelt sich um Textsorten mit verschiedenen erzählerischen Absichten, Konventionen und Möglichkeiten, die nebeneinander existieren. Die Abfolge der Textanalysen ist vielmehr einer rein argumentativen Logik verpflichtet: Sie soll keine historische Entwicklung, sondern das narrative Potential des christlichen Wunderbaren skalierend abbilden.

3.2 Textanalysen: *Miracula*

3.2.1 Die Wunder der Heiligen

3.2.1.1 *Virtutes sanctae Geretrudis*
Als Tochter Pippins des Älteren und der Heiligen Itta oder Idaberga gehört die Heilige Gertrude (626–659) zum Typus der Adelsheiligen des frühen Mittelalters.[22]

---

19 Vgl. Schmitt, „Les morts qui parlent", S. 98 ff.
20 Schmitt, „Les morts qui parlent", S. 99.
21 Schmitt, „Les revenants dans la société féodale", S. 305.
22 Zur Heiligentypologie siehe André Vauchez, „Heiligkeit", in: *Lexikon des Mittelalters*, Bd. 4, Turnhout: Brepols, 2004, Sp. 2015. Zu Gertrud und den *Virtutes* siehe Bernhard Vogel, „Gertrud von Nivelles und die *Virtutes sanctae Geretrudis*", in: Herbers, *Mirakelberichte*, S. 51–53.

Sie war einige Jahre lang Äbtissin des von ihrer Mutter gegründeten benediktinischen Doppelklosters im brabantischen Nivelles. Die in den *Virtutes* erzählten Wunder wurden um 700 anonym verfasst und an die älteste, etwa 30 Jahre zuvor ebenfalls anonym verfasste Gertrud-Vita angehängt. Der Gertrudkult war zunächst ein regionales Phänomen, breitete sich dann aber über ganz Mitteleuropa aus, so dass Gertrud als eine der populärsten Heiligen des Mittelalters gelten kann. Der anonyme Verfasser nennt als topischen Schreibanlass die Memoria und die Verbreitung der nach ihrem Tode von Gertrud bewirkten Wundertaten. Wie in Mirakelberichten allgemein üblich, bezeugt der Text die Authentizität der Wunder und fordert die Zuhörer oder Leser auf, zu Gertrud zu beten. Bedenkt man, dass jede einzelne Wunderepisode als ein Argument für die Heiligkeit gelten soll, ist die ganze Sammlung als eine Aufforderung zum Gertrudenkult zu verstehen.[23]

Einer der charakteristischen Aspekte der *Virtutes sanctae Geretrudis* besteht darin, dass eine Vielzahl von Wundern mit einer weitgehenden Absenz von Staunen einhergeht. Diese Eigenschaft ist indes weniger erstaunlich als vielmehr typisch für die Textsorte: Wundersammlungen wie diese präsentieren sich als eine Art Wunderepisodenkatalog. Ist der Heilige einmal gestorben, fallen Askese und Tugend als Mittel, seine Heiligkeit unter Beweis zu stellen, weg, und es bleiben eben allein die Wunder.[24] Diese werden nicht immer als *miracula* bezeichnet. In den *Virtutes* wird der Begriff sogar nur dreimal verwendet, *signum* einmal, während *virtus* das am häufigsten verwendete Substantiv zur Bezeichnung der Wundertaten Gertruds ist. Diese Dominanz ist einerseits sicherlich der Tatsache geschuldet, dass die Begriffe zu dieser Zeit noch austauschbar sind. Bedenkt man, dass Wörter zur Bezeichnung von Affekten in den *Virtutes* fast vollständig fehlen

---

23 „Idcirco apud omnipotentem dominum promeruisse manifestum est, ut post obitum eius non minimas fieri per ipsam virtutes, quatenus, ut omnibus innotisceret, qui vitam eius vel abstinentiam corporis agnoverunt, nossent nunc etiam, quantum apud deum obtinere precibus valead, cum virtutes, que dominus, si petentium fides exigit, dignatus est ostendere ad sepulcrum eius, si aliqua exinde commemoramus et ad medium deducamus." – „Sie hat es daher beim allmächtigen Gott offenkundigerweise verdient, daß nach ihrem Tod nicht geringe Wunder durch sie gewirkt werden; damit es allen bekannt wird, die von ihrem Leben und ihrer körperlichen Enthaltsamkeit erfahren haben, sollen sie jetzt auch wissen, wieviel sie durch Gebete bei Gott zu erreichen imstande ist, indem wir die Wunder, die Gott, wenn er den Glauben der Betenden abwog, an ihrem Grab zu zeigen geruhte – wenn wir davon also etwas ins Gedächtnis rufen und in den Mittelpunkt rücken" (Herbers, *Mirakelberichte*, S. 54).
24 „While a living holy person had numerous ways in which to exercise virtus, such as asceticism and teaching the monastic life, the posthumous exercise of that virtus was virtually synonymous with miracles" (Thomas Head, *Hagiography and the Cult of Saints. The Diocese of Orléans 800– 1200*, Cambridge: Cambridge University Press, 2005, S. 183).

(*perterritus* kommt einmal vor, jedoch in ausdrücklicher Verneinung)²⁵, drängt sich allerdings der Eindruck auf, dass Wundersammlungen dieser Art eben nicht so sehr auf das Staunen abzielen als vielmehr auf Beweisführung. *Admiratio* ist hier allein die Bewunderung für den heiligen Helden. Dementsprechend steht mit *virtus* ein Begriff im Zentrum, der zum einen die wichtigste Eigenschaft des Heiligen bezeichnet und zum anderen eben nicht zu jenen Begriffen zählt, die schon etymologisch auf Wahrnehmung verweisen.

Verlässt man die Ebene der Begrifflichkeiten und wendet sich den einzelnen Episoden zu, so findet sich diese Beobachtung bestätigt. Die als Argumente zusammengestellten Wunder schaffen eine spezifische ‚Ästhetik' der Nüchternheit, für die Authentizität und Glaubwürdigkeit wichtiger als Staunen sind. In zwei besonders kurzen Episoden wird vom Schicksal zweier gefesselter Männer erzählt; das eine Wunder geschieht einem unschuldigen Opfer krimineller Entführer, das andere einem Schwerverbrecher, der durchaus verdient im Kerker sitzt. Beide Geschichten funktionieren nach der typischen Wundermechanik, die diesen eher schlichten narrativen Kompositionen zu eigen ist: Die Männer beten zu Gertrude, die daraufhin die Ketten zerbricht. Die Wahrnehmung des Wunders durch die solchermaßen Erretteten wird nicht thematisiert. Im dritten Kapitel wird von einem Feuer berichtet, das zehn Jahre nach Gertrudes Tod im Kloster ausbricht. Die Nonnen und Mönche sehen sich außer Stande, das Feuer zu löschen und fliehen, als ein Verwalter plötzlich ein Wunder beobachtet:

> Tunc vir unus, cui cura monasterii commendata fuerit regere, repente elevans oculos suos, viditque sanctam Geretrudem stantem in summitate refectorii in ipsa specie vel habitu, qua ipsa fuit, et cum ipso velamine, qua erat cooperta, semper iactabat flammam de domo. Ille autem vir tante visione non perterritus, sed gaudio magno repletus, suos sotios ortabatur, ut constanter agerent. Ipse autem cursu concito ascendens sursum, ut videret exitum rei. Tunc mirum in modum cumsubito viderunt liberatum monasterium in ipsa hora de incendio.²⁶

---

25 Herbers, *Mirakelberichte*, S. 56.
26 Herbers, *Mirakelberichte*, S. 56–58. („Da erhob ein Mann, dem die weltlichen Angelegenheiten des Klosters zu besorgen anvertraut worden war, plötzlich seine Augen und sah die heilige Gertrud, die auf dem Dach des Refektoriums stand, in derselben Gestalt und äußeren Erscheinung, in der sie lebendig gewesen war, und die mit demselben Schleier, den sie getragen hatte, das Feuer vom Haus zurückweichen ließ. Der Mann aber war keineswegs erschrocken, sondern voll großer Freude über eine solch mächtige Vision, und er ermahnte seine Mitbrüder, in ihrem Tun nicht nachzulassen. Er selbst aber erklomm in schnellem Lauf eine Anhöhe, um den Ausgang der Sache beobachten zu können. Dann wurden sie Augenzeugen, wie auf wundersame Weise das Kloster in dieser Stunde vor dem Feuer bewahrt blieb").

Die Darstellung der plötzlichen Erscheinung Gertrudes ist allein an die Wahrnehmungsperspektive des Mannes gebunden („repente elevans oculos suos"). Der Mann ist nicht so sehr beeindruckt vom Wunder in seiner übernatürlichen Ereignishaftigkeit als vielmehr schlicht erfreut über die so dringend benötigte Hilfe („non perterritus, sed gaudio magno repletus"). Er ermahnt die Helfer, nicht aufzugeben in ihren Bemühungen und rennt einen Hügel hoch, um den Ausgang der Ereignisse zu beobachten. Der letzte Satz lässt sich einerseits so verstehen, dass die Multiplikation der Augenzeugen dem Ereignis eine größere Authentizität verleiht. Andererseits ist davon auszugehen, dass die Vision der Heiligen nur dem einen zuteil wird, während die anderen lediglich wahrnehmen, dass das unmöglich Geglaubte, das Erlöschen der Flammen, erreicht wird. Die Vision wird hier lediglich als Beleg dafür benötigt, ein unerwartetes Ereignis als ein Wunder präsentieren zu können. Die Wahrnehmung selbst spielt keine Rolle. Damit folgt der Text den für Wunderberichte üblichen Konventionen. Die schwache erzählerische Ausgestaltung des Wunders ist daher wenig erstaunlich, dient uns jedoch gerade deshalb als historische Folie, vor der sich die wesentlich aufwendigere Formen christlicher Narration ohne Heilige bei Caesarius von Heisterbach und Petrus Venerabilis abheben.

Wie wenig es in den Gertrud-Mirakeln um Staunen geht und wie sehr die Textstrategie ganz auf Verifizierung und Glaubwürdigkeit hin ausgelegt ist, verdeutlicht auch die erste Wunderepisode nach dem Prolog. Die Betonung der Authentizität erstickt jede Darstellung von Staunen im Keime. In einer Vision erscheint Gertrude zur Stunde ihres Todes der Äbtissin eines Klosters in Trier, Modesta.[27] Auf dem Boden liegend, hat Modesta ein an die Heilige Jungfrau gerichtetes Gebet beendet. Als sie aufsteht und sich umschaut, sieht sie völlig unvermittelt Gertrude vor sich. Diese trägt die Kleider, die sie zu Lebzeiten zu tragen pflegte. Gertrude stellt sich Modesta mit den Worten vor: „Soror Modesta, certam tene hanc visionem et sine ulla ambiguitate scias me hodie in hac eadem ora absolutam de habitaculo carnis huius. Ego sum Geretrudis, quam multum dilexisti."[28] Verschafft die Autorität des Äbtissinnenamts der Vision schon einige Glaubwürdigkeit, so wird diese im Rahmen eines regelrechten Untersuchungsverfahrens nun noch erhöht. Modesta ist alles andere als beeindruckt von ihrer Vision, sondern handelt sehr rational: „Tunc illa intra se tacite cogitabat, quid

---

27 Herbers, *Mirakelberichte*, S. 54–56. Mit der „amicitia divina" (S. 54) ist die Verehrung Modestas für Gertrude gemeint.
28 Herbers, *Mirakelberichte*, S. 56. („Schwester Modesta, halte diese Vision für wahr, und ohne Umschweife sollst du wissen, daß ich heute zu eben dieser Stunde vom Gewand des Fleisches erlöst worden bin. Ich bin Gertrud, die du so sehr geliebt hast.")

tanta visio debuisset fieri [...]."²⁹ Die Untersuchung wird also ausgelöst durch die Frage nach der Bedeutung, welche sich nur bedingt mit dem Staunen verträgt, einem Affekt, der zunächst erfreut oder beunruhigt, auf jeden Fall aber lähmt, so lange man unter dem Eindruck der Ereignisse steht. Modesta zeigt sich hingegen alles andere als beeindruckt, sondern erwägt auf besonnene Art und Weise, was zu tun sei. Sie spricht daher zunächst mit niemandem über das, was sie gesehen hat, bis am nächsten Tag der Bischof von Metz, Chlodulf, das Kloster besucht. Er kann Modesta auf Anfrage bestätigen, dass Gertrude in Körpergröße, Schönheit und Kleidung genau der Erscheinung des vorherigen Tages entspricht. Jetzt erst, da sich Modesta der Authentizität ihrer Vision sicher sein kann, vertraut sie ihr Geheimnis dem Bischof an. Der Bischof notiert sich den Tag und die Stunde, und seine weiteren Recherchen ergeben, dass Gertrude in der Tat um die sechste Stunde gestorben ist. Äbtissin und Bischof gehen äußerst logisch und mit geradezu detektivischer Akribie vor. In einem modernen literarischen Text würde nun eine Ermittlung mit offenem Ausgang einsetzen, doch hier mündet alles ganz im Sinne der Gattungsregeln in das vorhersehbare Ergebnis, dass es sich um eine wahre Vision handelt; die Ermittlungen sind zu keinem Zeitpunkt offen.

Es wurde bereits erwähnt, dass die *Virtutes sanctae Geretrudis* typisch für eine bestimmte Form des christlichen Wunderbaren sind, in der affektive Reaktionen auf die Ereignisse wie auf die erzählten wunderbaren Berichte von sekundärer Bedeutung sind. Die Modesta-Episode stellt dies in exponierter Position gleich zu Beginn der Mirakelsammlung klar. Gertrude selbst ist diejenige, die in ihren an Modesta gerichteten Worten die Frage nach der Echtheit der Wunder zum zentralen Gegenstand macht. Alle Episoden folgen diesem Muster: Der Erzähler ist ausschließlich damit beschäftigt, Argumente für die Glaubwürdigkeit des Erzählten zu liefern. Diese Strategie findet ihr stilistisches Pendant in einer nüchternen, rhetorisch schlichten Sprache ohne semantisch starke Adjektive und Adverbien. Darin sind die *Virtutes* repräsentativ für ein zentrales Charakteristikum des hagiographischen Diskurses, das dafür verantwortlich ist, dass das christliche Denken – durchaus nicht zu Unrecht – als dem Wunderbaren abträglich bewertet worden ist. Wahrnehmung und Affekte, Staunen, Unsicherheit, Angst und Überwältigung werden allenfalls benannt, aber nicht evoziert.³⁰

---

29 Ebd. („Diese dachte still bei sich darüber nach, was eine solche Vision wohl zu bedeuten habe [...] ").
30 „Finding wonder-words is easy; finding wonder is far more complicated" (Bynum, „Wonder", S. 15).

3.2.1.2 Libellus de miraculo Sancti Martini

Repräsentieren die *Virtutes sanctae Geretrudis* einen Mirakeltyp, in dem die Funktion des Wunders als Argument im Vordergrund steht, mit dem der Zuhörer oder Leser also eher überzeugt als beeindruckt werden soll, so werden in dem nun folgenden *miraculum* die Wahrnehmung selbst sowie die mit ihr einhergehenden Affekte thematisiert (was die Funktion als Argument natürlich in keiner Weise ausschließt). Zu sehen bedeutet hier mehr als nur zu bezeugen: Radbod von Utrecht (gest. 917), der Verfasser, will sichtlich mehr als nur von der Authentizität des Wunders überzeugen, er will seinem Publikum auf ebenso kunstvolle wie anschauliche, ja spannende Art und Weise das Wunder selbst vermitteln. Im Mittelpunkt der rhetorischen Bemühungen Radbods steht dabei ganz offensichtlich die *admiratio* der belagerten Christen im Text, die sich bei den Zuhörern wiederholen soll.

Radbod, der sich als Bischof von Utrecht selbst einmal in einer ähnlichen Lage wie die Bewohner von Tours in seinem Mirakel befunden hatte, als er vor den einfallenden Normannen fliehen musste, war ein literarisch hochgebildeter Autor, der Homilien, Predigten und geistliche Dichtungen verfasste.[31] Sein Werk ist durch literarisches Selbstbewusstsein gekennzeichnet: Der nach dem Normanneneinfall in Tours von 903 entstandene *Libellus de miraculo sancti Martini* ist in Reimprosa geschrieben und enthält zudem neben Bezügen auf christliche Autoritäten einige Zitate römischer Autoren, namentlich von Ovid und Vergil. Für unsere Fragestellung relevant ist der Umstand, dass Radbod der Geschichte von der wundersamen Errettung der Stadt Tours einen predigthaften pragmatischen Kontext verliehen hat: „cum silencio audite" fordert er sein Publikum auf. Dieser Umstand ist bedeutsam für die Interpretation des ganzen Texts, der – im Unterschied zum kompilatorischen Mirakeltyp, wie die *Virtutes sanctae Geretrudis* ihn repräsentieren – zum einen eine unmittelbare Wirkung auf das direkt angesprochene Publikum ausüben will, und der zum anderen tendenziell Züge eines in sich geschlossenen Werks trägt. So wird das Wunder zwar nur in zwei von acht Kapiteln erzählt, seine Bedeutung erschließt sich jedoch nicht ohne die Berücksichtigung anderer Kapitel, vor allem des Prologs. Die Geschlossenheit des Textes ergibt sich durch zwei Aspekte: Zum einen erzählt Radbod nur ein einziges Wunder, dieses dafür aber umso ausführlicher. Zum anderen bilden der Prolog sowie die sich an das Ende der eigentlichen Wundererzählung anschließenden Kapitel einen programmatischen Kontext: Radbod hat der Geschichte vom Wunder von Tours die Funktion eines paränetischen Exemplums zugedacht, zumal er den Text später in

---

31 Siehe dazu die Präsentation des Mirakels durch Bernhard Vogel in: Herbers, *Mirakelberichte*, S. 125–127.

ein Martinsoffizium integriert, wohl in der Funktion einer Lesung am Festtag des Heiligen, außerhalb der eigentlichen Liturgie.[32] Dieser Kommunikationskontext erklärt auch, warum der Text ganz offensichtlich nicht nur vom Wunder berichten will, sondern den Zuhörern die *admiratio* regelrecht vor Augen führen möchte, auf dass die Wirkung beim Publikum in eben diese münde. Die Sorge um Authentizität und Glaubwürdigkeit spielen natürlich auch im *libellus de miraculo sancti Martini* eine Rolle (vor allem in den Abschnitten nach der eigentlichen Wundererzählung), und das Wunder ist selbstverständlich auch ein Beleg für die Heiligkeit Martins, doch exponiert dieser Text dabei den Willen seines Verfassers zu effektvoller Kunstfertigkeit. Das Publikum soll nicht nur mit Argumenten überzeugt, sondern zu einer emotionalen Reaktion auf das Wunder angeregt werden. Was die verwendeten Begriffe betrifft, so findet diese Darstellungsstrategie ihre Entsprechung in der Dominanz von *miraculum* und *mirabile*, also der Begriffe, die etymologisch auf Visualität verweisen (während *virtus* ja die moralische Kraft des Wunder wirkenden Heiligen betont).

Die wichtigsten Aspekte der Erzählung Radbods sind: Historische Authentizität, eine variable Erzählgeschwindigkeit, die erhöhte Bedeutung der Figurenperspektive sowie ein semantisch ausdrucksstarkes Vokabular zur Beschreibung des Wunders und seiner Wirkung. Die Geschichte, um die herum Radbods Text konstruiert ist, erzählt die wunderbare Errettung der Stadt Tours vor den Angriffen der Dänen durch die Reliquien des Heiligen Martin im Jahre 903. Die Jahreszahl wird zwar nicht explizit genannt, Radbod macht aber recht exakte Angaben über die historische Chronologie: Etwa 60 Jahre oder länger ist es her, dass die Dänen in das Land eingefallen sind, etwa zu der Zeit, als sich die Nachfahren Karls des Großen in der Schlacht von Fontenoy gegenüberstanden, also im Jahre 841. Der Darstellung der historischen Situation gehen Ausführungen über die Stadt Tours und einen Edelstein, der sich in ihren Mauern befindet und dessen Wert alles in der Welt übertrifft, voraus. Aus den allegorisierenden Ausführungen zu diesem Edelstein geht hervor, dass er einerseits mit dem Ruhm des historischen Martin und mit seinen Reliquien identifiziert werden kann,[33] andererseits aber auch mit dem wahren Glauben, nach dem ein jeder Christ streben soll, so dass es ihm, wenn er den Edelstein einmal in seinen Besitz gebracht habe, an nichts mehr fehle.[34] Die Art und Weise, auf die Radbod den Übergang von der Edelsteinallegorese zum Wunderbericht gestaltet, ist erzählstrategisch aufschlussreich:

---

32 Herbers, *Mirakelberichte*, S. 127.
33 Herbers, *Mirakelberichte*, S. 132.
34 Herbers, *Mirakelberichte*, S. 134. Dieser Teil macht immerhin ein Fünftel des Gesamttexts aus.

> Verum ne diutius auditores simplices, quos magis propria quam figurata delectant, a promissae relationis intelligentia suspendamus, nudam evidentemque hystoriam deinceps profitentes, ea quae hactenus tropica circumlocutione de gemma memoravimus, ad corpus beatissimi Martini, quo patrocinante inter cuncta pericula tuti sumus, absque ambiguitatis nebula referamus.[35]

Radbod unterscheidet explizit die allegorischen Anteile seiner Rede („figurata") von den eigentlichen oder besonderen („propria") und von der unverhüllten und sichtbaren Geschichte („nudam evidentemque hystoriam"), und fügt hinzu, dass er, indem er zum Erzählen übergeht, nichts anderes tue als die allegorische Rede über den Edelstein („tropica circumlocutione de gemma") auf die wundertätige Reliquie des Heiligen Martin zu übertragen, und dies ohne nebulöse Doppeldeutigkeit („absque ambiguitatis nebula"). Was Radbod hier ankündigt, ist die Selbstbeschränkung auf den Wortsinn unter Absehung von allegorischen Bedeutungen. Diese Ankündigung ist freilich nicht allzu ernst gemeint, denn die Rede des Erzählers wird die Ereignisse durchaus nicht nur in ihrer nackten Faktizität präsentieren, sondern zugleich als höchst bedeutungsvoll. Schließlich soll die Erzählung vom Wunder nicht nur als Bericht fesselnd sein, sondern auch als erbauliches Exemplum funktionieren.

Doch zunächst kommt Radbod noch einmal auf die von ihm bereits erwähnten Gesprächspartner aus den *Dialogi* des Sulpicius Severus zurück: Gallus, Postumianus und Sulpicius finden nichts Wertvolleres in der Welt als Martin, dessen Körper sie sodann mit Alexander dem Großen, Xerxes und Augustus vergleichen. Deren militärische Erfolge seien trotz ihrer Größe wertlos im Vergleich zu den Siegen, zu denen der Leib des Heiligen, wie er in einer kleinen Büchse liegt, verhilft.[36] Mit einer so wertvollen Reliquie in seinen Mauern sei Tours würdevoller als Alexandria, berühmter als Karthago, fruchtbarer als die Erde in Palästina, reicher als Tyrus und Sidon. All diese topischen Anmerkungen machen deutlich, dass Radbods Text eigentlich nur die umfangreiche *amplificatio* einer Geschichte ist, die in ihrer höchst schematischen und stereotypen Form schnell erzählt wäre. Doch drückt sich diese *amplificatio* nicht nur in Allegorese und Topik aus, sondern auch in einer gesteigerten Dramatik der Notsituation, aus der die Bürger von Tours durch Martin errettet werden wollen. Die recht genaue his-

---

35 Herbers, *Mirakelberichte*, S. 134–136. („Aber wir wollen die einfachen Zuhörer, die sich mehr am Naheliegenden als am Allegorischen erfreuen, nicht länger davon abhalten, die versprochene Erzählung zu vernehmen; indem wir die bloße Geschichte offenlegen und berichten, wollen wir das, was wir in kunstvoller Umschreibung über den Edelstein in Erinnerung gebracht haben, ohne nebulöse Doppeldeutigkeit auf den Körper des heiligsten Martin übertragen, unter dessen Patronat wir alle in allen Gefahren sicher sind").
36 Herbers, *Mirakelberichte*, S. 137.

torische Situierung des Ereignisses hat ohne Zweifel die Funktion, die Glaubwürdigkeit des Wunders zu erhöhen. Auch die topische Beteuerung, nicht gelogen und nichts erfunden zu haben, sowie die herausragende Verlässlichkeit der Zeugen fehlen nicht:

> His ita gestis ego quoque vitandi causa fastidii sermonis finem paulo post facturus, omnes opusculi huius lectores fraterna voce praemoneo, ne me idcirco contra fidem hystoriae fecisse calumnientur, quia quod insertum est eo ordine digessi, quo fama id disseminante didiceram; qua in re dari michi veniam obsecro. Habens tamen in promptu excusationem, qua calumnia refellatur: Tanto enim spatio ecclesia Traiectensis, cui ego deo auctore deservio, ab urbe Turonica distat, ut vix quempiam reperire possim, qui, dum res ageretur, se ibidem fuisse totamque ut gesta est se vidisse testetur. Profiteor autem me contra veritatem pugnaciter non egisse, cum in his quae michi incerta erant aliorum potius opinionem quam meam posuerim assertionem, ut sunt illa de primo adventu piratarum ad Gallias itemque de insania Danorum et de numero occisorum, quae omnia nec affirmo nec abnego, sed scrutatoribus importunis inquirenda relinquo. Ceterum de victoria, quam dominus noster Iesus Christus per merita et praesentiam beati Martini Turonensibus concessit, nec ego quicquam dubito, nec quibuslibet aliis dubitandum esse assentior, quoniam quod de ea relatum est probatissimo illustrium personarum testimonio comprobatum inexpugnabilem facit fidem dictorum.[37]

Auch wenn das Wunder historisch verbürgt sein muss, erschöpft es sich also nicht in seiner Historizität. Es ist ein authentischer Bericht *und* ein Exemplum. Radbods Selbstverteidigung richtet sich denn auch zuerst auf die historische Exaktheit der

---

37 Herbers, *Mirakelberichte*, S. 142–144 („Nach diesen Ereignissen werde ich, um Überdruß zu vermeiden, meine Rede wenig später zu Ende bringen; alle Leser dieses kleinen Werkes ermahne ich mit brüderlicher Stimme, mich nicht dafür zu kritisieren, gegen die Wirklichkeit der Geschichte gehandelt zu haben, denn was eingefügt worden ist, habe ich in der Reihenfolge vorgetragen, in der ich es von der sich ausbreitenden Fama erfahren habe; ich bitte darum, mir darin Nachsicht zu gewähren. Ich habe dennoch eine Entschuldigung vor Augen, um Kritik abzuweisen: Die Kirche von Utrecht, der ich auf Geheiß Gottes diene, ist nämlich von der Stadt Tours so weit entfernt, daß ich kaum jemanden finden kann, der dort gewesen ist, als die Sache geschah, und der bezeugen kann, dies alles, so wie es abgelaufen ist, gesehen zu haben. Ich verspreche aber, nicht sehr stark gegen die Wahrheit verstoßen zu haben, weil ich bei den Dingen, die mir unsicher waren, eher die Meinung von anderen als meine eigene Vermutung dargelegt habe; das sind die Stellen über die erste Ankunft der Piraten in Gallien und ebenso die Verwirrtheit der Dänen und die Anzahl der Getöteten, all das bestätige ich weder, noch stelle ich es in Frage, sondern überlasse es den unverschämten Forschern, dem nachzugehen. An dem Sieg, den unser Herr Jesus Christus durch seine Verdienste und die Gegenwart des heiligen Martin den Einwohnern von Tours beschert hat, zweifele auch ich im übrigen keinesfalls, und ich glaube ebensowenig, daß es für irgend jemand anderen etwas zu bezweifeln gibt, da ja alles, was darüber erzählt worden ist, durch das äußerst beweiskräftige Zeugnis vornehmer Personen nachgewiesen ist und die Glaubwürdigkeit des Gesagten unangreifbar macht").

Fakten, das letztlich zentrale Argument für die Glaubwürdigkeit zielt aber allein auf den Glauben: Wer auf zu impertinente Weise Skepsis äußert, stelle die Wahrheit der Offenbarung in Frage.[38] Die dem Exemplum eigene Ambivalenz zwischen symbolischer Bedeutung und Anspruch auf Historizität lässt sich mit modernen literaturwissenschaftlichen Begrifflichkeiten nicht fassen. So setzt Realismus im weiteren Sinne die Absenz von symbolischer oder allegorischer Bedeutung voraus. Für das christliche Denken im Mittelalter stellen Wortsinn und allegorischer Sinn hingegen keinen Widerspruch dar. Der Fall, dass es in einer von Gott geschaffenen Welt Dinge gibt, die ohne Bedeutung sind, ist nicht vorgesehen,[39] und dies gilt erst recht für wunderbare Ereignisse.

Doch kommen wir nach diesen Beobachtungen zur Authentifizierung zum eigentlichen *miraculum* und seinen Erzählverfahren. „[O]b praesentium consolationem et futurorum" erzählt Radbod die folgende Geschichte: Dänen und Sueben kamen, etwa zur Zeit der Schlacht auf den Feldern von Fontenoy, nach Gallien und zerstörten das vorher paradiesische fruchtbare Land. Die Christen erlitten auf erbärmliche Weise viele Niederlagen, was sich Radbod zufolge dadurch erklärt, dass Gott die christlichen Sünder davor bewahren wollte, im durch den fruchtbaren Boden garantierten Wohlstand physisch wie moralisch zu degenerieren. Etwa sechzig Jahre später beschließen die Dänen, sich brandschatzend in Richtung Tours zu bewegen. Die davon unterrichteten, vor Angst zitternden Einwohner beginnen sofort mit der Befestigung der Stadt. Die Verzweiflung wächst, als sie sehen, mit wie vielen Kriegern die ‚Nordmänner' anrücken, und so sehen sie ihre letzte Chance darin, die Hilfe des heiligen Martin, dessen Gebeine sie ja in ihrer Stadt aufbewahren, anzurufen. Dies wird zur Aufgabe all derer, die nicht direkt kämpfen. An dieser Stelle verlangsamt sich das Erzähltempo, die Darstellung wird szenischer. Die Geistlichen, Alten, Frauen und Kinder der Stadt stellen sich um das Grab des Heiligen herum auf und beginnen zu beten und zu klagen. In direkter Rede fragen sie Martin, warum er nicht aufwache um ihnen, den Bedrängten, zu helfen. Sie entnehmen dem Grab den Reliquienschrein und stellen diesen auf die von den Feinden heftig bestürmten Tore

---

38 Die auffällige Widersprüchlichkeit der Selbstverteidigung betont den topischen Charakter der Ausführungen: Erst räumt Radbod ein, er habe keine Zeugen befragen können, dann aber ist von ‚anderen' die Rede, die scheinbar keine Augenzeugen sind, auf deren *opiniones* er sich aber verlassen habe. Die gleichzeitige Erwähnung des (als historisches Ereignis auch damals schon unproblematischen) 60 Jahre zurückliegenden Einfalls der Dänen und der (legitimationsbedürftigen) wunderbaren Ereignisse kann wohl nur als *dissimulatio* verstanden werden.
39 Vgl. Armand Strubel, „Littérature et pensée symbolique au Moyen Âge", in: Dominique Boutet/Laurence Harf-Lancner (Hg.), *Écriture et modes de pensée au Moyen Âge (VIIIe-XVe siècle)*, Paris: Éditions rue d'Ulm, 1993, S. 27–45.

der Stadt. Die zentrale Stelle, in der sich die dramatisch zugespitzte Lage durch Martins Hilfe auflöst, ist durch einen szenischen Darstellungsmodus sowie dadurch gekennzeichnet, dass die Wahrnehmung des Wunders und die damit einhergehenden Emotionen besonders hervorgehoben werden:

> Tum vero oppidani palmas quidem ad sidera, mentes autem ad divinam clementiam subrigentes, qui paulo ante metu propinquae, ut putabant, mortis exterriti fuerant, mox *praesentia* tantae opitulationis animati, simul et corporis vires et animi audaciam resumpserunt. Danis e contrario *stupor vehemens* incussus est, post *stuporem intolerabilis formido*, post formidinem, ut plerique asserunt, *alienatio mentis* obressit. Videre videor miseros primum *tremere*, deinde fugam conari, statimque id temptantes *ridiculo* ambitu circumferri *perplexosque* invicem, cum alter impediretur ab altero, acsi per glaciem currerent, praecipites labi ludumque praebere spectantibus, palam dantes intelligi, quantas eisdem cuniculus ille, quem clerici illo ob pericula submovenda convexerant, importasset erumnas. Igitur oppidani Christum sibi per Martini preces propitium sentientes, eruptione facta, persecuti sunt inimicos, quorum passim per agros palantes et per lucos male latinantes fere ad nongentos interfecerunt, detractisque manubiis velociter in urbem regressi sunt, magna voce laudantes et glorificantes dei misericordiam, qui eis inopinatam victoriae dederat palmam. Porro corpus beati Martini confestim restituerunt in locum suum, summas etiam ipsi gratias agentes, quod eos sua praestantissima interventione satis sollemniter adiuverat.[40]

Während die Dänen vollkommen den Verstand verlieren, geht das (nur implizit, in der Beschreibung des Spektakels beschriebene) Staunen der Stadtbewohner in

---

40 Herbers, *Mirakelberichte*, S. 142 (Hervorhebungen: A. R.). („Da aber erhoben die Städter ihre Handflächen gen Himmel, ihre Sinne aber wandten sie der göttlichen Milde zu, und bald beseelt von der Gegenwart solch großer Hilfeleistung gewannen sie, die wenig zuvor noch aus Furcht vor dem, wie sie glaubten, nahen Tod zutiefst erschrocken gewesen waren, zugleich ihre Körperkräfte und ihren kühnen Mut zurück. Die Dänen andererseits ergriff ein heftiges Staunen, nach dem Staunen eine unerträgliche Scheu, und nach der Scheu, wie die meisten berichten, der Wahnsinn. Man konnte scheints beobachten, wie die Bedauernswerten zuerst erzitterten, dann die Flucht versuchten, bei dem Versuch sogleich in lächerlichem Umhergerenne ineinander verschlungen umherglitten, weil der eine vom anderen behindert wurde, als ob sie auf einer Eisfläche liefen; wie sie dann kopfüber hinfielen und den Betrachtern ein Schauspiel boten, mit dem sie offensichtlich zu verstehen gaben, welche Mühsal ihnen jenes Reliquienbehältnis bereitete, das die Geistlichen dorthin gebracht hatten, um die Gefahr zu bannen. Also begriffen die Bewohner, daß Christus auf Martins Bitte hin ihre Rettung war, und machten einen Ausfall, verfolgten die Feinde, von denen sie insgesamt beinahe neunhundert, häufig solche, die auf den Feldern ungedeckt umherliefen oder in lichten Wäldern schlecht verborgen waren, töteten; sie nahmen ihnen die Kriegsbeute ab und kehrten schnell in die Stadt zurück, wo sie mit lauter Stimme die Barmherzigkeit Gottes rühmten und lobten, der ihnen die unerwartete Siegespalme verschafft hatte. Dann brachten sie den Leib des heiligen Martin sofort an seinen Platz zurück, wobei sie auch ihm selbst höchsten Dank aussprachen, weil er ihnen durch sein herausragendes Eingreifen zu Genüge feierlich geholfen hatte.")

nüchterne Erwägungen über, wie dieser Umstand am besten zu nutzen sei. Bei allem Staunen *verstehen* sie das Wunder: In einem ersten Schritt begreifen sie, dass ihre Gebete erhört worden sind, und in einem zweiten Schritt beschließen sie den Ausfall. Die Bedrängten wie die Belagerer machen eine numinose Präsenzerfahrung[41], doch was die einen rettet, wird den Anderen, den Ungläubigen, zum Strafwunder. Die einen gewinnen in der *admiratio*[42] an Stärke, bei den anderen äußert sie sich zu Beginn im *stupor*, dann in der *formido* und schließlich in der *alienatio mentis*. Nur der erste Begriff steht traditionell in engem Zusammenhang mit dem Wunder, die anderen beiden Begriffe sind wesentlich allgemeiner, *alienatio mentis* ist gar seit der Antike ein medizinischer Begriff.[43] Der überwältigenden Präsenz des Numinosen im Wunder entspricht auf der stilistischen Ebene ein relativ hoher Grad an szenischer Darstellung. Nach den theologischen Exkursen und dem auktorial gerafften Bericht über die zwischen der Landung der Dänen und der Belagerung von Tours vergangenen sechzig Jahre entschleunigt Radbod die Erzählung. Dies ermöglicht es ihm, die Affekte der Belagerten, vor allem aber der Belagerer und die Handlungen, in denen sie sich äußern, detailliert darzustellen. Diese Erzählweise ist für hagiographische Verhältnisse überdurchschnittlich visuell und an die Wahrnehmung durch die auf den Mauern ihrer Stadt stehenden Bewohner Tours gebunden. Vom Sehen ist die Rede, und auch von einem Schauspiel, das sich den Betrachtern bietet („ludumque praebere spectantibus"). Die Beschreibung der strauchelnden, völlig ihres Verstandes beraubten Dänen wird aus einer intradiegetischen Perspektive präsentiert. Es wird nicht einfach berichtet, was passiert, noch wird das Sehen einfach nur im Sinne eines Bezeugens und zur Authentifizierung benannt, sondern vielmehr wird die Wahrnehmung selbst Gegenstand der Darstellung. Narratologisch gesprochen, beinhaltet die Szene eine – in den Grenzen des zeitgenössisch Möglichen – kollektive interne Fokalisierung. Die *admiratio* wird nicht einfach benannt, wie es dem effektarmen Standard hagiographischer Texte entspräche, sondern wird, dramatischer, durch die Beschreibung des zu Sehenden ausgedrückt, nämlich der

---

41 „Die frühmittelalterliche Heiligenverehrung war vor allem von der als real erfahrbaren Präsenz des Heiligen bestimmt" (Christoph Daxelmüller, „Heiligenverehrung in Liturgie und Volksfrömmigkeit", in: *Lexikon des Mittelalters*, Bd. 4, Turnhout: Brepols, 2004, Sp. 2016). Auch in dem hier oben zitierten Abschnitt ist zweimal an signifikanter Stelle mit Bezug auf den Heiligen von Präsenz die Rede: „Oppidani [...] mox praesentia tantae opitulationis animati", und etwas später: „victoria, quam dominus noster Iesus Christus per merita et praesentiam beati Martini Turonensibus concessit" (Herbers, *Mirakelberichte*, S. 144).
42 Zwar fällt das Wort *admiratio* nicht, doch bedeutet die Wendung „praesentia tantae opulationis animati" letztlich nichts anderes.
43 Uwe Henrik Peters, *Lexikon Psychiatrie, Psychotherapie, Medizinische Psychologie*, München: Urban und Fischer, [6]2007, S. 17.

sich steigernden Besinnungslosigkeit der Dänen. Rhetorisch handelt es sich um ein Trikolon mit Steigerung, das dem schnell voranschreitenden Wahnsinn der Dänen Dramatik und eine unabwendbare Folgerichtigkeit verleiht. So ist die Passage ein besonders anschauliches Beispiel für die historischen Bedingungen, unter denen eine solche Fokalisierung avant la lettre realisierbar ist. Denn es handelt sich natürlich nicht um eine Wahrnehmungsmimesis im Sinne des realistischen Romans, sondern um eine an die epochenspezifische Unhintergehbarkeit des Rhetorischen gebundene Beschreibung von Affekten, und insofern allenfalls um eine Art ‚Quasi-Realismus'.

Die Begriffe, mit denen Radbod den Wahnsinn der Dänen beschreibt (*stupere* und *stupor*), werden schon in der Vulgata im Sinne von ‚Staunen' und als Steigerung von *admiratio* verwendet (wie auch das seltenere *mirari*). *Stupor* gilt als der dominante „Terminus des höchsten Erstaunens im Angesicht Gottes"[44] im Lateinischen. Was sich darin ausdrückt, ist das Unvermögen des Verstandes, sich das Göttliche vorzustellen.[45] Der Begriff findet in Bezug auf die Gottesschau Verwendung, aber begreift man die Wunder des Neuen Testaments als mittelbare *visio Dei*, so erscheint es legitim, auch für das Verständnis des Martinswunders bei Radbod von der Bedeutungsgeschichte der Begriffe auszugehen. *Stupor* bezeichnet mittelbar, in der affektiven Reaktion derjenigen, die das Wunder wahrnehmen, die Größe des eigentlich Gemeinten, des Affektauslösenden, des Göttlich-Erhabenen. Insofern kann man davon sprechen, dass die Rede vom *stupor* das Göttliche negativ bestimmt – negativ insofern, als man gar nicht erst versucht, das Erblickte selbst in Worte zu fassen, sondern stattdessen den von der Anschauung des Göttlichen ausgelösten, weit über das normale Staunen hinausge-

---

44 Schon Augustinus verwendet den Begriff in den *Confessiones* (XI,9,11) als eine Mischung aus *admiratio* und *horror* (Matuschek, *Staunen*, S. 61). Matuschek legt zudem dar, wie sich *stupor* als zusammenfassende Übersetzung der griechischen Wörter *thambos*, *ekplêxis* und *ekstasis* wortgeschichtlich „zum Terminus des höchstens Erstaunens im Angesicht Gottes" entwickelt (Matuschek, *Staunen*, S. 57).

45 Ebd. – Dass sich diese Ausführungen zum *stupor* nicht mit der wesentlich differenzierteren Verwendung des Begriffs in Dantes *Commedia* decken, muss dem nicht widersprechen. Bei Dante lässt sich der durch den Anblick der „candida rosa" hervorgerufene *stupor* dem *stupefarsi* der Barbaren beim Anblick der Pracht Roms kontrastitiv gegenüberstellen. Es wurde die These aufgestellt, dass *stupor* als mit der Wahrnehmung des Göttlich-Erhabenen einhergehender Affekt den rechten Glauben und religiöse Bildung voraussetzt, während *stupefactio* ein tumbes und unchristliches Staunen bezeichne (Matuschek, *Staunen*, S. 77 f.). Aber zum einen handelt es sich bei der *Commedia* um einen ungleich komplexeren, Jahrhunderte später entstandenen Text, zum anderen ist der *stupor* in unserem Text zwar den heidnischen Dänen zugeordnet, ausgelöst worden ist er aber durch ein göttliches Wunder. Die Dänen sind zwar den Barbaren vergleichbar, das göttliche Wunder aber nicht dem profanen Wunder der Pracht Roms. Insofern ist *stupor* durchaus der angemessene Ausdruck.

henden *stupor* als ein nicht mehr dem Verstand zugängliches Staunen beschreibt. Das Staunen verweist also metonymisch auf seinen Auslöser. Nun muss man konzedieren, dass der von den Dänen empfundene *stupor* nichts mit der Gnade einer Gottesschau des gläubigen Menschen gemein hat. Betrachtet man die Episode aber unter dem Vorzeichen, dass es sich um ein Strafwunder handelt, wird die Begriffswahl plausibel. Es wäre regelrecht unpassend, den *stupor* den glücklichen, weil geretteten Stadtbewohnern zuzuordnen, hingegen nicht, ihn den bestraften heidnischen Aggressoren zuzuweisen.

Der Antagonismus von Rhetorik und Realismus in der Beschreibung wurde bereits erwähnt. Kommen wir in anderer Hinsicht noch einmal zurück auf die Unhintergehbarkeit zeitgenössischer Denk- und Darstellungskategorien: Verdeutlicht die dramatische Präsentation des Wunders die Möglichkeiten christlicher Autoren, ‚literarisch'-spektakulär und kunstvoll zu schreiben, so macht die funktionale Unterordnung der Passage unter die symbolisch-allegorische Botschaft des Exemplums auch gleich die Grenzen der Erzähllust deutlich. Denn was Gott durch den heiligen Martin den Dänen antut, entspricht bis ins Detail dem, was die Kirche seit den Aposteln überall auf der Welt tut, wie Radbod in seinem voraufgehenden Prolog berichtet: die Ungläubigen unterwerfen und die Häupter noch der mächtigsten, von Hochmut und Stolz erfüllten weltlichen Herrscher beugen. Was das Schicksal der Ungläubigen besiegelt, ist das Vermögen der Kirche, sie dahin zu bringen, dass sie sich auf wundersame Weise selbst besiegen:

> Ergo et usque hodie omnibus populis imperat, non carnali dominatione, sed spirituali potentia; nam et ipsos, a quibus plerumque contemnitur, ita sui maiestate opprimit, ut, dum deliberant pugnare, vi maiore superati ultro succumbant et miro modo se ipsos vincant, qui aliis invicti esse certabant.[46]

Genau so ist es aber den Dänen vor den Toren von Tours ergangen. Nur die Gottlosen straucheln verständnislos, und nur die, die wahrhaft glauben, können sehen und verstehen.

Schließlich erklärt sich auch Radbod selbst von der Großartigkeit dieses von der Kirche gelieferten Beispiels wie vom Donner gerührt („tonitruo excitati").[47] Die

---

46 Herbers, *Mirakelberichte*, S. 128 („Folglich gebietet sie bis heute über alle Völker nicht durch irdische Herrschaft, sondern durch geistige Macht; denn auch diejenigen, von denen sie am meisten verachtet wird, bedrängt sie durch ihre Erhabenheit in solchem Maße, daß die, die darin wetteiferten, von anderen unbesiegt zu sein, wenn sie sich zum Kampf entschließen, von einer größeren Kraft bezwungen überall nachgeben und sich auf wundersame Weise selbst besiegen").
47 „Huius exempli magnificentia veluti quodam tonitruo excitati, miraculum istud, de quo in sequentibus dicetur, praedicandum esse censemus mutuisque relationibus divulgandum, quo per omnium ora volitans et per singular crescens, in aliis quidem timorem, in aliis autem confes-

admiratio der Bewohner von Tours, der Leser und Zuhörer wie diejenige des Erzählers selbst fallen letztlich in eins. Bedenkt man, dass die beim Rezipienten intendierte *admiratio*-Reaktion derjenigen der Bürger von Tours entspricht, dann ließe sich Radbods Erzählen geradezu als Kompensation des Mangels, dem Wunder nicht persönlich beigewohnt zu haben, interpretieren. Das Erzählen des Wunders soll die Zuhörer dahin bringen, dass sie die Authentizität des Wunders selbst bezeugen können, weil sie, wie Radbod selbst, die Wahrheit des Wunders in der admirativen Überwältigung nicht weniger stark *spüren* als die primären Augenzeugen des Wunders, die Bewohner der Stadt Tours, dies getan haben.

Wie oft in christlichen Wundergeschichten, wird auch im *Libellus de miraculo sancti Martini* in der erzählten Welt eben der Affekt (oder die Handlung) dargestellt, der beim Zuhörer als Wirkung erzielt werden soll. Zielt der Text auf die Verehrung einer Reliquie, so wird er eine Geschichte erzählen, in der Menschen genau das tun und dafür durch wundersame Hilfe belohnt werden. Wesentlich ist, dass der Zuhörer oder Leser einen Stellvertreter in der Geschichte selbst hat, der auf ein Ereignis so reagiert, wie der Zuhörer auf die Erzählung reagieren soll. Dieses Verfahren betrifft vor allem die *admiratio*, aber nicht ausschließlich. Im Falle von Mirakeln wie den *Virtutes sanctae Geretrudis* kann man den Eindruck gewinnen, dass die Geschichten etwa auch auf den Abbau von Skepsis im Publikum zielen können, und zwar indem sie von eben dieser erzählen, etwa von der Äbtissin Modesta, die mit der Nüchternheit eines Ermittlers eine persönliche Untersuchung des Wunders einleitet.

Dieses Prinzip gilt auch für die Darstellung der Jenseitsstrafen, die in den nun folgenden Texten zentral wird. Die Protagonisten dieser Wunderexempla sind keine Heiligen, sondern normale Menschen, oft Laien. Der Leser oder Zuhörer findet seinen Stellvertreter nicht mehr nur unter den Beobachtern, die das Glück haben, dem Wunder eines Heiligen beizuwohnen, sondern in normalen Menschen, die nun sogar zu Protagonisten werden können. Dies führt zu Erzählverfahren, die den Rahmen des in Heiligenwundern Üblichen deutlich sprengen. Die narrative *amplificatio* setzt verstärkt auf den Aufbau von Spannung und auf elaboriertere Formen der perspektivischen Vermittlung.

---

sionem, in omnibus vero divinae contemplationis operetur amorem" (Ebd.). – „Durch die Großartigkeit dieses Beispiels wie vom Donner gerührt sind wir der Meinung, daß das Wunder, von dem im folgenden die Rede sein soll, gepredigt und durch gegenseitiges Erzählen verbreitet werden muß, damit es, durch alle Münder eilend und durch jeden einzelnen Bericht wachsend, bei einigen Furcht, bei anderen Bekenntnis, bei allen jedoch Liebe zur Gottesschau bewirkt."

3.2.2 Wunder ohne Heilige

3.2.2.1 Caesarius von Heisterbach, *Dialogus miraculorum*

Zu einem der zahlreichen Wiedergänger-Exempla des *Dialogus miraculorum* (XII,23) merkt Le Goff an, dass die Begegnung eines jungen Zisterzienser-Konvertiten mit einem verstorbenen Familienangehörigen, der ihn zu Gebeten für sein, des Toten, Seelenheil auffordert, mit großer Selbstverständlichkeit abläuft. Der Tote entfernt sich nach dem kurzen Gespräch in der Tat einfach wieder über die Wiese, ohne dass die Welt durch dieses übernatürliche Phänomen in irgendeiner Weise erschüttert worden wäre.[48] Le Goff sieht darin einen Hinweis auf die Selbstverständlichkeit des Wunderbaren im Allgemeinen, wird das Ereignis doch weder als außerordentlich noch als beängstigend dargestellt. Das gilt nicht nur für das christliche Wunderbare: Le Goff nennt eine der bekanntesten Episoden aus den *Otia Imperialia* als zweiten Beleg, das Kapitel über die Lamien und Larven,[49] bösartige drachenartige Wesen, die bei Nacht die Kinder aus den fest verschlossenen Häusern stehlen, so dass man sie am nächsten Morgen auf den Straßen findet. Die beiden Texte sind allerdings so grundverschieden, dass sie kaum als Belege für dieselbe These dienen können. Gervasius will durch die Außerordentlichkeit der Phänomene, von denen er erzählt, beeindrucken. Sein Ehrgeiz, als Erzähler zu fesseln, tendiert gegen null. So ist auch kaum verwunderlich, dass der Bericht über Drachen, Larven und Lamien durch die nüchterne Faktizität des Berichteten unter Absehung von wie auch immer gearteten Interpretationen charakterisiert ist. Aus heutiger Sicht schwer zu beantworten ist zudem die Frage, ob nicht gerade die von Le Goff angeführte Selbstverständlichkeit des Berichteten beim zeitgenössischen Leser *admiratio* ausgelöst hat. Stellt man sich den Bericht etwa als spannenden Vortrag mit entsprechenden Betonungen vor, so erscheint das Übernatürliche nicht als selbstverständlich, sondern rätselhaft, unheimlich und bedrohlich – doch müssen derlei Dinge Spekulation bleiben. Caesarius wiederum beschränkt sich in vielen seiner Exempla in der Tat auf die didaktische Botschaft. Die Gründe, aus denen die beiden Texte die Außergewöhnlichkeit oder Bedrohlichkeit des Übernatürlichen nicht explizit be-

---

48 Le Goff, „Le merveilleux", S. 25. Der literaturwissenschaftliche Beitrag von Nine Miedema, „Wunder sehen – Wunder erkennen – Wunder erzählen", in: Ricarda Bauschke/Sebastian Coxon /Martin H. Jones (Hg.), *Sehen und Sichtbarkeit in der Literatur des deutschen Mittelalters*. XXI. Anglo-German Colloquium London 2009, Berlin: De Gruyter, 2011, S. 331–347, liefert, entgegen seinem Titel, keine für die Fragestellung dieser Arbeit relevanten Informationen.
49 Gervasius von Tilbury, *Otia Imperialia*, Kap. 86 (*De lamiis et nocturnis laruis*), S. 722. Es geht bei den Kindesentführungen allerdings nicht um die *draci* aus Kap. 85, wie Le Goff irrtümlich angibt.

handeln, sind also völlig verschieden. Von Gervasius wird später die Rede sein, im Folgenden soll Caesarius' Exemplasammlung im Mittelpunkt stehen.

Der Text und sein Kontext: Möglichkeiten und Grenzen des Staunens

Caesarius, der im Alter von 19 oder 20 Jahren in das Zisterzienser-Kloster Heisterbach eintrat, hatte zeit seines Lebens mit Bildung durch Exempla zu tun, als Novize wie später als *magister noviciorum*.[50] Seine Erfahrung als Lehrender stellt wohl die Grundlage des zwischen 1219 und 1223 verfassten *Dialogus miraculorum* dar. Formal stellt der Text einen umfangreichen Dialog zwischen einem *novicius* und einem *monachus* dar – ein fiktiver, gleichwohl dem Klosteralltag nicht widersprechender Rahmen für 746 in zwölf *distinctiones*[51] unterteilte Exempla, die Caesarius über die Jahre gesammelt und aufgeschrieben hat. Es handelt sich also um ein explizit didaktisches Werk, in der Tradition der *Dialogi de vita et miraculis patrum Italicorum* Gregors des Großen. Die dialogische Form wird in keiner Weise als real inszeniert, sondern ganz im Gegenteil als eine eingestandene didaktische Fiktion: Caesarius schreibt im Prolog, er habe den Dialog nur erfunden, um die Exempla angemessener („competentius") präsentieren zu können.[52] Die Dialogform birgt zudem einen Hinweis auf die intendierte Verwendung der Wunder, eben zur Belehrung der Novizen. Eine hilfreiche kompensatorische Funktion erfüllt der fiktive Dialog zudem für individuelle und kollektive Leser in und außerhalb der Klostermauern, wenn die dargestellte Kommunikationssituation nicht konkret gegeben war. Der *Dialogus* wurde dann auch tatsächlich schnell als Exempelsammlung rezipiert, so dass die einzelnen Geschichten eine weite Verbreitung fanden, etwa in den Predigten von Bettelmönchen. Im Anschluss an die meisten Geschichten dient der Dialog, eingeleitet durch Nachfragen des Novizen, zur vertiefenden Erörterung des Erzählten und seines moralischen Werts.

Die meisten der Exempla des *Dialogus* sind thematisch durch menschliche Laster und das Unheimliche gekennzeichnet, schreibt schon Langosch 1930, eine Charakterisierung, die auch im zweiten Band der Enzyklopädie des Märchens von 1978 noch zutreffend genannt wird.[53] Auch Lecouteux attestiert dem Zisterzienser, er wolle – wie in der „propagande missionnaire" üblich – vor allem ‚Angst ein-

---

[50] Zu Leben und Werk: Caesarius von Heisterbach, *Dialogus miraculorum*, Bd. 1, S. 1–103; Schmitt, *Les revenants*, S. 151–158; *Enzyklopädie des Märchens*, Bd. 2, Sp. 1131–1143.
[51] I. De conversione, II. De contritione, III. De confessione, IV. De tentatione, V. De daemonibus, VI. De simplicitate, VII. De sancta Maria, VIII. De diversis visionibus, IX. De sacramento corporis et sanguinis Christi, X. De miraculis, XI. De morientibus, XII. De praemio mortuorum.
[52] Caesarius, *Dialogus*, Bd. 1, S. 202.
[53] *Enzyklopädie des Märchens*, Bd. 2, Sp. 1134.

jagen'[54]. Auf einige Exempla trifft dies sicher zu, aber man muss bedenken, dass Caesarius Motive verwendet, die zwar zum Arsenal unheimlicher Geschichten gehören, dass diese aber nicht immer mit der Evokation einer unheimlichen Bedrohung einhergehen. Dem steht eine extreme Stereotypie entgegen, die es Caesarius ermöglicht, mit nur wenigen kurzen Sätzen Sachverhalte plausibel zu machen. Zahlreiche Exempla berichten von Wiedergängern, die sich den Lebenden offenbaren. In den meisten Fällen kehren die Toten aus dem Fegefeuer zurück. Sie wollen die Lebenden einerseits über die Strafen des Jenseits aufklären und vor ihnen warnen, sie andererseits um Messen und Almosen bitten, damit sich ihre Bußzeit im Fegefeuer verkürze. Die Botschaften der Exempla beziehen sich stets auf das rechte Leben und Sterben des gläubigen Christen, ohne die das Heil der Seele nach dem Tod nicht zu haben ist.[55] Ganz konkret zielen die Exempla auf die *conversio*, die Welt-Entsagung durch den Eintritt ins Kloster.[56]

Caesarius beruft sich fast ausschließlich auf mündliche Berichte von Ordensbrüdern und Nonnen (auch Laien gehören zum Wiedergänger-Personal seiner Geschichten, aber im Unterschied zu den toten Mönchen haben sie keine Hilfe zu erwarten). Die Dinge, so wunderbar sie auch sind, geschehen „temporibus nostris"[57] und im Alltag (auch dies eine Parallele zu Gregors *Dialogi*). Von eigenen Begegnungen mit Toten berichtet Caesarius nicht, das würde auch dem didaktischen Anspruch der Sammlung widersprechen: Jeder Mensch soll sich die Exempla an jedem beliebigen Ort unter Absehung von Stand und Sprache aneignen können.[58] Die Voraussetzung dafür ist eine durch die Nennung von Zeugen und Autoritäten gewährleistete Objektivität, die autobiographischen Erzählungen abgehen würde. Caesarius ruft zudem Gott als Zeugen dafür auf, dass er keine einzige Geschichte erfunden habe und weist die Verantwortung für etwaige Fehlinformationen weit von sich. Sollte es Unwahrheiten geben, so sei die Verantwortung dafür bei den Informanten zu suchen. Sich selbst gibt er die schlichte Rolle eines Kompilators. Caesarius beruft sich auf die Augenzeugen nur zu Belegzwecken, lässt sie aber nicht als Erzähler in Erscheinung treten und thematisiert auch keine persönlichen Begegnungen mit ihnen. Die Wahrnehmung der Augenzeugen oder Berichterstatter wird, anders als etwa bei Petrus Venerabilis, nicht Teil der Darstellung.

---

54 Lecouteux, *Au-delà du merveilleux*, S. 19.
55 Caesarius entfaltet die Problematik systematisch in der Einleitung zur Distinctio XI („De morientibus"), Caesarius, *Dialogus*, Bd. 5, S. 2034–2038.
56 Schneider, „Einleitung", in: Caesarius, *Dialogus*, Bd. 1, S. 57.
57 Caesarius, *Dialogus*, Bd. 1, S. 200.
58 Vgl. Schmitt, *Les revenants*, S. 153f.

Die Wunder geben der Sammlung als ganze den Titel, Caesarius hat aber auch eine Distinctio „De miraculis" überschrieben. Bemerkenswerterweise ist aber gerade diese Distinctio hinsichtlich einer Analyse der Erzählverfahren unergiebig, da die darin erzählten Wunder sehr konventionell und stereotyp sind. Es handelt sich im Wesentlichen um kurze Geschichten von Wunderheilungen, von göttlichen Strafen und Belohnungen sowie von zeichenhaften Naturwundern (Nebensonnen, Sonnenfinsternisse, Unwetter, Erdbeben, Bilder von Kreuzen in der Luft) und von der Macht der Sakramente (vor allem der Taufe).[59] Die zehnte Distinctio liefert indes die bereits erläuterte Definition des Wunders („Miraculum dicimus quicquid fit contra solitum cursum naturae, unde miramur. Secundum causas superiores miraculum nihil est"[60]). Die Wunder, von denen Caesarius im Folgenden berichtet, sind ausdrücklich keine an das Eingreifen von Heiligen gebundenen Wunder,[61] zeichnen sich jedoch durch dieselbe Absenz von Staunen und Überraschung aus, die man als charakteristisch für das Heiligenwunder bezeichnen kann. Gleich das erste dieser Wunder, die Geschichte des frommen Mannes Winand, der als Einziger unter seinen Mitpilgern auf dem Rückweg von Jerusalem nach Elsloo (Flandern) den Ostertag durch den Besuch aller Gottesdienste begehen möchte, anstatt (in Jaffa) sofort auf das Schiff zu steigen, ruft im Novizen eine Reaktion hervor, die das Paradox von Außerordentlichkeit und Erwartbarkeit des christlichen Wunders aufs Beste verdeutlicht. In dem Exemplum belohnt Gott den Frommen durch einen engelsgleichen Boten, der ihn auf einem Pferd in Windeseile nach Hause bringt, von wo aus Winand gleich noch nach Santiago aufbricht und auch von dort noch vor seinen Jerusalemer Mitpilgern wieder zurückkehrt. Das volkstümliche, märchenhaft-wunderbare Motiv des

---

[59] Die Distinctio beinhaltet auch das einzige komische Exemplum, die Geschichte eines Ritters, der einem Teufel erlaubt, ihn in einem Zipfel seines Mantels zu begleiten, wenn er dafür von einem Mädchen lässt, in das der Teufel gefahren ist (X,11). Dass dieses Exemplum nicht viel lehrt, aber umso unterhaltsamer ist, zeigt sich schon an der Bemerkung des Novizen, er habe nicht gewusst, dass man Dämonen so humorvoll austreiben könne. Damit ist dieses Exemplum das vielleicht literarischste der Sammlung, weist es in seiner unterhaltsamen Zwecklosigkeit doch fast schon novellenartige Züge auf. Hinzu kommt, dass es eines der sehr seltenen ist, in denen es einen intradiegetischen Erzähler gibt, den Abt von Nienburg, den Caesarius in der ersten Person erzählen lässt. Freilich vollzieht sich der Wechsel der Erzählinstanz völlig unbemerkt. Erst ganz am Ende heißt es plötzlich: „teste praefato Abbate" („Wie der besagte Abt versicherte"), der Effekt einer intradiegetischen Erzählung ist also gerade nicht beabsichtigt (Caesarius, *Dialogus*, Bd. 4, S. 1918).
[60] Caesarius, *Dialogus*, Bd. 4, S. 1894 f.
[61] „De sanctis vero qui nostris fuere temporibus, miracula plurima tibi dicere possem; sed scripta aliorum silentium mihi imponunt. Aliqua tamen tibi referam unde satis mirabaris. Nostris enim contigit temporibus quod sequitur" (Caesarius, *Dialogus*, Bd. 4, S. 1897).

Zauberritts taucht in zahlreichen mittelalterlichen Exempla und Novellen auf. Auch im *Dialogus miraculorum* ist es bereits in einem früheren Exemplum Gegenstand des Erzählens gewesen, und genau dieses dies dient dem Novizen nun als Argument dafür, über das Wunder gerade nicht zu staunen:

> NOVICIUS: Si Gerardus de Holenbach, sicut dictum est in distinctione octava capitulo quinquagesimo nono, translatus est in ictu temporis ab India in provinciam nostram ministerio diaboli, Dei tamen praecepto, *non hoc miror de coelesti nuncio*. Antiqua nostris temporibus renovantur miracula. Helias Tesbites per currum et equos raptus est in paradisum; hic vero non minus *miraculose* per equum et equitem in morula temporis transvectus est per multa spatia maris atque terrarum.
> MONACHUS: Ego tecum sentio. [...].[62]

Der Novize hat den ihm bekannten Mechanismus wiedererkannt, und die christliche Erklärung scheint das Wunderbare in der Tat regelrecht zu tilgen. Doch schauen wir uns genauer an, wie der Novize das Verschwinden seines Staunens erklärt. Es vollzieht sich in einem reflexiven Lektüreakt. Der Novize bewertet die Geschichte nicht allein nach ihrem individuellen Gehalt, sondern zieht Analogieschlüsse zweierlei Art. Der erste ist intratextuell: Das frühere Exemplum (über Gerardus von Holenbach) plausibilisiert das spätere, nun interessierende.[63] Darüber hinaus gibt es den intertextuellen Verweis auf die Bibel: Die zeitgenössi-

---

62 Caesarius, *Dialogus*, Bd. 4, S. 1900, Hervorhebung A. R. („NOVIZE: Wenn Gerhard von Holbach, wie im 59. Kapitel der 8. Distinktion gesagt worden ist, in einem einzigen Augenblick mit Hilfe des Teufels, aber auf Gottes Befehl, von Indien in unsere Gegend gebracht wurde, dann wundere ich mich nicht mehr über das, was dieser himmlische Bote getan hat. Die alten Wunder wiederholen sich auch in unserer Zeit! Elija der Tesbiter wurde auf einem Wagen durch Pferde in das Paradies entrückt [vgl. 2 Kön 2,11]. Winand aber wurde auf nicht weniger wunderbare Weise durch Pferd und Reiter in kürzester Zeit über weite Meere und Länder hinübergetragen. MÖNCH: Darin stimme ich mit Dir überein!").
63 Im Exemplum VIII,59 (Caesarius, *Dialogus*, Bd. 4, S. 1642–1647) erzählt Caesarius die Geschichte eines überaus frommen und barmherzigen Ritters Gerhard, dem der Teufel in Gestalt eines Bettlers einen Pelzmantel stiehlt. Seiner Frau, die sich über seine Naivität gegenüber Bettlern erregt, erwidert er, dass der von ihm sehr verehrte heilige Thomas ihnen das Kleidungsstück schon wieder ersetzen werde. Ebendies geschieht auf einer Pilgerreise zum Grab des heiligen Thomas nach Indien. Gerhard hat zuvor seiner Frau zugesagt, dass sie einen anderen heiraten könne, so er nach fünf Jahren immer noch nicht zurückgekehrt sein sollte. An diese Frist erinnert er sich in Indien genau an dem Tage, an dem sie abläuft. In dieser traurigen Situation erblickt er auf einmal eben den Dämon, der ihm Jahre zuvor den Mantel gestohlen hat. Auf Gottes Geheiß bringt dieser von Gott für seinen Diebstahl bestrafte Teufel nun den Ritter gerade noch rechtzeitig in das heimatliche Holbach bei Montabaur zurück, um (zur Zufriedenheit aller Beteiligten) die bereits unmittelbar bevorstehende Neuvermählung seiner Frau zu verhindern.

schen Wunder haben eine figurale Dimension.⁶⁴ Die Passage macht besonders deutlich, was die Skepsis des Christentums gegenüber dem Wunderbaren ausmacht. Das Staunen über das in seiner Außerordentlichkeit widerständige Ereignis wird durch die Integration in ein Denk- und Traditionssystem getilgt. Dieses getilgte Staunen bezieht sich also allein auf die Identifikation des Ereignisses als Wunder göttlichen Ursprungs, im Sinne eines beseitigten Nicht-Verstehens (im Grunde analog zum Staunen in der Philosophie). Davon unberührt bleibt indes ein anderes, in keiner Weise abgeschwächtes Staunen, das über die Allmacht Gottes. Die zwei Gegenstände des Staunens stehen in einem Verhältnis von Besonderem und Allgemeinem. Die theologische Legitimität des Staunens über jenes entsteht erst durch dieses.

Der pragmatische Kontext des Texts setzt dem Erzählen also enge Grenzen. Obgleich Caesarius alles integriert, was seine Zeit an Dämonen, Geistern und Wiedergängern zu bieten hat, wird das Wunderbare nur in einigen wenigen Exempla ausführlicher narrativ inszeniert. Das Gros der Geschichten bietet stattdessen Paradebeispiele des christlich gezähmten Wunderbaren, das ganz im Dienste der Botschaft steht. Dieser Typus von Erzählung, der den *Dialogus* dominiert, soll zunächst vorgestellt werden, bevor dann einige Beispiele avancierteren Erzählens eingehender betrachtet werden.

Botschaft statt Affekte
In einer Geschichte, die das Motiv des wunderbar erretteten Gehängten aufnimmt, wird von den grausamen Erlebnissen eines Pilgers und seines Sohns berichtet.⁶⁵ Der Mann aus Utrecht pilgert mit seinem Sohn nach Santiago de Compostela, als er zu Unrecht des Diebstahls bezichtigt und zum Tod durch den Strang verurteilt wird. Als sein Sohn den Richter anfleht, sein Vater sei unschuldig, man solle ihn daher freilassen und ihn, den Sohn, an seiner Stelle aufhängen, gibt der Richter dem Antrag statt, und der Sohn endet anstelle seines Vaters am Galgen. Tieftraurig zieht der Vater weiter nach Santiago, um dort für seinen Sohn zu beten. Als er auf dem Rückweg wieder durch die Stadt ihres Unglücks kommt, hängt sein Sohn immer noch am Galgen. Der Vater sagt zu seinem Mitpilger, er werde eine Weile hier bei seinem Sohn bleiben, um ihn zu beerdigen. Als der Sohn die Stimme des Vaters hört, ruft er diesem zu: „Benevenias pater, adhuc enim vivo", woraufhin ihn der Vater vom Galgen holt und fragt, wie das sein kann. Der Sohn erklärt ihm,

---

64 Zur Figuraldeutung siehe Erich Auerbach, „Figura", in: ders., *Gesammelte Aufsätze zur romanischen Philologie*, Berlin/München: Francke, 1967, S. 55–92.
65 Caesarius, *Dialogus*, VIII,58, Bd. 4, S. 1640 f. Das Motiv ist bis in frühneuzeitliche Flugschriften nachweisbar. Siehe dazu Chartier, „La pendue miraculeusement sauvée".

der heilige Jakobus habe ihn mit den Händen abgestützt, und die ganze Zeit über sei es ihm noch dazu körperlich sehr gut ergangen. Daraufhin wandern beide noch einmal nach Santiago, um dem Heiligen zu danken. Die Geschichte ist insofern repräsentativ für den *Dialogus miraculorum*, als der Großteil der Exempla nicht auf die Affekte der involvierten Personen eingeht. Die Betonung der Lektion geht auf Kosten der narrativen *amplificatio*, was sich auch an der nicht sonderlich elaborierten Darstellung von Affekten zeigt. Besonders auffällig ist, dass der Vater sofort von seinem Sohn eine Erklärung verlangt. Freude, Staunen oder Unbehagen werden mit keinem Wort erwähnt. Die Handlungen, Ansichten und Worte der Akteure sowie die narrative Logik des Geschehens sind vollständig durch die Botschaft motiviert. Erfahrungskategorien spielen keine Rolle, sie werden durch die schematische Kürze der Erzählung auf ein Minimum reduziert. Wesentlich ist, dass Vater und Sohn gute Christen sind, dass die Veurteilung zu Unrecht geschieht, und dass die Fortsetzung der Pilgerfahrt des Vaters zum Wunder führt. Diverse Fragen, die sich widerständig zum Geschehen verhalten, bleiben unausgesprochen. Sie betreffen den juristischen Vorgang und die Affekte der Akteure: Warum kann sich der Sohn vor Gericht mit seinem Vorschlag durchsetzen? Unterschlägt der Erzähler vielleicht, dass der Sohn sich selbst vor dem Richter des Diebstahls bezichtigt, oder kann er wirklich als Unschuldiger den Stellvertreter am Galgen geben? Warum akzeptiert der Richter den Handel überhaupt? Die gewählte Formulierung lässt darauf schließen, dass er sich schlicht vom Klagen des Jungen erweichen lässt: „Cuius fletibus et instantia tandem iudex victus, patrem absolvit, ipsumque suspendit."[66] Unerwähnt bleibt auch, ob sich der Vater nicht dagegen gewehrt hat, dass sein Sohn an seiner Stelle erhängt wird, und ebenso wenig ist von Gefühlen beim Ansichtigwerden des Wunders die Rede. An dieser Stelle wird deutlich, dass die beiden Referenzsysteme ,Erfahrung' und ,christliche Lehre' in einem Konkurrenzverhältnis zueinander stehen. Zuviel Realismus würde nur Fragen aufwerfen, die die Schlüssigkeit der Didaxe beeinträchtigen würden.

Im Exemplum II,2[67] wird recht ausführlich die Geschichte eines jungen Mannes erzählt, der unbedingt Mönch werden will. Er lässt sich auch von seinem Onkel, einem Bischof, der seinen Neffen über alles liebt, nicht davon überzeugen, dass sein Platz in der Welt sei. Als er schließlich Mönch und Priester geworden ist, ,vergisst' er, durch Zureden des Teufels sein Gelübde, seine Priesterweihe und sogar Gott. Er stirbt als ein selbst für Kriminellenverhältnisse besonders gewalttätiger Mensch. Der Priester, der bei seinem Tode bei ihm ist, verweigert im des-

---

66 „Schließlich erhörte der Richter das Flehen und Drängen des Sohnes, sprach den Vater frei und ließ den Sohn hängen" (Caesarius, *Dialogus*, Bd. 4, S. 1640).
67 Caesarius, *Dialogus*, Bd. 1, S. 351–359.

halb auch die göttliche Vergebung. Daraufhin wählt der Sterbende, der sehr gebildet ist und mit Zitaten aus dem Buch Ezechiel belegen kann, dass Gott jedem verzeiht, so er nur aufrichtig bereut in der Stunde seines Todes, 2000 Jahre Fegefeuer als selbstauferlegte Buße und stirbt: „Mortuus est monachus, et ad purgatorium deportatus."[68] Sein Onkel, der Bischof, ist so betrübt über den Tod des geliebten Neffen, dass er alle Geistlichen seines Bistums dazu aufruft, für eine Verkürzung der zweitausendjährigen Strafe zu beten und Messen lesen zu lassen. Im Abstand von einem Jahr erscheint nun der Neffe zweimal dem Onkel, ein erstes Mal, um ihm zu danken, denn die ersten tausend Jahre hat er dank dessen Engagement in nur einem Jahr ableisten können, ein zweites Mal, um ihn zu bitten, damit fortzufahren, denn dann geschehe es mit der zweiten Hälfte der Bußezeit ebenso. Obwohl Caesarius diese Geschichte auf für seine Verhältnisse sehr ausführliche Art und Weise erzählt, gibt er keine Auskunft darüber, warum der junge Edelmann seine einst hochmotiviert angestrebte Klosterexistenz auf einmal aufgegeben hat. Das Exemplum begnügt sich wie üblich mit dem Schema des vom Teufel erfolgreich in Versuchung geführten, eigentlich guten Menschen. Dass er sich einer Räuberschar anschließt, wird zwar psychologisch erklärt, nämlich durch die Scham, die er empfunden hätte, wenn er in sein Elternhaus zurückgekehrt wäre; was aber völlig unmotiviert geschieht, ist die Veränderung zum Bösen, die nun in ihm vorgeht: Er wird nämlich nicht einfach nur ein Räuber, sondern einer, der sich schlimmer aufführt als die ohnehin schon Schlechten. Die Motivation für die übertrieben radikale Veränderung liegt allein in der zu kommunizierenden Botschaft begründet, dass Gott – vorausgesetzt, der Mensch empfindet seine Reue aufrichtig und zutiefst – noch die größte Schuld vergibt, wie der Leser aus dem Munde des Sterbenden selbst erfährt.[69]

---

[68] Caesarius, *Dialogus*, Bd. 1, S. 354. Der Satz ist in all seiner Schlichtheit bemerkenswert, da er anscheinend auf eine Erzählperspektive verweist, die über die Grenze zwischen Diesseits und Jenseits hinausgeht. Über Dinge, die im Fegefeuer vor sich gehen, berichten bei Caesarius eigentlich nur Lebende, die eine Vision haben oder Wiedergänger, d. h. Tote, die (wiederum als Vision eines Lebenden) sich dort aufhalten. Hier aber wird quasi ‚auktorial' vom Jenseits erzählt, was bemerkenswerterweise damit einhergeht, dass Caesarius weder Autoritäten noch Zeugen als Gewährsmänner für die Geschichte anführt, noch einen Ortsnamen oder ein Datum. Jedoch wird später dann doch ein von Menschen bezeugter Beleg dafür, dass die Seele ins Fegefeuer getragen worden ist, präsentiert: Der Mönch erscheint zweimal seinem Onkel, dem Bischof, womit das vermeintlich quasi-auktoriale Wissen als vermittelte Beobachtung entlarvt ist.
[69] „ ‚Domine, literatus sum. Saepius audivi et legi, quia nulla sit comparatio humanae malitiae ad divinam bonitatem. Ait enim per Prophetam Ezechielem: ‚In quacunque hora peccator ingemuerit, salvus erit'. Item: ‚Nolo mortem peccatoris, sed ut convertatur et vivat'." – „ ‚Herr, ich habe studiert, ich habe öfter gehört und gelesen, daß es keinen Vergleich zwischen der menschlichen Bosheit und der Barmherzigkeit Gottes gibt. Denn, so sagt der Prophet Ezechiel: ‚In der Stunde, da

Einige Exempla beruhen auf erzählerisch unproduktiven Lektionen und führen umso deutlicher vor, wie stark die didaktische Logik die narrativen Möglichkeiten des christlichen Exemplums beschränkt. Wenn die zu demonstrierende Lektion bescheiden ausfällt, so gilt dies auch für die Erzählung. So geht es in einigen Kapiteln der dritten Distinctio offensichtlich allein darum, zu zeigen, dass die Dämonen menschliche Gestalt annehmen können und so die Menschen zu Sünden verführen können (vor allem zu denen des Fleisches). Wenn die Verführung aber an kein moralisches Drama geknüpft ist, lässt die Geschichte selbst jede Schlüssigkeit vermissen. In III,10 etwa ist es einem frivolen Scholasticus scheinbar völlig gleichgültig, dass die Frau, mit der er in der Nacht geschlafen hat, nicht die ist, mit der er sich verabredet hatte, sondern sich nun als Dämon vorstellt. Er lacht den Teufel schlicht aus und kümmert sich nicht weiter um den Vorfall („diabolum irridens, et de opere nil curans"[70]). In III,11 wird ein rechtschaffener Schankwirt gegen seinen Willen auf dem nächtlichen Heimweg von einer Frau in weißem Gewand angesprochen. Als er ihr entgegnet, sie solle ihn in Ruhe heim zu seiner Frau gehen lassen, umklammert sie ihn und fliegt mit ihm davon, um ihn auf einer Wiese abzusetzen, wo er eine Stunde ohne Besinnung bleibt. Er schleppt sich nach Hause; in den drei folgenden Nächten klopft der Dämon stets an die Tür. Nach einem Jahr stirbt der Mann geistig umnachtet. Kein Vergehen, kein Drama, keine Strafe – es geht allein um die Demonstration der These von der Macht der Dämonen, vor denen man niemals in Sicherheit ist.

Das Jenseits sichtbar machen

Caesarius schreibt genau zu der Zeit, in der sich die Vorstellung vom Fegefeuer als drittem Jenseitsort in ganzer Breite durchsetzt.[71] Wenn in einigen Geschichten des *Dialogus* noch terminologisches Durcheinander herrscht und die Qualen der Läuterung in der Hölle statt im Purgatorium verortet werden, so kann dies doch nicht darüber hinwegtäuschen, dass die Existenz des Fegefeuers eine wichtige Voraussetzung für die Wiedergängergeschichten darstellt. Das Personal des *Dialogus miraculorum* kommt aus allen Bereichen des gesellschaftlichen Lebens. Das gilt auch für die Wiedergänger: Sie sind nicht mehr nur Ritter und Mönche, wie bei Petrus Venerabilis.[72] Außerdem haben sich die Begegnungen mit ihnen, wie fast

---

der Sünder seufzt, wird er gerettet sein' (vgl. Ez 33,12). Ebenfalls sagt er: ‚Ich will nicht den Tod des Sünders, sondern daß er sich bekehrt und lebt' (Ez 33,11)." (Caesarius, *Dialogus*, Bd. 1, S. 352).
70 Caesarius, *Dialogus*, Bd. 2, S. 536.
71 Vgl. Le Goff, *La naissance du Purgatoire*.
72 Der sozialgeschichtliche Hintergrund findet sich bei Schmitt an verschiedenen Stellen erläutert (z. B. Schmitt, *Les revenants*, S. 156 f.). So verweist die relativ starke Anwesenheit von

alle Wunder, von denen Caesarius berichtet, in der Gegenwart und in der Region ereignet. Man kann also mit einiger Berechtigung von einem hohen Alltagsgehalt der Exempla sprechen. Dieses Realismuspotential wird aber nur in einigen wenigen Exempla phantastisch ausgestaltet, im Sinne eines Übernatürlichen, das durch den Einbruch in das Alltägliche und Vertraute Unheimlichkeit herstellt. Beängstigendes erhält selten großes Gewicht in diesen Geschichten, geht es doch vor allem um die zu lernende Lektion. Der *Dialogus miraculorum* setzt mehr auf Verstehen als auf die Evokation von Angst, doch ist letztere gleichwohl nicht völlig absent, wie wir sehen werden. Dementsprechend erscheinen die Wiedergänger bei Caesarius in den meisten Fällen auf wenig furchteinflößende Weise am hellichten Tage, übermitteln ihre Botschaft, und damit endet ihr Auftritt in vielen Fällen schon. In einer Geschichte, die Caesarius einer Exemplasammlung aus Clairvaux entnommen hat, erscheint ein jung verstorbener Mann, wie vor seinem Tod besprochen, dem noch lebenden Freund, mit dem zusammen er Nigromantie betrieben hat. Der Tote leidet offensichtlich unter den Qualen des Fegefeuers. Als der Lebende ihn fragt, was er tun könne, um seiner eigenen Seele mit größtmöglicher Sicherheit das ewige Leben zu verschaffen, antwortet der Tote, dass es keinen sichereren Weg gebe als denjenigen, den Zisterziensern beizutreten, was der Angesprochene unter gleichzeitiger Absage an die Nigromantie denn auch tut. Die Reaktion des Novizen zeigt auf das Deutlichste, dass sich Caesarius' narrative Motivation vollkommen auf die Verdeutlichung der Lektion beschränkt: „Fateor in hoc facto laetitiam cordis mei geminatam".[73] Bedenkt man, dass die Äußerungen des Novizen darauf abzielen, noch einmal zu betonen, worauf es in der zuvor erzählten Geschichte besonders ankommt, so wird damit zugleich deutlich, wie sinnlos es Caesarius erschienen sein muss, die Geschichten auch nur minimal über das Notwendigste hinaus auszugestalten. Die Lektüre arbeitet sich an der Sprache regelrecht ab, sie kommt dem Abstreifen des sprachlichen Kleids zum Zwecke des Sichtbarmachens der bloßen Wahrheit gleich. In den meisten Fällen lassen sich die Geschichten wie in diesem Beispiel auf einen einzigen Satz reduzieren (etwa: ‚Wer Zisterzienser wird, reduziert die Gefahr für seine Seele nach dem Tod').

Frauen in Caesarius' Geschichten auf die wachsende Zahl von zisterziensischen Nonnenklöstern. Die weniger beschönigende Darstellung von Adligen bei Caesarius im Vergleich zu cluniazensischen Wundergeschichten erklärt sich dadurch, dass die Zisterzienser im Gegensatz zu den Cluniazensern beim Aufbau von Klöstern in der Regel keine finanzielle Unterstützung durch den Adel zu erhoffen hatten.

73 „Ich gestehe, durch diese Geschichte ist die Freude in meinem Herzen verdoppelt worden" (Caesarius, *Dialogus*, Bd. 1, S. 300).

Einen wichtigen Beitrag christlicher Texte zu einer ‚Literaturgeschichte der Angst' stellen die Beschreibungen der Jenseitsstrafen dar. Auch bei Caesarius fehlen sie nicht, einige liefern auf besonders anschauliche Weise quasi ekphrastische Beschreibungen der Qualen in Fegefeuer und Hölle. In der Geschichte des späteren Abts von Morimond inszeniert Caesarius im Rahmen einer märchenhaften Geschichte besonders eindrücklich die *Wahrnehmung* des Schrecklichen.[74] Als junger Mann musste der Geistliche viel Gelächter seitens seiner Mitschüler in Paris erdulden, da er als nicht sonderlich intelligent galt. Als er eines Tages krank darniederliegt, macht ihm der Teufel das Angebot, ihm umfassendes Wissen zu schenken, allerdings nur unter der Voraussetzung, dass der junge Mann ihm Treue schwört – ein klassisches Teufelspaktmärchen. Da der spätere Abt von Morimond ihm erschrocken mit den Worten des Neuen Testaments antwortet: „Redi post me, Satanas", verlegt sich der Teufel auf eine andere Strategie, öffnet mit Gewalt die Hand des Mannes und drückt ihm gegen dessen Willen einen Stein in die Hand, der ihm, so lange er ihn festhält, unendliches Wissen verleiht. Der Schüler findet Gefallen an der neu gewonnenen Kompetenz und vor allem an der Bewunderung, die er bei seinen Mitschülern nunmehr hervorruft. Als er kurz darauf aber sterbenskrank wird, beichtet er einem Priester, was es mit dem Stein auf sich hat. Der Beichtvater fordert ihn auf, den Stein von sich zu werfen, was der Sterbende denn auch tut. Zeichnet sich die Geschichte ohnehin schon durch eine für Caesarius' Verhältnisse lebhafte Erzählweise aus, so kommt der Schrecken des Teufelspakts vollends in der Beschreibung dessen zur *Ansicht*, was den toten Scholarus im Jenseits erwartet:

> Defunctus est clericus, et corpus eius positum in ecclesia, ordinatis circa feretrum scholaribus, qui more Christiano psalmos decantarent. Daemones animam tollentes et ad vallem profundam, terribilem, fumumque sulphureum evaporantem, illam portantes, ordinabant se ex utarque partes vallis; et qui stabant ex una parte, animam miseram ad similitudinem ludi pilae proiiciebant; alii ex parte altera per aera volantem manibus suscipiebant. Quorum ungues ita erant acutissimi, ut acus exacuatas omneque acumen ferri incomparabiliter superarent. A quibus ita torquebatur, sicut postea dicebat, cum eum iactarent vel exciperent, ut illi tormento nullum genus tormentorum posset aequiparari.[75]

---

74 Casarius, *Dialogus*, Bd. 1, S. 292–298.
75 „Der Kleriker starb, sein Leichnam wurde in der Kirche aufgebahrt, und es wurden Schüler beauftragt, nach christlicher Sitte Psalmen zu singen. Indessen trugen Dämonen die Seele zu einem tiefen, schrecklichen Tal, aus welchem Schwefeldünste quollen, und stellten sich zu beiden Seiten des Tales auf. Die auf der einen Seite warfen die arme Seele wie beim Ballspiel hinüber, und die auf der anderen Seite fingen sie in der Luft mit ihren Händen wieder auf. Ihre Klauen waren so scharf, daß sie zugespitzte Nadeln und jede Schneide aus Eisen übertrafen. Wie er später aussagte, wurde er von ihnen so sehr gequält, indem sie ihn warfen und auffingen, daß jener Qual keine Folter vergleichbar ist" (Caesarius, *Dialogus*, Bd. 1, S. 292).

In der Beschreibung der im Jenseits erduldeten Qualen wird bereits vorweggenommen, dass der Mönch aus dem Jenseits zurückkommen wird („sicut postea dicebat"). Die Qualen finden ein Ende, als sich Gott seiner Seele erbarmt und den Dämonen durch eine „coelestem personam" den Befehl überbringen lässt, die Seele freizulassen: „Audite, praecipit vobis Altissimus, ut anima a vobis deceptam dimittatis."[76] Der Tote wird daraufhin wieder lebendig und tritt den Zisterziensern bei. Dort kasteit er sich auf so strenge Weise, dass seinen Mitbrüdern durch die Betrachtung dieses Schauspiels klar wird, dass der Mann die Qualen des Fegefeuers oder der Hölle gesehen haben muss:

> Descendensque de feretro, dicebat se vivere, et quid viderit, quidve audierit, *magis opere quam sermone* manifestavit. Nam statim conversus in ordine Cisterciensi, tam rigidus fuit sibi, tam durus castigator corporis sui, ut omnibus qui eum *videre* poterant, patenter daretur intelligi, quia poenas *senserit* purgatorii, vel potius inferni.[77]

Er berichtet seinen Brüdern zunächst durch Erzählungen, dann aber umso eindrucksvoller durch seine Taten von den erlittenen Jenseitsstrafen („magis opere quam sermone"). Die Zisterzienser schließen also aus dem zu Sehenden, d. h. aus der Heftigkeit seiner Selbstkasteiung, auf die Grausamkeit der Jenseitsstrafen. Umgekehrt prädiziert der Schrecken der bereits beschriebenen Jenseitsstrafe auch das Schauspiel der Selbstkasteiung für den Leser als extrem grausam. Das Verfahren, die Darstellung vom Grauenvollen selbst zu seiner Wirkung auf die Beobachter zu verschieben, dient nicht weniger als die Beschreibung der Seele in den Händen der Dämonen natürlich der Evokation von Angst. Es verstärkt die Suggestivität des jenseitigen Schreckens, ohne dass Jenseitiges selbst noch einmal beschrieben werden müsste, und es verlängert den Schrecken des Jenseits wirkungsvoll in die Welt der Lebenden hinein. Man erhält den Eindruck, dass ein Grauen, das durch Worte ohnehin nur unzureichend beschreibbar wäre, durch die Reaktion der Augenzeugen auf das Schaupiel der Selbstkasteiung effektiver zur Darstellung kommen soll. Dieses Verfahren erinnert an moderne phantastische Erzählungen, in denen der Effekt des Grauens nicht auf die Beschreibung dessen, was zu sehen ist, zurückgeht, sondern auf die superlativische Benennung dessen,

---

76 Caesarius, *Dialogus*, Bd. 1, S. 294.
77 „Dann stieg er herab von der Bahre und sagte, er sei am Leben. Danach offenbarte er mehr durch die Tat als durch Worte, was er gehört und gesehen hatte. Denn alsbald trat er in den Orden der Zisterzienser ein und war so streng gegen sich und kasteite seinen Körper so hart, daß allen, die ihn sahen, klar wurde, daß er die Strafen des Purgatoriums, ja, die der Hölle gespürt hatte" (Ebd., Hervorhebung A. R.).

was das Gesehene im Betrachter auslöst, bei gleichzeitiger Betonung der Unbeschreiblichkeit eines solchen Ausmaßes an Grauen.[78]

Auf der Ebene der *histoire* orientiert sich das Exemplum am Mirakelschema.[79] In dem auf die Geschichte folgenden Gespräch zwischen Mönch und Novize geht es um die Erörterung der Fragen, ob der Sünder denn nun im Fegefeuer oder in der Hölle gelitten habe,[80] und ob er dem Teufel gehorcht habe oder nicht. Caesarius löst die Unentschiedenheit zwischen Fegefeuer und Hölle nicht auf, aber alles spricht für das Fegefeuer. Der Mönch betont in seiner Antwort die Rolle des magischen Steins: Wenn der Schüler in der Hölle gewesen ist, dann wäre daraus der Schluss zu ziehen, dass seine Reue auf dem Sterbebett nicht aufrichtig war. Dafür spricht auch, dass er den Stein erst auf Aufforderung des Beichtvaters und dann mit großem Bedauern aus der Hand gegeben hat. Andererseits aber habe er dem Teufel eindeutig die Gefolgschaft verweigert. Liest man genau, so gibt die Geschichte selbst im Grunde in völlig ausreichender Weise Aufschluss: Der Schüler weist den Teufel mit Worten zurück, auch öffnet er nicht die Hand, um den Stein entgegenzunehmen, ja, er hält sie allem Augenschein nach sogar krampfhaft geschlossen, da der Teufel sie sonst nicht mit Gewalt öffnen müsste. Die Sünde beginnt erst in dem Augenblick, in dem er die Wirksamkeit des Steins in den Schulen ausprobiert und Gefallen an seinem Erfolg findet. Die anfänglich durchaus gegebene Glaubensstärke und der Wille zum Widerstand gegen den Dämon machen den Schüler zu einem ambivalenten Charakter und ‚mittleren Helden' (was zudem einen weiteren Hinweis dafür abgibt, dass sich seine Seele im Fegefeuer, und nicht in der Hölle befunden hat, denn er ist weder ganz schlecht noch ganz gut, er ist ein Mensch, der eigentlich gut ist, dann aber durch die

---

[78] Man denke etwa an die Erzählungen H. P. Lovecrafts, die selten ohne diese Art der Darstellung auskommen.
[79] „Das Handlungsschema des Mirakels sieht also so aus, daß der Protagonist, der häufig dem geistlichen Stand angehört, eine Sünde begeht und daraufhin in eine Situation äußerster Bedrängnis gerät, die sein Leben und sein Seelenheil gefährdet. In höchster Not ruft er einen Heiligen an, den er schon früher verehrt hat (oder eine Heilige: die meisten Mirakel sind Marienmirakel). Der Heilige hilft ihm aufgrund seiner früheren Verdienste, der Gerettete führt danach ein frommes Leben und bleibt von weiteren Anfechtungen verschont. Die wichtigsten Handlungselemente des Mirakels sind demnach: Verdienste des Protagonisten, Sünde, Gefährdung des Seelenheils, Reue, Anrufung des Heiligen, Kampf des Heiligen mit dem Teufel, Rettung durch den Heiligen (‚Wunder'), tugendhaftes Leben des Protagonisten. Das Mirakel ist also nicht nur einfach eine Wundergeschichte, sondern kann auch als eine der Grundformen der literarischen Bekehrungsgeschichte angesehen werden. Der Protagonist ist ambivalent charakterisiert, er erscheint sowohl zur Tugend als auch zum Laster disponiert, wobei die lasterhaften Neigungen zunächst überwiegen; ein heilsamer Schock ermöglicht ihm dann die moralische Umkehr" (Nolting-Hauff, S. 83).
[80] Caesarius, *Dialogus*, Bd. 1, S. 294f.

Hänseleien seiner Mitschüler tief im Herzen betrübt und damit anfällig geworden ist).[81] Als er dann zusätzlich durch (nicht näher spezifizierte, vielleicht als Situation des Zweifels an Gott zu verstehende) Krankheit geschwächt, den Teufel an seine Seite treten sieht und zu sich sprechen hört, bleibt er zunächst immer noch ein guter Christ. Als Gott die Seele aus den Händen der Dämonen befreit, tut er dies mit dem Hinweis an diese, sie hätten die Seele getäuscht (s. o.), was des Mönchs Status als Opfer einer Verführung durch den Stein ebenfalls noch einmal unterstreicht. Damit ist der spätere Abt von Morimond ein typisches Beispiel für jenen mittleren Helden, der im Mittelpunkt des volkssprachlichen Mirakels, vor allem des Marienmirakels, steht: ein eigentlich guter Mensch, der in einem Augenblick moralischer Schwäche einen Fehler begeht, vor dessen Konsequenzen er durch göttliches Eingreifen gerettet wird.

Eine weiteres, ebenfalls dem Mirakelschema verpflichtetes Exemplum der zweiten Distinctio präsentiert einen ähnlichen Fall von visueller Inszenierung.[82] Den Höhepunkt der Geschichte bildet das Schauspiel einer erfolgreichen Reue. Es wird ein Vorgang beschrieben, den sich die Menschen des Mittelalters zwar oft vorgestellt haben, der aber nun einmal nicht beobachtbar ist: wie die Jungfrau Maria bei Gott oder Jesus für einen Sünder um Milde bittet. Caesarius erzählt die Geschichte eines jungen Ritters, der durch seinen verschwenderischen, maßgeblich von Turnieren geprägten Lebenswandel sein umfangreiches Erbe verliert. Um seine Schulden zu begleichen, sieht er sich gezwungen, seine Ländereien an einen Ministerialen zu verkaufen. Schon denkt er daran, auszuwandern, da fragt ihn sein Gutsverwalter, ob er reich werden wolle. Die Antwort des Ritters lautet, ganz im Sinne des Mirakelschemas: „Libenter dives fierem, dummodo ipsae divitiae esse possent cum Deo."[83] Er solle sich ihm nur anvertrauen, sagt daraufhin der Verwalter und führt den Ritter in finsterster Nacht in ein Sumpfgebiet („locum palustrem"[84]). Diese Topographie der nun sich anbahnenden Teufelsbegegnung ist natürlich auch allegorisch zu verstehen, zumal der Erzähler am Ende der Geschichte das Geschehen mit den Worten zusammenfasst: „Cecidit intempesta nocte, surrexit in mane."[85] Es fällt jedoch auf, dass der allegorische Aspekt des Orts niemals ganz den Realismus der Erzählung eliminiert. Dies liegt zum einen daran, dass die Allegorik erst am Ende und dann in aller Kürze und ohne Verweis

---

81 „multisque doloribus cor eius affligi" (Caesarius, *Dialogus*, Bd. 1, S. 290).
82 Caesarius, *Dialogus*, Bd. 1, S. 406–416. Die Geschichte erinnert in einigen Punkten sehr stark an Iacopo Passavantis Exemplum vom Köhler von Nevers (s. u.).
83 „Gerne würde ich reich werden, sofern diese Reichtümer mit Gott vereinbart werden können" (Caesarius, *Dialogus*, Bd. 1, S. 408).
84 Ebd.
85 „Er fiel in tiefster Nacht, er erhob sich am Morgen" (Caesarius, *Dialogus*, Bd. 1, S. 416).

auf theologische Autoritäten explizit gemacht wird, zum anderen aber konnte Caesarius, was den Ruf solcher Orte angeht, an abergläubische Überzeugungen anknüpfen: Die Nacht ist im Mittelalter in vielfacher Hinsicht negativ konnotiert.[86] So weist die Darstellung des Orts bei Caesarius in doppelter Hinsicht auf die Phantastik voraus. Zum einen findet sich in ihr das Motivarsenal, auf das *gothic novel* und Schauerromantik zurückgreifen werden, zum anderen erfüllt der Text im Rahmen des Möglichen aber durchaus auch eine strukturelle Vorgabe der Phantastik: Das Symbolisch-Allegorische eliminiert den Realismus der Erzählung nicht vollkommen.[87]

Der Erzähler hat bereits nicht unerwähnt gelassen, dass der Verwalter ein schlechter Mensch ist, der nur vorgibt, ein Christ zu sein, der in Wahrheit aber mit den Dämonen im Bunde steht. Nun kommentiert er die Tatsache, dass der Ritter diesem schlechten Menschen bei Nacht in eine solch unwirtliche Gegend folgt, ohne einen Verdacht zu schöpfen, mit den Worten: „Statim secutus est miserum, tanquam serpentis vocem Eva, quasi sibilum aucupis avicula, in laqueum diaboli celerius deponendus."[88] Der Wissensstand von Erzähler und Leser ist also in jeder Hinsicht höher als derjenige des Hauptakteurs. Noch als der Verwalter in der Finsternis der Nacht zu jemandem spricht, der unerkannt bleibt, muss der naive Ritter zweimal nachfragen, ehe der Verwalter mit der Wahrheit, die der Leser schon ahnt, herausrückt: „Cum diabolo"[89], worauf der Fragende mit ebenso großer Überraschung wie Furcht reagiert. Die solchermaßen aufgebaute Spannung erfüllt eine didaktische Funktion, beruht sie doch auf einem Wissensvorsprung gegenüber der Figur, welcher zum Effekt hat, dass der Leser das unausweichliche Verderben eines eigentlich guten Menschen schrittweise bis zum noch folgenden dramatischen Höhepunkt, der Begegnung mit dem Leibhaftigen, verfolgen kann. Obgleich er sich zunächst weigert, schließt der Ritter nun, verführt durch die Aussicht auf Reichtum und Ruhm sowie offensichtlich überfordert durch den Druck, den Teufel und Gutsverwalter auf ihn ausüben, den Pakt mit

---

86 Zur Motivgeschichte der Nacht-affinen Orte siehe Tzotcho Boiadjiev, *Die Nacht im Mittelalter*, Würzburg: Königshausen und Neumann, 2003, S. 74–98. Elisabeth Bronfen beschränkt sich in ihrer Studie *Tiefer als der Tag gedacht. Eine Kulturgeschichte der Nacht* (München: Hanser, 2008) auf die Moderne.
87 Todorov hat diese Beobachtung zwar besonders deutlich auf den Punkt gebracht, der Antagonismus von Symbolik und Realismus in der phantastischen Literatur ist aber ein Bestandteil so gut wie aller Theorien des Phantastischen.
88 „Sogleich folgte er dem Elenden so wie Eva der Stimme der Schlange und wie das Vöglein dem Pfeifen des Vogelfängers, um schnell in die Schlinge des Teufels zu geraten" (Caesarius, *Dialogus*, Bd. 1, S. 408).
89 Ebd.

dem Teufel: Per Handschlag sagt er sich von Gott los. Als aber nun der Verwalter, wie die Schlange im Paradies, auf Befehl des Teufels dem jungen Mann ins Ohr flüstert, er möge nun auch noch der Mutter Gottes entsagen, wird es dem Ritter zu viel: „Nunquam eam negabo, etiamsi me oportuerit ostiatim mendicare per omnes dies vitae meae."[90] Damit ist die Begegnung beendet. Nun ist der Wissensstand des Lesers ein anderer, denn das weitere Geschehen ist offen, im Gegensatz zur Entwicklung bis zur Begegnung mit dem Teufel, die aufgrund der Erzählerkommentare zu erwarten war. Auf dem gemeinsamen Rückweg – die Sonne ist noch nicht aufgegangen – kommen Ritter und Verwalter an einer Kirche vorbei. Der Ritter befiehlt seinem Verwalter, draußen beim Pferd zu warten, betritt die Kirche und wirft sich vor den Altar, auf dem eine Statue („imago") der Mutter Gottes mit dem Jesuskind steht, auf den Boden: „et ex intimo corde ipsam matrem misericordiae coepit invocare"[91]. Die tiefe Reue, die er empfindet, wird dabei als Gnade dargestellt, die Gott ihm um der Ehre der von ihm geachteten Gottesmutter willen gewährt. Diese Reue beinhaltet auch, dass er nicht nur klagt, sondern regelrecht schreit, was – nicht ganz ohne das Zutun Gottes – ausgerechnet jenen zufällig gerade an der Kirche vorbeireitenden Ministerialen, der alle Güter des Ritters aufgekauft hatte, auf die Kirche aufmerksam macht. Er tritt ein und wird, versteckt hinter einer Säule, Augenzeuge der folgenden wunderbaren Szene:

> Cumque terribilem illam maiestatem, quam negaverat, nominare, vel invocare non auderet, sed tantum piissimam eius genitricem lacrimosis vocibus pulsaret, utroque audiente, per os imaginis suae beata et singularis Christianorum advocata filio loquebatur in haec verba; „Dulcissime fili, miserere huic homini." Puer vero matri nil respondit, faciem ab ea avertens. Cumque iterum rogaret, hominum seductum asserens, matri dorsum vertit, dicens: „Homo iste negavit me, quid ei faciam?" Post haec verba imago surrexit, puerum super altare posuit, eiusque pedibus se prona prostravit. Et ait: „Rogo, fili, propter me dimittas ei peccatum hoc." Mox infans matrem elevans, respondit illi: „Mater, nunquam tibi aliquid negare potui, ecce propter te totum dimitto." Prius dimiserat culpam propter contritionem, deinde poenam peccati propter matris intercessionem.[92]

---

90 „Ich werde sie niemals verleugnen, und wenn ich mein Leben lang an den Türen betteln müßte" (Caesarius, *Dialogus*, Bd. 1, S. 410).
91 Caesarius, *Dialogus*, Bd. 1, S. 412.
92 „Da der junge Mann die Schrecken erregende Majestät (Gottes), die er verleugnet hatte, weder zu nennen noch anzurufen wagte, sondern mit tränenerstickter Stimme nur die erbarmungsreiche Gottesmutter anflehte, sprach die heilige und einzigartige Fürsprecherin der Christen durch den Mund ihres Bildes folgendermaßen, wie beide hörten, mit ihrem Sohn: ‚Süßester Sohn, erbarme Dich über diesen Menschen.' Der Sohn aber antwortete der Mutter nichts und wandte sein Gesicht von ihr ab. Als sie wiederum bat und hinzufügte, der Mann sei verführt worden, wendete er der Mutter den Rücken zu und sprach: ‚Dieser Mensch hat mich verleugnet, was soll ich mit ihm machen?' Nach diesen Worten erhob sich das Bild, setzte den Knaben auf den Altar, warf sich ihm

Der Ritter verlässt traurig aber glücklich darüber, dass ihm verziehen worden ist (in mehr besteht das Wunder nicht), die Kirche, wo ihn der heimliche Beobachter der Szene empfängt. Er bietet ihm sogleich seine Tochter zur Ehe an, wodurch der Ritter seinen verlorenen Besitz über die Mitgift seiner Frau zurückerhält. Die narrative Gerechtigkeit des Schlusses („Adhuc, ut puto, vivit, vivunt et soceri, post quorum mortem eorum hereditas ad ipsum reverteretur"[93]) unterstreicht noch auf sehr weltlich-konkrete Weise die Wahrheit des Wunders und die Notwendigkeit, aufrichtig zu bereuen.

Die Szene, die die belebten Statuen auf dem Altar aufführen, ist repräsentativ für eine weitverbreitete Auffassung, der zufolge Maria eine Mittlerin zwischen Gott und den Menschen darstellt. Dabei treten Gott und bisweilen auch, wie in diesem Exemplum, der Gottessohn, als strenge Richter auf, während Maria die Aufgabe zukommt, sich mit mütterlicher Barmherzigkeit bei den beiden für die Menschen zu verwenden.[94] Andachtsbilder, die Maria repräsentieren, stehen im Kontext dieser ganz konkreten Frömmigkeitspraxis. Hans Belting schreibt zu Iacopo Passavantis Version der Geschichte:

> Hier fassen wir die einzigartige Bedeutung Mariens, die gleichsam zum universalen Agenten aller privaten Anliegen geworden war. Man rief die Mutter des Herrn als die eigene Mutter an und stimmte sie dadurch gnädig, daß man sie durch ein Bild ehrte. [...] Das Bild vermittelt das Anliegen des Besitzers an die Madonna, und diese vermittelt es an ihr Kind, d. h. an Gott weiter.[95]

Wie aber ist das Darstellungsverfahren in Caesarius' Text hinsichtlich seiner formalen und funktionalen Bedeutung für die Erzählung zu bewerten? Die meisten christlichen Wundergeschichten stellen einen Zusammenhang zwischen Gebet und Erhörung in der *histoire* selbst dar, aber selten wird das ersehnte Phänomen so konkret vor Augen geführt wie in diesem Exemplum. Gleich zwei Menschen werden in diesem übrigens nicht durch schriftliche Autoritäten oder ehrenwerte Zeugen beglaubigten Exemplum zu Augenzeugen eines Geschehens,

---

zu Füßen und sprach: ‚Ich bitte Dich, mein Sohn, verzeih ihm um meinetwillen diese Sünde!' Sofort hob das Kind die Mutter auf und erwiderte ihr: ‚Mutter, niemals konnte ich Dir etwas abschlagen; siehe, deinetwegen vergeb ich ihm alles.' Zuerst hatte er ihm die Schuld erlassen wegen der Reue, dann erließ er ihm die Strafe für die Schuld wegen der Fürsprache der Mutter" (Ebd.).
93 „Er lebt noch heute, wie ich glaube; es leben auch noch seine Schwiegereltern, nach deren Tod das Erbe an ihn gelangen wird" (Caesarius, *Dialogus*, Bd. 1, S. 414).
94 Angenendt, *Geschichte der Religiosität im Mittelalter*, S. 126.
95 Vgl. Hans Belting, *Bild und Kult. Eine Geschichte des Bildes vor dem Zeitalter der Kunst*, München: Beck, 2004, S. 467 f.

das in der realen Frömmigkeitspraxis unsichtbar bleibt und auf die Imagination angewiesen ist. Der betende Mensch kann nicht mehr tun als seine Gebete an eine Marienstatue zu richten und abzuwarten, ob er erhört wird. Das Schauspiel des Dialogs zwischen der Gottesmutter und dem Jesuskind ist die imaginative Ausgestaltung des andernorts, in den himmlischen Sphären, sich abspielenden Prozesses, der durch die Gebete in Gang gesetzt wird. Dieses Verfahren lädt dazu ein, eine Differenzierung zwischen dem Wunder und dem Wunderbaren zu treffen. Während das *miraculum* in der Erhörung der Gebete besteht, lässt sich die Funktion des christlichen Wunderbaren vor allem rhetorisch und narrativ fassen, es betrifft die Ausgestaltung des Wunders im Horizont der kollektiven Vorstellungen: Das Wunderbare ist der Effekt eines Verfahrens, das eigentlich Unsichtbare in der Erzählung deskriptiv und narrativ zu entfalten und somit ‚sichtbar' zu machen. Dies gilt besonders für die vorliegende Geschichte: Anders als etwa bei einem traditionellen Heilungswunder lässt sich die göttliche Vergebung, die dem Ritter zuteil wird, ja nicht ohne Weiteres feststellen. Das Wunder braucht hier die wunderbare Ausgestaltung der Szene, um überhaupt als Wunder erkennbar zu sein. Dass der Ritter die Kirche in der selbstverständlichen Überzeugung verlassen kann, die gewünschte Vergebung erhalten zu haben,[96] erklärt sich allein durch den wunderbaren Aufführungscharakter dieser Vergebung. Das Wunderindiz ist hier nicht allein kausal, wie im Fall von Wunderheilungen, bei denen die Menschen nur das Ergebnis wahrnehmen und von ihm auf das Wunder schließen können, sondern ‚performativ'.

Das Unheimliche
Die bisher behandelten Textbeispiele haben verdeutlicht, dass das Übernatürliche bei Caesarius in eine vertraute und alltägliche Welt einbricht. Diesen Zug teilen zahlreiche Exempla des *Dialogus* mit modernen phantastischen Erzählungen. So beginnt Caesarius seine Geschichten häufig mit der Nennung einer Ortschaft, die meist im Gebiet von Rhein und Mosel liegt. Werden entferntere Städte genannt, so liegen sie immerhin in Deutschland oder in angrenzenden Regionen, etwa in Wallonien oder im Hennegau. Entferntere Städte sind dem Leser in der Regel durch religiöses Wissen vertraut, vor allem als Pilgerziele (Santiago de Compostela, Jerusalem, oder Mailapur im heutigen Madras, wo der Apostel Thomas gestorben sein soll). Was die Räume und Orte im Allgemeinen betrifft, so fällt auf, dass Caesarius im Wesentlichen stets dem Leser vertraute Orte für das Ge-

---

[96] „Surgens autem iuvenis, exivit de ecclesia, tristis quidem de culpa, sed hilaris de indulgentia" (Caesarius, *Dialogus*, Bd. 1, S. 414).

schehen wählt, vor allem Burgen, Klöster, Kirchen, Höfe, oder das Schlafzimmer, in dem ein Sterbenskranker liegt. Mitunter setzt er schaurige Orte wie das nächtliche Sumpfgebiet und den Wald zur Erzeugung einer bedrohlichen Atmosphäre ein, Orte, die man in der Regel nicht aufsucht, schon gar nicht bei Nacht, weil sie als gefährlich gelten. Die durch die Topographie hervorgerufene Angst lässt sich also in zwei Gruppen unterscheiden: Entweder bricht das beängstigende Ereignis in die gewohnte, alltägliche Welt ein, oder aber das Geschehen trägt sich an einem ohnehin schon unheimlichen Ort, einem *locus terribilis*, zu.

Es wurde bereits erwähnt, dass die christlichen Wiedergänger die Eigenschaft besitzen, fast immer das Wort zu ergreifen und ihr Erscheinen zu erklären. Handelt es sich hingegen um geisterhafte Erscheinungen offensichtlich vorchristlicher Provenienz, führt gerade das Schweigen und die Absenz irgendwelcher Botschaften zur Evokation des Unheimlichen, das zudem noch dadurch verstärkt wird, dass die Beschreibungen der übernatürlichen Wesen vage bleiben. Ihr äußeres Erscheinungsbild wird äußerst knapp umrissen, und sie haben keine christliche Botschaft zu übermitteln.[97] Dies trifft auf eine der bekanntesten Geistergeschichten aus dem *Dialogus miraculorum* zu, die Geschichte von der ‚weißen Frau von Stammheim' (XI,63), eine Variante des Motivs des sogenannten bösen Blicks. Sie befindet sich in der elften Distinctio, die den Sterbenden gewidmet ist. Der kommunikative Kontext dieses und anderer kurz gehaltener Exempla ist durch eine sehr starke Reduktion des Dialogs zwischen Mönch und Novize gekennzeichnet. Die Funktion des Exemplums besteht eigentlich allein darin, ein Beispiel für die Gestalten, in denen der Tod auftreten kann, abzugeben.[98]

De monstro quod in specie feminae interfecit familiam duarum curiarum, cum in eas respiceret.

In Episcopatu Coloniensi villa cui vocabulum est Stamheim, duo milites habitabant, ex quibus unus Guntherus, alter Hugo vocabatur. Nocte quadam, cum iam dictus Guntherus esset in partibus transmarinis, ancilla pueros eius, antequam irent cubitum, ad requisita naturae in curiam ducebat. Quae cum staret iuxta illos, ecce species quaedam mulieris in veste nivea et facie pallida contra ipsos ultra sepem respexit. Quae cum nihil loqueretur, et ancilla in aspectu eius horreret, monstrum idem possessionem Hugonis quae proxima erat adiens, ultra sepem illius praedicto modo respexit, deinde ad cimiterium de quo venerat rediens. Post paucos vero dies infans Guntheri maior infirmatus, ait: „Septimo die moriar; post alios septem dies morietur Dirina soror mea; deinde post hebdomadam morietur soror

---

97 Schmitt, „Les morts qui parlent", S. 97 f.
98 Am Ende des Exemplums XI,62 leitet der Mönch das Exemplum XI,63 mit den Worten ein: „Si formam [des Todes] requiris, audi quod sequitur" (Caesarius, *Dialogus*, Bd. 5, S. 2170). Das Exemplum selbst bleibt unkommentiert, die darauf folgenden Exempla enthalten ebenfalls keine nennenswerte explizite Didaktik.

mea minor." Quod ita factum est. Post mortem vero infantum, mater et ancilla de qua supra dictum est, defunctae sunt. Eodem tempore obiit Hugo miles et filius eius. Horum testis fidelis est Gerlacus Subprior noster.[99]

Der Text beginnt mit der Nennung des realen Orts in unmittelbarer regionaler Nähe sowie der Namen der Ritter, deren Familien unter der Geistererscheinung zu leiden hatten. Darauf folgt die Schilderung einer alltäglichen Situation, in die das Übernatürliche in Gestalt der weiß gekleideten Frau hereinbricht. Diese wird in wenigen Worten beschrieben: Sie tut nichts, sie spricht nicht, sie verbreitet allein durch ihren Anblick Schrecken („ancilla in aspectu eius horreret"). In dieser wie in vielen anderen christlichen Erzählungen findet sich der traditionelle volkstümliche Glauben wieder, demzufolge derjenige, der einem Wiedergänger begegnet, binnen kurzer Zeit stirbt. Da die Kinder ins Bett gebracht werden, darf man davon ausgehen, dass sich das Geschehen in der Dämmerung oder sogar bereits in der Nacht zuträgt. Die weiße Frau wird ein *monstrum*[100] genannt, aber da dieser Begriff sowohl ein Gespenst als auch einen heidnisch-volkstümlichen Wiedergänger bezeichnen kann,[101] gibt er für sich genommen hier keinen Aufschluss über das Wesen der Erscheinung. Es handelt sich aber wohl um ein Gespenst, also ein Trugbild. Dafür spricht, dass die Erscheinung nicht als körperlich beschrieben wird. Andererseits ist aber auch sie eine Tote, da sie vom benach-

---

99 „*Über ein Gespenst, das in der Gestalt einer Frau die Familien zweier Höfe tötete, als es sie anblickte.* In Stammheim, einem Dorf im Bistum Köln, wohnten zwei Ritter mit Namen Gunther und Hugo. Eines Nachts – es war zu der Zeit, wo der schon genannte Gunther übers Meer gefahren war – brachte die Magd seine Kinder vor dem Zubettgehen nach draußen auf den Hof, damit sie ihre natürliche Notdurft verrichten konnten. Während sie bei ihnen stand, stand eine Frau in weißem Kleid und mit bleichem Gesicht da und blickte über den Zaun. Als sie nichts sagte und es der Magd bei ihrem Anblick grauste, ging das Gespenst zum benachbarten Besitz des Hugo herüber und schaute – wie vorher – über den Zaun und kehrte dann zum Friedhof zurück, woher es gekommen war. Wenige Tage später erkrankte das älteste Kind Gunthers und sagte: ‚Nach sieben Tagen werde ich sterben. Nach sieben weiteren Tagen wird meine Schwester Dirina sterben und eine Woche danach wird meine jüngste Schwester sterben!' Und so geschah es tatsächlich. Nach dem Tod dieser Kinder starben deren Mutter und die Magd. Zur selben Zeit starb ebenfalls der Ritter Hugo und dessen Sohn. Glaubwürdiger Zeuge hierfür ist unser Subprior Gerlach" (Caesarius, *Dialogus*, Bd. 5, S. 2170 f.).
100 Caesarius verwendet *monstrum* hier in der Bedeutung von *fantasma*. In dem darauffolgenden Exemplum VI,64 wird ein Gespenst in der Überschrift als *monstrum* bezeichnet, im Text als *fantasma* (Caesarius, *Dialogus*, Bd. 5, S. 2172). Im Exemplum XII,5 wird auch der Teufel selbst ein *monstrum* genannt (Caesarius, *Dialogus*, Bd. 5, S. 2184).
101 Lecouteux, *Au-delà du merveilleux*, S. 107: „Notons que [*monstrum*] signifie tout aussi bien ‚monstre' que ‚revenant'. Il désigne avant tout quelque chose qui fait obstacle à l'ordre naturel des choses, défie l'entendement et sollicite l'homme". Vgl. auch Lecouteux, *Au-delà du merveilleux*, S. 39.

barten Friedhof kommt. Ihr Auftreten ist einer im Aberglauben verwurzelten Phänomenologie verpflichtet:[102] Sie überschreitet eine bestimmte Grenze nicht (den Zaun), und sie bewirkt, dass diejenigen, die sie gesehen haben, binnen kurzer Zeit sterben. Sie hat im Gegensatz zu einem christlichen Wiedergänger ausdrücklich keine Botschaft, sondern erschöpft sich in ihrer stummen, angsteinflößenden Gegenwart.[103] Dass es, anders als bei einem Wiedergänger, nichts zu verstehen gibt (auch Caesarius zieht keine weiteren Schlüsse aus der Geschichte), macht die Geschichte umso unheimlicher.

Das Exemplum XII,20[104] führt vor, wie eine Geschichte, obgleich durch die dialogische Struktur als christliches Lehrstück präsentiert, allein auf die Evokation von Unheimlichkeit zielen kann. Es handelt sich um ein Geschehen, das sehr stark demjenigen ähnelt, das Passavanti ein gutes Jahrhundert später mit deutlich größerem Aufwand erzählen wird.[105] Geschildert wird das Schicksal der Konkubine eines Priesters, die sterbend um ein Paar neuer Schuhe bittet: „Sepelite me in eis, valde enim mihi erunt necessarii."[106] Ein Ritter, der mit seinem Diener in der darauffolgenden Nacht – lange vor Sonnenaufgang – durch die Gegend reitet, sieht sie nur mit einem Hemd bekleidet und in den besagten Schuhen laut um Hilfe schreiend auf sich zulaufen. Zum Schutz zieht er mit dem Schwert einen Kreis um sich und die Frau, eine offensichtlich magische, nicht christliche Geste. Bis zu dieser Stelle verfügt der Leser über ein größeres Wissen als der Ritter, der weder weiß, welche Sünden die Frau begangen hat, noch wer sie ist, ja nicht einmal, dass sie tot ist. Die näher kommende Bedrohung wird nun durch den Filter der Wahrnehmung der Anwesenden präsentiert:

---

102 Vgl. Lecouteux, *Geschichte der Gespenster und Wiedergänger*, S. 162.
103 Die Ähnlichkeit dieser Szene mit der Erscheinung der verstorbenen Gouvernante Miss Jessel in Henry James' Erzählung *The turn of the screw* aus dem Jahre 1898 ist auffällig. In beiden Texten ist es eine Hausangestellte, die einen weiblichen Geist in Anwesenheit eines Kindes erblickt (eine *ancilla* hier, eine namentlich nicht genannte *governess* dort), in beiden Fällen besteht eine Grenze zwischen den Lebenden und den Toten (hier der Zaun, dort der See). In beiden Geschichten kündigt die Erscheinung den Tod eines Kindes an, vor allem aber erschöpft sich das Handeln der Toten hier wie dort im stummen Erscheinen. Ebenso sinnfällig wird freilich, was mittelalterliches Exemplum und moderne phantastische Erzählung unterscheidet. Steht letztere geradezu idealtypisch im Zeichen einer bis zuletzt durchgehaltenen Unentscheidbarkeit zwischen einer übernatürlichen und einer rationalen, psychopathologischen Erklärung, so steht der übernatürliche Charakter der weißen Frau im Exemplum fest. Die mittelalterliche Geschichte wirft nicht die Frage auf, ob es die weiße Frau tatsächlich gibt oder nicht, sondern welche Bedeutung ihr zukommt – und lässt diese Frage auf beunruhigende Weise offen.
104 Caesarius, *Dialogus*, Bd. 5, S. 2218–2220.
105 Siehe Kapitel 3.2.2.3.
106 Caesarius, *Dialogus*, Bd. 5, S. 2218.

> Et ecce ex remoto vox quasi venatoris terribiliter buccinantis, nec non et latratus canum venaticorum praecedentium audiuntur. Quibus auditis illa dum nimis tremeret, miles cognitis ab ea causis [...].[107]

Es handelt sich um eine interne Fokalisierung, Caesarius beschränkt sich auf das Hörbare. Gleichzeitig wird der Ritter auf den Stand der Dinge bezüglich der Situation der Frau gebracht („miles cognitis ab ea causis"). Der Wissensstand des Lesers ist nun nicht mehr größer als der des Ritters; beide erwarten ob des Hörbaren Schreckliches, ohne indes zu wissen, was genau. Die Erzählung bleibt szenisch-dramatisch:

> [...] equum servo committens, tricas capillorum eius brachio suo sinistro circumligavit, dextera gladium tenens extentum. Approximante infernali illo venatore, ait mulier militi: „Sine me currere, sine me currere; ecce appropinquat." Illo fortius eam retinente, misera diversis conatibus militem pulsans, tandem ruptis capillis effugit. Quam diabolus insecutus cepit, equo suo eam iniiciens, ita ut caput cum brachiis penderet ex uno latere, et crura ex altero. Post paululum militi sic obvians, captam praedam deportavit.[108]

Das Resümee der Geschichte dient schließlich nur noch der Beglaubigung, indem Zweifler vorgeführt werden, die sich durch einen Blick in das Grab der Toten überzeugen lassen. Dass der Ritter derjenige ist, der dies alles initiiert und dem man nicht glauben will, belegt zudem, dass in der kurzen Formulierung „miles cognitis ab ea causis" tatsächlich die Information liegt, dass die Frau ihm in der Nacht, während der Teufel heranpreschte, ihre Geschichte erzählt und ihn davon in Kenntnis gesetzt hat, dass sie tot ist.

---

107 Caesarius, *Dialogus*, Bd. 5, S. 2220. – „Und siehe, ein Klang aus der Ferne hörte sich an, als ob ein Jäger schrecklich in ein Jagdhorn blies, und Jagdhunde bellten, die ihm voraus liefen. Als die Frau dies alles hörte, zitterte sie furchtbar. Nachdem der Ritter die Gründe für ihre Angst erfahren hatte, [...]."
108 Ebd. – „[...] übergab er das Pferd seinem Diener, band ihre Haarflechten um seine linke Hand und nahm das gezückte Schwert in seine Rechte. Als der höllische Jäger sich näherte, rief die Frau dem Ritter zu: ‚Laßt mich laufen! Laßt mich laufen! Seht, da kommt er schon!' Als der Ritter sie noch stärker festhielt, schlug die Unglückliche, nach vergeblichen Versuchen, sich loszureißen, auf ihn ein. Schließlich riß ihr Haar und sie entfloh. Der Teufel aber verfolgte sie, nahm sie gefangen und warf sie so auf sein Pferd, daß ihr Kopf und die Arme auf der einen Seite des Pferdes herabhingen und ihre Beine auf der anderen Seite. Nach kurzer Zeit kam er dem Ritter so entgegen und schleppte die Beute fort."

> Qui mane ad villam rediens, quid viderit exposuit, capillos ostendit; et cum minus referenti crederent, aperto sepulchro feminam capillos suos perdidisse repererunt. Haec contigerunt in Archiepiscopatu Maguntinensi.[109]

Der christliche Charakter dieser Schauergeschichte ist sehr schwach ausgebildet. Es gibt zwar das – sehr kurze – rahmende Gespräch zwischen Mönch und Novize über die Strafen der Konkubinen und der wollüstigen Priester, aber in der Geschichte selbst finden wir keine christlichen Elemente: Die Frau ist physisch, sie ist also keine stofflose büßende Seele, ein Lebender kann sie an den Haaren fassen, und das Geschehen wirkt sich auf ihren Körper aus: sie liegt ohne Haare im Grab. Sie schreit zwar um Hilfe, scheint sich dann aber in ihr Schicksal zu ergeben. Auf die Fähigkeit des Ritters, sie zu beschützen, scheint sie nicht sonderlich zu vertrauen. Sie bittet auch nicht um Gebete zur Linderung ihrer Jenseitsstrafe. Man erfährt letztlich nicht einmal, ob sie in der Hölle oder im Fegefeuer büßt, vieles spricht indes für erstere. So steht die Strafe in keinem Verhältnis zum Vergehen, wie dies später bei Passavanti der Fall sein wird. Es dominiert stattdessen eine auf Unheimlichkeit und dramatische Zuspitzung abzielende Erzählweise, die an der entscheidenden Stelle Spannung durch den Wechsel zur Figurenperspektive aufbaut.

Die Bedeutung des *Dialogus miraculorum* für die Vorgeschichte des Phantastischen liegt ohne Zweifel vor allem darin begründet, dass von seinem großen Reichtum an christlichen und paganen wunderbaren Motiven eine starke multiplikatorische Wirkung ausgegangen ist. Sehr viele der Exempla des *Dialogus miraculorum* sind thematisch spektakulär und dabei erzählerisch bemerkenswert schlicht, was sich dadurch erklärt, dass sich Caesarius jeder narrativen Amplificatio zugunsten der knappen, gut verständlichen Lehre enthält. Dies führt dazu, dass die Erzählverfahren selten auf die Evokation von Angst und Unheimlichkeit zielen. In einigen Geschichten zeigt sich jedoch, wie wir gesehen haben, der deutliche Wille, den intradiegetischen Schrecken auf den Zuhörer zu übertragen. In diesen Fällen werden die Erzählverfahren visueller und die Erklärungen treten hinter das unheimliche Phänomen zurück.

---

109 Ebd. („Am Morgen ins Dorf zurückgekehrt, erzählte der Ritter, was er gesehen hatte und zeigte das abgerissene Haar. Und weil sie ihm diese Geschichte kaum glauben wollten, öffnete man das Grab und fand, daß die Frau ihre Haare verloren hatte. Dies ist im Erzbistum Mainz geschehen").

3.2.2.2 Petrus Venerabilis, *De miraculis libri duo*

Die Wunder, die Petrus Venerabilis, Abt von Cluny, in zwei Büchern zusammengestellt hat, haben einige Gemeinsamkeiten mit Caesarius' Wundergeschichten. Beide sind im klösterlichen Umfeld entstanden, sie sind typische christliche paränetische Exempla, und sie führen eine Vielzahl von Wiedergängern vor. Und doch gibt es erhebliche Unterschiede zwischen den beiden, denn in *De miraculis libri duo*[110] stehen das Totengedenken und die Sorge um die Toten im Mittelpunkt. Viele der Exempla verfolgen das Ziel, die Unverzichtbarkeit der Mönche von Cluny für diese Aufgaben zu verdeutlichen.[111] Petrus' Geschichten sind als Argumente für Cluny und gegen die Petrobrusianer, die der Totenmemoria feindlich gegenüber standen, zu verstehen.[112] Dieser Intention entspricht die gemischte Zielgruppe: Wie in seiner Schrift *Contra Petrobrusianos* will Petrus sowohl diejenigen erreichen, die insgeheim mit den Ansichten der Petrobrusianer sympathisieren und die Suffragien für die Toten kaum schätzen, als auch alle, die sich zu sehr auf die Suffragien verlassen und kein gutes Leben führen.[113]

> Hec ad edificationem fidei et morum scribens, quibusdam hereticis, uel erroneis nostri temporis hominibus beneficia ecclesiastica mortuis fidelibus posse prodesse uel negantibus, uel dubitantibus ad uiam ueritatis et ecclesie doctrinam redditum persuadere uolui, neque tamen spe spiritualium, uel talium subsidiorum uitam mortalem sub negligentia transigendam, talibus tamque lucidis exemplis admonere decreui.[114]

---

110 Petrus Cluniacensis Abbatis, *De miraculis libri duo*, hg. v. Denise Bouthillier, Turnhout: Brepols, 1988 (Continuatio Mediaevalis 83). In den Fußnoten wird im folgenden außerdem aus der französischen Übersetzung zitiert: Pierre Le Vénérable, *Les Merveilles de Dieu*, übersetzt und eingeleitet von Jean-Pierre Torrell und Denise Bouthillier, Fribourg: Cerf, 1992.
111 So wurde im Jahr 998 der Allerseelen-Feiertag von Abt Odilo in allen cluniazensischen Klöstern eingeführt, ab 1030 wird er auch außerhalb der Klöster begangen.
112 Vgl. Denise Bouthillier/Jean-Pierre Torrell, „De la légende à l'histoire. Le traitement du ‚miraculum' chez Pierre le Vénérable et chez son biographe Raoul de Sully", in: *Cahiers de civilisation médiévale* 98 (April–Juni 1982), S. 81–99, hier: S. 83: „Incontestablement, il est aussi destiné à servir le rayonnement de Cluny et il revêt par là une dimension politique. Cet aspect est toutefois traité de façon indirecte, alors que l'enseignement théologique l'est ouvertement et de façon circonstanciée."
113 Denise Bouthillier/Jean-Pierre Torrell, „Introduction", in: Pierre Le Vénérable, *Les Merveilles de Dieu*, S. 20.
114 *De miraculis*, S. 86. – „J'ai écrit cela pour l'édification de la foi et des mœurs dans l'intention de favoriser le retour à la voie de la vérité et à la doctrine de l'Eglise, de certains hommes de notre temps qui, hérétiques ou dans l'erreur, nient ou doutent que les secours de l'Eglise puissent être utiles aux fidèles defunts, cependant par ces exemples si clairs, je n'ai pas voulu inviter à passer dans la négligence cette vie mortelle dans l'espoir de semblables bienfaits spirituels" (*Livre des merveilles*, S. 176 f.).

Es geht Petrus darum, den rechten Glauben zu stärken und die Menschen von der Notwendigkeit zu überzeugen, ein gutes Leben zu führen. Gleich zu Beginn des Prologs des ersten Buchs und auch später immer wieder betont Petrus daher die *utilitas* der Wunder seiner Zeit und die sich daraus ergebende Notwendigkeit, sie zu verbreiten:

> Cum inter Spiritus Sancti karismata, gratia miraculorum non paruam obtineat dignitatem, utpote que tantam in se continet utilitatem, ut maxime per illam et mundus ab infidelitatis tenebris liberatus, et eterno lumine ueritatis donatus sit, et adhuc in multorum fidelium cordibus, quibus aliquando hoc uidere datur, per eam fides augeatur, spes crescat, karitas confirmetur, indignari sepe soleo, cur ea que nostris temporibus plerisque in locis miracula, licet rarius quam priscis temporibus proueniunt, cum non sit qui ad illa scribenda animum applicet, que prodesse legentibus manifestata poterant, infructuoso silentio tecta dispareant.[115]

Die wichtigste Funktion des Wunders besteht für Petrus also in der Stärkung des Glaubens, welchen er über die Vernunft stellt: Zwar lassen sich die Exempla als Argumente im Rahmen einer erbaulichen Botschaft begreifen, jedoch kommt der *admiratio* dabei eine besonders große Bedeutung für die Stärkung des Glaubens zu. In dieser Überzeugung darf man einen ersten Hinweis darauf erblicken, dass Petrus' Wunder in besonderem Maße darauf zielen, den Leser und Zuhörer zu beeindrucken. Dies führt zur Anwendung von Erzählverfahren, die der Evokation von Affekten eine größere Bedeutung einräumen als der Transparenz der Geschichte auf die Botschaft hin. In diesem Sinne ist auch Petrus' an die Intellektuellen gerichtete Kritik zu verstehen, sie schenkten den Wundern Gottes zu wenig Aufmerksamkeit.[116] Gerade der weitgehende Verzicht auf ausführliche theologische Erläuterungen führte wohl auch dazu, dass seine zwei Bücher über die Wunder im Laufe des späten 12. und des 13. Jahrhunderts, wie diejenigen seines

---

115 *De miraculis*, S. 3. („Parmi les charismes du Saint-Esprit, le don des miracles occupe un rang éminent à cause de sa très grande utilité, puisque c'est par lui seul que le monde a été libéré des ténèbres de l'infidélité et que lui a été donné la lumière éternelle de la vérité. Aujourd'hui encore, dans les cœurs de beaucoup de fidèles auxquels il est accordé parfois d'en être témoins, la foi en est augmentée, l'espérance accrue, la charité confirmée. Je m'indigne donc souvent que personne ne songe à mettre par écrit ces merveilles qui se produisent en notre temps et en de nombreuses régions – bien que plus rarement que dans les temps anciens –, car si elles étaient connues, elles pourraient être utiles à ceux qui les liraient, alors qu'elles se perdent enfouies sous un silence stérile", *Livre des merveilles*, S. 69).
116 J. P. Valéry Patin/Jacques Le Goff, „A propos de la typologie des miracles dans le *Liber de miraculis* de Pierre Le Vénérable", in: *Pierre Abélard – Pierre le Vénérable. Les courants philosophiques, littéraires et artistiques en Occident au milieu du XII*^{e} *siècle*. Actes et mémoires du colloque international à l'abbaye de Cluny 2 au 9 juillet 1972, Paris: Éditions du CNRS, 1975, S. 181–189, hier: S. 183.

Vorbilds, Gregors *Dialogi de vita et miraculis patrum italicorum*, vor allem als Exemplasammlung berühmt wurden.[117]

Petrus schrieb *De miraculis libri duo* zwischen 1122 und 1156. Eine erste kurze Version der Wundersammlung entstand um 1135, für eine umfangreichere Fassung schrieb Petrus nicht nur neue Kapitel, sondern überarbeitete zudem schon bestehende Kapitel. Noch 1156, ein Jahr vor seinem Tod, erweiterte er das zweite Buch um ein letztes Kapitel.[118] Das ist für uns insofern von Bedeutung, als es noch einmal verdeutlicht, dass wir es hier mit einem sorgfältig komponierten Text mit ‚literarischen' Qualitäten zu tun haben, der im Übrigen auch keine mündliche Kommunikationssituation inszeniert. Das Werk besteht aus zwei Teilen mit insgesamt 60 Kapiteln. Die von Petrus erzählten Wunder ereigneten sich allesamt in der ersten Hälfte des 12. Jahrhunderts, d. h. in genau der Zeitspanne, die den größten Teil des Lebens des Abts von Cluny ausmacht. Wie seinem Vorbild Gregor in den *Dialogi* geht es Petrus darum, die Wunder der Gegenwart zu verbreiten.

Patin und Le Goff haben eine Typologie der von Petrus Venerabilis berichteten Wunder erstellt:[119] Die meisten Wundergeschichten geben Cluny und den cluniazensischen Klöstern eine zentrale Bedeutung, was angesichts der *causa scribendi* nicht weiter verwundert. So finden elf von 40 Wundern in Cluny selbst statt, neun weitere in anderen cluniazensischen Klöstern. 18 Geschichten betonen die außerordentliche Spiritualität der Mönche von Cluny. In den uns besonders interessierenden Episoden erscheinen Wiedergänger, die zu Lebzeiten Schuld auf sich geladen haben und im Jenseits dafür büßen, so dass sie der besonderen Sorge und Fürsprache der Lebenden bedürfen.[120] In diesen Kontext gehört auch das Faktum, dass die in den Exempla auftauchenden Dämonen Cluny schon immer gehasst haben. Ein solcher Hasse kann die Reputation des Ordens nur vergrößern,

---

117 „Pierre le Vénérable a eu visiblement un modèle pour le *De miraculis*, ce sont les *Dialogi* de Grégoire le Grand. Mais là où l'abbé de Cluny voyait sans doute une œuvre écrite pour la gloire du monachisme clunisien, les clercs de seconde moitié du XIIe siècle et du début du XIIIe siècle ont vu surtout un receuil d'exempla, comme ils ont fait du *De miraculis* lui-même. Cette fortune déformée a été l'œuvre, paradoxalement, de Cisterciens tels que Herbert de Clairvaux, Hélinand de Froidment et Conrad d'Eberbach" (Valéry/Le Goff, „A propos de la typologie des miracles", S. 187).
118 Bouthillier/Torrell, „Introduction", S. 31 ff.; dies., „De la légende à l'histoire", S. 82.
119 Patin/Le Goff, „A propos de la typologie des miracles", S. 184–187.
120 Das Auftreten der Wiedergänger ist indes noch kein Hinweis darauf, dass sich das Purgatorium als dritter Jenseits-Ort bereits fest etabliert hätte. Le Goff weist in *La naissance du Purgatoire* darauf hin, dass sich das Fegefeuer erst gegen Ende des 12. Jahrhunderts als Himmel und Hölle ebenbürtiger Ort im christlichen Denken etabliert. *Purgatorio* existiert – noch – nicht als Substantiv, sondern nur als Adjektiv, vor allem im Bild des von Augustinus und Gregor dem Großen her bekannten reinigenden Feuers, des *ignis purgatorius* (Le Goff, *La naissance du Purgatoire*, S. 225).

reduziert die Arbeit Clunys doch nach eigenem Verständnis und zum Ärger der Dämonen die Zahl der Seelen, die der ewigen Verdammnis anheimfallen.[121]

Wahrhaftigkeit und Historizität
Unausgesprochen bleibt, dass es Petrus auch ganz konkret um finanzielle Unterstützung durch wohlhabende Adlige ging, welche von der Wirksamkeit der Fürbitten für die Toten überzeugt werden sollten, damit sie dem Kloster großzügige Spenden zukommen ließen. Es ist daher alles andere als ein Zufall, dass namentlich genannte Adlige immer wieder als historisch verbürgtes Personal in den Exempla in Erscheinung treten[122] – ein Zug, der Petrus' Wundergeschichten von rein didaktischen Exempla unterscheidet und nebenbei eine Art Realismuseffekt[123] bewirkt. Allein die von Petrus genannten Namen sind zwar fast vollständig durch andere Dokumente als authentisch belegbar, doch bewegt sich die durch sie hergestellte Form der Historizität ausschließlich an der textuellen Oberfläche. Sie bedeutet nicht, dass hier eine allgemeine Erkenntnis aus einem individuellen Fall erschlossen würde. Vielmehr liegt eine Form der Historizität vor, deren Funktion sich darin erschöpft, eine Beglaubigungsstrategie für die Präsentation einer unabhängig von der wahren individuellen Geschichte bestehenden Wahrheit zu sein („Man muss Sorge für die Toten tragen"). Gleichwohl scheint der Fall von *De miraculis* spezieller zu sein als der des gemeinen paränetischen Exemplums, von dem Peter von Moos schreibt, es könnte sich zur Verdeutlichung der Wahrheit ebenso gut einer Fabel bedienen.[124] Auch wenn Petrus die zu vermittelnde Botschaft an seinen Exempla nur illustriert, sie aber nicht aus diesen ableitet, so gilt doch, dass die konkrete Historizität von zentraler Bedeutung für die Überzeugungskraft der Exempla ist.

Was die historiographische Dimension der Wundersammlung angeht, so ist ein weiterer Aspekt hervorzuheben. Der Leser erfährt im Prolog zum ersten Buch sowie in den Kapiteln II,4 und II,28, dass das den Wunderberichten zugrunde liegende Ordnungsprinzip von *De miraculis* nicht etwa der Chronologie der Ereignisse folgt, sondern der Reihenfolge, in der Petrus von den einzelnen Wunder gehört hat. Damit werden Aktualität und Gegenwart also nicht nur auf der Objektebene zu einem zentralen Charakteristikum des Texts, sondern auch auf der Diskursebene: Die einzige existierende Ordnung ist die Reihenfolge, in der die

---
121 Z. B. in Exemplum I,12 („Quanta semper invidia diabolus adversus Cluniacum fremuerit"; *De miraculis*, S. 43.)
122 Bouthillier/Torrell, „Introduction", S. 41 f., Schmitt, *Les revenants*, S. 93.
123 Der Begriff wird hier in einem weiteren Sinne verwendet als Roland Barthes' *effet de réel*.
124 Von Moos, *Topik als Geschichte*, S. 119 f.

einzelnen Vorfälle vom Autor und Kompilator wahrgenommen worden sind.[125] Dementsprechend ist ihm die Glaubwürdigkeit der Zeitgenossen, die ihm persönlich berichten, wichtiger als die Autorität der Kirchenväter und der Bibel, die nur ab und an erwähnt werden. Denn ihren Verwendungszweck können Petrus' Wundergeschichten nur erfüllen, wenn sie mit der nötigen Wahrhaftigkeit ausgestattet sind. Diese wird gewährleistet durch das übliche Verfahren des Verweises auf über jeden Zweifel erhabene Zeugen und Informanten. Dass die Betonung der Glaubwürdigkeit bei Petrus geradezu hypertrophen Ausmaßes ist, erklärt sich wohl zum einen durch den starken Gegenwartsbezug, der Legitimation notwendig macht, und zum anderen durch die große Bedeutung, die in *De miraculis* den Wachvisionen zukommt. Träume gelten als äußerst unzuverlässig, da sie die Gefahr bergen, dass der Träumer einer Illusion des Teufels zum Opfer gefallen ist.[126] Von solchen Trugbildern gilt es sich abzugrenzen. In diesem Kontext ist auf von Moos' Vermutung hinzuweisen, dass die Beteuerung der historischen Faktizität den Versuch der Kompensation eines Mangels gegenüber dem antiken rhetorischen Exemplum darstellt. Dieser Mangel wird besonders dann relevant, wenn das Außergewöhnliche, das dem normalen, nicht-heroischen Menschen geschieht, etwas Allgemeines beweisen soll:

> Vielleicht bildete der Historizitätsanspruch einen unentbehrlichen Ersatz für das Grundprinzip des rhetorischen Exemplums: für die Plausibilität des Analogen und Wiederkehrenden in menschlichen Situationen. Wo das Außergewöhnliche, das Wunder überzeugen soll, muß es ebenso sehr als historische Tatsache bezeugt werden wie als Gnadenbeweis Gottes, der jederzeit und überall, auch im einfachsten Menschen, erscheinen kann.[127]

Die Darstellung und Evokation von Angst, die starke Betonung von Wahrnehmung, insbesondere von Visualität, die Inszenierung des Erzählakts und der zurückhaltende Umgang mit allegorischen Auslegungen verleihen Petrus' Wunder-Exempla eine Wirkung, die stilistisch über das aus Viten und Exempla Bekannte deutlich hinausgeht[128] und dabei gleichwohl vollkommen in den Grenzen

---

125 Valéry Patin/Le Goff: „A propos de la typologie des miracles", S. 182.
126 Vgl. Exemplum II,25: „Licet autem propositum meum sit, ut in narrandis huiusmodi miraculis, aut numquam aut raro somnia admittam, quia frequenter aut falsa sunt aut dubia, quoddam tamen somnium inter hec que narro miracula, quia fide dignum uidetur, admisi." (*De miraculis*, S. 142) – „Bien que mon propos dans la narration de ces merveilles, soit de n'admettre que rarement ou même jamais les songes, car ils sont fréquemment soit faux soit douteux, j'ai cependant retenu un certain songe parmi les merveilles que je raconte parce qu'il semble digne de foi" (*Livre des merveilles*, S. 252).
127 Von Moos, *Topik als Geschichte*, S. 110.
128 Wie sehr sich Petrus' Stil vom traditionellen Heiligenwunder unterscheidet, zeigen die Herausgeber und Übersetzer von *De miraculis* in ihrem Vergleich zwischen Petrus' Text und der

der *utilitas* bleibt, wie die Einleitung zu Exemplum I,25 programmatisch zum Ausdruck bringt:

> Iam nunc subiungenda est non ante mortui, set morientis presbiteri terribilis et multis nota uisio, que audientium mentes digno timore concutiat, et ad cauenda eterne mortis mala, uelut uehementi sollicitudinis igne accendat.[129]

Auf die Erzählstrategien, mit denen diese Furcht erzeugt werden soll, konzentrieren sich die nun folgenden Textanalysen.

Das Wiedergänger-Mittler-Schema
Das bestimmende Motiv von *De miraculis* ist der Wiedergänger im christlichen Sinne: die gequälte Seele, die die Lebenden um Erleichterung ihrer Strafen im

---

Vita, die der spätere Abt Raoul (Radulf) von Cluny über seinen berühmten Vorgänger verfasst hat. Bouthillier und Torrell attestieren dem Biographen, in seiner Übernahme und Transformation einiger Wunderepisoden aus *De miraculis* die literarische Komplexität des Werks reduziert und banalisiert zu haben. Zwar verfolgen beide Autoren im Grunde dasselbe Ziel, die Apologie Clunys, jedoch verfolgen sie dieses Ziel eben in zwei sehr verschiedenartigen Texten. Während Petrus in seinem recht freien Umgang mit Wundern eine besondere Stellung in der Mirakelliteratur des Mittelalters einnimmt, stellt Raouls Vita ein Paradebeispiel gattungsgebundener Konformität dar. Raoul erzählt auf sehr stereotype Weise von den Wundern, die Petrus zu Lebzeiten vollbracht habe. Diese bilden, wie im Schreibmodell der Vita üblich, einen zweiten Teil, der sich an die eigentliche Vita anschließt. Die Wunder fungieren also nicht, wie in Petrus' eigenem Werk, als Vehikel für eine Botschaft, sondern lediglich als Beweise für die Heiligkeit der Person. Da die Zahl dieser Wunder letztlich nicht sehr hoch ist, erfindet Raoul neue. Doch ganz gleich, ob es sich um neue Wunder oder um autobiographische Wunder aus *De miraculis* handelt: Stets enthistorisiert und entpersönlicht Raoul, reduziert das, was an Petrus' Stil gerade bemerkenswert ist, zu „merveilles passe-partout". So streicht er beispielsweise die historisch konkreten und detaillierten Angaben zu Beginn von I,6 zugunsten eines schlichten „Tempore quodam", lässt biographische Angaben und konkrete örtliche Beschreibungen weg, so dass er im Endergebnis völlig entpersonalisierte Standardversatzstücke einer Heiligenvita produziert. – So sehr die vergleichende Lektüre der beiden Texte die Befunde der vorliegenden Arbeit zu bestätigen scheint, so fragwürdig ist allerdings die Opposition, die Bouthillier und Torrell anführen: Raouls völlig entindividualisierter Stereotypie stellen sie wiederholt Petrus' Text als Verschriftlichung einer „expérience réellement vécue" (Bouthillier/Torrell, „De la légende à l'histoire", S. 85, vgl. auch S. 88 und S. 92) gegenüber, wie sie auch die von Petrus in II,25 erzählten Träume als authentischen Ausdruck des Unbewussten seines Verfassers lesen (Bouthillier/Torrell, „De la légende à l'histoire", S. 90), und nicht als bewusste stilistische wie inhaltliche Entscheidung.
129 *De miraculis*, S. 75 – „Il faut maintenant ajouter la vision terrible et connue de beaucoup, d'un prêtre non pas déjà mort mais mourant ; elle est de nature à émouvoir d'une terreur fondée les esprits des auditeurs et à les enflammer d'un feu d'ardente sollicitude pour prévenir les maux d'une mort éternelle" (*Livre des merveilles*, S. 161).

Jenseits bittet. Die Geschichten sind Petrus von, wie er betont, glaubwürdigen Zeugen erzählt worden, in seltenen Fällen hat er sie selbst erlebt. Während sich die ersten Kapitel des ersten Buchs vor allem mit den Sakramenten befassen, bringt Petrus in I,9 das Thema Totenvisionen ein – ein Phänomen, von dem er behauptet, dass es sich gerade in der Gegenwart sehr häufig ereigne und dem er eine ebenso große *utilitas* wie den ‚herkömmlichen' Wundern attestiert. Die Passage enthält eine geradezu idealtypische Definition des christlichen Wiedergängers: Er ist nicht physisch, sondern ein ‚Bild', die Begegnung mit diesem Bild fällt in die Kategorie Vision, und die Jenseitsberichte des Toten sind stets an die Absicht gebunden, moralisch nützlich zu sein.[130] So erscheint in der ersten Wiedergängergeschichte (I,10) der wenige Tage zuvor verstorbene Abt von Saint-Gilles, Stephanus, genannt ‚der Weiße' einem jungen Mönch namens Bernardus Savinellus in Cluny. Für die Botschaft, die der Tote der Gemeinschaft der Brüder zu verkünden hat, wählt er sich also, darin dem typischen christlichen Schema folgend, einen Mittler. Dieser zeichnet sich bemerkenswerterweise dadurch aus, dass er sich nicht immer der Regel gemäß verhält, die strengen Strafen (Flagellation) für seine Verstöße aber stets mit Eifer und Genugtuung ausführt. Als er eines Nachts den Chor der Klosterkirche verlässt, um den Schlafsaal aufzusuchen, wundert er sich, von einem Mönch angesprochen zu werden (die cluniazensische Regel verbietet das Sprechen in den Nachtstunden). Doch da dieser darauf besteht, ihm etwas mitzuteilen, fragt ihn der junge Mönch, wer er sei und was er ihm mitteilen wolle. Daraufhin nennt der Tote seinen Namen und bittet ihn, dem Abt und den Brüdern mitzuteilen, sie mögen für ihn beten, denn er habe im Leben viel gesündigt und müsse dafür nun schwer büßen. Diese Rede verwundert den jungen Mönch keineswegs (was ja durchaus stimmig ist, handelt es sich doch um einen Mönch von Cluny, der weiß, worin die Aufgabe seiner Gemeinschaft besteht), nur bezweifelt er, dass man gerade ihm diese Geschichte glauben werde.

---

130 „Illis que ad reuerentiam diuinorum sacramentorum, et ad confessionis uere sinceritatem pertinent prelibatis, ad reliqua quantum ad morum edificationem spectat non minus utilia, adiuuante nos Domino transeamus. In primis uero de uisionibus, siue reuelationibus, defunctorum que a diuersis cognoscere potui, ut potero explicabo. Hec enim nostris maxime temporibus, frequenter prouenire dicuntur. Nam et defunctorum effigies uiuis apparere, eisque persepe multa uera atque probata nuntiare, a quam pluribus et fide dignis uiris affirmantur" (*De miraculis*, S. 34 f.). – „Après avoir évoqué ce qui a trait au respect dû aux sacrements divins et à la sincérité de la confession vraie, avec l'aide du Seigneur passons maintenant à la suite qui n'est pas moins utile quant à l'édification des mœurs. J'exposerai d'abord, pour autant que j'en serai capable, les visions ou révélations de défunts que j'ai pu apprendre de diverses personnes. On dit en effet qu'en notre temps surtout ces visions se produisent fréquemment. De fait, des hommes nombreux et dignes de foi affirment que l'image des défunts apparaît aux vivants pour leur annoncer très souvent bien des choses vraies et démontrées" (*Livre des merveilles*, S. 107).

Ohne dass dies explizit gemacht würde, erweist sich die eingangs erwähnte Fehlbarkeit des Mittlers als doppelt motiviert. Er ist zum einen der richtige Adressat für die moralische Lektion des verstorbenen Abts, zum anderen macht seine mangelnde Glaubwürdigkeit einen Beweis notwendig – welche nun dem Mönch große Angst und eine schlaflose Nacht bereitet: Er werde, so Stephanus, innerhalb von acht Tagen sterben. Diese Information solle er zusammen mit seiner Vision dem Abt und den Brüdern berichten, damit man ihm Glauben schenke. Und in der Tat ist die Bruderschaft geteilter Meinung, ob dem Bericht zu glauben ist. Gewissheit bringt letztendlich allein der Tod des Mittlers und Erzählers sowie sein Insistieren auf der Wahrhaftigkeit seiner Vision bis zum letzten Atemzug. Nunmehr sind sich alle sicher und können der Bitte des toten Abts von Saint-Gilles nachkommen: Durch Gebete, Messen und Almosen tun sie das ihnen Mögliche für die ewige Ruhe des Abts wie des Mittlers.

In einer weiteren Geschichte (I,11), die Petrus von denselben Zeugen berichtet wurde, erscheint dem Mittler, einem Propst (*prepositus*), ein einstmals reicher Adliger, der sich zu Lebzeiten gegen Cluny und die Kirchen in seinem Herrschaftsgebiet vergangen hat, bevor er sich am Ende seines Lebens bekehrte. Er starb auf einer Pilgerreise nach Rom, nach der er eigentlich den Cluniazensern beitreten wollte. Die Begegnung zwischen Mittler und Wiedergänger findet Jahre nach dem Tod des Adligen, den man Bernardus Grossus nennt, am Mittag in einem Wald statt. Da der Propst im Unterschied zum fehlbaren Bruder aus dem vorangegangenen Kapitel den Toten erkennt, noch bevor dieser zu sprechen beginnt, fürchtet er sich von Beginn der Begegnung an.

> Quem cum mulo insidentem ac pellibus uulpinis et nouis indutum uidisset, recordatus defunctum extimuit; compresso tamen timore utrum esset qui uidebatur uel cur uenisset, quesiut.[131]

Die Angst schwindet augenblicklich, als Bernardus von seiner Buße im Jenseits erzählt und seinem Zuhörer den Auftrag erteilt, den Abt von Cluny um Beistand zu bitten, was der Propst umgehend erledigt. Der Abt hat nicht den geringsten Zweifel an der Wahrheit der Vision, dem Mittler sagt er darüber hinaus voraus, dass er wohl bald sterben werde. Diese Ankündigung, aber auch der Schrecken der Vision[132] selbst veranlassen diesen dazu, Mönch zu werden. Kurz darauf stirbt er als solcher.

---

131 *De miraculis*, S. 41. – „Quand il le vit, monté sur sa mule, il eut terriblement peur. Réprimant sa crainte cependant, il lui demanda s'il était bien celui qu'il semblait être et pourquoi il était venu" (*Livre des merveilles*, S. 115).
132 „uisionis horrore" (*De miraculis*, S. 42).

Diese beiden Exempla repräsentieren das christliche Wiedergängerschema auf ebenso anschauliche wie vollständige Art und Weise. Man kann an ihnen auch sehr gut ablesen, dass die Visionen immer zwei Dimensionen haben, eine affektive und eine kognitive, die unterschiedlich gewichtet sein können. Die Begegnung mit dem Toten löst im ersten Fall (I,10) keinerlei emotionale Reaktion aus, im zweiten Fall aber sehr wohl, wie an zwei Stellen erwähnt wird. In der ersten Geschichte stellt sich die Angst schließlich nur ein, weil die Begegnung mit der Aussicht auf den eigenen baldigen Tod einhergeht. Man kann daran deutlich sehen, dass der Schrecken durchaus nicht obligatorisch von dem ausgehen muss, was den Kern dieser Art von Exemplum ausmacht, der Begegnung mit dem Wiedergänger. Diese Begegnung kann affektiv wirkungslos bleiben, bittet der Tote doch, im Gegensatz zum paganen Wiedergänger-Schädling, eigentlich nur um Unterstützung. Doch selbst wenn die Begegnung ohne Beunruhigungen abläuft, besteht für den Mittler Anlass zur Angst, da er in der Regel – ein motivisches Erbe aus nicht-christlicher Tradition – nach der Begegnung sterben muss.[133] Und selbst hier stellt die Erzählung klar, dass sich der Betroffene vor seinem Tod zwar fürchtet, ihn aber als eine Notwendigkeit göttlicher Provenienz auch akzeptiert; im zweiten Fall (I,11) kommt dies im Beitritt zum Cluniazenserorden, um dort zu sterben, zum Audruck, im ersten Fall (I,10) dadurch, dass sein Tod als eine aktive Handlung dargestellt wird, als eine Aufgabe, die der Mittler demütig übernimmt, stets in dem Bewusstsein, dadurch erst der Botschaft des Verstorbenen die von Gott gewollte Glaubwürdigkeit zu verleihen:

> Qui usque ad ultimum spiritum constanter que dixerat affirmans, infra dies supradictos bono fine quieuit, sicque morte sua, ueritatis nuntium se fuisse comprobauit.
> Fratrum ergo congregatio, post obitum relatoris de uisione certificata, tam pro abbate defuncto quam pro eius nuntio, multimodas inenarrabili misericordie Dei supplicationum

---

[133] Deutlich formuliert bei Rodulfus Glaber in seinen *Historiarum libri quinque*, V,1: „Illud nempe attentius est memoriae commendandum, quoniam, dum manifestissima prodigia in corpore adhuc constitutis siue per bonos seu per sinistros spiritus ost ententur, non illus diutius in hac carne uicturos quibus huiusmodi uidere contigerit. Huius quoque assertionis experimenta multa comperimus, ex quibus etiam nonnulla memorie commendari placuit, ut, quotties, euenerit, cautelam inferant potius quam deceptionem" – „One thing we ought to remember with particular care: whenever such prodigies are clearly revealed to men still alive in this world, whether at the behest of God or evil spirits, those men do not live long afterwards. There are plenty of examples to support my claim and from amongst them I have chosen to commit a few to record, so that whenever such a thing happens men may be on their guard and avoid being deceived" (Rodulfus Glaber, *Opera*, hg. u. übers. v. John France, Oxford: Oxford University Press, 1989, S. 216).

hostias obtulerunt, et sacris orationibus elemosinarum largitionibus, maxime autem salutaris sacrificii oblationibus, pro eorum eterna requie totis uiribus institerunt.[134]

Nicht nur der Mittler akzeptiert nach der Überwindung der Angst scheinbar klaglos die Rolle, die ihm in diesem Offenbarungsschauspiel zugedacht worden ist, auch die Handlungen der Brüder sind von der Einsicht in die nicht zuletzt vom Mittler bewiesene Wahrheit des Wunders geprägt, und dazu gehört, dass sie selbstverständlich nicht weniger für den verstorbenen Abt als für den verstorbenen Mittler beten. In beiden Textbeispielen ist ein Perspektivwechsel am Ende der Erzählung zu beobachten, nicht in einem narratologischen Sinne, sondern in dem Sinne, dass sich die Erzählung weg von Einzelschicksalen hin zur exemplarisch vorgeführten Botschaft verschiebt, die da lautet: Das Erwirken des Seelenheils der Verstorbenen ist ein Problem aller und macht die Institution Cluny notwendig. Ganz im Sinne der Exemplumslogik wird die individuelle Todesangst am Ende im christlichen Weltbild aufgehoben und damit zumindest teilweise ihres Schreckens entkleidet.

Der inszenierte Schrecken: Darstellung und Evokation
Da es Petrus, wie erwähnt, stets um die *utilitas* seiner Exempla geht, sind diese Beobachtungen im erzähltechnischen Detail stellenweise interessant, ermöglichen aber angesichts der Dominanz der Botschaft kaum literarhistorisch relevante Beobachtungen. Es fällt indes auf, dass Petrus in einigen Geschichten die szenische Ausgestaltung der Ereignisse in einem Maße verfolgt, das den Legitimationsrahmen der *utilitas* dehnt, insofern als sich in ihnen ein offensichtlicher gestalterischer Wille in der perspektivischen Darstellung des Schreckens zeigt, der den Geschichten eine deutlich gesteigerte Dramatik verleiht. Es kommt zum Aufbau einer Spannung, die ganz wesentlich an die Perspektive des Mittlers gebunden ist.

---

134 *De miraculis*, S. 39. – „Jusqu'à son dernier souffle il s'en tint avec constance à ce qu'il avait dit et fit une sainte fin dans le délai annoncé ; et ainsi il prouva par sa mort qu'il avait été un messager véridique. Après la mort du narrateur, désormais certains de la vision, les frères tous ensemble présentèrent à l'ineffable miséricorde de Dieu toutes sortes d'offrandes et de supplications, s'appliquant de toutes leurs forces aux saintes oraisons, à la distribution d'aumônes et surtout à la célébration du saint sacrifice pour le repos éternel de l'abbé défunt et de son messager" (*Livre des merveilles*, S. 114).

Am stärksten kommt diese narrative Strategie im Exemplum I,23 zur Geltung.[135] Darin wird die Geschichte eines toten Ritters erzählt, der dreimal einem Mittler erscheint, einem über jeden Zweifel erhabenen und frommen Priester namens Stephanus, von dem Petrus die Geschichte auch persönlich erfahren hat. Die Glaubwürdigkeit des Berichts wird zudem durch einen Schwur erhöht, den Stephanus vor Petrus und in Anwesenheit zahlreicher Mönche geleistet hat. Petrus tritt selbst zurück und gibt dem Priester als intradiegetischem Erzähler eine Stimme:

> Que quia se uidisse dicebat, ipsum introduco loquentem, ut non a me, set quasi ab ipso qui michi primo retulit, audiatur.[136]

Manche moderne Fiktionstheorie würde hier bereits eine Fiktionalisierung am Werke sehen, scheint die Wendung „quasi ab ipso [...] audiatur" doch geradezu idealtypisch auf einen eingestandenen ‚Als-ob-Modus' des Erzählens, auf eine fingierte Erzählsituation zu verweisen. Die zeitgenössische Texttheorie hält für Fiktionen den Begriff der *fabula* bereit, was dem Status des Textes jedoch in keiner Weise gerecht würde. Es handelt sich schlicht um eine Vermittlungsstrategie, die ganz im Rahmen des rhetorisch Legitimen bleibt und den Status des Exemplums in keiner Weise in Richtung Fiktion verschieben würde, denn es heißt ja auch: „qui michi primo retulit". Stephanus erzählt die Geschichte Guigos, eines hohen Adligen und Ritters, der im Kampf verwundet wurde und im Sterben liegt. Der Erzähler wohnt als örtlicher Priester, dem nach dem Tod die Verantwortung für die Seele des Toten zukommt, der letzten Beichte bei, für welche der Erzbischof von Vienne, der spätere Papst Calixt II., persönlich anreist. Stephanus bescheinigt dem Sterbenden aufrichtige Reue. Nach seinem Tod wird Guigo im cluniazensischen Priorat von Manthes beigesetzt. Nach seinem Tod erscheint der Ritter dem Stephanus dreimal. Da es bei diesen Begegnungen keine weiteren Zeugen gibt, muss Petrus (bzw. der Erzähler) auf andere Mittel zurückgreifen, um dem Berichteten Glaubwürdigkeit zu verleihen. Zu diesen Mitteln gehören neben der Erlebensperspektive zum einen der Gebrauch semantisch starker Begriffe zur Beschreibung der Furcht sowie in allen drei Begegnungen Dialoge, deren Existenzberechtigung sich nicht allein durch die Botschaft des Toten erklärt, sondern

---

135 Wenn im Folgenden von ‚ästhetisch' die Rede ist, dann nicht in einem emphatischen modernen Sinne, sondern schlicht in dem Sinne, dass der Text durch die Art und Weise, wie er gestaltet ist, eine sich in Affekten niederschlagende Wirkung erzielen will.
136 *De miraculis*, S. 69 – „Puisqu'il assurait qu'il les [les choses] avait vue lui-même, c'est à lui que je donne la parole, afin que l'on entende, non pas moi, mais lui qui me les a d'abord fait connaître" (*Livre des merveilles*, S. 153).

darüber hinaus dem Ich-Erzähler die Möglichkeit gibt, von seiner Furcht im Augenblick der Begegnung selbst zu erzählen. Die direkte Rede stellt im Rahmen des erzähltechnisch Möglichen das adäquate Mittel zur Darstellung des Geschehens in der Perspektive des erlebenden Ichs dar. Das beruhigende Wissen um den guten Ausgang der Angelegenheit (dem Toten wird geholfen, der Mittler muss nicht sterben) wird hingegen vollständig unterschlagen. Die erste Begegnung vollzieht sich kurze Zeit nach Guigos Tod zur Mittagsstunde in einem Wald:

> Contigit post hec non multo tempore elapso, iuxta siluam que supra dicto castro de Moras adiacet, meridianis horis me iter agere. Cum ecce subito quasi inmensi exercitus strepitum post terga mea audio. *Cuius timore perterritus*, contiguam siluam occultandus ingredior. Cumque in condensa illius me inmergens tali ut putabam in loco resedissem, unde uidere transeuntes, nec uideri a transeuntibus possem, multo armatorum agmine pretereunte, astitit repente coram me miles quem supra memoraui defunctum, equo insidens, scuto pectori anteposito, haste militari innixus. *Quem ut uidi, primo exhorrui*. At ille me perterritum intuens: ‚Noli ait metuere, quia non ad incutiendum tibi timorem, set ad rogandam misericordiam huc ueni [...]'.[137]

Petrus' Streben nach einer erzählerischen Anschaulichkeit, die nicht nur die Botschaft verständlich macht, sondern die Affekte des Mittlers auch im Leser hervorrufen will, zeigt sich vor allem in der herausragenden Bedeutung der Sinneswahrnehmungen. Die Gestaltung der Begegnung mit dem Wiedergänger zeugt von dem Bestreben, die Überraschtheit, das Staunen und die panische Angst des Mittlers auf die Zuhörer und Leser zu übertragen. Die Evokation der Angst basiert auf der strikten perspektivischen Beschränkung auf Stephanus' Wahrnehmung. Stephanus versteckt sich, er will sehen, ohne selbst gesehen zu werden, doch „plötzlich" steht der tote Ritter vor ihm. Zunächst löst die akustische Wahrnehmung Angst aus (der Lärm des Totenheers), dann kommt das Sehen hinzu (die Erscheinung des Toten). Die Wahrnehmungsmöglichkeiten des Toten hingegen

---

137 *De miraculis*, S. 69f. (Hervorhebungen der affektiven Ausdrücke: A.R.) – „Peu de temps s'étant écoulé après cela, il se trouva que je faisais route vers l'heure du midi, le long de la forêt située près de ce même château de Moras. Or voici que subitement j'entends derrière moi un tumulte comme celui d'une immense armée. Terrifié, j'entre dans la forêt voisine pour m'y cacher. Je m'enfonçai dans le fourré et m'installai en un lieu tel que je pourrais, du moins je le croyais, voir ceux qui passeraient sans être vu par eux. Une grande colonne d'hommes en armes étant passée, le chevalier défunt dont j'ai parlé se tint subitement devant moi, à cheval, le bouclier devant la poitrine, appuyé sur sa lance. Lorsque je le vis, aussitôt je frémis d'horreur. Quant à lui, me voyant terrifié : ‚Ne crains pas ! me dit-il, je ne suis pas venu ici pour t'inspirer de l'effroi, mais implorer ta miséricorde'" (*Livre des merveilles*, S. 154). Petrus greift in dieser Passage auf die Sage vom ‚Wilden Heer' (auch ‚Wilde Jagd' genannt) zurück, der aber im weiteren Verlauf der Erzählung keine Bedeutung mehr zukommt.

sind – furchterregenderweise – nicht auf menschliche Sinne beschränkt, findet er Stephanus doch, obwohl dieser sich versteckt hat.

Sodann erzählt der Ritter dem Mittler von zwei Verbrechen, die er zu Lebzeiten begangen habe und für die er nun im Jenseits büße: Einem Bauern hat er einen Ochsen weggenommen, von anderen hat er über einen langen Zeitraum Steuern eingefordert, obwohl ihm das Land gar nicht gehörte. Der Mittler bekommt nun den Auftrag, Guigos Bruder Anselmus aufzufordern, dem einen seinen Ochsen zurückzugeben und die anderen für die unberechtigerweise von ihnen eingeforderte Steuerschuld zu entschädigen. Stephanus bleibt völlig verängstigt zurück. Die Angst bleibt ambivalent; sie ist zum einen die unmittelbare Auswirkung der übernatürlichen Begegnung (vgl. das obige Zitat), zum anderen weiß Stephanus aber auch um die Lebensgefahr, in der er nun schwebt:

> Dixit hec, et statim ab oculis meis euanuit. At ego timore cumulatus, et quia cum mortuo uerba contuleram de uita diffidens, inde quam citius potui recessi.[138]

Da Stephanus den Bruder nun aber nicht in seinem Haus auffindet, kann er Guigos Bitte nicht sofort nachkommen, was zu einer zweiten Begegnung zwischen dem Mittler und dem Toten führt. Guigo trägt immer noch dieselben Waffen und beschwert sich, einen so unzuverlässigen Mittler ausgewählt zu haben,[139] was Stephanus' ohnehin schon große Angst noch verstärkt: Ist er am Anfang der Begegnung schon „duplicato timore turbatus"[140], so heißt es nach dem Tadel des Wiedergängers: „At ego multo magis adaucto timore, ut potui respondi."[141] Unter dem Eindruck dieser furchterregenden Begegnung sucht Stephanus in Eile erneut den Bruder des Toten auf und trifft ihn diesmal auch an. Dieser will aber nichts davon wissen, seinem verstorbenen Angehörigen zu helfen. Dass der Tote bei der nun folgenden dritten und letzten Begegnung nicht mehr in voller Rüstung erscheint, sondern gänzlich unbewaffnet, ist – wie die Kleidung der Wiedergänger stets – symbolisch zu verstehen: Schon bei der zweiten Begegnung wird das Pferd nicht mehr erwähnt, nun aber trägt der Tote als Zeichen der Trauer über seinen

---

138 *De miraculis*, S. 70. – „Après avoir dit cela, il disparut de mes yeux. Quant à moi, au comble de la peur, doutant de ma vie puisque j'avais parlé avec un mort, je quittai ce lieu aussi vite que je pus" (*Livre des merveilles*, S. 155).
139 „Ha inquit domne Stephane, quam bonum nuntium quam pro salute mea fratri dirigerem, uos elegi. Putabam equidem uos michi compati, set ut uideo quomodolibet me habeam uos non curatis" (*De miraculis*, S. 71). – „Ah ! dit-il, seigneur Etienne, quel messager de choix j'ai envoyé à mon frère en vue de mon salut ! Je pensais en effet que vous auriez pitié de moi, mais je vois que vous ne vous souciez guère de l'état dans lequel je suis" (*Livre des merveilles*, S. 156).
140 *De miraculis*, S. 71.
141 Ebd.

fehlgeschlagenen Versuch, Hilfe zu erlangen, nicht einmal mehr seine Rüstung.[142] Letztendlich ist Stephanus derjenige, dem am Ende der Geschichte die Aufgabe zukommt, sich für den Toten einzusetzen. Er erstattet dem Bauern seinen gestohlenen Ochsen, indes übersteigt es seine finanziellen Möglichkeiten, die zu Unrecht eingetriebenen Steuern zurückzuzahlen. Aber was im Bereich des ihm Möglichen liegt, tut der Priester: Er gibt Almosen, betet und versammelt Priester zu Opfergottesdiensten. Dass Stephanus, obwohl ein klassischer Mittler, nach der Begegnung mit dem Toten nicht sterben muss, erklärt sich wohl durch diese Funktion für den Abschluss der Geschichte. Damit erfüllt er eine Pflicht, auf die ihn der Tote selbst aufmerksam gemacht hat: War Anselmus sein „frater carnalis", so sei er, Stephanus, sein „frater [...] spiritualis"[143] gewesen.

Auch dieses so ausführlich erzählte Exemplum folgt dem narrativen Prototyp der christlichen Wiedergängergeschichte. Der Ereigniszusammenhang entspricht dem narrativen Grundgerüst vieler anderer, sehr viel kürzerer und dadurch wesentlich schematischer wirkender christlicher Wiedergängergeschichten. Was in I,23 hingegen wesentlich mehr Raum einnimmt, ist die Darstellung und Evokation von Angst. *Admiratio* realisiert sich hier stets als Schrecken, ja als Terror: Während Stephanus bei der ersten Begegnung nur berichtet, wie groß seine Angst ist, kommt in der Erzählung der zweiten und dritten Begegnung die direkte Rede als Stilmittel zur Darstellung der Furcht, in Form einer Beschwörung des Toten, wieder zu verschwinden, hinzu:

> Obsecro tantum ut celeriter discedas, quia ualde cor meum tui uisione turbatur, neque me te cum diutius confabulari patitur.[144]

> At ego *nimio terrore fere in amentiam uersus*, in hec uerba prorupi: „Ex parte omnipotentis Dei, et omnium sanctorum eius adiuro te quicumque es spiritus ut discedas, meque *tantis terroribus* exagitare desistas [. . .]."[145]

Die Eindringlichkeit der Äußerung und die semantische Steigerung der Affektbegriffe nehmen mit jeder Begegnung zu. Betrachtet man das narrative Schema solcher Geschichten, so könnte man dies als Kompensation abnehmender Unvorhersehbarkeit der Ereignisse interpretieren. Da die dreifache Begegnung ohne

---

142 Vgl. *Livre des merveilles*, S. 154, Anm. 155.
143 *De miraculis*, S. 72.
144 *De miraculis*, S. 71 – „Je t'en supplie seulement, quitte-moi vite ! car mon cœur est fortement troublé à ta vue et il ne supporterait pas que je parle avec toi plus longtemps" (*Livre des merveilles*, S. 156).
145 *De miraculis*, S. 71. – „Alors, devenu presque fou par une terreur excessive, je me répandis en paroles : 'Au nom du Dieu tout-puissant et de tous les saints, je t'adjure, esprit, qui que tu sois : sors d'ici ! et cesse de me tourmenter par de si grandes frayeurs'" (*Livre des merveilles*, S. 157).

Zweifel einem seit jeher bekannten Schema folgt, wie es in vielen archetypischen Erzählformen anzutreffen ist, ist die zunehmende Dramatik der Worte womöglich also nichts anderes als der Versuch, die Aufmerksamkeit des Lesers aufrechtzuerhalten. Im vorliegenden Fall gibt es aber darüber hinaus eine intradiegetische Motivation, eine der Handlung inhärente Logik der gesteigerten Dramatik: Die erste Begegnung mit dem Toten löst verständlicherweise Furcht aus, die zweite, nachdem Stephanus den Anselmus nicht hat auffinden können, weil er als Mittler erst einmal versagt hat, aber noch mehr. Die Angst der dritten Begegnung schließlich rührt daher, nun zwar den Anselmus gefunden, ihn aber nicht davon überzeugt zu haben, etwas für seinen Bruder zu tun. Dem Mittler kommt also eine doppelte Funktion zu: zum einen eine dramaturgische, erlauben die Probleme in der Übermittlung der Botschaften doch eine Spannungssteigerung und Intensivierung der Angst, zum anderen eine politisch-propagandistische, denn Stephanus' Rolle besteht auch darin, die Bedeutung des Klerus für die Sorge um die Toten hervorzuheben. Ohne ihn wäre die Geschichte nicht nur schneller auserzählt, sondern zudem der Analogie zwischen leiblicher und spiritueller Bruderschaft beraubt.[146] Die Perspektive des Mittlers wird also nicht allein aus Gründen der Spannung eingesetzt, sondern erklärt sich durch den kirchenhistorischen Kontext: Wie bereits erwähnt, erscheinen die toten Adligen in der Regel einem Mittler, der stets ein Geistlicher und häufig ein Mönch ist. Diesem Mittler geben sie den Auftrag, Verwandte von der Notwendigkeit zu überzeugen, sie im Jenseits zu unterstützen. Ein solcher Mittler ist nur dann vonnöten, wenn der Wiedergänger ein Laie ist. Dass Ritter Guigo seinem Bruder nicht selbst persönlich erscheint, hat seinen Grund vor allem darin, dass die Bedeutung Clunys hervorgehoben werden soll. Alle geistlichen Mittelsmänner – auch der Priester Stephanus, der ja kein Mönch ist – verweisen letztlich auf die Bedeutung der Mönche von Cluny als Mittler zwischen den Lebenden und den Toten. Die spirituelle Bruderschaft zwischen einem Kleriker und einem Ritter soll insbesondere den wohlhabenden Hochadel von der Bedeutung Clunys überzeugen. Die erzählerische Innovation, den Mittler selbst erzählen zu lassen, ist sozusagen ein ästhetischer Nebeneffekt dieser *causa scribendi*.

Man muss im Falle der mittelalterlichen Exempla davon ausgehen, dass die in den Geschichten selbst auf der Ebene des Geschehens dargestellten Formen der *admiratio* mehr oder weniger exakt den von den Verfassern intendierten Leserreaktionen entsprechen. Darin sind die Geschichten jenen Reliquienbehältnissen ähnlich, deren Gestalt eben die Form der Verehrung abbildet, die der Benutzer des

---

146 Siehe auch Exemplum I,27, in dem es ebenfalls um Familienverhältnisse geht: Der noch lebende Sohn weigert sich, etwas für das Seelenheil seines verstorbenen Vaters zu tun.

Gefäßes an den Tag legen soll.[147] Auch im Falle von I,23 ist davon auszugehen, dass die vom Ich-Erzähler zum Ausdruck gebrachte Furcht eine ebensolche im Leser auslösen soll, mit dem Ziel, ihn von zwei Notwendigkeiten zu überzeugen: derjenigen der Fürbitten für die Toten und derjenigen, bezüglich des Schicksals der eigenen Seele nach dem Tod nicht allein auf diese zu vertrauen. Diese Wirkung wird durch den Einsatz der Ich-Perspektive, die die Unmittelbarkeit des Erzählten und die Intensität der Affekte betont, ohne Zweifel erhöht.

Das inszenierte Geheimnis: Eine autobiographische Detektivgeschichte
Dass die Wahrnehmungsmodellierung das literarische Potential christlicher Wundergeschichten erhöht, zeigt sich auf andere Weise auch in Exemplum I,6, in dem Petrus von einer geradezu kriminalistischen Untersuchung erzählt. In den *Virtutes Geretrudis* sind wir bereits einmal solchen Nachforschungen begegnet; es zeigen sich jedoch konstitutive Unterschiede zwischen der traditionell-hagiographischen Untersuchung und derjenigen in Petrus' Wunder ohne Heilige. Diese Unterschiede verhalten sich analog zu denen bezüglich der Modellierung von Sinneswahrnehmungen in den beiden Wundertypen: Beim traditionellen Heiligenwunder[148] fungiert das Sehen tendenziell lediglich als Beweis für ein Wunder: Wer es gesehen hat, kann es bezeugen. Der Akt der Wahrnehmung selbst ist dabei völlig irrelevant, die Darstellung der Wahrnehmung erschöpft sich in der Regel in der Benennung des Verbs. Die ausführlichere szenische Ausgestaltung des Wahrnehmens in Radbods *Libellus de miraculo Sancti Martini* geht darüber hinaus, ist aber kein Selbstzweck, sondern durch die Allegorisierbarkeit des wahrgenommenen Geschehens legitimiert. Anders bei Petrus: Sehen und Hören werden hier nicht einfach als Voraussetzung des Bezeugens verwendet, sondern werden selbst zu einer Handlung, die der ausführlichen Darstellung würdig ist. Vor allem das Sehen wird dabei für die Evokation von Affekten funktionalisiert (dazu später mehr). In I,26 dreht sich zusätzlich zu dieser dominanten Funktion des Sehens alles um Information, Investigation und Erkenntnis: Der Abt von Cluny betätigt sich als eine Art Detektiv, der den Dämonen auf die Spur kommen will, die einen Sterbenden mit furchteinflößenden nächtlichen Illusionen quälen. Dabei geht es nicht, wie in den *Virtutes sanctae Geretrudis*, um die einfache Frage,

---
147 Vgl. Bynum, „Miracles and Marvels", S. 812.
148 Diese These erhebt keinen Anspruch auf allgemeine Gültigkeit, sondern spricht nur Tendenzen an. So finden wir in den meisten ‚Jedermann'-Exempla des *Dialogus miraculorum* ebenfalls keine Modellierung des Sehens, sondern nur die Erwähnung des Sehens an sich; umgekehrt haben wir bei Radbod eine Art kollektive interne Fokalisierung beobachten können, die sich aber, bei aller szenischer Inszenierung, letztlich als Allegorie erklären lässt.

ob es sich um ein wahres Wunder handelt oder nicht, sondern darum, der Lebensgeschichte eines Sterbenden auf die Spur zu kommen, um zu verstehen, warum er von den Dämonen auf spezifische Art und Weise gequält wird. Nicht die einfache Überprüfung von bereits Geschehenem, sondern die Aufklärung eines geheimnisvollen Rätsels wird hier zum Gegenstand des Erzählens. Von zentraler Bedeutung ist dabei die Beschränkung auf die Wahrnehmungen des Ermittlers, zunächst auf das Hören, dann auf das Sehen. So entsteht die Geschichte einer Ermittlung, die die schrittweise Erhellung einer chronologisch früheren Geschichte, derjenigen der Sünden des wahnhaft Leidenden, verfolgt.[149]

Die Geschichte ist autobiographisch: Petrus verweist auf seine den Zeitgenossen bekannte Reise nach Rom anlässlich einer Cluny betreffenden Affäre um einen seiner Vorgänger als Abt von Cluny, Pontius von Melgueil. Die Reise ist präzise datierbar auf das Jahr 1127.[150] Auf dem Rückweg erkrankt Petrus und begibt sich in das Cluny unterstellte Kloster Celsinanias (Sauxillanges). Dort verbringt er die Fasten- und Osterzeit. Durch die Krankheit ans Bett gebunden, hört er in einem fort die Schreie eines schwerkranken Mönchs. Diese Ausrufe werden von Petrus in direkter Rede wiedergegeben:

> „Et o fratres, quare non succurritis? Cur non miseremini? Cur non remouetis a me maximum et terribilem ut uerbo ipsius utar runcinum istum, qui posterioribus pedibus contra me uersis, calcibus capud meum conquassat, faciem dissipat, dentes conterit? Remouete domini, remouete eum; rogo uos per Dominum, remouete eum." Et conuersa uoce ad eum, quem in forma equi conspiciebat demonem, cunctis audientibus loquebatur. Verba autem eius quantum imitari ualeo, dicturus sum: „Per dominam meam sanctam Mariam matrem Domini, et per sanctos apostolos adiuro te, ne me torqueas, set me in pace dimittas."[151]

Jetzt erst, nach diesen geheimnisvollen Vorgängen, erwähnt Petrus, dass es sich bei dem Bruder um einen Konversen handelt, der vor seinem Eintritt ins Kloster den Ruf eines tatkräftigen Ritters genossen hat. Petrus kennt ihn schon lange und hält ihn für aufrichtig und vertrauenswürdig – soweit man das beurteilen kann.[152]

---

149 Zum Schema der zwei Geschichten siehe Tzvetan Todorov, „Typologie du roman policier", in: ders., *Poétique de la prose*, Paris 1971, S. 55–65.
150 *Livre des merveilles*, S. 85, Anm. 28.
151 *De miraculis*, S. 17. – „O frères, pourquoi ne m'aidez-vous pas ? Pourquoi n'avez-vous pas pitié ? Pourquoi n'éloignez-vous pas de moi ce grand et terrible cheval ? [...] De ses pattes de derrière tournées contre moi, il me frappe la tête, me broie le visage et me brise les dents avec ses sabots ! Chassez-le, seigneurs, chassez-le, je vous en supplie par le Seigneur, chassez-le !" (*Livre des merveilles*, S. 84).
152 „Fuerat autem isdem frater ante conuersionem miles, secundum seculum strenuus, michi que in monastico ordine per multum temporis satis notus, bone uir fidei, et inquantum hominibus notum esse poterat, honeste conuersationis" (*De miraculis*, S. 17).

Mehr als diese Andeutungen erfährt der Leser nicht, und die Spannung steigt noch durch den Realismus der Situation: Petrus, durch die Krankheit ans Bett gebunden, muss die Schreie noch tagelang, über das Osterfest hinaus mit anhören. Nach Ostern aber ist er genesen, begibt sich in die Zelle des leidenden Bruders und kann nun in Anwesenheit weiterer Zeugen sehen, was er vorher nur hören konnte: Der Mönch behauptet, das Pferd sei im Raum, doch alles, was die Zeugen sehen können, ist, wie sich der Kranke im Bett hin und her wirft, um sich mit Kissen gegen die Tritte des imaginären Pferds zu schützen. Daraufhin lässt Petrus Weihwasser holen und besprengt ihn damit, jedoch ohne Erfolg: Der Bruder gibt an, die Qualen gingen unverändert weiter. Die Nutzlosigkeit des Weihwassers erörtert Petrus sodann in einem ausführlichen Kommentar, dessen Essenz darin besteht, dass ein äußerlich angewandtes Hilfsmittel wirkungslos bleibt, so lange der innere Makel noch besteht – was man, so Petrus, am Beispiel des kranken Bruders im Folgenden sehen werde. Sodann bleibt der Abt von Cluny mit dem Mönch allein in der Zelle und ermuntert ihn zu einer ausführlichen und aufrichtigen Beichte, woraufhin die Tritte des imaginären Pferds, nach Aussage des Malträtierten, immer heftiger werden. Da die Visionen nur vom Leidtragenden wahrgenommen werden, ist Petrus darauf verwiesen, das Verhalten des Bruders zu deuten. Wie er nun den sich windenden Menschen in seinem Bett sieht, klärt er ihn und den Leser auf: „‚malignus spiritus est, impedire festinans salutem tuam, quem si persisteris, uinces.'"[153] So dogmatisch diese Botschaft ist, so szenisch-dramatisch ist ihre Ausgestaltung als Dialog, an dieser Stelle wie im weiteren Verlauf der Erzählung. Die zunehmende Wildheit des Pferds lässt den Beichtenden nun noch ausführlicher und gewissenhafter bekennen; nur erscheint nun, wiederum für Außenstehende unsichtbar, ein ihm völlig unbekannter Mann – ein Dämon, wie ihn Petrus sogleich aufklärt – am Kopfende seines Betts und erinnert ihn an all seine Sünden, hindert ihn aber zugleich daran, diese mit eigener Stimme zu bekennen. Der allegorische Kampf zwischen Gott und Teufel um die Seele des Menschen wird hier mit einigen Realismuseffekten erzählt. So weiß Petrus zu berichten, dass der Beichtende seine Rede wohl an die vierzig Mal unterbricht und dass der Kampf mit dem Feind exakt von der ersten bis zur dritten Stunde dauert, jener Stunde, in der der Heilige Geist an Pfingsten über die Apostel gekommen ist. Mit dieser Anspielung auf die Apostelgeschichte (2,15) erhält die Erzählung aber durchaus keine ausschließlich allegorisch-symbolische Dimension. Vielmehr ist es so, dass die Übereinstimmung mit der Überlieferung als Beweis für die Wahrheit des Geschehens im Wortsinn dient. Nach dem erfolg-

---

153 *De miraculis*, S. 19 – „[...] c'est l'esprit malin qui se hâte pour empêcher ton salut; si tu tiens, tu le vaincras.'" (*Livre des merveilles*, S. 87).

reichen Abschluss der Beichte fragt Petrus den Bruder, ob denn das Pferd und der Dämon noch anwesend seien – sie sind es nicht. Diese Konsequenz der erfolgreichen Reue wird nicht einfach, wie so häufig, mit einem Satz erwähnt, sondern ausführlich inszeniert: Petrus, und mit ihm der Leser, beobachtet den Kranken, wie er, bevor er eine Antwort gibt, ängstlich mit den Augen die Stellen im Raum absucht, wo vorher die Visionen waren, und wie er in Tränen des Glücks ausbricht, als er feststellt, dass er wirklich befreit ist. Er stirbt am nächsten Tag, „exemplum vere penitentie nobis derelinquens". Worin die Sünden des Sterbenden bestanden haben, wird nicht erzählt, aber es scheint einen impliziten Zusammenhang zwischen dem Pferd und der Vorgeschichte des Konversen zu geben, verweist das Pferd doch schon in Gregors *Moralia in Iob* symbolisch auf die *luxuria*.[154]

Die Erzählung über das Motiv der aufrichtigen Reue folgt in I,26 einem durchaus realistisch zu nennenden Code: Sie ist autobiographisch (also historisch), und sie inszeniert einen Ereignisrahmen, der den Ich-Erzähler rein zufällig mit einem Fall in Berührung bringt. Gerade diese Kontingenz verstärkt den Beweiseffekt des Erzählten: Die Ereignisse belegen die Wichtigkeit der aufrichtigen letzten Reue umso stärker, als sie vordergründig nicht zum Zwecke der Illustration einer Wahrheit dienen. Die Geschichte hätte ebenso gut gar nicht bekannt werden können. Es würde indes zu weit gehen, zu behaupten, dass hier auf induktivem Wege das Allgemeine aus einem historisch einmaligen Fall gewonnen würde, existiert die Wahrheit doch völlig unabhängig von der präsentierten Geschichte. Aber die Zufälligkeit der Konfrontation mit dem Fall und die inszenierte Absichtslosigkeit (es ging ja vordergründig ausschließlich um die Lösung des Rätsels) haben zur Folge, dass sich das Allgemeine im individuellen Fall umso überzeugender als Wahrheit manifestiert.

Der inszenierte Erzählakt
Eine besonders ausführliche Ausgestaltung erfährt die interne Kommunikationssituation in I,28. Während einer Reise nach Spanien erfährt Petrus im Cluniazenserkloster von Nájera von einem Einsiedler, der aus Burgos stammt und als reicher Mann unter dem Namen Petrus Engelberti in der Stadt Stella (dem heutigen Estella), lebte, bevor er der Welt entsagte, um den Rest seines Lebens in besagter Einsiedelei in unmittelbarer Nähe des Klosters von Nazara (dem heutigen Nájera) zu verbringen. Von diesem Mann sagt man, er habe „memorandam uisionem" zu erzählen. Petrus macht sich auf den Weg zu ihm und hat schon

---

[154] Vgl. *Livre des merveilles de Dieu*, S. 85, Anm. 28.

allein angesichts seines majestätischen Erscheinungsbildes absolutes Vertrauen in seinen Bericht, versammelt aber, um ganz sicher zu gehen, Bischöfe und andere Geistliche mit Renommee um sich, um den Einsiedler zu absoluter Ehrlichkeit in seinem Bericht von der Erscheinung zu ermahnen, ja befiehlt es ihm sogar kraft seiner Autorität als Abt von Cluny, dem das Kloster von Nazara unterstellt ist, dem wiederum die Einsiedelei untersteht. Angesichts dieser recht ausführlichen Rahmenerzählung darf man vermuten, dass die nun folgende Beschreibung der Aufmerksamkeitshaltung des Publikums, das Petrus um sich versammelt hat, in einem Abbildungsverhältnis zur Neugier der Adressaten des Exemplums, wie Petrus sie sich vorstellt, steht:

> Ad quod ille quod adhuc prorsus nos omnes latebat adiciens: „Ego ait istud quod a me queritis ab alio non accepi, set ipse propriis omnia oculis uidi". Quo audito, multo magis exhilarati sumus, habentes iam non alienorum uerborum relatorem, set rei ipsius certissimum inspectorem. Vnde magis magisque ad querendum instigati, et ad audiendum intenti, moram pati ultra non potuimus, set ut quod uiderat enarraret, eum omnes compellere cepimus. Volo autem eum loquentem introducere, ut quicumque hoc legitis uel auditis, non solum sensum uerborum, set et ipsa uerba ab eius ore uos putetis audire.[155]

In einer solchen Eindringlichkeit beschreibt Petrus hier die Ungeduld der ehrenwerten Zuhörer, dass man sich nicht des Eindrucks erwehren kann, ein zeitgenössisches Zeugnis des Unterhaltungswertes solcher offiziell ja allein durch ihren moralischen Nutzen legitimierten Wundergeschichten vor sich zu haben. Dass Petrus den Einsiedler selbst seine Begegnung mit einem Wiedergänger erzählen lässt, wird mit allem gestalterischen Bewusstsein als ein Mittel zur Evokation der Erzählsituation legitimiert: Der Leser darf so gespannt sein wie Petrus und seine Gäste, wodurch die Erzählung einen regelrechten Aufführungscharakter erhält. Wie das Verb *putare* unmissverständlich ausdrückt, soll sich der Leser bewusst der Illusion hingeben, den Einsiedler selbst sprechen zu hören („putetis

---

155 *De miraculis*, S. 88f. – „Après cela, dévoilant ce qui nous était encore complètement caché, il déclara : ‚Ce que vous me demandez, moi, je ne l'ai pas appris d'un autre, mais j'ai moi-même tout vu de mes propres yeux.' En entendant cela, nous nous sommes d'autant plus réjouis que nous avions affaire désormais non au rapporteur des paroles d'un autre, mais bien au voyant tout à fait digne de foi de la chose elle-même. Dès lors, de plus en plus incités à l'interroger et tout prêts à l'entendre, nous ne pûmes supporter d'attendre davantage et nous nous mîmes tous à le presser de raconter ce qu'il avait vu. Mais je veux laisser la parole, afin que quiconque lira ou entendra cette histoire ait l'impression non seulement de saisir le sens de ses paroles, mais d'entendre les paroles mêmes sortant de sa bouche" (*Livre des merveilles*, S. 179f.).

audire"). Der erste Satz, der nach der ausführlichen Erzählung des Mittlers wieder von Petrus selbst stammt, betont dann wieder wie gewohnt die *utilitas*.[156]

Die Geschichte, die der alte Petrus Engelberti nun erzählt, ist durch diverse Strategien zur Steigerung der Glaubwürdigkeit gekennzeichnet. Sie ist zum einen durch ein politisches Ereignis historisch exakt situiert: Alphons I. von Aragon hebt gerade eine Armee aus. Auch Petrus muss einen Mann entsenden, einen Söldner namens Sancius, der seinem Dienstherrn zwei Jahre später als Wiedergänger erscheint, um ihn auf die übliche Weise um Gebete für die Linderung seiner Jenseitsstrafen zu bitten. Er hat eine Kirche geplündert und Opfergewänder gestohlen, weshalb er nun fast nackt auftritt. Zudem zeigt sich, unerwartet für den Mittler, plötzlich ein zweiter Toter (die Seelen der Verstorbenen werden nicht nur in diesem Exemplum auch *spiriti* genannt) im Fenster gleich über seinem Kopf, um die Frage des Mittlers zu beantworten, wie es denn dem König Alphons im Jenseits ergehe. Sancius, so der andere, sei noch nicht lange genug unter den Toten, um diese Frage zu beantworten, und erhöht auf diese Weise die Glaubwürdigkeit seiner eigenen Aussage – hält er sich doch schon seit immerhin fünf Jahren im Jenseits auf. Nun erfährt der Leser durch die direkte Rede eines Totengeistes (eine Rede dritten Grades also), dass der König im Jenseits sehr grausame Strafen zu erleiden gehabt habe, bis ihn die Mönche von Cluny aus dieser schrecklichen Situation befreit hätten. Petrus Venerabilis wird zum Abschluss des Exemplums noch ausführlich erläutern, dass Alphons ein großer Gönner Clunys gewesen sei. Die Aussage des Toten bestätige daher noch einmal mit Nachdruck die Wahrheit der Vision.

Es lassen sich also einige Verfahren ausmachen, die *De miraculis libri duo* ‚literarische' Züge verleihen: der Einsatz perspektivischer Vermittlung, der Aufbau von Spannung sowie die Inszenierung des Erzählvorgangs. ‚Literarisch' sind sie in dem Sinne, dass der Text durch sie einen narrativen Mehrwert gegenüber der Vermittlung der Botschaft gewinnt. All diese Gestaltungsmittel dienen der Lenkung des Lesers: nicht nur soll seine Aufmerksamkeit erweckt werden, es soll sich vor allem der in den Geschichten dargestellte Schrecken über die narrative Evokation auf ihn übertragen.

---

156 „Hanc tam claram et commendabilem uisionem, uelut uerbum e uerbo exprimens ad edificationem fidei et morum tam modernis quam posteris fideli scripto transmisi, et quanta cautela mortalibus necessaria sit, mortuorum ipsorum testimonio declaraui" (*De miraculis*, S. 91). – „Cette vision si manifeste et mémorable, je l'ai mise fidèlement par écrit en la reproduisant pour ainsi dire mot par mot, pour l'édification de la foi et des mœurs tant des générations présentes que futures, et j'ai montré clairement, par le témoignage des morts eux-mêmes, quelle prudence est nécessaire aux mortels" (*Livre des merveilles*, S. 183).

3.2.2.3 Iacopo Passavanti, *Lo Specchio della vera penitenzia*

Lo specchio della vera penitenzia[157] lautet der Titel einer Sammlung von Predigten, die der Florentiner Dominikaner Iacopo Passavanti kurz vor seinem Tod im Jahre 1357 aufgeschrieben hat. Die Sammlung zählt zu den meistgelesenen Exempla des Mittelalters in Italien. Passavanti hat sie in zwei Fassungen hinterlassen, einer lateinischen und einer italienischen. Die für Geistliche als Predigthandbuch vorgesehene lateinische Fassung ging verloren, einzig die volkssprachliche, 1496 erstmals gedruckte, ist erhalten. Die Traktate und Exempla gehen allesamt auf die Predigten zurück, die Passavanti in den 1350er Jahren in Santa Maria Novella in Florenz gehalten hat, vor allem in der Fastenzeit des Jahres 1354. Damit folgt er der in den Bettelorden im 14. Jahrhundert weitverbreiteten Strategie, Laien nicht nur durch Predigten zu erreichen, sondern auch mittels Textlektüre. So reagierten die Orden auf ein gesteigertes Bedürfnis der Laien nach Teilnahme am religiösen Leben. Der *Specchio* wurde aber vermutlich auch innerhalb der Orden (vor)gelesen.[158] Ähnlich wie in Caesarius' *Dialogus miraculorum* über hundert Jahre vor ihm bringt Passavanti christliche Autoren und Texte (die Bibel, Kirchenväter, andere Exemplaautoren) mit volkstümlicher mündlicher Überlieferung zusammen, besonders effektvoll in der Geschichte vom „carbonaio di Niversa", einem Stoff, den Boccaccio mit seiner achten Novelle des fünften Tages berühmt machte, und die im Folgenden gelesen werden soll. Dass der *Specchio* Eingang in die Literaturgeschichten fand, verdankt er durchaus nicht nur der schlichten Tatsache, dass er in der Volkssprache verfasst ist: Passavanti gilt schon in den Literaturgeschichten des 19. Jahrhunderts als ein Höhepunkt der italienischen Literatur aufgrund seiner relativ entwickelten Erzähltechnik und Stilistik. Francesco De Sanctis nennt in seiner *Storia della letteratura italiana* von 1870 die religiöse Literatur des Trecento „una prosa piena di poesia", deren Stärke nicht in der Belesenheit und dem theologische Raisonnement zu suchen sei, sondern eben im Erzählen – einem Erzählen, dem er Klarheit, Lebhaftigkeit und Direktheit attestiert.[159] Bei Iacopo Passavanti falle gar „una vera intenzione artistica"[160] auf. Wenn Passavantis drei Jahrzehnte älterer Zeitgenosse Domenico Cavalca als Autor der christlichen Liebe gilt, so steht Passavantis Name für das Erzählen von den Schrecken des Jenseits.

---

157 Iacopo Passavanti, *Lo specchio della vera penitenzia*. Edizione critica, hg. v. Ginetta Auzzas, Florenz: Accademia della Crusca, 2014.
158 Ginetta Auzzas, „Dalla predica al trattato: lo ‚Specchio della vera penitenzia' di Iacopo Passavanti", in: Delcorno, Carlo/Doglio, Maria Luisa (Hg.), *Scrittura religiosa. Forme letterarie dal Trecento al Cinquecento*, Bologna: Il mulino, 2003, S. 37–57, hier: S. 37–39.
159 Francesco De Sanctis, *Storia della letteratura italiana*, Neapel: Morano, ⁴1890, S. 114.
160 De Sanctis, *Storia*, S. 116.

De Sanctis stilisiert die beiden Dominikaner zum Oppositionspaar von christlicher Liebe und Jenseitsschrecken.

> La musa del Cavalca è l'amore, e la sua materia è il paradiso, che tu pregusti in quello spirito di carità e di mansuetudine, che comunica alla prosa tanta soavità e morbidezza di colorito. La musa del Passavanti è il terrore, e la sua materia è il vizio e l'inferno, rappresentato meno nel suo grottesco e nella sua mitologia, che nel suo carattere umano, come il rimorso è il grido della coscienza. Intralciato e monotono nel discorso, il suo stile è rapido, liquido pittoresco nel racconto. Diresti che provi voluttà a spaventare e tormentare l'anima: cerca immagini, accessorii, colori, come istrumenti della tortura, e ti lascia sgomento e assediato da fantasmi. Il periodo spesso ben congegnato, svelto e libero, la cura de' nessi e de' passaggi, la distribuzione degli accessorii e de' colori, l'intelligenza delle gradazioni, un sentimento di armonia cupo che accompagna lo spettacolo, fanno del Passavanti l'artista di questo mondo ascetico.[161]

Der *Specchio* sticht aus der mittelalterlichen Exempla-Literatur schon dadurch hervor, dass Passavanti auch in der Verschriftlichung die Verbindung von theologischen Abhandlungen und Exempla beibehält. Dennoch sind es nicht die langen Traktat-Passagen, die die literarische Bedeutung des *Specchio* ausmachen, sondern die 48 zum Teil sehr effektvoll erzählten Exempla, in denen Passavanti Jenseitsängste evoziert, um seine Zuhörer und Leser auf den Weg des rechten Glaubens zu bringen[162] – im Urteil mancher Kritiker so gut wie kein zweiter zu seiner Zeit.[163] An dieser Einschätzung der literarischen Qualitäten Passavantis hat sich auch über hundert Jahre später nichts geändert.[164] Sie bezieht sich auf die sprachlichen und narrativen Qualitäten des *Specchio*. Was den Erzählstoff betrifft, so hat Passavanti keine einzige seiner Geschichten selbst erfunden. Um es in den Worten Monteverdis zu sagen: „l'originalità sta tutta nell'esposizione; sta nell'arte che ai vecchi motivi dà una nuova e giovane vita"[165]. Damit ist Passavanti repräsentativ für die narrative Produktion seiner Zeit. Auch Boccaccio greift im *Decamerone* Stoffe verschiedenster Herkunft auf; in der italienischen Literaturgeschichtsschreibung gelten Passavanti und Boccaccio deshalb als zwei analoge

---

161 De Sanctis, *Storia*, S. 117.
162 „E quel che vi rimase del predicatore è ancor fresco e vivo, e quel che v'entrò del dottore è ormai secco e morto" (Angelo Monteverdi, *Studi e saggi sulla letteratura italiana dei primi secoli*, Neapel: Ricciardi, 1954, S. 169f.).
163 „Ma fra tanti scrittori e predicatori nessuno o ben pochi seppero adoperare l'esempio con l'arte sicura di Passavanti" (Monteverdi, *Studi e saggi*, S. 171).
164 Giuseppe Petronio betont in seiner 1981 erschienenen *Attività letteraria in Italia* (Palermo 1981) die „effektvoll[e]" und „dramatisch[e]" Gestaltung der Exempla und die lebendige Darstellung der Versuchung, des Bösen und der göttlichen Strafe (Giuseppe Petronio, *Geschichte der italienischen Literatur*, Tübingen/Basel: UTB Francke, 1992, Bd 1, S. 41).
165 Monteverdi, *Studi e saggi*, S. 243.

Phänomene. Beide widmen sich, wenn auch mit völlig verschiedenen Absichten und in verschiedenen Diskursen, demselben literarischen Genre, der *novella*, der eine im Bereich der christlichen Erbauung, der andere im Bereich profaner Literatur.[166]

Der Köhler von Nevers

Das bekannteste Exemplum aus dem *Specchio di vera penitenzia* erzählt passenderweise eine Geschichte, auf die auch Boccaccio in der achten Novelle des fünften Tages, der Geschichte von Nastagio degli Onesti, zurückgegriffen hat. Passavanti erzählt hingegen nicht von einem jungen, unglücklich liebenden Adligen, sondern von einem Köhler.[167] Die beiden Erzählungen unterscheiden sich auf grundsätzliche Art und Weise, worauf weiter unten in einer Analyse der Boccaccio-Novelle einzugehen sein wird. Die folgende Lektüre des Exemplums soll vor allem eines zeigen, den kunstvollen Einsatz von Visualität und Wahrnehmung, der das Exemplum zu einem herausragenden Zeugnis des unheimlichen Erzählens im Mittelalter macht.

Als seine Quelle nennt Passavanti Helinand von Froidmont (ca. 1160–1230). Ein Vergleich der Erzählung Helinands mit derjenigen Passavantis lässt sich in der Beobachtung zusammenfassen, dass sich die lateinische als weitaus simpler und holzschnittartiger als die volkssprachliche darstellt. Im lateinischen Text findet sich auch keine besondere Modellierung der Wahrnehmung und der mit ihr einhergehenden Affekte, so dass es zu keiner in Textstrategien nachweisbaren Evokation von Angst im Leser kommt. Wo etwa Passavanti überaus suggestiv das Umherirren der Frau und ihren gewaltsamen ‚Tod' dramatisch und höchst visuell-anschaulich beschreibt, da erwähnt der lateinische Text nur in aller Kürze, dass sie, vom Schwert des Reiters durchbohrt, „facta est quasi mortua"[168]. Helinand beschränkt sich auf die Wiedergabe des Geschehens und fasst dabei die Vielzahl möglicher kleiner Handlungen meist in einer einzigen zusammen. Diese Darstellungsweise benennt lediglich die Härte der Jenseitsstrafen und die mögliche Hilfe durch die Lebenden.[169]

---

166 Monteverdi, *Studi e saggi*, S, 244.
167 Passavanti, *Specchio*, S. 246–248.
168 Helinand, *Flores* I,13, in: ders., *Opera omnia*, PL CCXII, Sp. 734.
169 Auch bei Monteverdi findet sich ein Vergleich zwischen Passavantis Exemplum mit einer lateinischen Version, allerdings nicht mit derjenigen Helinands, sondern mit der aus der zeitlich näheren, Arnold von Lüttich zugeschriebenen Exemplasammlung des *Alphabetum narrationum* (Anfang 14. Jh.), wobei sich die beiden lateinischen Texte stark ähneln (Monteverdi, *Studi e saggi*, S. 191 und S. 276–283).

Die Geschichte steht im Kontext einer Predigt über die Notwendigkeit, zu Lebzeiten aufrichtig Reue zu zeigen. Passavanti geht auf mögliche Einwände ein, etwa denjenigen, man könne doch ganz am Ende seines Lebens erst bereuen, dem er mit einem Zitat Gregors des Großen begegnet („l'uomo peccatore, morendo, dimentica se medesimo, il quale, vivendo dimenticò Iddio"[170]). Generell gelte es, die Strafen des Jenseits nicht zu unterschätzen, seien sie doch ungleich qualvoller als alle dem Menschen bekannten physischen Schmerzen. Zudem sei man mit dem Erreichen des Fegefeuers, so Passavanti, zwar der ewigen Höllenstrafe entgangen, doch wie albern wäre es, sich darüber zu freuen, da doch jede zu Lebzeiten begangene Sünde von der göttlichen Gerechtigkeit bestraft werde. Das sich daran anschließende Exemplum dient nun als *argumentum:* Ein Köhler sitzt des Nachts an seinem brennenden Kohlengraben im Wald, als er gegen Mitternacht eine grauenvolle Vision hat. Eine nackte Frau mit wirrem Haar kommt schreiend in seine Richtung gelaufen. Sie wird von einem Ritter auf einem furchterregenden schwarzen Pferd verfolgt, der sie niedermetzelt und an den Haaren erst aufs Pferd zieht und dann in den glühenden Kohlengraben wirft, um sie dort einige Zeit brennen zu lassen. Als sich diese Vision in den beiden folgenden Nächten wiederholt, benachrichtigt der Köhler den Graf, der ihn sehr schätzt.[171] In der kommenden Nacht wachen die beiden gemeinsam. Trotz seiner großen Furcht ruft der Graf dem Reiter hinterher, er möge die Vision erklären. Der Ritter stellt sich unter Tränen als Giuffredi, ein ehemaliges Mitglied der Hofgemeinschaft des Grafen vor, die Frau als Beatrice, die Frau eines anderen Ritters, Berlinghieri. Die beiden lebten in sündhafter Liebe zusammen, welche soweit ging, dass Beatrice ihren Mann ermordete. Da sie jedoch beide vor ihrem Tode noch Reue empfanden und die Sünde beichteten, wandelte Gott die eigentlich fällige Strafe der ewigen Verdammnis in eine „pena temporale di purgatorio" um. Das allnächtliche Schauspiel ist nichts anderes als diese Strafe, die dem Prinzip der Vergeltung folgt:

> „Però che questa donna per amore di me uccise il suo marito, l'è data questa pena, che ogni notte, tanto quanto ha stanziato la divina giustizia, patisce per le mie mani duolo di penosa morte di coltello, e però ch'ella ebbe ver di me ardente amore di carnale concupiscenza, per le mie mani, ogni notte, è gittata ad ardere nel fuoco, come nella visione chi vi fu mostrato. E come già ci vedemmo con gran disio e con piacere di grande diletto, così ora ci veggiamo con grande odio, e ci perseguitiamo con grande sdegno. E come l'uno fu cagione a l'altro d'accendimento di disonesto amore, così l'uno è cagione a l'altro di crudele tormento, ché ogni pena ch'io fo patire a lei sostengo io, ché 'l coltello di che io la ferisco, tutto è fuoco che

---

170 Passavanti, *Specchio*, S. 245.
171 „[...] donde, essendo egli dimestico del conte di Niversa, tra per l'arte sua de' carboni e per la bontà la quale il conte, ch'era uomo d'anima, gradiva, venne al conte, e dissegli la visione che tre notti avea veduta." (Passavanti, *Specchio*, S. 247).

non si spegne, gittandola nel fuoco e traendolane e portandola tutto ardo io di quello medesimo fuoco ch'arde ella. Il cavallo è uno demonio al quale siamo dati, che ci ha a tormentare. Molte altre sono le nostre pene. Pregate Idio per noi, e fate limosine e dir messe, acciò che si alleggino i nostri martirii."[172]

Mit dem Ende dieser Rede, quasi eine intradiegetische Erzählung, in deren Anschluss Giufreddi und Beatrice verschwinden, endet auch die Geschichte.

Der Anfang – kein Märchen
Aurigemma betont die bewusst inszenierte Vagheit des Anfangs: Der Schauplatz des Geschehens („nel contado di Niversa") werde einerseits präzise benannt, verweise aber andererseits auf relativ weit entfernte Gebiete der christlichen Welt, von denen der oberitalienische Leser und Zuhörer eine allenfalls vage Vorstellung haben könne. Hinzu kommt, dass es mit Helinand zwar einen Gewährsmann gibt, doch dürfte dieser dem Leser oder Zuhörer nicht sonderlich bekannt gewesen sein. Helinand wie Nevers seien daher, so Aurigemma, als Ausdruck eines „allontamento favoloso nello spazio e nel tempo"[173] zu verstehen. Doch lässt sich dieser Einstieg wirklich in der Art eines „es war einmal" verstehen, mit einer Aufforderung also, die Erzählung nicht allzu ernst zu nehmen? Es stellt sich die Frage, ob sich der Beginn des Exemplums – und nicht nur dieses einen, denn mit der Formel „leggesi" beginnen einige der Exempla aus dem *Specchio* – wirklich mit Aurigemma als ein märchenhaftes Rezeptionssignal (im Sinne einer *fabula*) verstehen lässt. Denn Helinand (und all die anderen, darunter Caesarius von Heisterbach) wird, so unbekannt er den eher ungebildeten Adressaten der Predigten auch gewesen sein dürfte, vom Autor und Prediger Passavanti (der seinerseits bei seinem Publikum eine Autorität ist) mit großer Selbstverständlichkeit genannt – ein ebenso simples wie weit verbreitetes Verfahren der christlichen Literatur, das entgegen allen modernen textstrukturalen Erklärungen ein konkretes Ziel verfolgt und wohl auch erreicht: Glaubwürdigkeit und Legitimität, also das Gegenteil eines Fiktionalitätspakts. Eingedenk der Tatsache, dass von einem solchen eigentlich erst unter den Bedingungen eines modernen Literatursystems die Rede sein kann,[174] lassen sich einige Beobachtungen anstellen, die Aurigemma widersprechen. Dessen Argumentation besagt ja, dass die Erwähnung Helinands eine sozusagen billig erkaufte Lizenz zum Fabulieren darstellt: Sind Glaubwürdigkeit und Legitimität erst hergestellt, sind der phantastischen Aus-

---

172 Passavanti, *Specchio*, S. 247 f.
173 Aurigemma, *Saggio*, S. 3.
174 Vgl. Jan-Dirk Müller, *Höfische Kompromisse*, Tübingen: Niemeyer, 2007, S. 37.

gestaltung der Geschichte keine Grenzen mehr gesetzt. Passavanti würde sich demnach durch die Erwähnung des französischen Autors regelrecht die Lizenz zur Präsentation von *fabulae* holen. Dagegen sprechen indes zwei Argumente. Erstens würde die Nennung des Namens, verstanden als eine fiktionalisierende Textstrategie, ein literarisches Bewusstsein voraussetzen, wie es etwa der Herausgeberfiktion in Briefromanen des 18. Jahrhunderts zugrunde liegt. Zweitens lassen sich restlos alle Details, so lebhaft sie auch geschildert sind, einer Exemplum-typischen Funktionalität unterordnen – nichts wird hier auf literarische Weise im engeren Sinne erzählt, etwa zur Herstellung von Spannung, Atmosphäre und Individualität als Selbstzweck. Man muss daher in der Formel „leggesi scritto da..." vielmehr das Gegenteil sehen, nicht eine Lizenz zum freien Erfinden, sondern die vertragliche Zusicherung des Verfassers, nur Wahres zu berichten – und ebendies tut Passavanti, indem er seiner Einbildungskraft, bei aller Lebendigkeit der Erzählung und bei aller szenischen Anschaulichkeit, die Grenzen setzt, die die christliche Wahrheit verlangt.

Rätselplot und Wahrnehmung
Auch die Geschichte vom Köhler von Nevers verfügt über die Grundstruktur eines Rätselplots. Der Köhler hat eine Vision, die er sich nicht erklären kann, weshalb er sich an einen Kompetenteren wendet, den Grafen. Sicher, dessen Ermittlungen beschränken sich darauf, eine Frage zu stellen, so wie sich die Auflösung des Rätsels auf die Ausführungen Giuffredis reduzieren lässt, doch so schlicht diese Handlungsführung auch ist, so deutlich ist sie strukturell jenem Modell der Integration zweier Geschichten verpflichtet, das uns bereits im Exemplum I,6 von Petrus' *De miraculis* begegnet ist und das auf die Kriminalliteratur vorausweist: Das Rätsel stellt das Scharnier zwischen der vergangenen Geschichte (dem eigentlichen moralischen Drama) und der Ermittlungsgeschichte dar. Dennoch bleibt die Erzählung, trotz aller dramatisierenden und imaginativen Ausgestaltung ein typisches Fegefeuer-Exemplum, in dem alle Einzelheiten, auch die Evokation von Affekten, funktional der Einschüchterung und Belehrung im Sinne der christlichen Lehre vom Jenseits untergeordnet sind. Dies prägt auch die Struktur des Texts: Die Erklärung durch die intradiegetische Rede Giuffredis teilt die Erzählung in zwei Teile, einen dominant narrativen und einen explikativen. Auf die Erklärung des *contrapasso* der Jenseitsstrafen durch den toten Ritter folgt lediglich noch ein kurzer, die Handlung beschließender Satz im Temporalsystem des *récit*[175]: „E questo detto, sparì come saetta folgore."[176] Schon allein in diesem

---

175 Vgl. Émile Benveniste, *Problèmes de linguistique générale*, Paris: Gallimard, 1966, S. 237–250.

Vergleich der Erscheinung mit einem Blitz zeigt sich, wie stark Erzählung an (vor allem visuelle) Wahrnehmung gebunden ist. In der Inszenierung Passavantis ist nicht die Erzählung die Voraussetzung für eine Darstellung der Wahrnehmung, sondern die Wahrnehmung erscheint hier als die Voraussetzung der Erzählung, und so endet die Erzählung schlüssigerweise in genau dem Augenblick, in dem die Wahrnehmung endet. Denn im Anschluss an die eigentliche Geschichte folgt nun, im Temporalsystem des *discours*, lediglich noch das ebenso kurze wie stereotype Versatzstück einer Mahnung an die Gläubigen:

> Non ci incresca, adunque, dilettissimi miei, sofferire alquanto di pena qui, acciò che possiamo scampare da quelle orribili pene e dolorosi tormenti dell'altra vita, alla quale, o vogliamo noi o no, pure ci conviene andare.[177]

Damit ist zugleich erklärt, welche Funktion den Figuren zukommt: Sie werden vor allem als Sehende eingesetzt. Dieses Verfahren ermöglicht Passavanti erst die so eindringliche Schilderung der grauenhaften Vision. Die Figurenkonstellation ist wohlgemerkt schon bei Helinand und im *Alphabetum narrationum* gegeben, doch reizen diese beiden Texte ihre Möglichkeiten nicht aus. In ihnen sind die Figuren lediglich Medien, die die didaktische Vision kommunizierbar machen. Sie sind vollkommen durchlässig auf die christliche Botschaft. Bei Passavanti aber verselbständigt sich die Inszenierung der Wahrnehmung bis zu einem gewissen Grade und schafft eine packende und beängstigende Erzählung. Ein Blick auf den Anfang der Erzählung bestätigt diese Diagnose. Auf den kurzen Einführungssatz folgt sogleich die szenische Darstellung der Vision:

> Leggesi scritto da Elinando che nel contado di Niversa fu uno povero uomo, il quale era buono e che temeva Idio, e era carbonaio e di quell'arte si vivea. E avendo egli accesa la fossa de' carboni una volta, e stando la notte in una sua cappanetta a guardia della accesa fossa, sentì in su l'ora della mezza notte, grandi strida. Uscì fuori per vedere che fosse, e vide venire verso la fossa correndo e stridendo una femina scapigliata e gnuda, e dietro le venia uno cavaliere in su uno cavallo nero, correndo, con uno coltello ignudo in mano e della bocca e degli occhi e dello naso del cavaliere e del cavallo uscia fiamma di fuoco ardente. Giugnendo la femmina alla fossa ch'ardea, non passò più oltre, e nella fossa non ardiva di gittarsi, ma, correndo intorno alla fossa, fu sopragiunta dal cavaliere e dietro le correa, la quale traendo guai, presa per li svolazzanti capelli, crudelmente ferì per lo mezzo del petto col coltello che tenea in mano. E cadendo in terra con molto spargimento di sangue, la riprese per l'insanguinati capegli, e gittola nella fossa de' carboni ardenti, dove lasciandola stare per alcuno spazio di tempo, tutta focosa e arsa la ritolse, e ponendolasi davanti in sul collo del

---

176 Passavanti, *Specchio*, S. 248.
177 Ebd.

cavallo, correndo se n'andò per la via dond'era venuto. La seconda e la terza notte vide il carbonaio simile visione [...].[178]

Verben der Wahrnehmung (*sentire, vedere*) leiten die Passage ein und kennzeichnen die Schilderung des grausamen Geschehens als Mimesis eines Wahrnehmungsakts. Die im Wesentlichen parataktisch strukturierte Erzählung folgt dem Ablauf der Wahrnehmung auf der Geschehensebene: Erst *hört* der Köhler die Schreie, dann verlässt er seine Kate, mit der Absicht auch zu *sehen* (sieht also noch nicht), und dann erst *sieht* er tatsächlich die Frau auf den Kohlegraben zu laufen, und schließlich kommen Pferd und Reiter in seinen Blick. Das nun sich anschließende grausame Geschehen wird ebenfalls parataktisch und als Mimesis der fortschreitenden Wahrnehmung erzählt. Narratologisch gilt die Parataxe als ein Signal für interne Fokalisierung, während die Null-Fokalisierung zur Hypotaxe tendiert. Wenn man auch nicht von einer internen Fokalisierung im Sinne des modernen Romans sprechen kann, so steht doch außer Zweifel, dass Passvanti hier die im 14. Jahrhundert gegebenen Möglichkeiten des perspektivischen Erzählens weitgehend ausschöpft. Das Geschehen ist furchteinflößend, auch wenn die Angst des Köhlers nicht explizit benannt wird: Der Schrecken hat sein Äquivalent in der Evokation des Geschauten, nicht in der einfachen Benennung der Angst. Überhaupt wird die Angst eines Betrachters in diesem Text nur einmal explizit zum Gegenstand, als der Graf den Reiter um eine Erklärung bittet („Il conte, avegna che per l'orribile fatto ch'avea veduto fosse molto spaventato, prese ardire [...]"[179]).

Wenn hier in Bezug auf Passavantis Exemplum von Wahrnehmungsmimesis die Rede ist, so nur in den Grenzen der zeitgenössisch üblichen rhetorischen Codierung. Bei Aurigemma findet sich der Hinweis, dass es sich bei Passvantis Beschreibungen nicht um die Nachahmung einer Wahrnehmung, sondern um ein rein rhetorisches Vorgehen handele. Aurigemma sieht in der hier als Wahrnehmungsmimesis interpretierten Passage ein Beispiel der rhetorischen Strategie der ‚Anhäufung' („cumulo") und verstärkenden Wiederholung („iterazione rafforzante")[180]. Doch es stellt sich die Frage, ob man die rhetorische und die visuelle Interpretation gegeneinander ausspielen muss. Dass der Prediger Passavanti in rhetorischen Kategorien denkt, lässt sich nicht ernsthaft bezweifeln. Jedoch lassen sich zwei Einwände gegen die ausschließlich rhetorische Interpretation vor-

---

178 Passavanti, *Specchio*, S. 246 f.
179 Passavanti, *Specchio*, S. 247.
180 Marcello Aurigemma, *Saggio sul Passavanti*, Florenz: Le Monnier, 1957, S. 5, mit Bezug auf den Satz: „[...] uno cavallo nero, correndo, con uno coltello ignudo in mano e della bocca e degli occhi e dello naso del cavaliere e del cavallo uscia fiamma di fuoco ardente."

bringen. Zum einen ist die rhetorische Strategie der verstärkenden Wiederholung ja nicht an den Fall der visuellen Beschreibung gebunden; sie kann ebenso gut etwa einen Gedankengang oder einen sich steigernden Gefühlszustand zum Gegenstand haben. Die Anhäufung wird durch ihren Gegenstand und den erzählerischen Kontext prädiziert – in unserem Falle eben die Wahrnehmung einer unheimlichen Szene – und gewinnt auf diese Weise mimetische Qualität. Zum anderen impliziert das rein rhetorische Verständnis der Darstellungsstrategie, dass es umgekehrt eine ‚unrhetorische' Wahrnehmungsmimesis gibt. Dieses Verständnis wirft wiederum die Frage auf, ob denn etwa der Roman des 19. Jahrhunderts, völlig a-rhetorisch, die bloße Nachahmung nichtsprachlicher Phänomene durch Sprache verfolge. Diese Annahme scheint aber einigermaßen prekär, man denke nur an Flaubert: Die Perspektivierung des Erzählens in *Madame Bovary* ist weder als unrhetorisch noch als rein referentiell zu verstehen.[181] Es liegt also nah, die rhetorische und mimetische Codierung nicht gegeneinander auszuspielen, sondern vielmehr davon auszugehen, dass Passavanti im Rahmen des zeitgenössisch Möglichen bewusst die Wahrnehmung des Furchteinflößenden inszeniert – auch durch Wahrnehmungsmimesis. Im Folgenden soll diese Inszenierung genauer analysiert werden.[182]

Fegefeuer als unheimliches Schauspiel
Es sind vor allem zwei Aspekte, die die suggestive Visualität des Erzählten betonen und das Vorstellungsvermögen des Lesers in Gang setzen: Zum einen der starke Kontrast zwischen Dunkelheit und Licht (welches ausschließlich von Flammen ausgeht), zum anderen die Dominanz von Schwarz und Rot. Die glü-

---

181 Hinzu kommt, dass die Opposition von Rhetorik und Realismus eine ‚postmoderne' Implikation hat: Es sind vor allem strukturalistische und poststrukturalistische Theoretiker, die Sprache von der Fähigkeit entkoppeln wollen, auf Außersprachliches zu referieren. Sprache ist aber weder ausschließlich in der Referenz auf sich selbst gefangen, noch erschöpft sie sich in der Referenz auf Außersprachliches.
182 In diesem Kontext ist auch der von Haug hergestellte Zusammenhang zwischen frühen Formen von Fiktionalität und Rhetorik relevant: „Die Mittel, die sie [die Rhetorik] zur Gestaltung einer Materie zur Verfügung stellt, sind konventionalisierte literarische Versatzstücke: Redefiguren, Topoi, narrative Strategien usw., und so kann man argumentieren, daß eine Darstellung sich in dem Maße fiktionalisiere, in dem sie auf dieses Repertoire zurückgreife. Das Fiktive ist damit als stilistisches Mittel legitimiert, und es ist als solches, wo immer man es mit Rede zu tun hat, allgegenwärtig" (Walter Haug, „Geschichte, Fiktion und Wahrheit. Zu den literarischen Spielformen zwischen Faktizität und Phantasie", in: Knapp, Fritz Peter/Niesner, Manuela (Hg.), *Historisches und fiktionales Erzählen im Mittelalter*, Berlin: Duncker & Humblot, 2002, S. 115–131, hier: S. 117).

henden Kohlen und die „fiamma di fuoco ardente" setzen sich effektvoll vor dem Hintergrund der tiefen Nacht ab. Einen weiteren Farbeffekt liefert das Blut. Durch den Messerstich in die Brust fällt die Frau (ihren Namen kennen wir zu diesem Zeitpunkt noch nicht) „con molto spargimento di sangue" zu Boden, und Passavanti vergisst auch nicht, zu erwähnen, dass ihre Haare, an denen der Reiter sie packt, „insanguinati" sind. Den Höhepunkt der Handlung markiert indes nicht die brutale Verwundung mit dem „coltello ignudo", sondern der Kontakt mit dem glühenden Kohlefeuer. Zunächst schildert Passavanti äußerst dramatisch und anschaulich, wie die Frau am Graben ankommt, wie sie bemerkt, dass sie nun zwischen den Kohlen und dem heranpreschenden Reiter in der Falle sitzt, und wie sie daraufhin am Kohlengraben in Panik aufgelöst hin und her läuft. Doch ebendort hinein, in die glühenden Kohlen wird der Flammen speiende Reiter sie werfen, bevor er mit dem völlig verkohlten Körper wieder davonreitet.

Die große Bedeutung, die der Wahrnehmung zukommt, zeigt sich auch in einigen Formulierungen, die eine bewusste Künstlichkeit im Sinne eines Bühnengeschehens andeuten:

> Il conte, avegna che per l'orribile fatto ch'avea veduto fosse molto spaventato, prese ardire, e partendosi il cavaliere spietato colla donna arsa attraversata in sul nero cavallo, gridò scongiurandolo che dovesse ristare e sporre *la mostrata visione*. Volse il cavaliere il cavallo, e fortemente piangendo rispuose e disse: „Da poi, conte, che tu vuoli sapere i nostri martiri, i quali *Idio t'ha voluto mostrare*, sappi ch'io fui Giuffredi tuo cavaliere e in tua corte nodrito."[183]

Durch die über das in Exempla Übliche hinausgehende große Bedeutung, die den Figuren hier als Zuschauern zukommt, sowie durch die Betonung des gezeigten Geschehens erhält die Vision die Züge eines Schauspiels. Der Bericht des Ritters impliziert, dass die *caccia infernale* Nacht für Nacht stattfindet, ob mit oder ohne Beobachter, doch durch die Art und Weise der Darstellung und durch die Worte Giuffredis erhält man den Eindruck, als finde sie ausdrücklich für die beiden Beobachter statt.[184] Dieser Eindruck wird durch eine weitere Beobachtung gestützt: Auf den ersten Blick haben wir ein Exemplum vor uns, das geradezu idealtypisch die Doktrin des Fegefeuers veranschaulicht. Doch bei näherer Betrachtung gibt es einen Unterschied zu den Wiedergängern bei Caesarius, Petrus Venerabilis und so vielen anderen: Der ‚klassische' christliche Wiedergänger ist ein Toter, der einem Lebenden erscheint, um diesen darum zu bitten, Maßnahmen für die Verkürzung seiner Jenseitsstrafen zu ergreifen. Dies tut in dem vorlie-

---

183 Passavanti, *Specchio*, S. 247 (Hervorhebungen A. R.).
184 Boccaccio wird den Aspekt von Zeitpunkt und Wiederholung wie auch das Schauspielhafte der Vision besonders hervorheben und für seine Reinterpretation des Stoffs fruchtbar machen.

genden Exemplum auch Ritter Giuffredi. Aber diese Bitte ist nicht der Grund dafür, dass er einem Lebenden erscheint. Er scheint vielmehr gar nicht zu wissen, dass er Teil einer Vision ist. Wenn der Graf ihm nicht nachgerufen hätte, er möge die gezeigte Vision erklären, wäre er wie jede Nacht einfach davongeritten, gefangen in seinem grausamen Schicksal. So aber erklärt er das Spektakel und schließt mit der Bitte um Gebete und Almosen. Sicher, im text-externen Kommunikationssystem der Wiedergängergeschichte passiert selbstredend alles ausschließlich zur Belehrung der Gläubigen, in dieser Hinsicht unterscheidet sich Passavantis Exemplum nicht von anderen. In der Welt im Text aber gibt es einen wesentlichen Unterschied zum protoytpischen christlichen Wiedergänger: Die von Gott gewährte Vision dient für gewöhnlich der Herstellung des Kontakts zwischen den Lebenden und den Toten. Der Tote zeigt sich absichtsvoll einem Lebenden im Diesseits und liefert die Erklärung für sein Erscheinen (auch Passavanti erzählt von solchen Toten, z. B. von dem Pariser Gelehrten Serlo in demselben Kapitel). Daran lässt sich eine weitere Beobachtung anschließen: Dabei führt er den Lebenden seine Jenseitsstrafe nicht vor, sondern verweist allenfalls durch Zeichen auf sie, etwa durch Kleidungsstücke, die besonders schwer auf ihm lasten oder ihn durch ihre glühende Hitze foltern. In Passavantis Exemplum aber zeigt die Vision die Strafe selbst als ein *Geschehen*, und ebendies gibt dieser Strafe den Charakter einer Aufführung. Es wird nicht einfach auf die Pein im Jenseits verwiesen, sondern die Strafe findet vor den Augen der Lebenden statt.

Die Unheimlichkeit des Raums
Zur Unheimlichkeit der Geschichte trägt auch die Gestaltung des Raums bei. Giuffredi jagt Beatrice ganz offensichtlich immer durch diesen Wald mit dem Kohlengraben, welcher für den *contrapasso* unentbehrlich ist. Der Wald aber gehört zum Diesseits, während es sich bei der Strafe um eine Jenseitsstrafe handelt. Die Geschichte vermittelt den Eindruck zweier Bereiche, die nicht geographisch von einander getrennt sind, sondern sich überlagern, nur eben in verschiedenen Dimensionen, so dass im Normalfall die eine Sphäre die andere nicht wahrnimmt und umgekehrt.[185] Denn es wird ja gleich zu Beginn erwähnt, dass der Köhler sein Handwerk nicht erst seit gestern so kompetent ausführt, die Vision gleichwohl erst neueren Datums ist. Die prototypische christliche Wiedergängergeschichte zeigt einen Toten, der das Jenseits für die Dauer einer Vision verlassen darf. In der Geschichte vom *carbonaio* aber ist der diesseitige Kohlengraben Teil einer jenseitigen Strafe, nur ist dies in der Regel für die

---

[185] Dieses Motiv ist auch in zahlreichen modernen Texten und Filmen anzutreffen.

Lebenden nicht sichtbar. Die Vision des Köhlers hebt die Trennung temporär auf und stellt gerade dadurch einen ‚Riss in der Welt' (R. Caillois) her. Der Köhler und der Graf bleiben in ihrer Welt, für den Köhler ist sie gar Arbeitsalltag, aber die Vision reißt die Oberfläche dieser Welt auf und macht eine verborgene, auch geographisch anscheinend immer gleichzeitig existierende Welt für kurze Zeit sichtbar. Der Köhler und der Graf bewegen sich nicht vom Fleck, und doch gewährt Gott ihnen einen Blick ins Jenseits; sie sehen zwei Seelen so konkret bei der Buße vor sich wie Dante die Verdammten auf seiner tatsächlichen Jenseitsreise sieht. In keinem anderen der in dieser Arbeit behandelten Texte tritt das phantastische Potential der christlichen Jenseitslehre so deutlich zutage.

Die Beziehung zwischen den beobachtenden und den agierenden Figuren
Wie aber erklärt sich die Einführung einer zweiten lebenden Figur, derjenigen des Grafen? Warum wird die Vision zweimal vorgeführt (im Grunde viermal)? Die Wiederholung der Vision dient sicherlich auch als steigerndes Element und narrative Hinführung zur belehrenden Schlussfolgerung – ein Beispiel für homiletische Aufmerksamkeitslenkung. Die Gliederung des Texts folgt damit einer klaren rhetorischen Strategie: Die erste Vision (des Köhlers allein) liefert den unverständlichen Schrecken und baut solchermaßen Spannung auf. Die zweite Vision wiederholt ihn und fügt eine intradiegetische Erklärung durch eine Figur, Giuffredi, hinzu. Der dritte und letzte Schritt schließlich besteht – nach Abschluss der Geschichte, in der Rede des Predigers – in der Verallgemeinerung der individuellen Geschichte zu der Lehre, dass das Purgatorium unvermeidlich sei, dass man aber die dort zu erwartende Strafe schon zu Lebzeiten durch angemessenes Verhalten auf ein weniger schreckliches Ausmaß reduzieren kann.

Zudem wird der Köhler als demütiger, bescheidener und frommer Mensch vorgestellt. Er ist weder gelehrt noch von hohem Stand, und somit nach der zeitgenössischen narrativen Logik vielleicht auch gar nicht in der Lage, das Gesehene zu verstehen, selbst nach zwei Wiederholungen nicht. Es erscheint auch völlig ausgeschlossen, dass der Köhler das tut, was der Graf sich später trotz aller Furcht trauen wird: dem Reiter die Frage zu stellen, was es mit dem grausamen Schauspiel auf sich hat. Er ist offensichtlich nicht der wahre Adressat der Vision, die gleichwohl zunächst nur ihm vergönnt ist. Seine Funktion besteht wohl auch darin, die Szenerie mit den glühenden Kohlen realistisch zu motivieren und durch seine Vision den ersten Kontakt mit dem Jenseits herzustellen, der dann in der Wiederholung dramatisch gesteigert wird. Hinzu kommt, dass Köhler und Graf zusammen die gesellschaftlich Unbedeutenden und Bedeutenden repräsentieren, also die ganze Menschheit, welche ein Exemplum vom eigenen Anspruch her ja auch ansprechen will.

Aber das kann nicht alles sein, denn der tote Ritter stellt sich, seine Geliebte und den ermordeten Ehemann als Teil der höfischen Gesellschaft vor, den Ermordeten sogar als „tuo caro cavaliere Berlinghieri"[186]. Doch weder erkennt der Graf von sich aus den Reiter, noch wird erwähnt, ob die Nennung des Namens in ihm irgendwelche Reaktionen auslöst. Sowohl Trauer als auch Empörung oder Wut wären ja zu erwarten, wenn er den ermordeten Ritter tatsächlich so sehr schätzte, wie dieser behauptet. Man könnte vermuten, dass diese Frage schlicht bedeutungslos ist. Warum aber wird dann ein Geschehen erwähnt, das als einziges eine Verbindung herstellt zwischen einem der Schauenden und dem Geschauten? Für die Kommunikation der Lehre, die Notwendigkeit der *vera penitenzia*, hätte der Köhler vollkommen ausgereicht. In der Vorlage, bei Helinand, ist es die Angst, die den Köhler zum Grafen gehen lässt,[187] welcher selbst betont, dass er den Köhler in jeder Lage beschützen wird, gegen Armut wie gegen Feinde. Helinand erfindet eigens eine Szene, in der der Graf als einziger die Nachdenklichkeit seines Freundes bemerkt, ihn zur Seite nimmt und fragt, was ihn bedrücke. Auch bei Helinand stellt sich der sündige Ritter zwar mit „Ego sum vester ille miles" vor, hingegen ist keine Rede davon, dass der ermordete Ehemann ein vom Grafen hoch geschätzter Ritter gewesen wäre. Die Involvierung des Grafen in die Vorgeschichte der Vision ist eine Zutat Passavantis. Die Sympathie des Grafen zum ermordeten Ritter macht das Vergehen einerseits sicherlich noch schwerer, denn Berlinghieri gehört damit ohne Zweifel zu Köhler und Graf, d. h. zur Gruppe der Frommen und Gottgefälligen, die hier den denkbar Sündigsten gegenübergestellt werden: Mördern und Ehebrechern. Es fragt sich aber, ob nicht eine weitere Botschaft in dem neuen Element verborgen ist, diejenige nämlich, dass sowohl die sündhafte Liebe als auch der Mord zu ihrer Zeit unentdeckt geblieben sind und die Liebenden auch nach dem Mord unbehelligt weiterlebten – die Erzählung des Ritters legt dies nahe. Wenn aber erst die Jenseitsstrafe das Vergehen zu Lebzeiten sichtbar macht, dann macht die Vision dem Grafen nicht nur das eigentlich verborgene Jenseits sichtbar, sondern auch die verborgene Sündhaftigkeit seines Hofs. Die Lektion, die Passavanti am Ende des Exemplums im auslegenden Kommentar formuliert, betrifft alle Menschen. Die Geschichte selbst enthält aber darüber hinaus eine deutliche Kritik am Lebenswandel des Hoch-

---

[186] Passavanti, *Specchio*, S. 247.
[187] „Cum ergo quadam die de hujusmodi visione tam frequenti nimis anxius cogitaret, sic cogitabundus" (Helinand, *Opera omnia*, Sp. 734).

adels.[188] Damit ist einem obligatorischen Aspekt aller Fegefeuer-Wiedergängergeschichten Genüge getan: Es muss eine Verwandtschaft zwischen dem Toten und dem Lebenden, der die Vision hat, geben.[189] Diese ist weit auslegbar; am häufigsten sind Verwandtschaft durch Abstammung und spirituelle Verwandtschaft, in Passavantis Exemplum liegt hingegen eine soziale Verwandtschaft vor; sie bezieht sich nicht allein auf das hochadlige Milieu, sondern auf einen konkreten Hof. Auf diese Weise sind die aktuell Lebenden und die einst Lebenden in eine gemeinsame Vorgeschichte verstrickt. Das Schicksal Giuffredis und Beatrices hat also mehr mit dem Grafen persönlich zu tun, als dieser zunächst wissen kann. In dieser – oft verborgenen – Verstrickung der Lebenden mit den Toten ist ein weiterer phantastischer Aspekt des christlichen Wunderbaren zu sehen, der sich traditionsbildend ausgewirkt hat.

3.2.2.4 Das literarische Gegenstück: *Decamerone*, V 8

Das, was das christliche Wunderbare in den Exempla charakterisiert – die Evokation von Angst und die punktuelle, vorübergehende Einsicht in die transzendente Ordnung – spielt in der gleichzeitig entstehenden Literatur im engeren Sinne keine Rolle. Stattdessen werden falsche Wunder und Heilige sowie einschlägig modifizierte Totenvisionen auf humorvolle Weise behandelt. Boccaccio greift das christliche Wunderbare in mehreren Novellen auf. Dies geschieht sowohl durch die Behandlung christlicher Themen und Motive als auch durch die Verfremdung christlicher Erzählpragmatik. So wird aus dem ermahnenden Exemplum ein sehr irdischer Ratgeber. Stets geschieht dies bei Boccaccio im heiteren Register, und stets wird dabei ein fundamentaler Aspekt des christlichen Glaubens desavouiert. In gleich drei Novellen wird das Fegefeuer umgedeutet

---

188 Vergleicht man Passavantis Version mit derjenigen aus dem *Dialogus miraculorum* (XII,20), so fällt auf, dass die Sünder in den Geschichten den verschiedenen Zielgruppen der Exempla entsprechen. Caesarius' Exempla sind ein Produkt des klösterlichen Milieus; sie dienen der Erziehung von Novizen. Nur vordergründig steht in Caesarius' Exemplum die Konkubine eines Priesters im Mittelpunkt; der sich anschließende Dialog zwischen Mönch und Novize betont, dass Priester wie Mönche noch viel härter für ihre Unzucht bestraft werden, wiegt doch die Sünde bei ihnen noch schwerer als bei den Laien (Caesarius, *Dialogus*, Bd. 5, S. 2220). Passavantis Predigten richten sich hingegen an ein städtisches Laienpublikum, welches eben auch das Personal seiner Exempla stellt.
189 „Dans tous ces récits, aussi variés soient-ils, le revenant est un proche du personnage vivant à qui il apparaît. Il lui est lié par la parenté charnelle, la parenté spirituelle, le voisinage ou les bienfaits matériels et spirituels qu'échangent les moines et l'aristocratie laïque. Dans ce cadre, le revenant implore des suffrages et donne le spectacle des conséquences funestes du péché" (Schmitt, *Les revenants*, S. 97).

(III,8; V,8; 7,10). Die wohl bekannteste unter diesen drei Novellen ist die achte Novelle des fünften Tages, „una novella non meno di compassion piena che dilettevole"[190], wie die Erzählerin Filomena eingangs betont. Die didaktische Struktur eines christlichen Exemplums ist noch deutlich zu erkennen, sie wird allerdings auf die denkbar grundsätzlichste Weise transformiert, nämlich in eine sehr diesseitige praktische Lektion. Der Leser soll nicht vor der Gefahr drohender Strafen im christlichen Jenseits überzeugt werden, sondern von gewissen Handlungsnotwendigkeiten im Feld der irdischen Liebe. Geht es Helinand, Caesarius und Passavanti um eine Demonstration der Strafe, die für das Vergehen der *luxuria* im Fegefeuer fällig wird, so ,predigt' Boccaccios Novelle das Gegenteil, die Hingabe. Die Ordnung der göttlichen Strafe wird regelrecht auf den Kopf gestellt.

Nicht ein französischer Köhler, sondern ein junger Adliger aus Ravenna wird in einem Pinienwald um die Mittagszeit Zeuge eines übernatürlichen Schauspiels. Nastagio degli Onesti liebt eine ebenso junge Frau von hohem Adel, die Tochter Paolo Traversaros (deren Vorname an keiner Stelle genannt wird). Die junge Frau erweist sich indes als „tanto cruda e dura e salvatica" gegenüber dem Werben Nastagios. Nur mit Mühe kann der Geschmähte der Verlockung widerstehen, sich umzubringen. Auch seinen Vorsatz, die Geliebte nun zu hassen, verwirklicht er nicht, im Gegenteil: Seine Liebe wächst in dem Maße, in dem seine Hoffnung, jemals ans Ziel zu kommen, schwindet. Auf Anraten seiner Familie verlässt er schließlich Ravenna, um die Frau seines Herzens zu vergessen. An einem schönen Tag im Mai geht er um die Mittagsstunde in einem Pinienwald spazieren,[191] als er Zeuge eines blutigen Schauspiels wird, das weitgehend identisch mit demjenigen in Passavantis Exemplum ist (wenngleich natürlich ohne einen Kohlengraben). Als Nastagio daraufhin den Ritter zur Rede stellt, erzählt dieser ihm, warum die Frau es verdient habe, dass sie gejagt und abgeschlachtet wird, und dass ihr Herz den Hunden zum Fraß vorgeworfen wird. Denn sie dachte zu Lebzeiten, richtig dabei zu handeln, die Liebe des Ritters, der sie nun, da sie beide tot sind, so grausam verfolgt, zu verschmähen. Damit verleitete sie den Liebenden zum Selbstmord, und als sie kurz nach ihm (aus nicht angegebenen Gründen) starb, fanden sich beide in der Hölle wieder, um ihre von Gott verfügte Strafe zu verbüßen. Nastagio zeigt sich nur kurz entsetzt, dann überlegt er, wie er das Gesehene für seine Zwecke nutzen kann. Von Guido degli Anastagi, dem höllischen Ritter, hat er erfahren, dass sich die Strafe jeden Tag an einem anderen Ort, an dem die Frau zu Lebzeiten kaltherzig gegen ihn gehandelt hat, vollzieht, an jedem

---

190 Giovanni Boccaccio, *Decameron*. A cura di Vittore Branca, Turin: Einaudi, 1980, Bd. 2, S. 671.
191 Die Stunde darf als Hinweis darauf gelesen werden, dass er sein Liebesleid noch nicht überwunden hat, gilt sie doch als Stunde der *acedia* oder *melancolia* (des ‚Mittagsdämons').

Freitag indes um dieselbe Stunde in besagtem Pinienhain. Er markiert die Stelle genau und bittet seine Freunde und Verwandten, dafür zu sorgen, dass die Traversari mitsamt ihrer Tochter an einem Freitag zum Mittagsmahl bei ihm erscheinen. Die Einladung wird angenommen, und gerade als der letzte Gang aufgetragen wird, vollzieht sich das grausame Schauspiel, in dessen Verlauf der Ritter den Anwesenden einmal mehr Auskunft gibt, was es mit den Höllenstrafen auf sich hat. Vor allem auf die Frauen übt das Spektakel eine starke Wirkung aus:

> [...] quante donne v'aveva [...] tutte così miseramente piagnevano come se a se medesime quello avesser veduto fare.[192]

Die kaltherzige Tochter der Traversari zählt zu denen, deren Furcht besonders groß ist. Aus Angst, ein ebensolches Schicksal zu erfahren, willigt sie nun in eine Heirat ein, die im Übrigen beiden auch zum Glück gereichen wird. Darüber hinaus habe das Ereignis alle Frauen Ravennas davon überzeugt, ihre Kaltherzigkeit gegenüber den Männern aufzugeben und sich deren Wünschen hinzugeben.

Der christliche Charakter der Erzählung ist noch in den Transformationen deutlich erkennbar. Es handelt sich zwar um eine Höllenstrafe, doch folgt deren Logik nicht mehr der christlichen Moral, sondern der von den Provenzalen begründeten Tradition der Liebeslyrik mit ihrem Ideal des *fin amors*.[193] Das Verhalten der Tochter Paolo Traversaros gegenüber Nastagio degli Onesti stellt ein Petrarca-Zitat dar: Die Bemerkung „forse per la sua singular bellezza o per la sua nobiltà sí altiera e disdegnosa divenuta"[194] verweist auf *Canzoniere* CV,8–9, wo der Liebende Laura als „altera et disdegnosa" bezeichnet.[195] Die Frau wird also nicht, wie in den christlichen Varianten des Stoffs, für ihre *luxuria* bestraft, sondern im Gegenteil für ihre hochmütige Enthaltsamkeit. Die Keuschheit der Frau, die *castitas*, stellt in Boccaccios Novelle deshalb keine Tugend mehr dar, weil sie durch die Todsünde der *superbia* motiviert ist; im Falle der Gejagten geht diese sogar so weit, dass sie sich, wie Guido berichtet, am Tod des Liebenden regelrecht ergötzt hat – eine Regung, die nichts geringeres als eine Umkehrung der *caritas* darstellt. Hinzu kommt, dass Nastagio die von den Provenzalen wie von Petrarca bekannten Symptome des unglücklich Liebenden zeigt: So führt die Einsicht in die Hoffnungslosigkeit, ja Schädlichkeit des eigenen Begehrens zu keiner Ver-

---

192 Boccaccio, *Decameron*, Bd. 2, S. 679.
193 Marcello Tartaglia, „Descrizione dell'amore: un percorso in quattro testi da Andrea Cappellano a Boccaccio", in: *Studi di estetica* 17 (1998), S. 177–197.
194 Boccaccio, *Decameron*, Bd. 2, S. 672.
195 Siehe Brancas Kommentar, ebd., sowie ders., *Boccaccio medievale e nuovi studi sul Decamerone*, Florenz: Rizzoli, 1981, S. 180–182 und S. 321f.

haltensänderung, sondern in eine bis zum Selbstmordgedanken sich steigernde Melancholie.

Nastagio degli Onesti und Guido degli Anastagi sind wie in einem Exemplum ‚spirituell' miteinander verwandt. Es eint sie – neben der Herkunft aus Ravenna – die vergebliche leidenschaftliche Liebe und die daraus erwachsende Melancholie, die bis zum Selbstmordgedanken geht. Die Tatsache, dass Guido Nastagio kennt, zeigt diesem zudem überdeutlich, dass er es mit einer höheren überlegenen Ordnung zu tun hat. Die durch diese Erkenntnis ausgelöste Furcht dauert freilich nur so lange, bis Nastagio die transzendente Ordnung zumindest in den für ihn selbst relevanten Punkten verstanden hat und dazu übergeht, sie für seine Zwecke zu instrumentalisieren. Er versteht sie als Handlungsanweisung für die Herstellung seines irdischen Liebesglücks. Im Gegensatz zum christlichen Wiedergänger-Exemplum steht nicht zur Debatte, was der Lebende für den Toten tun kann, sondern die Handlung mündet, ganz im Gegenteil, in eine Verbesserung des Diesseits.

Boccaccio folgt auch darin zunächst der Logik des Exemplums, dass die vorgeführte Jenseitsstrafe in den Figuren Angst auslöst, und zwar bezeichnenderweise natürlich ausschließlich in den weiblichen. Gleiches gilt für die am Ende erwähnten Frauen von Ravenna. Die Geschichte ist anscheinend in der ganzen Stadt weitererzählt worden, so dass auch Frauen, die beim Mittagsmahl im Pinienhain selbst nicht zugegen waren, ihre Lektion aus dem Exemplum ziehen konnten. Charakteristisch für das christliche Exemplum ist aber, dass sich die Angst der Figur auf den Leser übertragen soll, dass die Figur also der Stellvertreter des Lesers im Text ist. So sehr dies auf das Verhältnis der Frauen von Ravenna zu der Kaltherzigen aus dem Hause Traversaro zutrifft, so grundsätzlich unterscheidet sich die Pragmatik der Novelle im *Decameron* von einer solchen Rezeptionshaltung. Ausgerechnet eine Frau, Filomena, erzählt die Novelle und spricht eingangs von *compassion* und *diletto* (im Übrigen nicht von der *paura*), die ihre Erzählung auszulösen vermag. Weder die bekehrte kaltherzige Frau noch die Frauen von Ravenna laden den Leser zur Identifikation ein, denn sie verstehen das aufgeführte Exemplum bzw. die weitererzählte Geschichte auf die gleiche Weise, auf die der Christ ein Exemplum verstehen soll: Sie unterwerfen sich demütig der Ordnung. Die Figur, die sich der Zuhörer der Rahmenhandlung nicht weniger als der Leser des *Decameron* zum Stellvertreter machen soll, ist aber vielmehr der listige Nastagio, der sich die transzendente Ordnung zu Nutze zu machen versteht.

Die Ausrichtung der Lektion auf das Diesseits wirft indes die Frage auf, aus welchem Jenseits Guido und seine Geliebte eigentlich kommen. Um die Hölle eines christlichen Kosmos kann es sich nicht handeln (zumal den christlichen Jenseitsvorstellungen zufolge allein die im Fegefeuer weilenden Seelen den Lebenden erscheinen können). Zudem stellt sich die Frage, warum nicht nur ausgewählte Personen, sondern jeder, den Nastagios Freunde und Familie eben zum Mittagsmahl eingeladen haben, das höllische Schauspiel sehen kann. Die besondere Qualität der Szene erhellt sich im Vergleich zu Passavanti. Dieser verwendet ausdrücklich den Begriff *visione* zur Bezeichnung des Phänomens. Damit ist die Strafaktion ausdrücklich als ein göttliches Wunder markiert. Der Ritter Giuffredi weist zudem ausdrücklich darauf hin, dass Gott dem Köhler und dem Grafen diese Vision gewährt habe. So können die beiden aus dem Diesseits einen kurzen Blick auf eine Handlung werfen, die sich im Jenseits abspielt. Boccaccio aber verwendet bezeichnenderweise nicht ein einziges Mal den Begriff *visione*. Und in der Tat handelt es sich um keine Vision, denn dasselbe Geschehen findet jeden Tag an einem anderen Ort im Diesseits statt,[196] und dies in einer solchen Regelmäßigkeit, dass Nastagio erst dadurch auf den Gedanken verfallen kann, sich das Geschehen zu Nutze zu machen. So wird er regelrecht zum Regisseur eines Schauspiels, mit dem er eine ganze Tischgesellschaft nach seinem Willen beeindrucken kann. Als Regisseur agiert er so geschickt, dass das Schauspiel passenderweise mit dem letzten Gang beginnt.[197] Dass die Strafe, obwohl als Höllenstrafe deklariert, eigentlich vollkommen im Diesseits angesiedelt ist, passt zu der Beobachtung, dass die Novelle statt einer christlichen Moral davon erzählt, wie einer aus einem übernatürlichen[198] Geschehen Handlungsanweisungen in Dingen der Liebe ableitet.

Die solchermaßen umrissene Transformation des christlichen Wunderbaren mündet damit letzten Endes gar in die Desavouierung eines konstitutiven Bestandteils des christlichen Jenseits. Denn wenn die Strafen der Hölle auf völlig selbstverständliche und nicht weiter thematisierte Weise im Diesseits verortet werden, und dies auch noch unter explizitem Rückgriff auf die Hölle der *Commedia*,[199] so wirft der Text damit letztlich die Frage auf, ob die Hölle nicht generell eine sehr diesseitige Strafanstalt ist, ein Mittel zur Einschüchterung der Gläubigen im Diesseits, ein Machtinstrument, das Gefahren für die Seele im Jenseits androht und doch nur auf die Kontrolle menschlichen Handelns im Diesseits zielt. Damit

---

196 „E avviene che ogni venerdì in su questa ora io la giungo qui, e qui ne fo lo strazio che vedrai; e gli altri dì non creder che noi riposiamo, ma giungola in altri luoghi ne' quali ella crudelmente contro a me pensò o operò [...]" (Boccaccio, *Decameron*, Bd. 2, S. 676).
197 „Essendo adunque già venuta l'ultima vivanda, e il romore disperato della cacciata giovane da tutti fu cominciato a udire" (Boccaccio, *Decameron*, Bd. 2, S. 678).
198 Denn übernatürlich ist das Geschehen gleichwohl, da es sich um Tote handelt, und insbesondere um eine Frau, die nach ihrer Hinrichtung sogleich wieder lebendig wird.
199 Siehe Brancas Kommentar (Boccaccio, *Decameron*, Bd. 2, S. 674).

kritisiert die Novelle unausgesprochen die christliche Erzählform, die sie in der Transformation nachahmt, wie auch das ihr zugrundeliegende Weltbild.

3.3 Mirabilia

3.3.1 Inhaltliche und pragmatische Charakteristika

Die heidnischen und die christlichen Wiedergänger haben verschiedene Phänomenologien ausgebildet, die sich aus den Geschichten, die über sie erzählt werden, entwickeln lassen. Bedingt durch die allgemeine Akzeptanz des Fegefeuerglaubens verschwinden im Laufe des 14. Jahrhunderts die physischen Schädlinge, die typisch für die vorchristlichen Vorstellungen von den wiederkehrenden Toten sind, aus den Berichten. Bei ihnen handelt es sich um Körper, die sich in der Welt der Lebenden bewegen, während die christlichen Wiedergänger büßende Seelen sind, die die Lebenden um Hilfe bitten. Dass der Glaube an körperliche Wiedergänger im Europa des hohen Mittelalters weit verbreitet war, darf als sicher gelten, wie die Texte, die nun gelesen werden sollen, belegen. Wenn an dieser Stelle der volkstümliche Aberglaube näher betrachtet wird, so geschieht dies in der Absicht, die Eigenheiten und die besondere narrative Produktivität christlicher Wiedergängergeschichten umso konturierter hervortreten zu lassen. Es soll hier also die These vertreten werden, dass ein Teil gerade der nicht-christlichen Geschichten, die in der Literaturwissenschaft so oft als einzige mittelalterliche Form von Phantastik betrachtet werden, eigentlich nicht viel mehr bieten als einen Katalog physischer Gewalttätigkeiten zur Bekämpfung lebender Leichname.[200] Und dass umgekehrt gerade die christlichen Geschichten ein großes Potential für Atmosphäre, Spannung und Dramatik vorzuweisen haben. Dafür gibt es mehrere Gründe, die sich allesamt an den bereits vorgestellten Exempla ablesen lassen: Während die volkstümlichen Wiedergängergeschichten das technische Problem der Beseitigung in den Mittelpunkt stellen (die apotropäischen Maßnahmen), erzählen die christlichen Geschichten, wie wir gesehen haben, von moralischen Dramen, von Verfehlungen und Sünden, von Verstrickungen, die über die Grenze von Leben und Tod hinausgehen. Dies ist jedoch nur der eine, wenig überraschende Grund für die höhere Komplexität der christlichen Erzählungen. Eine weitere Erklärung besteht darin, dass die Exempla die sozialen Beziehungen in

---

[200] Die in den mittelalterlichen Berichten nachlesbaren Methoden haben ganz offensichtlich eine Tradition in der Darstellung lebender Toter begründet, findet man sie doch bis an den heutigen Tag in zahlreichen Erzählungen, Kinofilmen und Fernsehserien über lebende Tote.

das Geschehen integrieren: Familie und Verwandtschaft, lehnsrechtliche Beziehungen oder spirituelle Bruderschaft.

Die vergleichende Betrachtung der paganen Wiedergänger setzt einige Vorbemerkungen zum pragmatischen Kontext der Erzählungen voraus. Die Exemplasammlungen von Caesarius und Petrus sind von ihren Verfassern in der Form, in der sie uns heute vorliegen, ‚komponiert' worden. Dies gilt – wenn auch in geringerem Maße – für die Struktur der jeweiligen ganzen Sammlung, vor allem aber für jedes einzelne Exemplum. Die einzelnen Geschichten haben den Charakter sehr durchdachter narrativer Kompositionen (man denke etwa daran, dass Petrus Venerabilis seine beiden Wunderbücher mehrfach überarbeitet hat). Diese Eigenschaft rückt sie in die Nähe literarischer Werke – nicht so sehr, was ihren Textstatus, wohl aber, was ihren Status als narrative Kompositionen betrifft. Diese Einschätzung mag zunächst überraschen, sie gewinnt aber an Plausibilität, wenn man im Gegensatz dazu den Charakter der Berichte über pagane Wiedergänger betrachtet. Die volkstümlichen Vorstellungen über lebende Tote sind uns nur durch die Texte von Klerikern bekannt. Die bekanntesten Berichte stammen aus England und wurden von Walter Map und Wilhelm von Newburgh aufgeschrieben. Man kann nur darüber spekulieren, wie stark sie die mündlichen Berichte ihrer Informanten beim Aufschreiben verändert haben. Vieles spricht aber dafür, dass sie die Modifikationen in Grenzen halten, denn die Autoren betonen die Unvereinbarkeit des Erzählten mit dem gültigen christlichen Wissen ihrer Zeit, was dafür spricht, dass sie die Berichte nicht sonderlich geglättet haben. Aus christlicher Perspektive sind diese Geschichten nicht schlüssig; verglichen mit den Exempla, die im Hinblick auf eine Botschaft komponiert wurden, bleiben sie semantisch ‚offen'. Denn Walter und Wilhelm wollen keine Botschaft vermitteln, sondern lediglich von ebenso merkwürdigen wie unterhaltsamen und beängstigenden Einzelfällen berichten. Ihre Wiedergängerberichte konzentrieren sich ganz offensichtlich darauf, wunderbare Vorfälle, die ihnen berichtet wurden, zu erzählen, und nicht darauf, eine Geschehen im Hinblick auf ihre Botschaft narrativ zu re-komponieren. Nicht nur weil an der Zuverlässigkeit der Informanten für die Autoren kein Zweifel besteht, handelt es sich um Tatsachenberichte, also für die Zeitgenossen um faktuale Erzählungen (die man natürlich auch für eine Lüge halten kann). Das macht die Exempla im Gegenzug nicht zu Dichtungen, sehr wohl aber zu Kompositionen. So legitim es ist, die christlichen Kompositionen narratologisch zu untersuchen, so viel Vorsicht verlangt dieses Vorgehen hingegen bei den Berichten über heidnische Wiedergänger, denn diese Berichte haben einen deutlich schwächer ausgeprägten Artefakt-Charakter. Sie erzählen das *mirabile* in gewisser Weise zum Selbstzweck, einfach weil es staunenswert ist. Dies führt zu wesentlich einfacheren Vermittlungsstrategien: In der Regel gibt es eine durchgehend stabile Erzählperspektive, auf die Evokation von Angst im Leser wird bei allem Schrecken, der die Phänomene selbst charakterisiert, weitgehend verzichtet. Besonders deutlich bemerkbar macht sich der pragmatische Unterschied zwischen Exemplum und Bericht an der Darstellung von Affekten: Die Berichte erwähnen durchaus die Angst der Menschen, die unter den lebenden Leichnamen zu leiden haben oder die sich ihnen im Kampf stellen, aber der *Darstellung* oder *Benennung* von Angst auf der Ebene des Geschehens korrespondiert keine *Evokation* von Angst beim Leser. Dieser Umstand erklärt sich durch den ethnologischen Blick der Autoren. Sie wollen keine Angst hervorrufen, sondern von bemerkenswerten Fällen berichten, die sich, glaubt man den in der Bevölkerung kursierenden Berichten, tatsächlich ereignet haben. Die Autoren treten nicht manipulativ in Erscheinung, sondern trennen in allen Fällen sauber zwischen der Erzählung und dem – in der Regel kurzen – eigenen Kommentar. Sowohl Wilhelm als auch Walter bereiten die Berichte zwar Verständnisprobleme, sie bezeichnen sie aber nicht als Lüge. Das gilt im Übrigen nicht nur für die Wiedergänger, sondern auch für ein so ungewöhnliches Phänomen wie die ‚grünen Kinder' in Wilhelms Chronik. Nur die sagen- und märchenhaften Erzählungen bretonischer Herkunft bezeichnet Walter als Lügen. In *De nugis curialium* finden sich einige Erzählungen keltischer Herkunft, die man zurecht phantastisch im mittelalterlichen Sinne nennen kann und die Walter selbst auch so nennt. Die folgenden Ausführungen konzentrieren sich thematisch indes weitgehend auf ein Phänomen, das in der Regel als *prodigium* angekündigt wird, den Wiedergänger. Gleichwohl dürfen die intratextuelle Umgebung dieser Episoden in den jeweiligen Werken und die Kategorien des Übernatürlichen, mit denen die Autoren arbeiten, nicht außer Acht gelassen werden, daher werden auch die von Walter ‚phantastisch' genannten Geschichten Erwähnung finden.

3.3.2 Walter Map, *De nugis curialium*

Der Archidiakon Walter Map (ca. 1137–1209) verfasste unter dem Titel *De nugis curialium*[201] ein Kompendium unterhaltsamer Miszellen: Anekdoten, moralische Geschichten, märchenhafte und romanhafte Erzählungen, historiographische Kapitel über die Geschichte des Karthäuser- und des Templerordens sowie der englischen Könige von Wilhelm II. bis Heinrich II.[202] Walter will unterhalten, aber

---

201 Walter Map, *De nugis curialium. Courtiers' Trifles*. Edited and Translated by M. R. James, revised by C. N. L. Broke ans R. A. B. Mynors, Oxford: Clarendon Press, 1983.
202 Für Walter wie für Gervasius von Tilbury gilt, dass die Absicht zu unterhalten in keiner Weise mit einer Gleichgültigkeit gegenüber der Glaubwürdigkeit des Erzählten oder gar mit eingestandener Fiktionalität einhergeht. Zum Unterhaltungsbegriff siehe Nancy Partner, *Serious Enter-*

weniger indem er literarisch ausgestaltet, als vielmehr indem er Staunenswertes berichtet. Sein Schreibprojekt charakterisiert Walter so, dass er nur ‚einen Wald von Wörtern', ‚Rohmaterial' und ‚unpolierte Sätze' liefere. Er sei nur der Jäger, der das Wild heranbringt – am Leser sei es, daraus eine Speise zu bereiten:

> Siluam uobis et materiam, non dico fabularum, sed faminum appono: cultui etenim sermonum non intendo, nec si studiam consequar; singuli lectores appositam ruditatem exculpant, ut eorum industria bona facie prodeat in publicum. Venator vester sum, feras uobis affero, fercula faciatis.[203]

Einige der von Walter erzählten Geschichten sind inhaltlich dem christlichen Wunderbaren zuzuordnen, während andere weder in der Erzählweise noch im Stoff auch nur den geringsten Bezug zum Christentum aufweisen. In vielen Geschichten wiederum finden wir, wie bei anderen Autoren der Epoche, eine Vermischung paganer und christlicher Elemente. So beinhaltet eine märchenhaft-schreckliche Geschichte wie die in Kapitel IV,12 erzählte („De sutore constantinopolitano fantastico"[204]) nicht den geringsten Bezug zum Christentum. Dubost nennt dieses *surnaturel fantastique* „terrifiant" und „absolument étranger au surnaturel chrétien"[205]. Diese Diagnose trifft ohne Zweifel zu, wie auch die Beobachtung, dass die makabren Elemente einiger Legenden (Nekrophilie, eine Stimme im Grab, ein Gorgonenkopf als Frucht eines Geschlechtsakts *post mortem*) auch in einer modernen phantastischen Erzählung problemlos ihren Platz fänden.

Die Geschichten, die vom traditionellen christlichen Wunderbaren getragen werden (I,19–20; II,2–5) heben sich von jenen, die sich christlichen Kategorien entziehen, erkennbar ab. Doch selbst diese Kapitel werden nur bedingt als christliche Lehrstücke erzählt. In I,19 erzählt Walter eine Art zeitgenössisches Märtyrerwunder, das er aber nicht als solches deklariert, sondern als „quiddam mirabile"[206]. Die Episode erzählt vom abgeschlagenen Kopf eines standhaften Templers, der auf die hämische Frage eines christlichen Renegaten („Estne bonum?") antwortet „Nunc bonum est". Solche Dinge, so Map, seien zu jener Zeit geschehen, als die Templer noch Gott verehrten und nicht die Welt – womit er dem Ereignis den eindeutigen Charakter eines göttlichen Zeichens und Wunders ver-

---

tainments. The Writing of History in Twelfth-Century England, Chicago/London: University of Chicago Press, 1977.
203 Walter, *De nugis*, S. 208.
204 Walter, *De nugis*, S. 364–369.
205 Dubost, *Aspects fantastiques*, Bd. 1, S. 38.
206 Walter, *De nugis*, S. 58.

leiht. Das gilt auch für die sich daran anschließende Geschichte eines Ritters, der ein Turnier verpasst, weil er – im Gegensatz zu seinen Gefährten – darauf besteht, einer Morgenmesse bei Eremiten im Wald beizuwohnen (I,20). Seine Abwesenheit dauert drei Tage, da er sich auf dem Rückweg zu seinen Gefährten mehrmals verläuft und schließlich wieder auf die Eremiten trifft. Doch Gott hat ihm, wie er nachträglich in Erfahrung bringen wird, einen Doppelgänger geschickt, der an seiner Stelle Heldentaten beim Turnier vollbringt. Der Ritter zieht aus diesem für ihn zeichenhaften Geschehen die Konsequenz, dem Orden der Templer beizutreten. Das Wort *miraculum* fällt auch in dieser Geschichte nicht – wohl aber in den Kapiteln II,3–5, welche von den völlig traditionell ablaufenden Heilungswundern eines seligen Peter von Tarentaise in Savoyen erzählen. Es scheint also bei Map nicht nur den Unterschied zwischen den wahren göttlichen Wundern und den phantastischen *fabulae* zu geben, sondern zudem die Möglichkeit, dass Gott Wunderbares vollbringt, ohne dabei einen Heiligen als Mittler zu benutzen, und für diese Geschichten meidet Map die Bezeichnung *miraculum*.

In den Geschichten, die dem Bereich des volkstümlich überlieferten Wunderbaren zuzuschlagen sind, verwendet Walter mehrmals das Adjektiv *fantasticus* (II,11–16; IV,8–12). Die Kapitel II,11–16 handeln „de aparicionibus fantasticis"[207]. *Fantasticus* wird in diesen Geschichten aus keltischer[208] Überlieferung explizit als Oppositionsbegriff zum christlichen Wunderbaren vorgestellt. Es bezeichnet Phänomene und Wesen, die sich nicht christlich erklären lassen, und wenn doch, dann nur im Sinne des magisch-diabolischen Allgemeinplatzes. Das zentrale Merkmal von *fantasticus* lässt sich als eine „instabilité trompeuse"[209] beschreiben. Das Beunruhigungspotential dieser Variante des Übernatürlichen verdankt sich zwei Aspekten, die nicht immer gleichzeitig realisiert sind: erstens die erkenntnistheoretische Schwierigkeit, die Ereignisse in bestehende Bedeutungssysteme zu integrieren, und zweitens die Grausamkeit, mit der es sich oft manifestiert. Die märchenhaften Geschichten in den Kapiteln II,11 und II,12 erzählen jeweils von einem Mann, der eine feenhafte Frau aus einer Gruppe von Frauen nachts fängt und mit ihr eine Familie gründet. In beiden Fällen verlässt die Fee ihren Mann, da er sich nicht an ein Versprechen hält. Die feenhaften Züge der Frau sind vor allem in der ausführlichen Erzählung II,12 stark ausgeprägt. Dort findet sich aber auch eine Art Epilog mit christlichen Elementen, die Geschichte von Alnodus, einem der Feensöhne, „virum magne sanctitatis et sapiencie". Den Wahrheitsstatus dieser Geschichten stuft Walter als prekär ein. Von Triunein, dem

---

207 Walter, *De nugis*, S. 148.
208 „Aliud non miraculum sed portentum nobis Walenses referunt" (Ebd).
209 Dubost, *Aspects fantastiques*, S. 41.

Sohn einer feenhaften Frau und eines Menschen heißt es, er sei nach einer Schlacht nicht mehr gefunden worden, weder tot noch lebendig, und lebe mit seiner Mutter in dem See, an dessen vom Vollmond beschienenen Ufern der Vater die Frau einst aus einer Gruppe tanzender Feen heraus gefangen hat. Walters abschließender Kommentar zu dieser Erzählung lautet:

> Quod autem aiunt Triunein a matre sua seruatum, et cum ipsa in lacu illo uiuere unde supra mencio est, imo et mendacium puto, quod de non inuento fingi potuit error huiusmodi.[210]

In II,13 leitet Walter die Kategorie fantasticus aus *fantasia* und *fantasma* ab:

> A fantasia, quod est aparicio transiens, dicitur fantasma; ille enim aparencie quas aliquibus interdum demones per se faciunt a Deo prius accepta licencia, aut innocenter transeunt aut nocenter, secundum quod Dominus inducens eas aut conseruat aut deserit et temptari permittit. Et quid de his fantasticis dicendum casibus, qui manent et bona se successione perpetuant, ut hic Alnodi et ille Britonum de quo superius, in quo dicitur miles quidam uxorem suam sepelisse reuera mortuam, et a corea redibuisse raptam, et postmodum ex ea filios et nepotes suscepisse, et perdurare sobolem in diem istum, et eos qui traxerunt inde originem in multitudinem factos, qui omnes ideo ‚Filii mortue' dicuntur? Audienda sunt opera et permissiones Domini cum omni paciencia, et ipse laudandus in singulis, quia sicut ipse incomprehensibilis est, sic opera sua nostras transcendunt inquisiciones et disputaciones euadunt, et quicquid de puritate ipsius a nobis excogitari potest aut sciri, si quid scimus, id uidetur habere, cum totus ipse sit uera puritas et pura ueritas. [211]

In der Geschichte, auf die sich Walter hier bezieht (IV,8), sieht ein Mann seine verstorbene Frau bei Nacht in einer verlassenen Gegend mit anderen weiblichen Wesen tanzen, fängt sie und lebt lange Jahre wieder mit ihr zusammen. Walters

---

[210] Walter, *De nugis*, S. 154. („But whereas they tell that Triunein was saved by his mother and still lives with her in the lake I mentioned, I think it must be called a lie, for such a fiction could easily be invented about a man who was missing").

[211] Walter, *De nugis*, S. 160. („*Fantasma* is derived from *fantasia*, i.e. passing apparition, for the appearences devils make to some by their own power [first receiving leave of God], pass by with or without doing harm, according as the Lord who brings them either protects or forsakes us or allows us to be tempted. What are we to say of those cases of ‚fantasy' which indure and propagate themselves in a good succession as this of Alnoth and the other narrative of the Britains told above in which a knight is said to have buried his wife, who was really dead, and to have recovered her by snatching her out of a dance, and after that to have sons and grandsons by her, and that the line lasts to this day, and those who come of it have grown to a great number and are in consequence called ‚sons of the dead mother'. Surely the acts and permissions of the Lord are to be hearkened with all patience, and he is to be praised in everyone of them; for as he is incomprehensible, so his works transcend our questioning and escape our discussion, and whatever can be thought or known by us about his purity [if we know anything at all] he is seen to possess, since he is wholly true purity and pure truth").

Kommentar lautet: „Incredibilis quidem et prodigialis iniuria nature, si non extarent certa uestigia ueritatis."[212] Phantastisch sind diese Geschichten, weil sie vorgeben, komplett fabelhafte, für die Vernunft inakzeptable Ereignisse in eine historische Referenz zu integrieren. Da sie aber auf einer glaubwürdigen, wenn auch nicht näher spezifizierten Information beruhen, bleiben sie als ungeklärtes Skandalon in der Welt.

Trotz aller punktuellen Vermengungen von christlichem und paganem Wunderbaren unterscheidet Walter strikt zwischen dem christlichen Wunderbaren und der volkstümlichen Überlieferung. Sein besonderes Interesse gilt dabei eindeutig letzterer, dem Phantastischen, Bizarren und Widerständigen. Den Wundern Gottes attestiert er, wenig unterhaltsam und sogar langweilig zu sein:

> Duo premisi Dei misericordiam et iudicium continencia, que non solum non delectant sed tediosa sunt, et expectantur sicut expetuntur fabule poetarum uel earum simie. Differantur tamen, si non auferantur, et que scimus aut credimus miracula premittamus.[213]

Doch so sehr ihn die phantastischen Erscheinungen auch interessieren – sie stehen für Walter am unteren Ende der Authentizitätsskala. Er verweist darauf, dass man sich diese Geschichten eben erzählt, also auf die mündliche Erzähltradition. Das christliche Wunderbare, so ließe sich seine Phänomenologie des Übernatürlichen zusammenfassen, ist glaubwürdig aber langweilig, das pagane (von Walter ‚phantastisch' genannte) ist unterhaltsam aber unglaubwürdig. Dazwischen scheint es noch eine Spielart des christlichen Wunderbaren zu geben, die nicht an Heilige gebunden ist, von der ohne Authentizitätsbelege erzählt wird, die dabei aber trotzdem ihren Anspruch auf Wahrheit aufrecht erhält: die eingangs erwähnten *mirabilia* über die Templer.

Unter den von Walter erzählten als ‚phantastisch' deklarierten Erscheinungen sticht die Geschichte der dämonischen Kindsmörderin (II,14) dadurch hervor, dass hier ein offensichtlich volkstümliches motivisches Erbe in Verbindung mit der christlichen Pointe des *phantasticum hominis* erzählt wird, jener von Augustinus entwickelten Kategorie, die den Zweck hat, den Dämonen die Fähigkeit zu lediglich illusionshaften Wundern zu geben, um Gott allein die Macht vorzubehalten, echte Wunder zu wirken. Die Theorie darf als grundlegend für den Um-

---

212 Walter, *De nugis*, S. 344. („This would be an incredible and portentous breach to nature's laws, did not trustworthy evidence of its truth exist").
213 Walter, *De nugis*, S. 132f. („I did propose two tales, showing the mercy and judgement of God, which are not only not pleasant, but are even tiresome, and yet are looked for as the fictions of poets, or the imitations of them, are sought out. However, they must be put off, if not put away wholly, and we must begin with some miracles which we either know or believe").

gang mit dem Übernatürlichen im Mittelalter gelten.[214] Die Dämonen, so Augustinus, können nicht in die Schöpfung eingreifen und deshalb auch keine Körper verändern (Metamorphosen, Wiederbelebung von Toten). Sie vermögen lediglich die Illusion einer – menschlichen oder tierischen – körperlichen Erscheinung herzustellen, indem sie Abbilder, d.h. geisterhafte Doppelgänger eines gerade schlafenden oder geschwächten Menschen schaffen, die dann die Sinne anderer Menschen manipulieren. Der schlafende oder wache Mensch, dessen Körper dafür missbraucht wird, glaubt in einigen Fällen tatsächlich selbst daran, seine Gestalt zu verändern.[215] Walter stellt den Bezug zu Augustinus nicht explizit her, aber er drängt sich auf, etwa im Falle der drei Kinder, die jeweils am Tag nach ihrer Geburt mit durchschnittener Kehle aufgefunden werden. Als alle Mitglieder der Hausgemeinschaft am Bett des vierten Kindes Wache halten, bittet ein Pilger um Aufnahme. Der fromme Mann wird mit Freuden aufgenommen und beteiligt sich an der Bewachung des Säuglings. Nach Mitternacht ist er als einziger noch wach und sieht, wie sich eine alte Frau über die Wiege beugt und sich anschickt, die Kehle des Neugeborenen durchzuschneiden, wovon er sie aber abhalten kann. Alle wachen nun auf und erkennen in ihr eine in der ganzen Stadt so angesehene Frau, dass sie die Scham, die sie nun zeigt, für echt halten und sie frei lassen wollen. Um die Anwesenden davon zu überzeugen, dass die Frau ein Dämon ist, drückt der Pilger der Gestalt den Schlüssel einer nahe gelegenen Kirche ins Gesicht, was zu einem Brandmal führt. Dann befiehlt er, die Frau aus der Nachbarschaft herbeizuholen. Nun stellt sich heraus, dass der Kinder mordende Dämon in der Tat das genaue Abbild dieser Frau ist, inklusive des Brandmals. Der Pilger erklärt sodann (in direkter Rede), dass die Frau in der Tat fromm und ohne Tadel sei, doch habe sie gerade dadurch den Neid der Dämonen auf sich gezogen, so dass diese aus Rache ihren Körper als Mordinstrument ausgewählt hätten. Diese Erklärung wird dadurch bestätigt, dass der Dämon in Frauengestalt, als der Pilger ihn endlich loslässt, kreischend durch ein Fenster davonfliegt. Die Christianisierung besteht hier nicht allein in den sonst üblichen Verfahren der Einführung einer frommen Figur und der Dämonisierung des Schädlings, sondern darin, dass der Plot selbst auf einer genuin christlichen Theorie fußt – einer Theorie allerdings, die, wie man hinzufügen muss, die Auseinandersetzung mit heidnischen Vorstellungen sucht, um sie als Illusion zu diskreditieren, ohne den Phänomenen dadurch den Charakter des Übernatürlichen zu nehmen. Vermutlich

---

214 Siehe dazu Dubost, *Aspects fantastiques*, Bd. 1, S. 34f.; Harf-Lancner, „La métamorphose illusoire. Des théories chrétiennes de la métamorphose aux images médiévales du loup-garou", in: *Annales ESC* 40/1 (1985), S. 208–226, hier: S. 209ff.; Schmitt, *Les revenants*, S. 31–42; ders., *Heidenspaß und Höllenangst*, S. 23–25 und S. 29.
215 Siehe Kap. 2.4.2.

war der volkstümliche Glauben an diese Phänomene einfach zu stark, so dass die Integration ins christliche Koordinatensystem größeren Erfolg versprach als die bloße Bekämpfung. Metamorphosen, Wiedergänger und Gespenster werden auf diese Weise dem Bereich des Diabolisch-Dämonischen zugewiesen. Das Ziel, das damit verfolgt wird, ist die Organisation des Übernatürlichen in einem binären Modell ‚göttlich-teuflisch' unter Eliminierung volkstümlicher Superstitionen.[216] In Walters Geschichte ist die Superstition unter der dämonologischen Erklärung noch gut erkennbar, zum einen im Motiv der Metamorphose, zum anderen in dem konkreten physischen Schaden, den die Illusion trotz allem anzurichten vermag.

Wiedergänger

Die vier Wiedergängergeschichten, die Walter in der zweiten Distinctio (II,27–30[217]) erzählt, lassen sich weder unter *miraculosus* noch unter *fantasticus* einordnen. In der ersten bittet Willelmus Laudun, ein walisischer Ritter, den Bischof von Hereford um Hilfe: Ein Landsmann sei nach schlechtem Leben und unchristlichem Tod nun als Wiedergänger in seinem Dorf unterwegs. Nachts geht er durch die Straßen und ruft Namen. Die Genannten werden krank und sterben nach drei Tagen, so dass das Dorf bereits stark entvölkert ist. Der Bischof staunt und gibt dem Ritter zur Antwort, dass Gott dem *angelus malus* jenes Verlorenen offensichtlich die Erlaubnis gegeben habe, in den Körper des Toten zu fahren und sich darin zu bewegen. In dem Gegenmittel, das der Würdenträger anordnet, verbinden sich die Gewalttätigkeit volkstümlichen Aberglaubens und die Symbolik christlicher ritueller Handlungen: Der Ritter solle den Toten ausgraben, ihm den Kopf mit einem Spaten vom Leibe trennen und Leiche und Grab abschließend mit Weihwasser besprenkeln. Allein weder die Enthauptung noch das Weihwasser helfen, der Tote wandert weiter umher. Als eines Nachts Willelmus schließlich selbst vom Toten bei seinem Namen gerufen wird, jagt er den Wiedergänger mit dem Schwert zurück zu seinem Grab und spaltet ihm dort den Schädel, womit der Spuk endgültig beendet ist. Walter schließt: „Huius rei uerum tenorem scimus, causam nescimus"[218], was ziemlich exakt der Definition von *mirabilis* bei Gervasius von Tilbury entspricht. In der Tat verschließt sich die Geschichte den herkömmlichen christlichen Erklärungen. Auch die Tatsache, dass erst die Spaltung des Schädels, nicht aber die Enthauptung das Ende des Wiedergängers bedeutet,

---

216 Vgl. Harf-Lancner, „Merveilleux et fantastique", S. 247.
217 Walter, *De nugis*, S. 202ff.
218 Walter, *De nugis*, S. 204 („The true facts of his death I know, but not the explanation").

ist nicht auf Anhieb plausibel. Die Leser – und Walter selbst – sehen sich mit dem unvertrauten Code des volkstümlichen Aberglaubens konfrontiert.[219]

In dem darauffolgenden Kapitel (II,28) funktioniert hingegen die christliche symbolische Handlung: Ein Wiedergänger wird von der Dorfbevölkerung mittels einer simplen List dazu gebracht, in sein Grab zurückzugehen. Da auf diesem aber auf Verfügung des Bischofs von Worcester ein Kreuz liegt, schreckt er davor zurück. Als man es daraufhin entfernt, sinkt der Tote in sein Grab und die Erde schließt sich über ihm. Nun legt man das Kreuz wieder auf die Erde, womit der Spuk vollständig beendet ist. Wie sehr Walter sich in dieser kurzen Episode auf den nüchternen Bericht und die Perspektive des unbeteiligten Beobachters beschränkt, zeigt sich an einem kurzen Einschub. Als der Wiedergänger wegen des Kreuzes zunächst vor seinem eigenen Grab zurückscheut, heißt es: „uisa ut uidebatur cruce resiliit"[220]. Die christlichen Maßnahmen erweisen sich zwar durch den Gang der Ereignisse als effektiv, aber Walter leitet daraus keinerlei Erklärung ab. Er beschränkt sich auf die Beschreibung der Ereignisse aus der Perspektive des unbeteiligten Beobachters (der er gleichwohl nie gewesen ist, denn er kennt ja nur die Berichte).

Während diese ersten beiden Wiedergängergeschichten ohne Angabe einer verlässlichen Quelle erzählt werden („Walenses referunt" und „scio" heißt es schlicht), nennt Walter für die dritte Geschichte dieser Art (II,29) eine Quelle, die *Historia Karoli Magni:* Ein Geistlicher muss dafür büßen, dass er mit dem Erbe, das ihm ein wohlhabender Ritter Karls des Großen hinterlassen hat, nicht an die Armen verteilt hat, wie ihm von dem Sterbenden aufgetragen worden war. Nachdem der tote Ritter ihn dreimal vergeblich im Schlaf gewarnt hat, erscheint er dem habgierigen Geistlichen in einer Wachvision und bereitet ihn darauf vor, dass er in Kürze von Dämonen in die Lüfte emporgehoben werde. Obwohl Kaiser Karl selbst den Geistlichen mit seiner Armee schützend umstellt, kann nicht verhindert werden, dass sich dies tatsächlich ereignet. Man findet den zerschmetterten Leib des Geistlichen vier Tage später auf einem Felsen. Geht es in dieser an eine Legende erinnernden Episode auch nicht um das Seelenheil des Verstorbenen, sondern um die Bestrafung des noch lebenden Sünders, so trägt die Erzählung neben den politischen doch eindeutig christlich-erbauliche Züge, welche sich ein Kapitel später (II,30) noch stärker bemerkbar machen. Einem Ritter erscheint eines Sommerabends sein vor längerer Zeit verstorbener Vater. Da er die in ein

---

[219] Lecouteux sieht in der Wirkungslosigkeit der Enthauptung einen Hinweis auf die volkstümliche Überzeugung, dass man dem Wiedergänger den Kopf zwischen die Füße legen muss, um ihn auf Dauer daran zu hindern, sein Grab zu verlassen (Claude Lecouteux, *Histoire des vampires. Autopsie d'un mythe*, Paris: Imago, 1999, S. 68).
[220] Walter, *De nugis*, S. 204 („Apparently at sight of the cross").

schmutziges zerrissenes Leichentuch gehüllte Gestalt für einen Dämon hält, will er ihn zunächst verjagen, doch macht der Vater seinen Sohn darauf aufmerksam, dass er nichts zu befürchten habe. Er bittet den Sohn, einen Priester zu holen, damit er erzählen könne, warum er erschienen ist. Vor dem Priester und einer ebenfalls herbeigerannten Menge spricht der Tote und bekommt, was er erbittet:

> „Ille miser ego sum, quem tu dudum pro decimarum iniusta rentencione innominatum in turba cum aliis excommunicasti, sed in tantum michi per graciam Dei communes ecclesie oraciones et elemosine fidelium profuerunt, ut michi liceat absolucionem petere." Absolutus igitur cum magna multorum processione usque ad foueam ueniens incidit, que sponte super eum clausa est. Nouus hic casus nouam diuine pagine disputacionem intulit.²²¹

Diese Geschichte ist eine typisch christliche Wiedergängergeschichte. Der Tote kommt zurück aus dem Jenseits, um sich von eben dem Priester, der ihn einst exkommuniziert hat, die Absolution für ein Vergehen gegenüber der Kirche (die unterlassene Zahlung des Zehnten) erteilen zu lassen. Vom Fegefeuer ist hier noch nicht die Rede, aber die Exkommunikation lässt keinen Zweifel darüber entstehen, dass das Seelenheil des Toten auf dem Spiel steht. Typisch für christliche Wiedergängergeschichten ist auch, dass in ihnen soziale Beziehungen zum Ausdruck kommen, wenngleich der Sohn in diesem Falle in keiner Weise Verantwortung für ‚seinen' Toten übernehmen muss. Der Text weist zwar keine explizite didaktische Botschaft auf, dennoch ist die politische Logik des Exemplums deutlich zu erkennen. Besondere Erwähnung verdient der Schluss der Geschichte: Obwohl der Wiedergänger typisch christliche Züge trägt, teilt er mit den Wiedergängern des volkstümlich-apotropäischen Typs die Eigenschaft, physisch zu sein. Die Tatsache, dass er in das Grab fallen kann und dass sich dieses von selbst wieder über ihm schließt, ist ein eindeutiger Hinweis auf die Körperlichkeit der Erscheinung (die gewaltsame Bekämpfung entfällt hingegen aus naheliegenden Gründen). Der letzte Satz ist so zu verstehen, dass der Fall – ein aktueller, wie Walter betont – eine neue theologische Diskussion angestoßen habe. Damit kann nur die zu Walters Zeiten bereits existierende, aber noch nicht etablierte Vorstellung vom Fegefeuer gemeint sein, die als erstaunlich und neu, im Grunde als ein *mirabile* präsentiert wird, in dem sich christliche und volkstümliche Elemente

---

221 Walter, *De nugis*, S. 206 f. („,I am that wretch whom long since you excommunicated unnamed, with many more, for unrightous withholding of tithes; but the common prayers of the church and the alms of the faithful have by God's grace so helped me that I am permitted to ask for absolution.' So being absolved he went, with a great train of people following, to his grave and sank into it, and it closed over him of its own accord. This new case has introduced a new subject of discussion into the books of divinity").

vermischen. Vollständig ausgestaltet findet man den paganen apotropäischen Wiedergängertyp bei Walter nur in den Kapiteln II,27 und II,28.

3.3.3 Gervasius von Tilbury, *Otia imperialia* (III. *decisio*)

Wie man an dieser Anekdote Walters (II,30) – im Grunde eine Art *fait divers* – erkennt, erlaubt der christliche Charakter inhaltlicher Elemente nicht schon die Qualifizierung einer wunderbaren Erzählung als christlich. Zum einen sind christliche Interpretationen außergewöhnlicher Ereignisse und Phänomene zeitgenössisches Mentalitäten-Allgemeingut. Zum anderen ist die Pragmatik der Erzählung von ebenso großer Bedeutung wie der Erzählstoff. Geschichten, die sich auf der Ereignisebene nicht von einem Exemplum unterscheiden lassen, werden, da sie nicht mit einer theologischen Lektion verbunden sind, auf andere, eben weniger adressatenorientierte Weise erzählt und führt in den meisten Fällen dazu, dass die Erzählung stilistisch flacher ausfällt, da der Leser nicht auf dieselbe Weise manipuliert werden soll, wie dies in einem christlichen Exemplum der Fall ist – es handelt sich eben um einen Wissens- oder Unterhaltungstext, nicht um eine Glaubenslektion. Dies gilt auch für einige Kapitel aus den *Otia Imperialia* Gervasius' von Tilbury, des ‚wissenschaftlichsten' der Säkularkleriker am englischen Königshof. Seine kategoriale Unterscheidung von *miraculosus* und *mirabilis* gilt als die repräsentative Definition schlechthin für das aufkommende Interesse an *mirabilia* am Ende des 12. Jahrhunderts. Die *Otia* verfasste er zu Beginn des 13. Jahrhunderts für Kaiser Otto IV., den Enkel Heinrichs II. und Neffen Heinrichs des Jüngeren, der 1183 starb und für den er bereits ein Buch in der Art von Walters *De nugis curialium* verfasst hatte.[222] Mit Walter Map verbindet ihn sein Interesse an Ethnologie, Aberglaube und mündlich überlieferten Erzählungen. Einige von Gervasius' Geschichten erinnern stark an die phantastischen Geschichten Walters (namentlich die Kapitel XLIII, LVII, LVIII, LIX, LXXXV, LXXXVI, XCII, XCIII), da sich in ihnen volkstümliche und christliche Elemente vermischen.[223]

---

[222] Anne Duchesne, „Introduction", in: Gervais de Tilbury, *Le livre des merveilles*, S. 1–17, hier: S. 2.
[223] Beispielhaft sei die Geschichte der Burgherrin von Esperuer (Eparvier) erwähnt (LVII; Gervasius, *Otia. Recreation*, S. 664 ff.), die sogar als Exemplum präsentiert wird. Bisweilen, so Gervasius, verwandeln sich die ‚Engel Satans' in ‚Engel des Lichts' (2 Kor. 11–14) und nähren teuflische Eingebungen im Bewusstsein der Menschen. Die Herrin der Burg von Esperuer im Bistum Valence verlässt die heilige Messe stets bereits nach dem Evangelium. Als sie von ihrem Mann gezwungen wird, auch der Wandlung beizuwohnen, wird sie von einem *spiritus diabolicus* in die Luft gehoben und davon getragen, wobei sie einen Teil der Kapelle mit sich reißt. Die Überreste

Die dritte *decisio* der *Otia imperialia* („continens mirabilia uniuscuiusque provinciae, non omnia, sed ex omnibus aliqua"[224]) stellt eine Art „encyclopédie des merveilles du monde et de la nature en notices et historiettes"[225] (Jacques Le Goff) dar. In diesem pragmatischen Kontext wird auch der sehr ausführliche Bericht über einen Totengeist, der den Lebenden ausführliche Informationen über die göttlichen Strafen im Jenseits liefert, zu einem *mirabile* (CIII), obgleich die Visionen eines jungen Mädchens auf der Ebene des Geschehens für alle Personen ein göttliches Wunder sind. Aber bei Gervasius steht eben nicht die Botschaft des Glaubens, sondern die *curiositas* im Vordergrund. So leitet er die Geschichte mit der Bemerkung ein, sie sei „so außergewöhnlich, daß die Herzen sich verwundern, die Gemüter erstaunen und die Glieder erzittern sollen"[226]. Doch soll diese Wirkung offensichtlich ganz von der Sache selbst ausgehen, denn auf effektvolles Erzählen verzichtet Gervasius vollständig. Da es sich nicht um ein *miraculum* im Rahmen eines Exemplums handelt, fehlt die Aufforderung zum christlichen Leben ebenso wie der Versuch, im Leser Angst zu evozieren.

Das christliche Wunderbare ist bei Gervasius zwar stofflich-thematisch präsent, nimmt aber keinen privilegierten Platz neben all den Feen, Lamien, Naturphänomenen und Legenden ein. Gervasius stellt sich nie die Frage nach der christlichen Wahrheit, sondern ausschließlich die nach der Glaubwürdigkeit eines Phänomens oder Ereignisses. Er versteht sich als Wissenschaftler, der die Dinge als staunenswert, aber letztendlich nicht erklärbar stehen lassen kann, oder aber Pro und Contra der Glaubwürdigkeit eines erstaunlichen Phänomens abwägt, wie etwa im Falle des tanzenden und Ratschläge gebenden Pferds, das sich nach dem Tod seines Herrn sogar selbst tötet, indem es seinen Kopf gegen eine Wand schmettert (Kap. XCII)[227]. Auch Gervasius benutzt in diesem Zusammenhang den Begriff *fantasticus*.

Wenn er von einem Heiligen erzählt, etwa dem Bischof Johannes von Pozzuoli, geht es ihm nicht um die Verherrlichung der Person, sondern um das erstaunliche Wissen um die Beschaffenheit des Jenseits, das die Anekdote vom

---

des Turms zeugen noch heute von dem Ereignis, so Gervasius. In der anschließenden Auslegung rät Gervasius dem *felix Augustus*, er möge stets streng gegenüber jenen sein, die falsche Lehren verbreiten, und der Mensch solle der heiligen Messe stets bis zum Schluss beiwohnen. Diese Transformation einer Familienlegende der Plantagenets zum Exemplum ist eine Zutat Gervasius' (Gervasius, *Otia. Recreation*, S. 664, Anm. 3).
224 Gervasius, *Otia. Recreation*, S. 558.
225 Jacques Le Goff, „Préface", in: Gervais de Tilbury, *Le livre des merveilles*, S. XI.
226 Gervasius von Tilbury, *Kaiserliche Mußestunden. Otia imperialia*. Eingeleitet, übersetzt und mit Anmerkungen versehen von Heinz Erich Stiene, Stuttgart 2009, Bd. 2, S. 418.
227 Gervasius, *Otia. Recreation*, S. 738 ff.

Bischof und seinem Kontakt zur Seele eines Toten beinhaltet (XVII).²²⁸ Und wenn er im darauffolgenden Kapitel fortfährt mit der Anekdote über einen nach dem heiligen Bischof benannten See, durch dessen Wasser hindurch Bischof Johannes einmal die Pforten zur Hölle erblickt hat, so leitet er die kurze Erzählung folgendermaßen ein: „Alius eiusdem episcopi mirabile dictum recensebo, dum modo non tedeat audire quod salubre esse debebit didicisse."²²⁹ Die Geschichte wird nicht als didaktisches Exemplum, sondern als „mirabile dictum"²³⁰ präsentiert – Religion ist ein Wissensfeld neben anderen. Das gilt auch für den Friedhof von Arles, Elisi Campi/Les Alicamps (XC): Er wird zwar ausdrücklich als göttliches Wunder vorgestellt, aber Gervasius' Formulierung lässt keinen Zweifel daran, dass das *miraculum* nur die Unterkategorie eines allgemeineren Wunderbaren ist: „Insigne mirum ac ex diuina uirtute miraculum audi, princeps sacratissime."²³¹

Das gilt auch für die verschiedenen *figurae Domini*, die Abbilder Jesu auf Leinentüchern, darunter das berühmte Schweißtuch der Veronika (XXIII–XXV). Gervasius interessiert sich weniger für die Wunderwirksamkeit der Reliquie als dafür, wie es zu den Abdrücken kam sowie für die Tatsache, dass es in seiner Zeit die Abdrücke des echten Jesus auf Tüchern noch zu sehen gibt. Er informiert sodann darüber, wie dasjenige von Lucca die Zeit überdauert hat und von Jerusalem nach Italien gekommen ist (XXIV). Die drei Abdrücke werden im Grunde serialisiert und nach rationalen Gesichtspunkten verglichen. Worauf es Gervasius in seinem Fazit dieser drei Kapitel ankommt, ist die Echtheit der Tücher. Er ist sich sicher, schreibt er, dass man, wenn man die Tücher genau ansieht, feststellen wird, dass sie sich nicht unterscheiden. Offensichtlicher könnte Gervasius nicht zeigen, dass ihn die textilen Reliquien als *mirabilia* interessieren und nicht als Reliquien.

In XCIX erzählt Gervasius eine Wiedergängergeschichte, die weder zum christlichen noch zum volkstümlichen Typus so recht passen will:

> Erat enim in regno uestro Arelatensi et prouincia ac comitatu Aquensi, uir nobilis, genere illustris, moribus insignis, militia priuilegiatus: Guillelmus de Mustiers. Vxorem duxerat pereque illustrem et apud homines graciosam, cautam, et castam, ex qua susceptis liberis, diem clausis extremum. Hic cum suppremam ordinaret uoluntatem, uxori sub fide coniugali

---

228 Gervasius, *Otia. Recreation*, S. 588f.
229 Gervasius, *Otia. Recreation*, S. 590 („I shall relate another remarkable tale concerning the same bishop, as long as it does not bore you to hear it; it should certainly prove salutary if you take its teaching to heart").
230 Ebd.
231 Gervasius, *Otia. Recreation*, S. 734 („Hear a remarkable wonder, most worshipful Prince, a miracle indeed, caused by divine power").

iniunxit ne cuidam secundo nuberet, quem inimicium capitalem habuerat, adiciens si cum illo contraheret, eam mortario salsorio quod ad oculum erat se ipsam interfecturum. Paruit indicte uiduiati domina, pre instancia doloris animo turbato, omnem conuentinem gratanter suscipiens.[232]

Jahre nach dem Tod des Ehemanns gibt die Frau dem Drängen ihres sozialen Umfelds nach und heiratet besagten Todfeind. Sie hat die Drohung des Sterbenden nicht vergessen, doch beschwichtigen all ihre Freunde sie. So kommt es, dass sie noch am Tag der Wiedervermählung erschlagen wird: Sie allein sieht den Toten, alle anderen, die zugegen sind (ihr weibliches Gefolge), sehen nur die Bewegung des Mörsers, ohne ihren Urheber ausmachen zu können. Die Geschichte entspricht weder dem christlichen noch dem paganen Wiedergängertypus: Beide Eheleute genießen hohes Ansehen und haben einen tadellosen Charakter, zudem ist Guillelmus keines unnatürlichen, gewaltsamen oder frühen Todes gestorben. Der Tote ist auch keine Seele, die um Beistand bittet. Er ist zwar unsichtbar, aber offensichtlich durchaus körperlich, ist er doch in der Lage, seine frühere Ehefrau mit einem Mörser zu erschlagen. Formal handelt es sich um ein Exemplum (wenn auch ohne explizite Darlegung einer Lektion), jedoch nicht religiösen, sondern politischen Inhalts. Es nimmt Stellung gegen die Praxis der Wiederverheiratung von Witwen.[233] Die Geschichte ist zwar im Hinblick auf diese Botschaft komponiert, doch zeigt Gervasius nur bedingt Interesse an einer effektvollen Ausgestaltung der eigentlich außerordentlichen Mordszene.[234] Dies

---

232 Gervasius, *Otia. Recreation*, S. 752. („We know that a jealous concern for an undefiled marriage-bed is nursed not only by the living but also by the dead. In your kingdom of Arles, in the province and county of Aix, there was a nobleman of illustrous family, distinguished character, and high military rank: William de Moustiers. He had married an equally illustrious wife, who was gracious in society, prudent, and chaste. He had children by her, and the time came for him to die. When expressing his last wish, he injoined on his wife by her conjugal fidelity that she should not take as a second husband a man whom he had accounted his mortal enemy, adding that if she were to contract a marriage with that man, he would kill her with a salt mortar on which his glance fell. The lady submitted to the life of widowhood he was imposing on her, for her mind was in turmoil with the intensity of her grief, and she was ready to agree to anything").
233 Schmitt, *Les revenants*, S. 107.
234 Immerhin erwähnt er, in aller Kürze, dass nur die Neuvermählte den Toten sieht und dem in einem Ausruf Ausdruck gibt, während die Frauen um sie herum nur den Mörser sich erheben sehen: „Statim in publico tam sollempnis multitudinis conspectu, mortuus mortario erecto dominam excerebrat, et licet erigi uiderunt omnes mortarium, a quo tamen erigeretur non est qui agnosceret. Sufficiebant ad percussoris agnitionem uxoris ipsum proclamantis testimonium et mors subsecutiua." – „Straightaway, in full view of such a festive company, the dead man raised the mortar and smashed the lady's skull. Although everyone saw the mortar being raised, no one could see who was raising it. But the testimony of his wife's cry and her subsequent death were sufficient to identify her assailant" (Gervasius, *Otia. Recreation*, S. 754 f.).

erklärt sich wohl dadurch, dass der Leser das Lehrstück nicht, wie in den christlichen Exempla, auf sich selbst beziehen muss. Weder soll er Angst bekommen, noch hat er einen Stellvertreter im Text. Er soll lediglich von einer politischen Notwendigkeit überzeugt werden.

3.3.4 Wilhelm von Newburgh, *Historia rerum anglicarum*

Wilhelm von Newburgh, Kanoniker im Priorat von Newburgh (Yorkshire), ist vor allem als Verfasser einer vom Abt von Rievaulx bei ihm in Auftrag gegebenen *Historia rerum anglicarum*[235] bekannt. Er behandelt darin den Zeitraum 1066 bis 1198, dem Jahr seines Todes. Da er zeit seines Lebens Yorkshire wohl nicht verlassen hat, müssen die Kapitel über zeitgenössische wunderbare Phänomene auf den Berichten von Bewohnern der Gegend und von Reisenden beruhen. Wilhelms Schreibprogramm sieht keine Unterhaltung vor. Alle Berichte über wunderbare Ereignisse sind nicht auf Effekte angelegt. Es lassen sich auch keine stilistischen Unterschiede zwischen Wundergeschichten und historischen Berichten ausmachen. Die Grausamkeit der Berichte hat ihren Anlass nicht in der Absicht, Angst beim Leser zu erzeugen, sondern ist authentischer Bestandteil der Geschichten, wie sie Wilhelm mündlich zugetragen worden sind. Wenn er etwa einen Kampf mit einem Wiedergänger detailliert beschreibt, so dürfen wir davon ausgehen, dass er sich dabei schlicht an die mündlichen Berichte hält, die von ihm als glaubwürdig eingestuft worden sind. Wilhelm hat, seinem Vorbild Beda Venerabilis folgend, seine *Historia* mit dem Anspruch geschrieben, nicht zu fabulieren und nur den Fakten zu folgen; ein Anspruch, der sowohl methodisch als auch stilistisch im Text zum Ausdruck kommt. In seiner an den Abt von Rievaulx gerichteten Vorwort-Epistel führt Wilhelm aus, was der Gegenstand seiner *Historia* sein soll:

> Nunc autem cum cauta discretio vestra, non altis scrutandis, mysticisque rimandis insistere, sed in narrationibus historicis præcipiat spatiari ad tempus, tanquam pro quadam, ex facilitate operis, recreatione ingenii, multo magis excusandi mihi occasio tollitur.[236]

---

[235] Wilhelm von Newburgh, *Historia rerum anglicarum*, 2 Bde., hg.v. Hans Claude Hamilton, London: Sumptibus Societatis, 1856. Die englische Übersetzung wird zitiert nach: *The Church Historians of England*. Translated from the Original Latin, with Prefaces and Notes by Joseph Stevenson, Vol. IV-Part II, London: Seeleys, 1861.
[236] Wilhelm, *Historia*, Bd. 1, S. 2. – „[...] since your cautious discrimination does not impose upon me any research into profound matters or mystical exposition, but merely to expiate, for a time, on historic narrative, as it were for mental recreation only (so easy is the work), I have, consequently, no sufficient ground of refusal remaining" (*Church Historians*, S. 3.). Vgl. auch

Wilhelms Bestreben, sich in seiner *Historia* ausschließlich mit Wahrheiten zu befassen, bringt es mit sich, dass er sich von einer bestimmten Spielart zeitgenössischer Historiographie in aller Schärfe abgrenzt. Deren prominentester Vertreter ist Gottfried (Geoffrey) von Monmouth, Verfasser einer zumindest in Teilen pseudohistorischen *Historia regum Britanniae*, die durch einen hohen Anteil an sagenhaften Elementen gekennzeichnet ist. Gleich zu Beginn seines Proömiums kritisiert Wilhelm seinen Zeitgenossen in aller Schärfe: Er sei lediglich ein „fabulator", habe er doch die Geschichte der Briten um lächerliche Erfindungen („ridicula figmenta") erweitert. Darunter versteht Wilhelm vor allem die Deklaration sagenhafter Erzählungen um Arthur und Merlin als authentische Berichte. Gottfried habe diese *fabulae* der volkstümlichen Überlieferung entnommen und noch eigene Erfindungen hinzugefügt, und das alles nur, um das eigene Volk, die Briten, in einem besseren Licht erscheinen zu lassen. Der *vanitas* der *fabulae* stellt Wilhelm sodann die *veritas* der *res gestae* entgegen.[237]

Diese Einstellung gegenüber Fakten und Fiktionen schlägt sich auch in Wilhelms Haltung gegenüber christlichen Wundern und volkstümlichen Berichten über wunderbare Ereignisse nieder. Er erzählt diese nicht um ihrer Sensationalität willen, sondern weil sie auf eine – allerdings verborgene – Bedeutung verweisen:

> Alia quoque aeque mira et prodigiosa nostris temporibus contigerunt, ex quibus pauca retexam. Mira vero hujusmodi dicimus, non tantum propter raritatem, sed etiam quia occultam habent rationem.[238]

Oft, so in den eben aufgeführten Beispielen, verzichtet er auf eine Kritik an der Glaubwürdigkeit der Berichte. Die Autorität seiner Quellen scheint ihm im Zweifelsfalle zu genügen. Die Zuordnung einiger Phänomene zum magisch-diabolischen Übernatürlichen, so oberflächlich sie auch sein mag, verleiht den Berichten eine zusätzliche Glaubwürdigkeit im Sinne christlicher Orthodoxie. In jedem Falle berichtet Wilhelm ausschließlich über Dinge, die nicht dem Bereich der *fabulae* angehören. Das gilt auch für eine so unerklärliche Geschichte wie die von den

---

Wilhelms Proömium (Wilhelm, *Historia*, S. 3–10; *Church Historians*, S. 398–402) sowie das Vorwort des Herausgebers Hamilton zu Wilhem, *Historia*, Bd.1, S. v–viii.

237 „Nam qui rerum gestarum veritatem non didicit, fabularum vanitatem indiscrete admittit" (Wilhelm, *Historia*, Bd. 1, S. 5).

238 Wilhelm, *Historia*, Bd. 1, S. 76. – „Some other wonderful and astonishing occurrences have happened in our times, of which I shall mention a few. I call things of this nature wonderful, not merely on account of their rarity, but because some latent meaning is attached to them" (*Church Historians*, S. 437). Vgl. auch Partner, *Serious entertainments*, S. 123: „[William] was consciously searching for rational connections between unique events and the permanent structure of the universe."

grünen Kindern, die eines Tages in einem namentlich nicht genannten, geographisch aber recht genau lokalisierten Dorf erscheinen.[239] Wilhelms Reflexionen über die Glaubwürdigkeit der Geschichte zeigen, dass sich hinter der Aufnahme eines solchen Phänomens kein naiver Wunderglaube verbirgt: Es erscheine ihm lächerlich, an die Geschichte zu glauben, schreibt er, aber das ‚große Gewicht' glaubwürdiger Zeugen lasse ihm keine andere Wahl.[240] In der Geschichte von den grünen Kindern ist Wilhelm hin und her gerissen zwischen der Glaubwürdigkeit der Zeugen einerseits und der extremen Schwierigkeit, die grünen Kinder als Zeichen zu verstehen andererseits. Er entscheidet sich für eine gewissenhafte Wiedergabe dessen, was man ihm berichtet hat, gesteht aber die Widerständigkeit des Phänomens ein: „Dicat quisque quod voluerit, et ratiocinetur de his ut poterit; me autem prodigiosum mirabilemque eventum exposuisse non piget."[241]

In der *Historia rerum anglicarum* finden sich vier Berichte über Wiedergänger, die unzweifelhaft auf vorchristlichen Vorstellungen beruhen und die deshalb bestens geeignet sind, den Unterschied zwischen christlichen und paganen Wiedergängern zu verdeutlichen. Wilhelm erzählt von solchen „prodigia res"[242] in den Kapiteln 22 bis 24 des fünften Buchs. Wie alle paganen Wiedergänger sind sie körperlich und setzen der Bevölkerung an den Orten, an denen sie ihr Leben verbracht haben, schwer zu. Als Quellen werden genannt: Bewohner der Gegend, in der sich die Dinge zugetragen haben, ein Archidiakon namens Stephanus (V,22), ein alter Mönch (V,24) sowie namentlich ungenannt bleibende „viri religiosi" (ebenfalls V,24); einmal wird auch keine Quelle genannt (V,23). Ähnlich wie Walter Map im Falle der ‚Söhne der toten Frau' schreibt Wilhelm, dass es nicht leicht sei, das Phänomen der Wiedergänger für wahr zu halten – gäbe es nicht die Evidenz einer hohen Zahl von Geschichten über sie. Da sich nichts darüber in alten Texten findet, hält William die wiederkehrenden Toten für ein neues Phänomen. Denn eine so staunenswerte und schreckliche Sache („rem tanti stuporis simul et horroris"[243]) hätte man wohl kaum verschwiegen, wenn sie vorgefallen wäre.

In V,22 erzählt Wilhelm die Geschichte eines Toten, der nachts seine Witwe aufsucht, um sie zu erschrecken. Dies geschieht, indem er sich auf sie legt, so dass

---

239 I,27 (Wilhelm, *Historia*, Bd. 1, S. 73–75).
240 „[...] donec tantorum et talium pondere testium ita sum obrutus, ut cogere credere et mirari, quod nullis animi viribus possum attingere vel rimare" (Wilhelm, *Historia*, Bd. 1, S. 74).
241 Wilhelm, *Historia*, Bd. 1, S. 76. – „Let every one say as he pleases, and reason on such matters according to his abilities; I feel no regret at having recorded an event so prodigious and miraculous" (*Church Historians*, S. 437).
242 Wilhelm, *Historia*, Bd. 2, S. 182.
243 Wilhelm, *Historia*, Bd. 2, S. 186.

er sie mit seinem Gewicht zu erdrücken droht. Nach zwei Nächten umgibt sich die Witwe mit Wächtern, die den Toten denn auch vertreiben, woraufhin dieser denselben Schrecken bei seinen Brüdern verbreitet, die sich auf dieselbe Weise helfen, woraufhin der Tote unter den Tieren wütet (das den ganzen Text hindurch verwendete Verb ist *debacchari*), wie man hören konnte („quod ipsorum animalium efferatio et motus insoliti declarabant"[244]). Hat er sich zu Beginn seines Umherziehens nur an seine Familie gehalten, so wird er nun zu einer Gefahr für alle, zudem nun nicht mehr nur in der Nacht, sondern auch am Tage. Die Schilderung dessen, was die Bewohner des Orts nun tun, um das Problem zu lösen, bietet einen Einblick in den Alltag und die Organisation einer Diözese: Die Menschen wenden sich an den von Wilhelm bereits als seinen Informanten vorgestellten Archidiakon Stephanus, der sich wiederum in einem Brief an den zuständigen Bischof wendet. Der Bischof berät sich mit den Seinen, die von vielen ähnlichen Fällen berichten können und zu dem Schluss kommen, dass die Bevölkerung erst dann wieder Ruhe hat, wenn der Körper des Elenden ausgegraben und verbrannt wird („quietem populo dari non posse nisi miserrimi hominis corpore effosso et concremato"[245]). Diese für den heidnischen Wiedergänger typische Bekämpfungsmethode erscheint dem Bischof allerdings unschön und unwürdig („Indecorum nimis atque indignum"[246]), weshalb er – „manu sua" – eine ‚cartula absolutionis' schreibt, die man dem Archidiakon Stephanus schickt. Dieses Papier wird nun dem Toten auf die Brust gelegt, bevor man ihn wieder mit Erde bedeckt, womit der Wiedergänger endgültig besiegt ist. Auch wenn die Ersetzung der archaisch-gewaltsamen Methode durch eine symbolische auf einen zivilisatorischen Fortschritt hinzuweisen scheint, so lässt sich nicht übersehen, dass die Anrufung kirchlicher Autoritäten eine allenfalls oberflächliche Christianisierung des Aberglaubens darstellt, funktioniert das vom Bischof ausgestellte Dokument doch letztendlich nach der magischen Logik des Zauberspruchs. Öfter kommt es jedoch zur Anwendung der archaischen Methode (V,23 und V,24): In der ersten der beiden Episoden erzählt Wilhelm von einem Toten, dessen Belebung auf Satan zurückgeführt wird. Der Tote erscheint stets mit einem Rudel laut bellender schwarzer Hunde, das ihm folgt. Auch in dieser Geschichte kommt die von dem Toten bedrohte Gemeinde zusammen, um zu beratschlagen, was zu tun sei. Alle sind sich einig, dass man schnell handeln müsse, da der Tote die Stadt (Berewic/Berwick-upon-Tweed) mit seiner Anwesenheit buchstäblich verseuche, und so benennt man zehn junge, für ihren Wagemut bekannte Männer, die den

---

244 Wilhelm, *Historia*, Bd. 2, S. 183.
245 Ebd. Beiläufig erfährt man aus diesem Satz, dass der Wiedergänger immer wieder in sein Grab zurückkehrt, als brauche er wie ein Lebender Schlaf.
246 Ebd.

Auftrag bekommen, den Körper des Toten auszugraben, zu zerstückeln und zu verbrennen. Diese Methode ist erfolgreich, obgleich Wilhelm einschränkend hinzufügt, dass trotzdem eine Pest den größten Teil der Bevölkerung in der Folge dahingerafft hat. Die Seuche sei zwar in ganz England ausgebrochen, habe jedoch nirgends so viele Opfer gefordert wie in Berwick.

Die ausführlichste Darstellung der archaischen Bekämpfungsmethode findet sich in den zwei Episoden des Kapitels V,24. Die Dramaturgie der Schlussszenen weist regelrecht auf die Schauerliteratur und Splatterfilme späterer Jahrhunderte voraus: Ein Mann stand zu Lebzeiten als Kaplan im Dienst einer Adligen, war aber zudem bekannt für seinen sehr weltlichen Lebenswandel und seine Vorliebe für die Jagd, die ihm den Spitznamen eines „hundeprest" eingebracht hat. Nach seinem Tod tritt zutage, wie sehr er sich auf diese Weise schuldig gemacht hat, denn er wird ein Wiedergänger. So lange er nur innerhalb der Mauern des Klosters, in dem sich sein Grab befindet, umhergeht, hält ihn die Frömmigkeit der Mönche davon ab, Schaden anzurichten; doch er verlässt das Kloster und streift, schreckliche Laute ausstoßend, um das Schlafgemach seiner einstigen Dienstherrin herum. Nach einigen Nächten des Terrors bittet die Frau, die eine großzügige Unterstützerin des Klosters ist, unter Tränen einen der Mönche um Hilfe: Die Brüder mögen für sie beten wie für eine Sterbende. Die Maßnahme, die der Mönch indes ergreift, besteht in nichts anderem als in der archaischen Methode der Bekämpfung von Untoten: Er verschafft sich die Unterstützung eines weiteren Mönchs und zweier junger Männer; bewaffnet bewachen die vier nachts den Friedhof. Als sich auch nach Mitternacht noch kein *monstrum* gezeigt hat, verlassen drei der vier Männer den Friedhof, um sich im nächsten Haus aufzuwärmen. Was dann geschieht, sei hier am Stück wiedergegeben, um einen Eindruck davon zu vermitteln, wie detailliert Wilhelm hier erzählt:

> Cum ergo solus ille in loco persisteret, aptum se tempus ut fiduciam hominis frangeret invenisse diabolus æstimans, illico vas proprium, quod solito diutius quievisse videbatur, excitavit. Quo eminus conspecto, ille pro eo quod solus erat primo diriguit: sed mox resumpta fiducia, cum locus non esset effugii, impetum pestis cum terribili murmure irruentis fortiter excipiens, bipennem, quam manu gestabat, alte corpori ejus infixit. Accepto illa vulnere, sonore ingemuit: et conversa, non segnius quam advenerat, abiit, cum homo mirabilis fugientem a tergo urgeret, et sepulchrum proprium repetere cogeret: quod illi se ultro aperiens, suscipiensque hospitem a facie insequentis, eadem facilitate mox clausum apparuit. Quibus actis, qui nocturni frigoris impatientes ad ignem secesserant vel sero accurrunt, et auditis quae acciderant ad effodiendum tollendumque de medio cadaver maledictum summo mane necessarii cooperatores fuerunt. Quod cum egesta humo nudassent, ingens in eo vulnus quod acceperat, et cruoris plurimum qui ex vulnere fluxerat, in sepulchro invenerunt. Sublatum igitur extra septa monasterii comburentes, cineres

quoque dispserserunt. Hæc nimirum prout a viris religiosis accepi, simplici narratione digessi.[247]

Das Erzähltempo verringert sich, die Darstellung wird szenisch und orientiert sich dabei weitgehend an der Perspektive des allein Zurückgebliebenen. So wird seine Angst nicht einfach erwähnt, sondern in den Zusammenhang einer visuellen Wahrnehmung gestellt, später kommen auch akustische Wahrnehmungen hinzu, was insgesamt zu einer Dramatik führt, die man in anderen Texten des apotropäischen Typs nicht in diesem Maße realisiert findet. Auch hier wird die Zerstörung des Wiedergängerkörpers durch Axt und Feuer die Gefahr beenden; eine Gefahr, die keine metaphysischen Qualitäten hat, sondern rein physisch ist und schlüssigerweise auch nur physisch-gewalttätig beendet werden kann. Die Gefahr, die vom Wiedergänger ausgeht, überschreitet indes nicht die Grenze des Lebens; nirgends wird erwähnt, dass sie irgendwelche Auswirkungen auf das Schicksal des Getöteten im Jenseits hätte.

Das gilt auch für die zweite Episode des Kapitels V,24, die demselben Schema folgt: In der Nähe der Burg Anantis stirbt ein Mann in einer schon novellistisch zu nennenden Szene bei dem Versuch, seine Frau des Ehebruchs zu überführen. Während sie sich mit ihrem Liebhaber vergnügt, fällt er von einem Deckenbalken, auf dem er sich versteckt hat. Sein Misstrauen war also alles andere als unberechtigt, doch steht der Schuld der listigen Frau der ausgesprochen schlechte Lebenswandel des Mannes gegenüber. Vor allem aber ist der Mann so sehr von seiner Eifersucht besessen, dass er auf dem Sterbebett sogar den Rat des Geist-

---

247 Wilhelm, *Historia*, Bd. 2, S. 187 f. – „As soon as this man was left alone in this place, the devil, imagining that he had found the right moment for breaking his courage, incontinently roused up his own chosen vessel, who appeared to have reposed longer than usual. Having beheld this from afar, he grew stiff with terror by reason of his being alone; but soon recovering his courage, and no place of refuge being at hand, he valiantly withstood the onset of the fiend, who came rushing upon him with a terrible noise, and he struck the axe which he wielded in his hand deep into his body. On receiving this wound, the monster groaned aloud, and turning his back, fled with a rapidity not at all interior to that with which he had advanced, while the admirable man urged his flying foe from behind, and compelled him to seek his own tomb again; which opening of its own accord, and receiving its guest from the advance of the pursuer, immediately appeared to close again with the same facility. In the meantime, they who, impatient of the coldness of the night, had retreated to the fire ran up, though somewhat too late, and, having heard what had happened, rendered needful assistance in digging up and removing from the midst of the tomb the accursed corpse at the earliest dawn. When they had divested it of the clay cast forth with it, they found the huge wound it had received, and a great quantity of gore which had flowed from it in the sepulchre; and so having carried it away beyond the walls of the monastery and burnt it, they scattered the ashes to the winds. These things I have explained in a simple narration, as I myself heard them recounted by religious men" (*Church Historians*, S. 659).

lichen ausschlägt, zu beichten und die Kommunion zu empfangen. Als Toter wütet er unter den Lebenden (einmal mehr wird der Allgemeinplatz aufgerufen, nach dem dies mit Hilfe des Teufels geschieht), und wieder ist von einer Verseuchung der Luft die Rede. Menschen sterben, die Überlebenden verbarrikadieren sich in ihren Häusern (was nichts nutzt, wie Wilhelm erwähnt, da sich die Seuche durch die Luft verbreite). Der Priester, der zugleich Wilhelms Informant ist, sucht am Palmsonntag den Rat anderer Geistlicher und lässt die für diesen Feiertag übliche Liturgie lesen. Die Schlussszene steigert schließlich die sonst üblichen Grausamkeiten noch: Zwei Brüder verlassen nach den Palmsonntagsfeierlichkeiten den Tisch, an dem sie mit dem Priester und dessen ehrwürdigen Gästen sitzen, um heimlich und auf eigene Faust ihren Vater, der dem Monster zum Opfer gefallen ist, zu rächen. Dafür wählen sie eine besonders stumpfe Hacke. Was folgt, ist die detaillierte Beschreibung der Beseitigung des Wiedergängers: Die beiden Brüder graben den prall mit Blut gefüllten Körper aus (der Tote ist eine *sanguisuga*, ein Blutegel, also einer der ersten Vampire der Literaturgeschichte) und fügen ihm schwere Wunden zu, aus denen reichlich Blut fließt. Schließlich verbrennen sie den Toten auf einem Scheiterhaufen vor den Toren der Stadt, nicht ohne ihm vorher mit der Hacke die Brust aufzuschlagen und ihm das Herz herauszureißen. Nur unter dieser Voraussetzung, so einer der Brüder, würde der Körper überhaupt brennen. Dann kehren die beiden jungen Männer zur Gesellschaft zurück und verkünden, was sie getan haben.[248] Nach dieser letzten Wiedergängergeschichte leitet Wilhelm dann in aller Sachlichkeit die Rückkehr zum eigentlichen Gegenstand seiner Geschichte der englischen Könige ein: „His itaque expositis, ad historiae ordinem redeamus."[249] Wilhelm betrachtete es anscheinend als seine Pflicht, diese Dinge zu berichten, und dies mit derselben Ernsthaftigkeit und Rationalität, mit der er auch die weltlichen und politischen Ereignisse erzählt. Sie gehören für ihn aber ganz offensichtlich in eine andere Kategorie als die historischen Ereignisse, von denen er sonst berichtet und zu denen er nun zurückkehrt.

Die christlichen Elemente in diesen Geschichten lassen sich nicht wirklich als Christianisierungen volkstümlicher Vorstellungen interpretieren. Die Erwähnung von Mönchen, Priestern und Bischöfen entspricht wohl schlicht den Gegebenheiten. Einfluss auf die Lösung der Probleme haben die Autoritäten nur bedingt. Der Schädling wird fast ausschließlich mit roher Gewalt bekämpft, und wo ein christliches Schriftstück Teil der erfolgreichen Zurückdrängung des Untoten ist

---

248 Wilhelm scheint die ergriffenen Maßnahmen in jeder Geschichte zu billigen, ist ihre Wirksamkeit doch evident.
249 „These facts having been thus expounded, let us return to the regular thread of history" (*Church Historians*, S. 661).

(V,22), da wird vielmehr das christliche Element in eine sehr unchristliche magische Logik integriert. Die individuellen Verhältnisse zwischen den Lebenden und den Toten spielen so gut wie keine Rolle, stattdessen sieht sich stets eine Gemeinschaft durch den Schädling bedroht. Das gilt auch für die Geschichte vom eifersüchtigen Ehemann (V,24): Ist er einmal zum Wiedergänger geworden, spielt das Motiv der Eifersucht nicht mehr die geringste Rolle, auch die Ehefrau tritt in der Erzählung nicht mehr in Erscheinung. Das Thema der Geschichte ist die Bedrohung der ganzen Bevölkerung eines gegebenen Orts. Dies legt die These nah, dass diese mündlichen Berichte womöglich als ätiologische Erklärung von Seuchen dienten, welche bei Wilhelm wiederholt erwähnt werden.

Stilistisch sind Walters wie Wilhelms Berichte spröde bis schlicht. Bei beiden Autoren ist die Erzählung fast durchgehend aperspektivisch und scheint keinen besonderen Effekt zu beabsichtigen, es sei denn, den Leser durch den Stoff selbst zu beeindrucken. So lassen die Schilderungen von Leichenverstümmelungen bei Wilhelm eher an die akribische Wiedergabe der Informantenberichte als an bewusste stilistische Entscheidungen denken. Es dominiert der nüchterne, an keine textinterne Perspektive gebundene Bericht.[250] Es gibt dementsprechend auch keinen Stellvertreter des Lesers im Text, wie dies in den Exempla oft der Fall ist. Die pragmatischen Voraussetzungen sind ja auch völlig verschieden: Der Adressat des Exemplums soll sich die Angst der Figur zu eigen machen, wovon in den Berichten über volkstümliche Wiedergänger nicht die Rede sein kann. Zum einen sind die Texte keine konzeptuell durchdachten Kompositionen, sondern wollen einfach nur das Erstaunliche festhalten. Zum anderen spielt Angst aber auch eine nur untergeordnete Rolle. Natürlich fühlen sich ganze Dorfgemeinschaften bedroht, aber die einzigen ‚normalen' Menschen, die handelnd in Erscheinung treten, reagieren trotz des Schreckens sehr souverän, indem sie sich beratschlagen und anschließend zur Tat schreiten.[251] Die Situationen, in denen sich diese Personen befinden, sind aber nicht übertragbar, die Geschichten erzählen ausschließlich von bemerkenswerten Einzelfällen ohne Beispielcharakter. Der Leser wird in keiner Weise dazu angeregt, diese Fälle auf sich zu beziehen, weder moralisch noch praktisch. Damit wird Wilhelm ohne Zweifel seiner Rolle als Historiker, Ethnologe und Beobachter gerecht. Die Schwierigkeiten, die das Ver-

---

250 „William's vampire stories have sometimes the tone of a sanitary commission report" (Partner, *Serious entertainments*, S. 139).
251 Dass die Umsetzung technischer Maßnahmen zur Bekämpfung eines zuerst als unheimlich wahrgenommenen Phänomens einen Umschwung von unheimlicher Orientierungslosigkeit zu „rationaler Sorge um die persönliche Unversehrtheit, welches aber bei aller sonstigen Intensität zweifellos eine Art intellektuellen Beherrschens der Lage voraussetzt", bedeutet, schreibt schon Jentsch (Jentsch, „Zur Psychologie des Unheimlichen", S. 198).

stehen dieser Ereignisse bereitet, führen unweigerlich zu einer interpretatorischen Offenheit, die in starkem Kontrast zu den christlichen Exempla steht.

4 Das christliche Wunderbare in der modernen Phantastik

Die Lektüren christlicher Texte des Mittelalters verfolgten ein doppeltes Ziel. Es ging zum einen darum, die These zu widerlegen, dass der christliche Diskurs über das Übernatürliche ein regelrechter Gegenbegriff zum eigentlichen Wunderbaren sei. Zum anderen sollte die literarische Produktivität und das narrative Potential des christlichen Wunderbaren im Hinblick auf die moderne Phantastik herausgestellt werden. Die nun folgenden Textanalysen folgen einer komplementären Perspektive. Am Beispiel zweier phantastischer Novellen und eines Films soll gezeigt werden, dass das christliche Wunderbare, wie es uns in den Exempla des Mittelalters begegnet, durchaus im Sinne moderner Phantastik aktualisierbar ist. Damit soll abschließend auch im Bereich der modernen Literatur noch einmal die Behauptung widerlegt werden, dass sich der christliche Diskurs über das Übernatürliche nicht an eine *poétique de l'incertain* und eine *esthétique de la peur* anschließen lasse.

Bei den zu diesem Zweck ausgewählten Texten handelt es sich um die Erzählung *Confessione postuma* von Remigio Zena aus dem Jahre 1897 und um den Film *The Sixth Sense* von M. Night Shyamalan aus dem Jahre 1999. Luigi Capuanas Novelle *Un vampiro* (1904) soll, in Analogie zum Kapitel über die mittelalterlichen Texte, die Unterschiede zwischen der christlichen und der nicht-christlichen Tradition des Wiedergängers auch im Bereich der modernen Phantastik beleuchten. Diese Textauswahl verdankt sich zudem der Beobachtung, dass der volkstümliche und der christliche Wiedergänger des Mittelalters zwei narrative Traditionen ausgebildet zu haben scheinen, die ein Spannungsfeld bilden, in dem sich noch in der Moderne zahlreiche unheimlich-phantastische Erzählungen bewegen.

4.1 Remigio Zena, *Confessione postuma*

Der aus Ligurien stammende, literarhistorisch der Scapigliatura und dem Verismus zuzurechnende Remigio Zena (Pseudonym von Gaspare Invrea) wird in den Literaturgeschichten in der Regel in der Abteilung der *scrittori minori* geführt. Dieses Schicksal teilt er indes mit einigen anderen Vertretern der Phantastik in Italien.[1] Ohnehin ist die literarische Phantastik in Italien selbst in der Spätro-

---

[1] Das Inhaltsverzeichnis der von Enrico Ghidetti und Leonardo Lattarulo herausgegebenen

mantik im Vergleich zu anderen europäischen Ländern kaum präsent, ja man kann sagen, dass sie erst mit Fin de siècle und Verismus ihre stärkste Ausprägung erhält.[2] Zenas Erzählungen dürfen als repräsentative Beispiele des phantastischen Erzählens um die Jahrhundertwende in Italien gelten.

Confessione postuma ist eine von vier phantastischen Erzählungen, die 1977 in dem gleichnamigen, um den Untertitel *Quattro storie dell'altro mondo* ergänzten Erzählband veröffentlicht wurden.[3] Als einziger dieser vier Texte wurde er, im Jahre 1897, vom Autor selbst noch zu Lebzeiten publiziert.[4] Für das Verständnis der Erzählung nicht unerheblich ist die Tatsache, dass Zena sein Leben lang ein überzeugter, dabei kritischer Katholik war. Von diesem kritischen, mitunter mystisch inspirierten Katholizismus zeugt auch sein bekanntestes Werk, der 1901 erschienene Roman *L'apostolo*. Für Zena – wie für Capuana – gilt, dass er sich für die um die Jahrhundertwende bereits nicht mehr ganz neuen Themen Okkultismus, Spiritismus und Parapsychologie interessierte und daraus eine durchaus kritische Position gegenüber den Erkenntnismöglichkeiten der positivistischen Wissenschaften ableitete.[5] *Confessione postuma* ist ein klassisches, wenngleich bereits sehr spätes Beispiel phantastischen Erzählens im 19. Jahrhundert. Zenas phantastische Erzählungen lassen unweigerlich an E.T.A. Hoffmann und Théophile Gautier, an E. A. Poe und Guy de Maupassant denken: In der Thematik des verführten Priesters und der Erzählsituation verweist *Confessione postuma* auf Gautiers *La morte amoureuse*, in der Schilderung der bedrohlich finsteren Orte auf Poes *The Pit and the Pendulum*, in der *hésitation* zwischen Übernatürlichem und Wahnsinn auf zahlreiche Novellen Maupassants. All dies machte Zena zum Epigonen, zum zu spät gekommenen Vertreter eines Genres, das sich um 1900 längst

---

Anthologie *Notturno italiano* (2 Bde., Mailand: Editori riuniti, 1985) führt neben einigen kanonischen Autoren zahlreiche *minori* auf. Italo Calvino nimmt italienische Autoren gar nicht erst auf in die von ihm herausgegebene Anthologie *Racconti fantastici dell'Ottocento*, 2 Bde., Mailand: Mondadori, 1983.

2 Die relative Nachzeitigkeit der italienischen Phantastik bildet den Ausgangspunkt eines Sammelbandes zum Thema: Billiani, Francesca/Sulis, Gigliola (Hg.), *The Italian Gothic and Fantastic. Encounters and Rewritings of Narrative Traditions*, Cranbury: Fairleigh Dickinson University Press, 2007.

3 Remigio Zena, *Confessione postuma. Quattro storie dell'altro mondo*, hg. v. Alessandra Briganti, Turin: Einaudi, 1977.

4 Im Hinblick auf die literarhistorischen Verbindungen zum christlichen Wunderbaren, wie es sich in den Wiedergänger-Exempla darstellt, ist von besonderer Ironie, dass der erste Publikationsort für einen Rest von Erbaulichkeit steht, handelt es sich doch um den *Almanacco delle famiglie cristiane*.

5 Monica Lanzillotta, „Una storia dell'altro mondo: *Confessione postuma* di Remigio Zena", in: Antonio D'Elia/Alberico Guarnieri/Monica Lanzillotta/Giuseppe Lo Castro (Hg.), *La tentazione del fantastico. Racconti italiani da Gualdo a Svevo*, Cosenza: Pellegrini, 2007, S. 351–377, hier: S. 341.

überlebt hat – wäre da nicht der Katholizismus des Autors, der *Confessione postuma* zum interessanten Fall einer Aktualisierung des christlichen Wunderbaren im Zeichen moderner Phantastik macht. Zenas *racconto* ist in jeder Hinsicht ein typisches Produkt des ausgehenden 19. Jahrhunderts und verknüpft längst stereotyp gewordene Elemente: einen Priester, der bei Nacht in ein unheimliches Geschehen involviert wird, einen Doppelgänger, eine junge Tote mit wallendem Haar, mattes Kerzenlicht und tiefe Finsternis, Todesangst in einem hermetischen, gruftartigen Raum sowie Objekte, die die Realität des Übernatürlichen zu belegen scheinen.

Wie in der literaturwissenschaftlichen Interpretation phantastischer Literatur üblich, konzentrieren sich die wenigen Forschungspublikationen auch im Falle dieser Novelle auf formalistische und auf psychoanalytische Interpretationen.[6] Erstere zielen vor allem auf die Erzählstrategien, mittels derer die phantastische Ambivalenz des fiktiven Berichts etabliert wird, während letztere die Erzählung tiefenpsychologisch als eine Geschichte über Triebe und Verdrängungen interpretiert. Die psychoanalytische Interpretation geht ganz offensichtlich von der Annahme aus, dass der Text als ein Indiz für die generelle Plausibilität der Freudschen Persönlichkeitstheorie betrachtet werden kann; um ein Rezeptionsphänomen kann es sich jedenfalls nicht handeln: Im Jahre 1897, dem Veröffentlichungsjahr von *Confessione postuma*, sind nicht einmal die frühen der wichtigen Schriften Freuds erschienen (*Die Traumdeutung*, 1899), geschweige denn die grundlegenden Schriften über Es, Ich und Über-Ich (*Das Ich und das Es*, 1923), jene Kategorien, die in den Interpretationen von di Giovanna und vor allem von Lanzillotta so großen Raum einnehmen. Weder der formalistische noch der psychoanalytische Interpretationsansatz sind für sich genommen historisch orientiert. Die Bedeutung von *Confessione postuma* erschließt sich hingegen erst, wenn man die Erzählung als eine Transformation von Themen und Erzählmustern des christlichen Wunderbaren versteht. Die folgende Interpretation zielt daher auf die Strategien, mit denen der Text die aus den mittelalterlichen Exempla bekannten Aspekte des christlichen Wunderbaren mit moderner literarischer Phantastik verbindet.

---

[6] Für eine formalistische Analyse der Erzählverfahren siehe Hermann Grosser, *Narrativa*, Mailand: Principato, 1985, S. 321–332; Lucio Lugnani, „Verità e disordine: il dispositivo del oggetto mediatore", in: Remo Ceserani u.a. (Hg.), *La narrazione fantastica*, Pisa: Nistri-Lischi, 1983, S. 177–288. Eine Studie zum Gesamtwerk Zenas liefert Maria di Giovanna mit *Remigio Zena narratore*, Rom: Bulzoni, 1984. Eine ausführliche psychoanalytische Interpretation der Erzählung findet sich in Lanzillotta, „Una storia dell'altro mondo".

Das phantastische Wunder
Die Erzählung besteht aus nichts als einem Brief, geschrieben von dem Priester Pietro an einen „Monsignore"[7], der den Jüngeren seit Beginn von dessen Priesterlaufbahn kennt (diese für das Genre nicht untypische, auf das Konfessionsschema zurückgreifende Erzählpragmatik, verweist einmal mehr auf Gautiers *La Morte amoureuse*). Pietro ist extrem verängstigt und verwirrt, da er glaubt, Zeuge eines Wunders geworden zu sein, von dessen Hergang er dem Älteren nun erzählt: Spät am Abend betet Pietro mit aller Inbrunst für das Seelenheil einer kurz zuvor verstorbenen jungen Frau („una povera giovinetta tedesca, orfana e abbandonata"), von der ihm sein Bruder Claudio, der im Nachbarzimmer wohnt, erzählt hat. Claudio ist Arzt im Krankenhaus und konnte trotz aller Bemühungen das Leben der an Typhus Erkrankten nicht retten. Gegen elf Uhr wird der Priester durch ein wiederholtes Klingeln beim Gebet gestört, bezeichnenderweise genau in dem Augenblick, da er zweimal hintereinander die letzten beiden Zeilen des Benedictus gebetet hat: *illuminare his qui in tenebris et in umbra mortis sedent*. Vor der Tür steht eine Person, die aussieht wie Claudio, von welchem Pietro aber weiß, dass er in diesem Augenblick in seinem Zimmer liegt. Pietro fühlt eine unheimliche Macht von dem Doppelgänger ausgehen und lässt sich von ihm willenlos durch ein Labyrinth von Straßen, die er nicht kennt, führen, ohne dass die zahlreichen Menschen, an denen sie vorbeigehen, auch nur im Geringsten auf sie achten würden, bis sie an ein riesiges Gebäude kommen, dessen Front sich über die ganze Breite der Straße erstreckt. Sie gehen durch einen langen Korridor, begegnen dabei wieder Menschen, die keine Notiz von ihnen nehmen, bis zu einer Tür, die ein Mann zunächst noch vor ihren Augen abschließt, die der vorgebliche Bruder aber mit einer einfachen Berührung öffnet. Einmal geschlossen, verschwindet die Tür, wie auch der Doppelgänger. Pietro findet sich allein in einem kalten, stockfinsteren Raum wieder, der sich ihm in seinen Dimensionen nicht erschließt. Er tastet sich die Wände entlang, ohne jemals in einer Ecke anzukommen.[8] Schließlich dringt ein schwaches Licht in den Raum und erhellt nicht mehr als die Fläche eines Betts, auf dem eine junge Frau liegt. Zunächst denkt Pietro, sie schlafe nur und stellt sich daher die Frage, ob die Frau eine Versuchung des Teufels sei. Als er aber feststellt, dass sie tot ist, entwickelt er, ausgehend von der Überzeugung, dass Gottes Werke niemals ohne Bedeutung sind, die Über-

---

[7] Die Anrede „Monsignore", ein päpstlicher Ehrentitel, lässt die Position des Adressaten in der kirchlichen Hierarchie offen.
[8] Wohl nicht ohne Grund erinnert diese Situation, in der sich die erzählende Hauptfigur befindet, stark an E. A. Poes 1842 erstmals veröffentlichte Erzählung *The pit and the pendulum*. In Costanza Melanis Monographie *Effetto Poe. Influssi dello scrittore americano sulla letteratura italiana* (Florenz: Firenze University Press, 2006) wird Zena dennoch nicht berücksichtigt.

zeugung, dass Gott ihn zu der Toten geführt hat, um ihn zum Zeugen eines Wunders zu machen. Und tatsächlich: Die Tote schlägt die Augen auf, und Pietro nimmt der nur äußerst leise und in einer ihm unbekannten Sprache sprechenden Frau die Beichte ab. Als diese beendet ist, schließt sie die Augen und ihr Körper erstarrt wieder. Der Doppelgänger tritt unerwartet wieder aus dem Schatten hervor und führt Pietro zurück nach Hause. Am nächsten Morgen glaubt der Priester zunächst, sich alles nur eingebildet zu haben. Obgleich ihn die Erfahrungen der vergangenen Nacht vollkommen verwirrt und erschöpft haben, begleitet er seinen Bruder wie verabredet zum Krankenhaus, um dort den Bischof im Rahmen eines offiziellen Besuchs beim Rundgang durch die Zimmer der Kranken zu begleiten. Der Bischof will indes auch das Leichenhaus sehen, in dem die Toten des Vortags liegen, vier Männer und eine Frau. Als die Krankenhausdiener die Leichentücher zurückschlagen, erkennt Pietro in der Frau die Tote, der er die Beichte abgenommen hat. Auf ihrer Brust liegt noch sein Kruzifix, das der Monsignore ihm einst zur Priesterweihe geschenkt hat, und das er in der Nacht bei der Toten vergessen haben muss. Es ist eindeutig erkennbar an dem abgebrochenen Fuß der Jesusfigur. Der durch diese Entdeckung ausgelöste seelische Ausnahmezustand lässt Pietro einen Tag später seinen Brief an den Monsignore beginnen. Die Abfassung dauert mit Unterbrechungen zehn Tage.

Die Erzählsituation

Die Vermittlungsstrategie des Briefs bringt es mit sich, dass der Leser seine Informationen ausschließlich aus den aufgewühlten Sätzen erhält, die Pietro an den Monsignore schreibt, erhält. Umso größer ist die Notwendigkeit, die Interpretation der Erzählung mit einer Beschreibung der Sprechsituation zu beginnen. Die Immanenz der Informationen schließt *in extremis* nicht einmal die vollständige Lüge aus, jedoch würde dies den Text als literarischen Kommunikationsakt ad absurdum führen. Der Leser muss sich aber in jedem Falle darauf einlassen, zwischen den Zeilen Argumente für oder gegen die Glaubwürdigkeit des Verfassers zu finden. Dem Adressaten in der Welt im Text, so er den Brief denn jemals lesen sollte, würde es im Übrigen nicht anders ergehen, mit dem Unterschied, dass der „Monsignore reverendissimo" den Briefeschreiber kennt. Seit Pietros Ordination ist er diesem ein väterlicher Ratgeber, und in eben dieser Eigenschaft wendet sich der Jüngere nun voller Verzweiflung an ihn:

> Mi perdoni, Monsignore reverendissimo, se nello stato di turbamento ineffabile nel quale mi trovo, ardisco rivolgermi a lei, chiedendo aiuto e consiglio. Prima di confidarmi ad altri, che forse riderebbero di me trattandomi d'allucinato e di visionario, dalla sua carità paterna imploro quella pace al mio spirito che altri non saprebbero darmi; e nel nome di Nostro

> Signore Gesù Cristo l'imploro fiducioso, in memoria della benevolenza tutta speciale onde lei si compiacque onorarmi per tanti anni, e che fu il tesoro della mia adolescenza e della mia giovinezza, fin dal giorno che, per grazia divina indegnamente ascritto alla milizia della Chiesa, tremando e giubilando, offersi la prima volta il santo Sacrifizio.
> Padre, padre mio, mi ascolti e mi illumini. Colla mente mi inginocchio ai suoi piedi e le apro tutta l'anima mia.[9]

Die wenigen Zeitangaben erlauben die folgende Rekonstruktion des Handlungsablaufs: Auf die wunderbaren Ereignisse folgt ein Morgen der Verwirrung. Pietro will sich selbst beweisen, dass er einer Täuschung erlegen ist, muss sich aber eingestehen, dass er vom Gegenteil überzeugt ist, was während des Besuchs einer Messe zu Fieber und Krämpfen führt. Noch am selben Tag findet der beweiskräftige Besuch des Leichenhauses im Krankenhaus statt. Über den weiteren Verlauf des Tages erfahren wir nichts. Am zweiten Tag nach den Ereignissen beginnt er den Brief („A questo tavolino dove adesso le sto scrivendo, ier l'altro a sera terminavo di recitare L'Uffizio"[10]). Die Niederschrift des Briefs vollzieht sich nicht in einem Schwung, sondern dauert zehn Tage. Dass der Schreibprozess selbst eine zeitliche Dimension hat, ist von großer Bedeutung, verändert sich Pietros Haltung gegenüber den Ereignissen doch im Laufe dieses Prozesses. So eindeutig der Anlass des Briefs zu bestimmen ist, so vage bleibt zunächst die Intention des Schreibers. Sicher, der Priester sucht „aiuto e consiglio", und „quella pace al mio spirito che altri non saprebbero darmi", doch wie genau soll der Beistand aussehen? Die flehende Ansprache mündet in die Bitte: „Padre, padre mio, mi ascolti e mi illumini. Colla mente mi inginocchio ai suoi piedi e le apro tutta l'anima mia." Dieser Hilferuf wird kurz darauf ein zweites Mal ausgesprochen, ergänzt um die Bitte um Trost: „Padre mio, preghi per me e mi illumini e consoli." Zu Beginn des Briefs, zwei Tage nach dem Ereignis („ier l'altro a sera"[11]) beschäftigte den Priester vor allem die Frage, ob er Zeuge eines göttlichen Wunders oder einer teuflischen Illusion als Teil einer göttlichen Prüfung, geworden ist. Diese Frage geht mit einigen allgemeinen Erörterungen zum *miraculum* einher.

> Che talvolta, per altissimi fini imperscrutabili della sua giustizia e della sua misericordia, Iddio interrompa le leggi naturali, servendosi di mezzi che la nostra vana scienza e il nostro orgoglio e la nostra miseria non possono comprendere né spiegare, la fede ce lo insegna, come ce lo insegnano le Sacre Scritture e innumerevoli esempi anche attuali, sotto i nostri stessi occhi: ma non è men vero che pure il demonio, *quaerens quem devoret*, non di rado usa in danno delle anime artifici meravigliosi, che hanno l'apparenza di miracoli e dai quali facilmente i deboli o gli ignoranti restano affascinati e indotti al peccato: prova ne siano le

---

9 Zena, *Confessione*, S. 3.
10 Zena, *Confessione*, S. 16.
11 Zena, *Confessione*, S. 5.

vite dei santi, che ad ogni passo riboccano di simili tentazioni stupefacenti, e anche al giorno d'oggi i fenomeni dello spiritismo che menano tanto scalpore perfino fra i dotti, e che la „Civiltà Cattolica" negli ultimi fascicoli di questi mesi combatte vittoriosamente, smascherandone la nequizia, rivelandone l'origine diabolica. Ora, se io fossi giuoco del maligno? Per quanto negli avvenimenti strani che sto per raccontarle – e dico strani, poiché altro vocabolo più significativo in questo momento non mi soccorre – io non sia capace nella mia ignoranza di ravvisare l'insidia, chi mi dà la certezza che, in penitenza forse dei miei falli, Iddio non voglia sottopormi a una terribile tentazione?[12]

Zu Beginn der Niederschrift beschränkt sich Pietro auf solch grundsätzliche Erwägungen, ohne indes schon zu erzählen, worin das Wunder, das ihm begegnet ist, denn konkret bestehe. Und auch wenn es an den Bericht geht, beschränkt sich der Briefschreiber bemerkenswert evasiv auf die Perspektive des erlebenden Ichs. Der Leser ist zwar mit einer starken Vorahnung dessen, was passieren wird, ausgestattet, sein Wissensstand entspricht aber dem des erlebenden Ichs, welches die Tote zu diesem Zeitpunkt des Erzählens wohlgemerkt noch für lebendig und nur schlafend hält.[13] Dann aber stellt Pietro fest, dass sie tot ist, und es kommt ihm umgehend die Vermutung, dass Gott ihn eigentlich nur auf diese geheimnisvolle Weise an diesen traurigen und düsteren Ort gebracht haben kann, um ihm das Wunder seiner Barmherzigkeit zu enthüllen. Es ist bisher wohlgemerkt mit keinem Wort ein Zusammenhang zwischen der verstorbenen Patientin seines Bruders und der Toten hergestellt worden. Die Frau, die tot vor ihm liegt, ist für Pietro lediglich „un cadavere", „quell'ignota" und „la creatura". So kommt die Vermutung, von Gott an den düsteren Ort geführt worden zu sein, um Zeuge eines Wunders zu werden, auffällig schnell, und zudem ohne dass es irgendeinen von außen kommenden Hinweis darauf gäbe, in welcher Form sich dieses Wunder vollziehen soll.

> Mi sovvenni allora di Dio e caddi in ginocchio, pregando. L'opera del Signore non è mai vana: perché attraverso i prodigi inesplicabili delle sue vie, egli m'avrebbe condotto faccia faccia a un cadavere, se non per rivelarmi il miracolo infinito della sua clemenza? Pregai, non per me, ad alta voce, dinanzi al mio Crocifisso, che tenevo ritto contro la sponda di quel

---

12 Zena, *Confessione*, S. 3 f.
13 „Supina, coi piedi verso la parte opposta la mia, la conobbi per donna dal volume dei capelli attorcigliati sotto la nuca, aggrovigliati, aggrumati, enorme matassa color di ferro. Non le andai subito vicino, per quanto desiderio avessi di guardarla in faccia e più ancora di sapere finalmente dov'ero. Uscito appena dai terrori del buio, la mia titubanza non proveniva da paura di quella visione e neanche da sorpresa, ma da uno sgomento nuovo, forse puerile; ho perfetta memoria del mio stato d'animo. Codesta donna era una tentazione che il demonio m'apparecchiava? E se questo non era, e alcuno fosse sopraggiunto, come avrei giustificato la mia presenza accanto al letto della dormiente? E se ella si fosse svegliata?" (Zena, *Confessione*, S. 12).

> giaciglio e mi confortava in così tragica solitudine. Quanta pietà per quell'ignota, così giovinetta falciata a mattutino! Pregai fra i singulti, pregai desiderando, sperando, volendo qualche cosa di sensibile e di attuale, che percepivo come in lontananza e non sapevo determinare, e invece delle esequie mi sgorgava dall'anima insistente, la preghiera dei moribondi: *Respice propitius, piissime Pater, Deus misericors, Deus clemens, super hanc famulam tuam in te sperantem, et non habentem fiduciam nisi in tua misericordia, ad tuae sacramentum reconciliationis admitte.*
> La creatura aperse gli occhi. [14]

An genau dieser Stelle, unmittelbar vor Beginn der Beschreibung des Wunders, wird der Schreibfluss zum ersten Mal seit dem langen nullfokalisierten Beginn des Briefs unterbrochen, und zwar auf besonders exponierte Art und Weise, da der Prozess der Niederschrift in seiner Diskontinuität thematisiert wird:

> Son dieci giorni, monsignore, che a pezzi e bocconi vado strascicando questa lettera, dopo le prime pagine, interrotta da sonnolenze invincibili e fughe istantanee della memoria, e al sopraggiungere della sera, da una ripugnanza di star solo che somiglia al terrore dei fanciulli; e son dieci giorni che mi domando in virtù di quali meriti, io miserabile, io peccatore, fui prescelto da Dio perché assistessi a un miracolo di risurrezione, e lo vedessi compiersi davanti a me, senza alcuna meraviglia da parte mia, quietamente, come cosa che non eccede i confini naturali.[15]

Bevor Pietro zum Wunder der Auferweckung kommt, vergehen also zehn Tage. Dass er sich der Ungeheuerlichkeit seines Falls bewusst ist, und dass man ihm womöglich nicht glauben wird, hat er bereits zu Beginn des Briefs explizit angesprochen. Das Aufschieben des Ereignisses in der Erzählung aber ist ein weiterer Hinweis darauf, wie groß die Angst davor ist, dass auch der Bischof ihm nicht glauben könnte. Angst als Triebfeder des Erzählens erhöht einerseits die psychologisch-realistische Motivierung eines Erzählprozesses, der als fragmentiert und keiner Logik folgend bezeichnet wird. Andererseits aber ist offensichtlich, dass die Verwirrung des Erzählers es Zena erst ermöglicht, die Geschichte spannend und mit dem Effekt phantastischer Ambivalenz zu erzählen. Bei genauerer Betrachtung indes sind die langen Passagen, die aus der Figurenperspektive erzählt werden, hochgradig geordnet. Weder mangelnde Logik, noch Verwirrung und Fragmentarität sind in irgendeiner Weise kennzeichnend für diesen vielmehr chronologischen Bericht, und das, obwohl die langen intern fokalisierten Passagen doch demselben Erzählvorgang zugehören wie die nullfokalisierten Einschübe, in denen Pietro immer wieder seine Angst und Verwirrung betont. Es

---

14 Zena, *Confessione*, S. 13 f.
15 Zena, *Confessione*, S. 14.

handelt sich eben um einen literarischen Text, der dem konventionsbedingten Zwang unterliegt, eine Geschichte kohärent und nach Möglichkeit sogar spannend zu erzählen. Im Falle von *Confessione postuma* tritt dies fast schon in Konflikt mit dem Realismus des Erzählvorgangs.

Der Erzähler: glaubwürdig oder unzuverlässig?
Der Brief darf als ein fiktionsinternes Authentifizierungsverfahren gelten. Die Beschränkung auf die Darstellung eines rein subjektiven Zweifels ohne Hinzuziehung einer anderen Perspektive erlaubt die Etablierung phantastischer Ambivalenz. Der Leser erfährt nicht einmal, ob der Verfasser den Brief überhaupt abschickt oder ob es eine Reaktion seitens des Adressaten gibt. Anders als Romuald in *La morte amoureuse* kommt Pietro kein väterlicher Geistlicher zu Hilfe; die Geschichte beschränkt sich auf den Hilferuf. Und während sich bei Gautier die märchenhaft-übernatürliche Auflösung als Wirklichkeit aufdrängt, eröffnet die monologische Erzählsituation des Briefs, ähnlich wie im Falle des Tagebuchs in Maupassant *Le Horla*, die Möglichkeit, die *hésitation* bis zum Schluss aufrecht zu erhalten. Dies liegt nicht nur daran, dass entscheidende Passagen aus der Perspektive des erlebenden Ichs erzählt werden: Auch zum Zeitpunkt des Erzählens reicht das Wissen Pietros nicht aus, um den Ereignissen einen eindeutigen Sinn zu geben.

Die Erzählung beginnt mit der uneingeschränkten Zustimmung des Erzählers zum Phänomen des göttlichen Wunders. Mit den „innumerevoli esempi anche attuali" greift er zudem einen Topos der mittelalterlichen Exempla auf. Vielen Autoren war es wichtig zu zeigen, dass sich Wunder nicht nur in der Heiligen Schrift und bei den Alten ereignen, sondern gerade auch in ihrer Gegenwart (siehe Kapitel 3.2.2). Die Wahrheit der göttlichen Wunder verweise auf die Beschränktheit des Menschen. Diese Beschränktheit zeigt sich Pietro zufolge auf dreifache Weise: als Erbsünde („miseria"), im Unvermögen der Wissenschaften und in der Todsünde des Hochmuts. Pietros Weltbild entspricht dem christlichen Denken im Mittelalter und erlaubt grundsätzlich drei mögliche Lösungen des Rätsels: Die mit den Naturgesetzen kompatible Erklärung im Sinne eines Traums oder einer Einbildung hat er noch vor Beginn der Niederschrift aufgrund von zwei Indizien vom Tag nach dem Wunder als unzutreffend ausklammern können. Da wären zum einen die Frage des Bruders, wer denn in der Nacht zweimal an der Tür geläutet habe, und zum anderen Pietros Kruzifix, das sich noch bei der Toten befindet, zu nennen. So bleibt für ihn nur noch die Wahl innerhalb des Bereichs des Übernatürlichen zwischen göttlichem Wunder und teuflischer Verführung zum hochmütigen Glauben, von Gott auserwählt worden zu sein. In der vom Ich-Erzähler verwendeten Terminologie kommt die schon im Mittelalter übliche Unterscheidung zwischen einem nicht-christlichen Wunderbaren („artifici meravigliosi") und dem christlichen Wunder („miracoli") zum Ausdruck, worin man einen weiteren Hinweis auf die theologische Bildung des Autors sehen darf – und damit auch auf eine bewusste Verwendung dieser Begriffe.[16] Das Wunder selbst, so Pietro, habe er „senza meraviglia da parte mia, quietamente, come cosa che non eccede i confini naturali" wahrgenommen. Stattdessen ist die Tote diejenige, die sich über die Situation zu wundern scheint. Sie, die, wenn man dem Erzähler Glauben schenken darf, noch einmal ins Diesseits zurückkehrt, um eine Beichte abzulegen, teilt mit den Wiedergängern der Exempla das Schicksal, der Hilfe eines Sterblichen zu bedürfen, um ihr Seelenheil zu finden, doch tritt sie nicht mit der Kraft und dem Selbstbewusstsein ihrer mittelalterlichen Vorgänger auf, die trotz aller Qualen des Purgatoriums mit fester Stimme den Sterblichen erbauliche oder beängstigende Botschaften übermitteln können. Stattdessen prägt eine Art phantastischer Realismus die Szene: Die Geistesgegenwart der mittelalterlichen christlichen Wiedergänger ist der Notwendigkeit geschuldet, eine Botschaft übermitteln zu wollen. Der Schrecken der Toten in unserer Erzählung zeugt hingegen von der Überraschung einer Jenseitigen, wieder im Leben aufzuwachen, geradeso als frage sie sich, wer sie denn nun zu welchem Zweck aus dem ewigen Schlaf aufgeweckt habe. Da die nun sich anschließende Schilderung der Beichte wesentlich für die *hésitation* ist, sei sie ausführlich zitiert:

> Aperse gli occhi, nuotanti ancora nella morte, e subito li rinchiuse, ferita da quel simulacro di luce. Dubitai. Dopo lunga aspettazione, li riaperse nello stupore di chi si sveglia da un sogno, spaventati e reminiscenti. Balzato in piedi, le posai di nuovo la mano sulla fronte. A quell'atto ebbe un sussulto per tutto il corpo; le sue pupille errabonde si fissarono nelle mie, quasi rifugiandovisi, assumendo un'espressione ineffabile di supplica e di fiducia. Oserei affermare che uscita dalla visione dell'eterno castigo, quell'anima rediviva riconosceva in me la potestà di liberarla? Agitate da un tremito, sembrava che le labbra tentassero uno sforzo per rivelarmi il segreto.
> Rispondimi: Credi che il tuo Redentore vive, e nel novissimo giorno sorgerai dalla terra e lo vedrai coi tuoi occhi, e le tue ossa umiliate esulteranno al suo cospetto? che Egli è la resurrezione e la vita e chi crede in Lui, anche fosse morto, vivrà e non morrà in eterno? Proferii queste parole con voce ferma. La creatura che intanto non aveva battuto palpebra, tenendo lo sguardo sempre inchiodato nel mio, superò lo sforzo e dal moto delle labbra divenuto calmo e regolare, indovinai che articolava la risposta, ma così piano che l'udito non la percepiva. Curvo sul suo corpo, approssimai l'orecchio; non afferravo da principio neppure

---

[16] Bei genauerer Betrachtung ist die Angst vor dem Teufelswerk ein Stück weit inkonsistent: Als das erlebende Ich, die Frau erblickend, die Befürchtung äußert, es könne sich um eine Versuchung des Teufels handeln, klingt – das einzige Mal – die Todsünde der *luxuria* an. Denn Pietro denkt zu diesem Zeitpunkt noch, die Frau schlafe lediglich. Am Ende der Erzählung aber kann sich die Angst vor der teuflischen Verführung nur auf die *superbia* beziehen.

un bisbiglio indistinto, poi un sospiro, meno d'un sospiro, un alito che non avrebbe appannato il cristallo: ma quell'alito aveva suono e forma di sillabe, e in un linguaggio non mai ascoltato e che pure comprendevo quanto il mio, netta, spiccata, intera, raccolsi la confessione d'oltre tomba.
Appena sulla penitente feci il gesto della croce, pronunciando la formula sacramentale che l'assolveva nel nome della Sacrosanta Trinità, le sue pupille non mi videro più, le sue labbra non mi parlarono più, il suo corpo si irrigidì un'altra volta. Più nulla. Claudio, che avevo dimenticato, sorto improvvisamente dall'ombra ai piedi del cadavere, stava guardandomi.[17]

Die Erzählung ist ganz offensichtlich so gestaltet, dass das ganze Geschehen auch als eine Illusion Pietros erklärbar bliebe. Denn bei aller Überzeugung, über die Pietro nach eigener Auskunft verfügt, fallen die tatsächlichen Handlungen der Toten so reduziert aus, dass sie für die Sinne eigentlich nicht wahrnehmbar sind. Auch scheint die Wortwahl präzise im Sinne phantastischer Ambivalenz getroffen worden zu sein. Eine Formulierung wie „un linguaggio non mai ascoltato e che pure comprendevo quanto il *mio*" verweist auf die instabile Wahrnehmung des erlebenden Ichs, und nicht auf eine objektivierbare Vergleichsgröße (z. B. , quanto il nostro' oder ‚quanto l'italiano').

Das Ich-Ich-Schema ist in den allermeisten Fällen dadurch gekennzeichnet, dass das erzählende Ich über mehr Ruhe, Klarheit und Bewertungsmöglichkeiten als das erlebende Ich verfügt. Dies ist zum einen der Tatsache geschuldet, dass zwischen dem Erleben und dem Erzählen ein oftmals beträchtlicher Zeitraum liegt. Zum anderen erklärt sich die kognitive und emotionale Differenz in vielen Fällen dadurch, dass ein wie auch immer motivierter Wille zum Bekenntnis den Auslöser des Erzählens darstellt. Die zeitliche Distanz zwischen Erleben und Erzählen in *Confessione postuma* hingegen ist mit zehn Tagen sehr kurz. Zudem führt die wachsende zeitliche Entfernung nicht dazu, dass der Erzähler dem Erlebten abgeklärter gegenübersteht. Der Leser gewinnt sogar den Eindruck, dass der „turbamento ineffabile" vom Beginn der rätselhaften Ereignisse an vom Erzähler möglicherweise selbst auf pathologische Weise herbeigeführt worden ist, so dass die Erlebnisse selbst wie auch der Bericht der Erlebnisse durch dasselbe pathologische mystische Bedürfnis nach einer Gotteserfahrung gekennzeichnet sind, letztlich also durch eine Art Psychose. Dass das erzählende Ich über keine größere Klarheit verfügt als das erlebende Ich, lässt sich also auf zwei Weisen erklären. Erstens: Pietro hat die Ereignisse zwar ‚konzeptuell' durchdrungen, aber da diese Durchdringung in die destabilisierende Erkenntnis mündet, wirklich Zeuge eines Wunders geworden zu sein (oder vielmehr ein Wunder selbst gewirkt zu haben, wie ein Heiliger), führt Erkenntnis in diesem Falle nicht zu geistiger

---

17 Zena, *Confessione*, S. 15.

Klarheit und emotionaler Beruhigung, sondern zum Gegenteil; die Verstörung ist Bestandteil und Beleg des authentischen Wunders. Oder aber zweitens, es gibt gar keine Differenz zwischen erzählendem und erlebendem Ich, beide Perspektiven sind Ausdruck derselben pathologischen Autosuggestion.[18]

Die perspektivische Gestaltung der Erzählung verdankt sich allein den rhetorisch-strategischen Entscheidungen Pietros, die bezwecken, den Monsignore zu überzeugen. Damit ist die Frage nach der Zuverlässigkeit des Erzählers aufgeworfen. Für Pietros Unzuverlässigkeit spricht ganz grundsätzlich, dass die Vision von der postum abgelegten Beichte genau dem entspricht, was sich Pietro für die Tote ersehnt – weiß er doch, dass die junge Frau in ihrer Bewusstlosigkeit keine Beichte mehr hat ablegen können. Die Situation, in der Pietro zu Beginn der „avvenimenti strani" die Türklingel hört, ist dadurch gekennzeichnet, dass er gerade ausgerechnet die letzten Zeilen des Benedictus („*illuminare his qui in tenebris et in umbra mortis sedent*") betet („come un suffragio all'anima dell'estinta"), hoffend, dass Gottes Barmherzigkeit die junge Frau sicher gerettet habe, und sei es auf Kosten eines Wunders:

> [...] nella ferma fiducia che anche a costo di un prodigio, la misericordia infinita l'avrebbe salvata attraverso le tenebre della morte, quando udii repentinamente, nel gran silenzio, uno squillo al campanello della porta di casa.[19]

Der Zeitpunkt erweist sich im weiteren Verlauf als alles andere denn zufällig, ist die Tote doch eine jener im Benedictus erwähnten verlorenen Seelen, die sich in der Dunkelheit und im Schatten des Todes befinden, und die der göttlichen Gnade bedürfen und sie anscheinend auch „a costo di un prodigio" erfahren. Die Genauigkeit, mit der sich Begehren und Realität entsprechen, verleiht dem Bericht des Priesters gerade seine potentielle Unglaubwürdigkeit: Hat er sich am Ende so sehr in das Gebet und seinen Wunsch, der Toten zu helfen, hineingesteigert, dass sich das Wunder als Wahnvorstellung erklärt? Seine Ausdrucksweise und die auffällig plausible Gesamtkonfiguration seiner Erzählung lassen sich durchaus als Hinweise auf eine pathologische Autosuggestion lesen. Kirchengeschichtlich befände er sich damit in der Gesellschaft spätmittelalterlicher Mystiker und vor

---

18 Wenn es sich aber wirklich um einen pathologischen psychischen Zustand handelt, der Pietros Handeln wie auch seinen Bericht bestimmt, dann ist auch nicht die Möglichkeit auszuschließen, dass Pietro bei der Toten war, sich dabei aber das Wunder nur eingebildet hat. Er hat womöglich einer Leiche die Beichte abgenommen, und zwar im Krankenhaus und nicht in einem geheimnisvollen finsteren Raum ohne Grenzen und ohne Tür.
19 Zena, *Confessione*, S. 5.

allem Mystikerinnen, deren Visionen schon von den Zeitgenossen mit körperlichen und geistigen Krankheiten in Verbindung gebracht wurden.[20]

Noch die merkwürdigsten Ereignisse versteht Pietro zu einer plausiblen Geschichte zusammenzufügen. Seine Rede ist auf grundsätzliche Weise durch einen auffällig vordergründigen Hang zur Rationalisierung gekennzeichnet. Er beteuert, nur der Vernunft und dem, was er mit eigenen Augen gesehen hat, zu vertrauen. Eine der am häufigsten angewandten Strategien ist die Vorwegnahme etwaiger Zweifel an seiner Glaubwürdigkeit, etwa im Kontext des wiederholten Türklingelns: Zu Beginn der Ereignisse berichtet er, dass er sich tatsächlich schon des Öfteren getäuscht habe, als er glaubte, ein Geräusch in der Nacht vernommen zu haben, weshalb er auch in diesem Falle zunächst eine Sinnestäuschung für möglich gehalten habe. Als er nach dem ersten Klingeln niemanden unten vor der Tür findet, macht er deshalb nicht viel Aufhebens davon.[21] Durch diese Information soll offensichtlich dem Eindruck entgegengearbeitet werden, dass er in besagter Nacht nervlich angespannt gewesen sei. Und als er an den Punkt kommt, da es ein weiteres Mal geklingelt habe, spricht er die Problematik der Einbildung ausdrücklich an:

> Padre, un nuovo squillo risuonò nel silenzio, più acuto del primo ed altrettanto inaspettato. No, questa volta non era una illusione della mia fantasia.[22]

Und als er am Morgen nach der Nacht bei der Toten aufwacht, will er nach eigener Aussage zuallererst akribisch die Indizien überprüfen, um sich selbst davon zu überzeugen, dass es sich um eine Täuschung handelt, muss sich aber letztlich der Evidenz des Wunders beugen.[23]

> Ella non mi crederà, padre reverendo, e non credetti io stesso ai miei occhi, quando nell'ultimo che aspettava riconobbi mio fratello.[24]
>
> A questo punto, ella dirà, padre, che non valeva la pena di importunarla, di rubarle un tempo prezioso e stancare la sua pazienza per narrarle minutamente un sogno da donnicciuola, o piuttosto una allucinazione inverosimile, prodotta senza alcun dubbio dal turbamento che nell'animo mio aveva suscitato il racconto di Claudio circa la sua inferma dell'ospedale. Credetti io pure a un sogno, e volli persuadermene a qualunque costo la mattina dopo, al-

---

20 Peter Dinzelbacher, „Mystik und Krankheit", in: Gerabek, Werner E. u. a. (Hg.), *Enzyklopädie Medizingeschichte*, Berlin: De Gruyter, 2005, S. 1020–1022.
21 „Non ne feci meraviglia […] dover poi riconoscere che l'immaginazione mi aveva ingannato" (Zena, *Confessione*, S. 6).
22 Ebd.
23 Zena, *Confessione*, S. 16.
24 Zena, *Confessione*, S. 7 f.

> lorché mi destai, seduto davanti al mio tavolino, col breviario spalancato sotto gli occhi alla pagina del Benedictus; e con tanta ingenuità me ne persuasi, da non curarmi, per progetto deliberato, di appurare talune minime circostanze, e neppure di farne cenno a mio fratello, senza rendermi conto che questo disegno, spregiudicato in apparenza, non era altro in fondo che paura bell'e buona di dovermi ricredere.[25]

Jenseits des Intendierten bewirken diese und weitere Beteuerungen indes das Gegenteil und lassen sogar die Vermutung aufkommen, dass Pietro bereits früher durch fromme Autosuggestionen aufgefallen sein könnte, zum einen, weil er gleich zu Beginn seines Briefs auf die Problematik seiner Glaubwürdigkeit und auf den Beistand durch den Monsignore in der Vergangenheit eingeht, zum anderen aufgrund der Emphase, mit der er diese Vaterfigur um ihre Anerkennung anfleht. Es ist also gerade die immer wieder erneuerte Beteuerung des klaren Verstands, die die Rede des Priesters labilisiert: Sein Bericht ist in einem Ausmaß kohärent, dass er Anlass zu Skepsis gibt. Dies betrifft nicht nur die Verkettung der Ereignisse, sondern auch die ganze Denkweise Pietros. Die Möglichkeit konstanter Autosuggestion findet sich in Pietros religiöser Praxis bestätigt: Er betet und weint vor dem Kreuz, wirft sich ihm zu Füßen – Gesten, die man in zahlreichen mittelalterlichen Texten (auch in einigen der in dieser Arbeit gelesenen) findet. Während der Eucharistie steigert sich Pietro nach eigener Darstellung in einen Zustand der Selbstvergessenheit, den er als Geschenk der im Fegefeuer leidenden Seelen an ihn begreift, damit er sich für sie einsetzen könne:

> Penso con terrore che la notte si approssima. Ho pregato e pianto ai piedi del Crocifisso. Padre mio, preghi per me e mi illumini e consoli. Stamattina nel celebrare la santa Messa, usai invano ogni sforzo per espellere dall'anima mia i pensieri insistenti che la turbavano; non fu se non durante il Canone, che alla presenza reale di Nostro Signore, annientandomi nell'adorazione eucaristica, si dissiparono per pochi minuti, come se le anime che tormenta il fuoco di purificazione, mi avessero ottenuto di poter intercedere per esse con fervore nel memento dei morti.[26]

Er ist zudem anscheinend besessen von der Vorstellung, in den Dingen Zeichen zu sehen, die auf Transzendentes verweisen, etwa beim Anblick einer Kerze:

> La lampada agonizzava; alzai il lucignolo e stetti qualche momento in contemplazione della fiamma risuscitata, come davanti a un simbolo.[27]

---

25 Zena, *Confessione*, S. 16.
26 Zena, *Confessione*, S. 4.
27 Zena, *Confessione*, S. 6.

Bei all diesen Punkten stellt sich die Frage, welche Anzeichen überhaupt für die Authentizität des Wunders sprechen. In der Tat bietet der Text viele Hinweise auf die Unzuverlässigkeit des Erzählers und präsentiert die übernatürliche Lösung als die deutlich unwahrscheinlichere. Doch dies ist nichts anderes als ein Charakteristikum phantastischer Texte schlechthin: Die übernatürliche Lösung *muss* die unwahrscheinlichere sein. Vergleicht man die Erzählung in weiteren Hinsichten mit einigen gängigen Phantastiktheorien des 20. Jahrhunderts, so findet man vor allem Gemeinsamkeiten. *Confessione postuma* erzählt von einer „intrusion brutale du mystère dans la vie réelle", und sie präsentiert „[des] états morbides de la conscience qui, dans les phénomènes de cauchemar ou de délire, projette devant elle des images de ses angoisses ou de ses terreurs" (Castex)[28]. Das Wunder ist „une rupture de la cohérence universelle" und zerstört „la stabilité d'un monde dont les lois étaient jusqu'alors tenues pour rigoureuses et immuables"[29] (wenngleich die von Caillois noch zudem betonte Bedrohung und Aggressivität fehlen), und auch Todorovs drei Voraussetzungen des Phantastischen werden erfüllt.[30] Hinzufügen ließe sich weiterhin die zentrale Bedeutung fundamentaler Angst, die von einigen Phantastiktheoretikern von Lovecraft bis Castex als obligatorischer Bestandteil literarischer Phantastik genannt wird. Die Erzählung ist also in jeder Hinsicht phantastisch, ganz gleich ob man textstrukturelle oder motivisch-thematische Kriterien anlegt.

Doch ist der Zweifel des Erzählers und Protagonisten nicht identisch mit der *hésitation* des Texts. Für Pietro steht der übernatürliche Charakter der Ereignisse fest. Er stellt sich allein die Frage, ob er einem Wunder oder einer teuflischen Illusion aufgesessen ist, mit anderen Worten: Er versucht, ganz im Sinne des mittelalterlichen Diskurses über das Wunderbare, zu ergründen, welche Bedeutung dem Wunderbaren zukommt. Diese Unentscheidbarkeit ist aber nicht diejenige (phantastische im engeren Sinne), die den Text als ganzen trägt. Denn anders als Pietro stellt sich der Leser allein die Frage, ob er die Ereignisse als übernatürliche Fakten oder als die Halluzination eines Verrückten verstehen soll. Nur zwei Möglichkeiten kommen für ihn in Frage: Entweder es handelt sich um ein übernatürliches Geschehen, oder aber um eine Autosuggestion. Die ‚diabo-

---

[28] Castex, *Le conte fantastique en France*, S. 8.
[29] Caillois, „De la féerie à la science-fiction", S. 9.
[30] „D'abord, il faut que le texte oblige le lecteur à considérer le monde des personnages comme un monde de personnes vivantes et à hésiter entre une explication naturelle et une explication surnaturelle des évènements évoqués. Ensuite, cette hésitation peut être ressentie par l'un des personnages [...]. Enfin, il importe que le lecteur adopte une certaine attitude à l'égard du texte : il refusera aussi bien l'interprétation allégorique que l'interprétation ‚poétique'" (Todorov, *Introduction*, S. 37 f.).

lisch-illusorische' Lösung spielt hingegen keine Rolle: Was in Pietros christlicher Wahrnehmung im Bereich des Übernatürlichen angesiedelt ist, wird auf der Ebene des Texts zum Teil der möglichen psychologischen Erklärung der Ereignisse. Die einzige mögliche Illusion ist hier nicht diabolisch, sondern pathologisch: die Sünde der Unaufrichtigkeit. Wenn es sich um eine Wahnvorstellung handelt, geboren aus dem krankhaft gesteigerten Bedürfnis, ein von Gott Bevorzugter zu sein, dann sitzt Pietro dem *amour-propre* auf, einer Selbstlüge, bei der er gleichzeitig Lügner und Belogener ist.

Die Differenz zwischen der Wahrnehmung der Figur und derjenigen des Lesers spiegelt zugleich eine historische Differenz wider: Während die theologischen Überzeugungen des Priesters im Grunde kaum von jenen abweichen, die das mittelalterliche christliche Denken kennzeichnen, ist der Text selbst unzweifelhaft als eine moderne literarische Erzählung ausgewiesen. Es passt zum skeptischen Katholizismus seines Autors, dass die traditionelle christliche Position nicht einfach als Illusion abgetan wird; Zena führt im Grunde vor, wie schwer die Bewertung einer Vision als echt oder unecht fällt. Einerseits ist das Übernatürliche, wenn es in der Welt des Texts denn existiert, ein christliches. Andererseits aber wird dieses christliche Wunderbare mit der *hésitation*, die der Text aufbaut, zugleich zur Disposition gestellt. Damit überformt die moderne Skepsis (der ganze Text) den christlichen Glauben (der Figur Pietro), ohne dass der Autor selbst eindeutig Position bezöge.

Zenas Erzählung wirft zudem eine interessante Frage bezüglich des Verhältnisses von Phantastik und christlichem Wunderbaren auf. Wenn eine phantastische Erzählung die Ambivalenz zwischen natürlicher und übernatürlicher Erklärung zugunsten des Übernatürlichen auflöst, so kippt sie nach Todorov ins Märchenhaft-Wunderbare (*merveilleux*). Übernatürliche Wesen wie pagane Wiedergänger und ihre Derivate, Feen, Elfen, Geister, Magier und Hexen und auch der Teufel bestätigen damit sozusagen noch einmal den literarisch-fiktionalen Charakter einer Erzählung. Entstammt das Übernatürliche in einer Erzählung hingegen dem Wissen einer Religion, so bleibt dies nicht ohne Folgen für den Status der Erzählung. Erzählstrukturell besteht zwischen einem Vampir und einem christlichen Wunder als übernatürlichem Element kein Unterschied. Einen wesentlichen Unterschied macht indes die Beschaffenheit des Bezugssystems aus: Der Vampir ist Teil des literarischen Wunderbaren, der christliche Wiedergänger hingegen gehört zum ‚offiziellen' Wunderbaren einer Weltreligion. Das literarische Spiel mit der Verunsicherung, das den Diskurs des Phantastischen ausmacht, setzt aber unausgesprochen voraus, dass die potentiell übernatürlichen Phänomenen außerliterarisch allenfalls im Aberglauben ein instabiles Existenzrecht genießen, nicht aber im Glaubenssystem einer Religion, die ein knappes Drittel der Erdbevölkerung ausmacht und den Kulturkreis prägt, in dem die Erzählung enstanden ist und rezipiert wird. Ein phantastischer Text, der christliche Wunder als real in der erzählten Welt präsentiert und somit ins *merveilleux* umschlägt, würde deshalb selbst zu einem christlichen Text, zu einer Art literarischem Exemplum, in dem eine Glaubensüberzeugung zur Darstellung kommt. Davon kann bei Zena keine Rede – doch wie ist die spezifisch christlich ausgestaltete phantastische Ambivalenz in *Confessione postuma* dann zu verstehen?

Kehren wir noch einmal zur Figur des Mittlers zurück. Die christliche Literatur des Mittelalters birgt ein Paradox: Einerseits folgt sie, wie wir an verschiedenen Stellen dieser Arbeit gesehen haben, einem *miraculum*-Konzept, in dessen Zentrum die Inkommensurabilität der menschlichen und der göttlichen Vernunft steht. Andererseits stellt sie in der erzählerischen Praxis die Erfahrung des Wunders in der Mehrzahl der Fälle als völlig unproblematisch dar. Der Informant wird in der Regel nur kurz erwähnt; wie sich die Erfahrung des Wunders für ihn gestaltet hat, spielt keine Rolle. Ohne Zweifel ist dafür die Funktion der Exempla verantwortlich: Sie wollen möglichst knapp und klar eine Botschaft transportieren, Problematisierungen finden sich nur gelegentlich. Die Fiktionalität der literarischen Erzählung erlaubt es dem kritischen Katholiken Zena nun in *Confessione postuma*, die Erfahrung des christlichen Wunders als Überwältigung des menschlichen Verstandes im Horizont eines psychologischen Realismus zu gestalten. Dies geschieht im Rahmen einer formal geradezu idealtypisch realisierten *hésitation*, die einerseits christlich semantisiert wird, andererseits aber unter vollkommener Ausblendung jedweder Glaubenssicherheit. Der Glauben ist hier lediglich der Glauben des Ich-Erzählers, er wird in keiner Weise aus einer äußeren Perspektive bekräftigt. Das Ergebnis ist eine phantastische Erzählung, die die Theologie des *miraculum*, verstanden als ein den menschlichen Verstand in jeder Hinsicht übersteigendes Ereignis, als eine Grenzerfahrung für das menschliche Bewusstsein ernst nimmt.

Die Entstehungszeit der Erzählung ist womöglich kein Zufall, bedenkt man, dass sich in der zweiten Hälfte des 19. Jahrhunderts eine Häufung an Wundern beobachten lässt.[31] Von besonderer Bedeutung waren damals mystische Privatwunder und Marienerscheinungen, und dies in einem solchen Ausmaß, dass die Notwendigkeit entstand, die wahren von den falschen Wundern, der sog. ‚angemaßten Heiligkeit' zu trennen.[32] Es fällt in der Tat auf, dass diejenigen, die behaupten, Zeugen eines Wunders geworden zu sein, von diesem Erlebnis mit

---

31 Vgl. Helmut Zander, „Maria erscheint in Sievernich. Plausibilitätsbedingungen eines katholischen Wunders", in: Geppert/Kössler, *Wunder*, S. 146–176, bes. S. 149–159.
32 Siehe dazu Hubert Wolf, *Die Nonnen von Sant'Ambrogio. Eine wahre Geschichte*, München: Beck, 2013, sowie den von Wolf herausgegebenen Tagungsband *Wahre und falsche Heilige. Mystik, Macht und Geschlechterrollen im Katholizismus des 19. Jahrhunderts*, München: Oldenbourg, 2013.

großer Selbstverständlichkeit und ebensolchem Selbstvertrauen sprechen. Ohne in den Bereich von Psychologie und Psychiatrie abgleiten zu wollen, stellt sich doch die Frage, ob ein solches Verhalten nicht von naiven Lektüren christlicher Texte und der Rezeption homiletischer Vulgarisierungen zeugt, vernachlässigt es doch den theologischen Kern des *miraculum* vollkommen: Das Wunder ist weniger eine freudenerregende Gottesschau als vielmehr eine Erfahrung, die den Menschen an die Grenzen seines eigenen Verstandes bringt. Die Zweifel des Ich-Erzählers in Zenas Erzählung kommen dem Dilemma des Menschen, an dem sich ein göttliches Wunder vollzieht, ohne Zweifel näher als jeder christliche Text, der allein auf Erbaulichkeit abzielt. Mit der Erzählerfigur des Pietro inszeniert Zena einen Blick aus dem Inneren des religiösen Denksystems auf das Wunder, in einem Text, der indes ‚von außen' auf ein kirchengeschichtliches Phänomen blickt, die Zunahme an neuen Frömmigkeitsformen in der zweiten Hälfte des 19. Jahrhunderts.

Intertextuelle Bezüge zum christlichen Wunderbaren
Eine Sprechsituation wie diejenige in *Confessione postuma* ist im Kommunikationskontext mittelalterlicher Exempla fast ausgeschlossen (der Erzähler Stephanus bei Petrus Venerabilis ist ein sehr seltener Fall), und doch existiert eine Traditionslinie zwischen der literarisch-fiktional ausgestalteten Sprechsituation Pietros und einem häufig anzutreffenden Merkmal christlicher Wundererzählungen. Was in *Confessione postuma* zum zentralen Merkmal des Erzählakts wird, ist in vielen mittelalterlichen Exempla ebenso präsent wie ausgespart: der Akt der Mitteilung des einfachen Zeugen ohne institutionelle Autorität an den hohen Geistlichen. Der Informant wird im Exemplum in der Regel nur kurz erwähnt, da er jenseits seiner Funktion als Authentizitätsbeweis nicht weiter relevant ist. Es gibt dort in der Regel eine Spaltung zwischen der Wahrnehmung durch den Informanten einerseits und der Deutung und Vermittlung des Wunders durch die Autorität andererseits. Diejenigen, denen die Gnade der Vision zuteil wird, sind häufig einfache Menschen ohne ein hohes Amt: Nonnen, Mönche, Priester oder sogar Laien, während diejenigen, die das Wunder kraft ihrer Autorität bestätigen, es in eine narrative Form bringen und die Lehre aus den Ereignissen herausarbeiten, von höherem Rang sind, etwa die Verfasser von Wundersammlungen selbst. Zenas Erzählung thematisiert eben dieses Stadium zwischen dem Wunder als Ereignis und seiner Bestätigung. Pietro ist ein Zeuge und hat als solcher literarische Ahnen wie den Priester Stephanus bei Petrus Venerabilis. Sein Brief ist im Grunde nichts anderes als ein Zeugenbericht an eine kirchliche Autorität. Erst unter den erkenntnistheoretischen und literarischen Bedingungen der Moderne kann dieser Vermittlungsakt selbst in seiner ganzen Fragilität zum darstellungs-

würdigen Gegenstand werden. Erinnern wir uns noch einmal an die extremen Angsterfahrungen des Priesters Stephanus bei Petrus Venerabilis: Zenas Erzählung greift auf diesen furchteinflößenden Aspekt der christlichen Wiedergängererzählung zurück. Doch während das Exemplum noch die übergroße Angst des Priesters Stephanus in die positive, den Glauben bestärkende Kraft des Wunders zu wenden vermag, hat der moderne literarische Text ein ganz anderes Anliegen, die Thematisierung der sich aus Angst und Zweifel zusammensetzenden Überwältigung im Sinne des Phantastischen. In der Fiktion stehen dabei gerade die Zweifel im Mittelpunkt, und nicht der unverrückbare Glauben. Zenas Erzählung zielt also auf die Problematisierung dessen, was in jedem Exemplum bereits geklärt ist: die Zuverlässigkeit des Zeugen.

Weitere Aspekte verbinden Zenas Erzählung mit den Exempla. So stellt die Thematik der wahren Reue auf dem Sterbebett eines der wichtigsten Themen der mittelalterlichen Exemplaliteratur dar. Wir finden es in allen in dieser Arbeit gelesenen Werken, in Passavantis *Specchio della vera penitenzia* wird es gar titelgebend. Auch das Motiv der postumen Beichte ist aus den Exempla bekannt. Passavanti erzählt die, wie er sagt, aus Legenden bekannte („contano le leggende [...]"[33]) Geschichte einer frommen Frau, die „quando per vergogna e quando per dimenticanza", eine Sünde bei der Beichte vergisst und sich daraufhin vornimmt, sie auf dem Sterbebett zu beichten. Doch als es so weit ist, lässt sie besagte Sünde erneut aus. Ihr Körper wird in einer Kirche aufgebahrt. Dort fährt die Seele mit Hilfe des von der Verstorbenen stets verehrten heiligen Franziskus wieder in den Körper zurück, damit sie die letztlich nur aus Einfalt vergessene Sünde beichten kann. Die Seele verlässt daraufhin, nunmehr mit der Hoffnung auf Erlösung, den Körper wieder, die Frau wird bestattet. Die Übereinstimmungen im Detail zwischen dem *Specchio* und Zenas Erzählung lassen fast vermuten, dass Zena die Exempla Passavantis womöglich bekannt waren: Die Tote ist eine Frau, der Kontakt zum Priester steht im Zusammenhang mit dem Öffnen der Augen, und die Tote beschreibt dem Priester in ihrer Beichte den Ort, in dem sie sich im Jenseits befand, auf eine Weise, die auch auf jenen phantastischen Ort, an dem Pietro der Toten die Beichte abnimmt, passen würde:

> Io veramente mori', e fu messa *in una oscura et dura pregione*, e fummi detto ch'io non avessi mai speranza di salute né d'andare al cielo, però ch'io non aveva fatta intera confessione de' miei peccati.[34]

---

33 Passavanti, *Specchio*, S. 291 (V,3).
34 Ebd.

Angesichts der Lebens- wie der Todesumstände der jungen Frau in *Confessione postuma* bietet sich der Blick auf ein weiteres Exemplum Passavantis an. Die „povera giovinetta tedesca" in Zenas Erzählung ist im Zustand der Bewusstlosigkeit gestorben, am Fleckfieber, ohne die Möglichkeit gehabt zu haben, eine letzte Buße abzulegen:

> Ero giunto all'ultimo versetto del Benedictus: *illuminare his qui in tenebris et in umbra mortis sedent*, e rammento che quelle parole di consolazione le ripetei due volte come un suffragio all'anima dell'estinta, cui il delirio continuo aveva impedito di riconciliarsi con Dio; nella ferma fiducia che anche a costo di un prodigio, la misericordia infinita l'avrebbe salvata attraverso le tenebre della morte [...].[35]

> Nei giorni precedenti avevo purtroppo inteso da mio fratello chi fosse colei che da Vienna era venuta in Italia a morirvi nell'abbandono, e perché fosse venuta e di quali ghirlande profane avesse infiorato la sua misera giovinezza. O Signore, non c'era più dunque per lei speranza di risurrezione? Non soltanto dagli uomini era stata abbandonata, anche da voi, Signore, anche da voi, o clementissimo e misericordioso, umanato per lei, crocifisso per lei? Un attimo le sarebbe bastato per conoscervi e impetrare la sua remissione, e quest'attimo di luce voluto dal vostro sangue sparso, non le sarebbe stato concesso mai più, per tutta l'eternità, se incosciente era trapassata dall'agonia nella morte senza averlo potuto ottenere?[36]

Die letzte Gelegenheit zur Buße wäre für die junge Frau umso dringlicher gewesen, als die Beschreibung ihrer Lebenssituation anspielungsreich auf das sündige Schicksal einer ‚Gefallenen' hindeutet. Typhus ist im 19. Jahrhundert vor allem eine Krankheit der armen Stadtbevölkerung, zu der die Verstorbene als Waise und aufgrund der Umstände ihres Todes aller Wahrscheinlichkeit nach zu zählen ist. So meinen die „ghirlande profane" ihrer „misera giovinezza" nichts anderes, als dass sie an unwürdige, frevlerische Menschen geraten ist. Damit steht die Figur motivisch in der Tradition der Exempla. So erzählt Passavanti im *Specchio* von einer jungen Frau, die erst in Sünde mit ihrem Vater lebt, dann beide Eltern ermordet, um sich schließlich fern ihrer Heimat als Prostituierte zu verdingen. Eines Tages hört sie eine Predigt über die unendliche Barmherzigkeit Gottes und gerät daraufhin erstmals in Sorge um ihr Seelenheil. Sie wendet sich in ihrer Not an den Predigerbruder (vielleicht ein Selbstporträt Passavantis), der ihr die Beichte abnimmt. Doch erteilt er ihr angesichts der vielen schrecklichen Sünden nicht sofort die Absolution, sondern fordert sie auf, nach seiner nächsten Predigt wieder zu ihm zu kommen. Sie verzweifelt, da sie glaubt, keine Vergebung mehr erwarten zu können, trotz aller Beteuerungen des Bruders, dass er festes Vertrauen in Gottes Barmherzigkeit habe. Während sie in der Kirche auf seine Rückkehr wartet, stirbt

---

35 Zena, *Confessione*, S. 5.
36 Zena, *Confessione*, S. 6.

sie aus reumütiger Trauer über ihre Sünden. Nachdem alle in der Kirche Anwesenden auf Aufforderung des mittlerweile benachrichtigten Bruders für sie gebetet haben, ertönt eine Stimme aus dem Himmel, die alle Anwesenden darüber aufklärt, dass die Sünderin bereits vor Gott im Himmel stehe und keine Gebete mehr benötige, ja, dass vielmehr nun sie für die Lebenden beten werde.[37] Die Transformationen des christlichen Wunderbaren, wie es in den Exempla vermittelt wird, im Medium fiktionaler Literatur ersetzen die Klarheit der Botschaft durch die Ausgestaltung des Geheimnisvollen und Unentscheidbaren. Im Exemplum spricht der Tote, denn er muss Informationen über das Jenseits mitteilen. In der fiktionalen Erzählung spricht der Lebende, denn aus seiner Perspektive allein kann das Erlebnis im Sinne phantastischer Ambivalenz als beängstigend und verunsichernd erzählt werden.

Pietros Verwirrung ist durch ein Verhalten gekennzeichnet, das man als ‚theologischen Bovarysmus' bezeichnen könnte. Die Einbildungskraft des Priesters ist durch dieselbe Exaltiertheit gekennzeichnet, über die auch Emma Bovary verfügt. Er hat keine Romantiker und keine Liebesromane gelesen, aber gleichwohl Geschichten, die nicht weniger emphatisch und im Einzelfalle auch schwärmerisch ausfallen. Pietros Glaube beruht anscheinend auf der Rezeption von sehr alten Texten, die im Einzelfall wohl auch das Etikett ‚theologischer Kitsch' verdienen. So wie Emma sich nichts sehnlicher wünscht als Erfüllung in der romantischen Liebe, so wünscht sich Pietro mit verzweifeltem Willen die erfüllende Liebe Gottes, und zwar in der Form, dass Gott ihn zum Werkzeug eines seiner Wunder, also zu einem Heiligen macht. Dafür sprechen zum einen die bereits angesprochenen intertextuellen Bezüge, zum anderen aber auch die Erwähnung der Lektüren Pietros. Die Ausführungen hierzu sind kurz, aber ihre Positionierung gleich auf der ersten Seite der Erzählung verleiht ihnen eine geradezu signalhafte Wirkung für den ganzen Text. In der oben bereits zitierten Passage bringt Pietro die konstitutive Unverständlichkeit des göttlichen Wunders zum Ausdruck. Der Mensch könne die Wunder Gottes in seinem Hochmut und seiner durch die Erbsünde bedingten Misere nicht verstehen. Einzig die heiligen Texte können ihn den Glauben lehren, und er hebt dabei neben den „Sacre Scritture" die „innumerevoli esempi anche attuali" hervor. Sodann geht er auf die Gefahr der teuflischen Illusionen ein. Sie zeigen sich in den „vite dei santi", aber auch in den damals aktuellen spiritistischen Phänomenen, welche indes absolut überzeugend, so Pietro, in der *Civiltà Cattolica*, dem 1850 erstmals erschienenen und bis heute existierenden Hauptorgan der Jesuiten in Italien, widerlegt werden. Die Erwähnung der Bibel, der Heiligenviten und der Exempla stellt eine histori-

---

37 Passavanti, *Specchio*, S. 270 f. (IV,1).

sche Reihe christlicher *imitatio* in der Rezeption von Texten dar: Von Jesus über die Heiligen bis zu den einfachen Gläubigen. Dass Pietro auch die theologisch dem Thomismus verpflichtete, vatikannahe Publikation im Kontext des Spiritismus nennt, ist sicherlich den Interessen des Autors am Okkultismus geschuldet, doch tritt dies in den Hintergrund gegenüber dem Umstand, dass sich darin die mentale Verfassung Pietros ausdrückt. In seiner Wahrnehmung lebt er in einer Zeit ‚aus einem Block', deren Koordinaten und Kategorien sich seit dem Neuen Testament nicht verändert haben.

Die psychoanalytische Interpretation
Dem Wunder und dem Wunderbaren eignet immer auch eine Spur von Entgrenzung, bezeichnet es doch die Überschreitung des realistischerweise nicht Erwartbaren in Richtung auf das Ersehnte, wodurch sich auch erklärt, dass das Wunderbare in psychoanalytisch inspirierten Denk- und Dichtungsströmungen als ein psychologisches Phänomen betrachtet wird, das stets in engem Bezug zum Begehren steht.[38] Im Surrealismus wie auch in psychoanalytischen Lektüren von Märchen und Visionen wird das Wunderbare dementsprechend häufig als ein zeichenhafter Zugang zum Unbewussten betrachtet. Nun hat die psychoanalytisch geschulte Textanalyse eine lange Tradition, und ganz besonders gilt dies für die Auslegung phantastischer Texte, die als literarisch verschlüsselte Hinweise auf das unausgesprochene Begehren der Protagonisten oder des Autors verweisen sollen.[39] Dies gilt vielleicht umso stärker, wenn – wie auch in unserem Text – der Teufel ins Spiel kommt (schon Todorov nennt seinen Namen schlicht ein anderes Wort für ‚Libido'[40]). Problematisch ist indes, wenn das psychoanalytische Persönlichkeitsmodell zum verborgenen Generalcode wird, der noch die kleinsten Details vermeintlich motiviert. Was die psychoanalytische Interpretation dabei vernachlässigt, sind intertextuelle Bezüge, die auf der Hand liegen – im Falle der *Confessione postuma* auf Texte wie Heiligenviten und Exempla, Textsorten, die traditionell vom christlichen Wunderbaren erzählen, und die sowohl auf der Ebene der Textkonfiguration als auch auf der Ebene des Geschehens (als Lektüren Pietros) interpretationsrelevant sind. Im Grunde wird dem Text durch die Lektüre

---

[38] Vor allem in der französischsprachigen Forschungsliteratur zum Wunderbaren in der mittelalterlichen Literatur lässt sich diese Tendenz ausmachen, besonders deutlich bei Michel Meslin: „Le merveilleux, l'imaginaire et le divin", in: Frölich (Hg.), *Dimensions du merveilleux/Dimensions of the Marvellous*, Bd. 1, 27–33, hier: S. 27; siehe auch Poirion, *Le merveilleux*, S. 7.
[39] Ab den frühen 1930er Jahren publizierte Marie Bonaparte psychoanalytische Studien zu E. A. Poes Leben und Werk.
[40] Siehe dazu das Kapitel „Les thèmes du Tu" bei Todorov.

im Lichte des geschlossenen psychoanalytischen Denksystems seine Phantastik ausgetrieben, wird er doch zur Allegorie der psychoanalytischen Persönlichkeitsökonomie, zum „emblema della sessualità"[41]. Denn die Lesart geht über eine *hésitation* zwischen Wunder und Psychose hinaus, indem sie dem Text eine eindeutige metaphorische Bedeutung gibt. Er wird zum uneigentlichen Ausdruck einer eigentlich relevanten Tiefenstruktur. So verwundert es auch nicht, dass di Giovanna *Confessione postuma* als Ausdruck seines katholischen Urhebers liest, als „ritorno inconscio dell'autore a qualche oggetto d'amore-tabù"[42]. Und auch Lanzillotta liest die Erzählung ausschließlich im Lichte der Annahme, dass Pietro ahnt, von der eigenen verdrängten Sexualität in Versuchung geführt worden zu sein, was ihn zu einer Beichte in Briefform veranlasst. Der psychoanalytische Befund vereindeutigt die Geschichte also zu einer Repräsentation psychoanalytischer Triebökonomie, und das bezeichnenderweise „nell'orizzonte tutto cattolico, non privo di risvolti perversi e perturbanti, dell'incertezza tra tentazione demoniaca (e sessuale) e miracolo divino"[43]. Im Folgenden soll abschließend gezeigt werden, wie eine solche psychoanalytische Lektüre der Erzählung Zenas aufgrund der umfassenden Vernachlässigung des historischen Kontexts und der relevanten Intertexte zu einer Fehlinterpretation führt.

Zu den beliebtesten Motiven der psychoanalytischen Interpretationsschule zählt der Doppelgänger, der auch in *Confessione postuma* zum Zuge kommt. Lanzillotta liest das Motiv folgendermaßen: Claudio = Doppelgänger = verdrängte Sexualität = Es. Das Geschehen lasse sich als eine einzige „esplosione della libido, da troppo tempo soffocata"[44] zusammenfassen. Der Adressat des Briefs wird dabei zum Vater, von dem die Gefahr der Kastration ausgeht,[45] der abgebrochene Fuß Jesu, der Pietros Kruzifix sein Alleinstellungsmerkmal verleiht, symbolisch zum männlichen Geschlecht.[46] Die Tote wird zu einer Mischung aus Medusa und Artemis,[47] und ihre niemals zuvor gehörte Sprache ist

> emblema della segretezza del sesso feminile, segretezza determinata dall terrore dell'evirazione, da adolescente, a percepire la donna come forza rovinosa e a scegliere perciò la strada del sacerdozio.[48]

---

41 Lanzillotta, „Una storia dell'altro mondo", S. 364.
42 Di Giovanna, *Remigio Zena narratore*, S. 192.
43 Lo Castro, Giuseppe, „Introduzione. Sulle tracce di un fantastico italiano", in: *La tentazione del fantastico*, S. 5–16, hier: S.14.
44 Lanzillotta, „Una storia dell'altro mondo", S. 366.
45 Ebd.
46 Lanzillotta, „Una storia dell'altro mondo", S. 367.
47 Lanzillotta, „Una storia dell'altro mondo", S. 372.
48 Lanzillotta, „Una storia dell'altro mondo", S. 375.

Warum sich Pietro als junger Mann für den Priesterstand entscheidet, wird in der Erzählung wohlgemerkt gar nicht erwähnt, die Begründung findet sich allein in Lanzillottas psychoanalytischer Interpretation. Aus der Tatsache, dass Pietros Bruder Arzt ist, leitet Lanzillotta die These ab, dass sich in den beiden Brüdern das Thema der Schwelle in Zenas Erzählung auf das Innere des Individuums übertragen lasse:

> L'io narrante (Pietro) è, come sacerdote, assistente dell'anima, mentre il fratello Claudio, che fa il medico all'Ospedale Maggiore, lo è del corpo. [...] i fratelli condividono somiglianza psico-fisica, [...] sono complementari.[49]

Während diese Behauptung durch den Text zumindest nicht widerlegt wird, lässt sich die daraus abgeleitete Diagnose endgültig nicht mehr am Text belegen:

> La fratellanza mette in crisi il principio d'identità, creando un effetto perturbante: sono due metà di un individuo, l'anima e il corpo, non siamo cioè in presenza di un protagonista e di un antagonista.[50]

Der Mediziner Claudio besetzt in der Tat nicht die funktionale Stelle eines Antagonisten, aber daraus lässt sich wohl kaum besagte These ableiten, die letztendlich eine der Lektüre vorausgehende Prämisse, und nicht das Ergebnis einer Lektüre darstellt. Diese Prämisse besagt, dass die Vorstellung des Doppelgängers (nach Freud) das Ich und damit die soziale und sexuelle Identität destabilisiere und Gewissheiten in Frage stelle:

> L'incontro col fantasma è l'incontro con tutto ciò che l'Io ha represso perché è in grado di minare l'intero edificio della vita psichica. [...] Disorientato da desideri inconfessabili, che hanno a che fare con la metà di sé accantonata (il corpo, dunque Claudio), da cui si sente improvvisamente tormentato, il protagonista di *Confessione postuma* tenta l'impresa di espellerli attraverso la creazione di un alter ego, il fratello.[51]

Pietro erschaffe sich den Doppelgänger des Bruders, der ihn zu der Leiche führt, selbst und halte ihn doch für real, wie er auch die Wiedererweckung der Toten für real hält. So unglaublich diese Trugbilder auch sein mögen, seien sie für ihn doch leichter zu akzeptieren als die Wahrheit, das verdrängte Begehren. Auch die Tatsache, dass die Zimmer der beiden Brüder nebeneinander liegen, lasse sich in diesem Sinne interpretieren, biete sich das Haus doch an, um die Dialektik von

---

49 Lanzillotta, „Una storia dell'altro mondo", S. 359.
50 Ebd.
51 Lanzillotta, „Una storia dell'altro mondo", S. 360f.

Verdrängung und Verdrängtem zu visualisieren. Dem lässt sich entgegenhalten, dass die Zimmer der beiden Brüder Pietro und Claudio zwar tatsächlich nebeneinander liegen, dass dies aber womöglich einfach aus erzählerischen Gründen so ist, denn dieser Umstand erlaubt dem Erzähler einige Wahrnehmungen, die uns den Doppelgänger als solchen erkennen lassen. Gleiches gilt für den abgebrochenen Fuß des Kreuzes, der im Rahmen der Erzählung die Funktion hat, das Kruzifix auf der Brust der Toten mit Sicherheit als dasjenige Pietros zu identifizieren. Wird der psychoanalytische Code zum transhistorischen Generalschlüssel, bleiben solche narrativen Funktionen ebenso außen vor wie die historischen Implikationen der Geschichte. So verweist der Doppelgänger ja nicht allein auf eine phantastische Motivtradition, sondern auch auf theologische Intertexte (Augustinus), die ihn als ein Werk des Teufels erklären, was umso naheliegender ist, da diese Theologie zum Bewusstsein des Protagonisten gehört. Gegen das psychoanalytische Verständnis spricht auch die schlichte Tatsache, dass der Bruder jenseits aller angenommenen psychoanalytischen Bedeutungszuschreibungen schon allein deshalb ein geeignetes Vorbild für das Doppelgänger-Phantasma darstellt, weil Claudio – möglicherweise natürlich nur in der Vorstellung Pietros – auf diese Weise seinen Bruder bittet, jenseits des Bereichs seiner eigenen, nunmehr nutzlosen medizinischen Kompetenzen etwas für die Verstorbene zu tun.

Das Leitmotiv der verdrängten Sexualität führt auch zu einer Fehlbewertung der ‚teuflischen Versuchung', von der Pietro wiederholt spricht. Die psychoanalytische Interpretation legt nahe, dass es sich um unterdrückte Sexualität handelt (junge Frau, Fetisch Haar, Fuß als Phallus etc.). Zweifelsohne sind diese Elemente im Text vorhanden, aber sie sind so schwach ausgeprägt, dass ihnen kein Signalcharakter zukommt. Die einzige Sünde, um die sich die Erzählung dreht, ist nicht sexueller Natur, sondern ist im schwärmerischen Mystizismus des Erzählers zu suchen – die Rede ist von der *superbia*. Denn Pietros Verlangen nach einem persönlichen Zeichen der Liebe Gottes (wie auch des Monsignore) ist übergroß, doch ebenso groß ist die Angst, nicht wirklich zum Mittler zwischen Diesseits und Jenseits gemacht worden zu sein, sondern stattdessen einer teuflischen Illusion aufzusitzen, welche aber ebenfalls in den Vorwurf der *superbia* münden würde. In diesem Kontext ist ein weiterer Fehlschluss zu nennen: Da die phantastische Literatur oft von blasphemischen Ambitionen handele, lasse sich auch das ersehnte Wunder in *Confessione postuma* als ein ‚prometheischer' oder ‚pygmalionesker' Konkurrenzkampf mit Gott lesen. Auch wenn es in der Tat eine Textstelle gibt, die sich vielleicht in der Hinsicht interpretieren ließe, dass Pietro sich selbst die Fähigkeit zum Wunderwirken verleihen möchte,⁵² darf darüber indes nicht vergessen werden, dass Pietro sich aber ansonsten konstant fragt, ob es wirklich wahr sein kann, dass Gott ihn zum Zeugen oder Werkzeug eines Wunders gemacht hat. Hybris als pathologische Motivation ist unbedingt interpretationsrelevant, aber nicht in dem Sinne, dass Pietro in Konkurrenz zu Gott treten möchte, sondern in dem Sinne, dass er den Status eines Heiligen begehrt.

4.2 Luigi Capuana, *Un vampiro*

Nicht nur der christliche Wiedergänger, auch der pagane Typus lässt sich in der literarischen Phantastik des späten 19. und frühen 20. Jahrhunderts wiederfinden; ja, er stellt, oft märchenhaft bearbeitet, den Normalfall dar, wie die Geschichte des Vampirmotivs seit Polidoris 1819 veröffentlichter Erzählung *The Vampyre* zeigt. Luigi Capuanas erstmals im Jahre 1904 publizierte Erzählung *Un vampiro* geht über die oft nur Unterhaltungszwecken dienenden Bearbeitungen des Vampirstoffs hinaus,⁵³ zeugt er doch vom typisch veristischen Interesse des Autors an den Wissenschaften, aber auch am Spiritismus. In der scheinbar bewussten Transformation und Reflexion der Kategorie des Übernatürlichen stellt der Text eine Aktualisierung mittelalterlicher Kategorien im Kontext intellektueller und wissenschaftlicher Diskurse über das sogenannte Paranormale um 1900 dar. Bedenkt man, dass sich der Katholik Zena für dieselben Themen interessierte, so lässt sich Capuanas Erzählung als Gegenstück zu Zenas Aktualisierung des christlichen Wunderbaren lesen. Wir haben gesehen, dass dieser die wissenschaftliche Rationalität seiner Zeit vor allem auf der Ebene der erzählerischen Vermittlung integriert: Die Möglichkeit einer Auflösung des Geschehens im Sinne der Naturgesetze (hier medizinisch verstanden, als pathologische Autosuggestion) verdankt

---

52 Lanzillotta, „Una storia dell'altro mondo", S. 377. Der Satz bei Zena lautet: „Oserei affermare che uscita dalla visione dell'eterno castigo, quell'anima rediviva riconosceva in me la potestà di liberarla?" (Zena, *Confessione*, S. 14). Die Textstelle beschreibt den panisch auf den Erzähler starrenden Blick der gerade wieder Erwachten. Entreißt man den Satz solchermaßen seinem Kontext, beinhaltet er nicht mehr den Gedanken an Gott, der ansonsten aber Pietros Denken bestimmt.

53 Capuanas Vampir ist erst der zweite der italienischen Literaturgeschichte. Der erste italienische Text, der von einem Vampir erzählt, ist Franco Mistralis 1869 erschienener Roman *Il vampiro*, dem indes weder zu seiner Zeit noch in den Literaturgeschichten große Aufmerksamkeit zuteil wurde (Vgl. Annamaria Loria, „Luigi Capuana, *Un vampiro*. Fra racconto fantastico e racconto spiritico", in: *La Tentazione del fantastico. Racconti italiani da Gualdo a Svevo*, S. 395–412, hier: S. 398). *Un vampiro* wird nach der folgenden Ausgabe zitiert: Luigi Capuana, *Racconti*, hg. v. Enrico Ghidetti, Bd. 3, Rom: Salerno editrice, 1974, S. 203–221.

sich der Art und Weise, in der der Priester Pietro seine Geschichte erzählt. Eben diese Möglichkeit, Autosuggestion, wird auch in Capuanas Erzählung gleich zu Beginn erwähnt. Die alternative Erklärung der rätselhaften Ereignisse besteht bei Capuana aber nicht, wie bei Zena, in einem christlichen Wunder, sondern in einer Form des Übernatürlichen, die ganz offensichtlich auf den paganen Wiedergängertypus rekurriert, wie wir ihn in den Texten des Mittelalters kennengelernt haben.

Capuanas Text steht ganz im Zeichen des modernen Interesses am Übernatürlichen, das sich vor allem durch den Hang zur Pseudo-Rationalisierung des nicht Erklärbaren auszeichnet und etwa als mesmerischer Magnetismus und Spiritismus in der phantastischen Literatur seinen Niederschlag gefunden hat. In diesem Zusammenhang ist von Interesse, dass Capuana den Erzählband *Un vampiro* seinem Freund Cesare Lombroso gewidmet hat, einem Mediziner, der vor allem als Arzt und Kriminologe in Erscheinung trat. 1891 sah er sich gezwungen, als Mitglied einer Kommission, die die Fähigkeiten des damals berühmten Mediums Eusapia Palladino nach wissenschaftlichen Kriterien überprüfen sollte, die Authentizität der in den Hypnoseseancen zu beobachtenden Phänomene einzugestehen. Als Psychiater nahm er an, dass es bis dato unbekannte psychische Kräfte geben müsse, durch die sich Phänomene wie das Bewegen von Mobiliar erklären ließen.[54] Capuana selbst veröffentlichte mehrere Artikel, in denen er parapsychologische und pseudowissenschaftliche Positionen vertrat wie etwa diejenige, dass es unsichtbare, aber physische Formen des Lebens nach dem Tode gebe, die sich lediglich noch nicht wissenschaftlich erklären ließen.[55] Der Wissenschaftler Mongeri in der Erzählung ist also nicht nur als ein fiktionalisierter Cesare Lombroso anzusehen, sondern trägt auch autobiographische Züge, da seine Positionen ebenso stark durch Capuanas Interesse an esoterischen Pseudowissenschaften geprägt sind.

Wiedergänger aus Eifersucht
Un vampiro erzählt von einem Ehepaar, das anscheinend vom verstorbenen ersten Ehemann der Frau aus dem Jenseits verfolgt wird. Eifersüchtig versucht er, seiner Witwe und ihrer neuen Familie Schaden zuzufügen. Die literarische Verbindung von Wiedergänger und Eifersucht findet sich, als Parodie des

---

54 Vgl. Loria, „Luigi Capuana: *Un vampiro*", S. 395 ff.
55 Ebd., siehe auch Hilda Laura Norman, „The Scientific and the Pseudo-Scientific in the Works of Luigi Capuana", in: *PMLA* 53,3 (1938), S. 869–885.

christlichen Wunderbaren, bereits im *Decameron*,[56] und schon Gervasius von Tilbury berichtet vom *mirabile* eines eifersüchtigen Toten: In der Grafschaft von Aix kehrte ein Toter zurück und erschlug seine Frau am Tage ihrer erneuten Heirat, ausgerechnet mit einem Feind ihres verstorbenen Mannes (s.o., Kap. 3.3.3). Auch in *Un vampiro* scheint sich ein eifersüchtiger Toter für die erneute Hochzeit seiner Witwe rächen zu wollen, vielleicht sogar für seine Ermordung. Der zweite Ehemann, Lelio Giorgi, ist zwar kein Erzfeind, aber ein sehr konkretes Konkurrenzverhältnis bestand dennoch zu Lebzeiten zwischen den beiden Männern. Über mehrere Nächte hinweg versetzt der Tote seine Frau, ihren Mann und deren kleinen Sohn in Angst und Schrecken. Von den näheren Umständen dieser Heimsuchung berichtet Lelio Giorgi seinem Freund Mongeri in einem Gespräch.

Giorgi verließ Italien vor vielen Jahren in Richtung Buenos Aires, weil sich die Eltern der von ihm geliebten Luisa gegen eine Hochzeit stellten. Denn Giorgi war und ist ein Schriftsteller, der nicht schreibt (lediglich einen kleinen Band mit Gedichten hat er veröffentlicht); hinzu kommt, dass er damals völlig mittellos war.[57] Nach drei Jahren selbstgewählten Exils, in denen er keinen Kontakt zu Luisa hat, vermacht ihm völlig überraschend ein Onkel sein gesamtes Vermögen. Sofort denkt er wieder daran, Luisa zu heiraten, doch diese hat mittlerweile auf Anraten ihrer Familie einen wohlhabenden Mann geheiratet. Ein vorwurfsvoller Brief Giorgis an Luisa landet beim Ehemann, der sich durchaus eifersüchtig zeigt. Er sucht Giorgi auf und gibt ihm unmissverständlich zu verstehen, dass er derartige Annäherungen fortan zu unterlassen habe. Doch sechs Monate später ist der Ehemann tot. Luisa teilt Giorgi, der mittlerweile in Paris wohnt, per Telegramm mit, dass sie ihn noch liebe. Die beiden heiraten und bekommen einen Sohn. Indes nagt die Eifersucht auch an Giorgi, wie er selber zugibt. Die Vorstellung, dass ein anderer Luisas Körper, wenn auch legitim, vor ihm besessen hat, lasse ihn am ganzen Leib erzittern, gesteht er seinem Freund. Der eifersüchtige Terror des Wiedergängers beginnt an dem Tag, an dem Luisa ihrem Ehemann eröffnet, dass sie ein Kind erwartet. Genau in dem Augenblick, da Luisa mit Bezug auf ihre Schwangerschaft ausruft: „Come sono felice [...] che questo sia avvenuto solo ora!", klopft es heftig an die Tür. Diese Unmutsbekundungen aus dem Jenseits steigern sich binnen kurzer Zeit. Etwas oder jemand rüttelt nachts am Bett der Eheleute, sie hören Schritte, man will ihnen die Decke vom Bett reißen, unsichtbare Hände scheinen Luisa, die immer wieder wie in Trance zu einem Un-

---

56 Gemeint ist die Novelle III 8, in der dem eifersüchtigen Ferondo vorgegaukelt wird, er befinde sich im Fegefeuer, das er nach der ‚Buße' für seine sehr irdische Sünde wieder verlassen darf.
57 Damit steht er in der Tradition des *inetto*, jenes Romanheldentypus, dessen literarhistorisch prominentestes Beispiel ohne Zweifel Italo Svevos Zeno Cosini darstellt.

sichtbaren spricht, von ihrem Ehemann wegzuziehen. Schließlich attackiert der Wiedergänger den kleinen Jungen. Dessen Bettchen bewegt sich quietschend, wie von Geisterhand geschoben, durch das eheliche Schlafzimmer. Den Höhepunkt des Grauens stellen blutsaugerische Attacken auf den Jungen dar. Mongeri verbringt daraufhin eine Nacht gemeinsam mit den Eheleuten und dem Kind im Schlafzimmer, um den Ereignissen ‚wissenschaftlich' auf den Grund zu gehen. Er sieht mit eigenen Augen, dass sich das Bett des Kindes von selbst bewegt, er hört Luisa in Trance mit dem Toten sprechen, wobei es immer wieder um den Vorwurf geht, sie habe ihn vergiftet, und schließlich spricht Mongeri selbst durch das Medium Luisa mit dem Toten. Auch fühlt er Faustschläge auf seiner Schulter und sieht, wenn auch nur undeutlich, den Schatten einer Hand. Das letzte Anzeichen für die Anwesenheit des Toten ist das Keuchen des Kindes, das sich gegen etwas zu wehren scheint, etwas drückt sich auf seinen Mund drückt und hindert es daran zu schreien. Das weitere Geschehen fasst der heterodiegetisch-extradiegetische Erzähler am Ende kurz zusammen: Mongeri führt das Experiment zu einem glücklichen Ende, indem er die Verbrennung des Toten anordnet, worauf sich die Phänomene tatsächlich nicht mehr wiederholen. In einem wissenschaftlichen Artikel mit dem Titel *Un preteso caso di Vampirismo* vertritt er indes nicht in aller Deutlichkeit die Position, die er zuvor im Gespräch gegenüber Giorgi betont hat und die der Ablauf der Ereignisse selbst eigentlich auch bestätigt, d.h. die den alten Aberglauben bestätigende Lösung des Problems durch Verbrennen des Leichnams. Stattdessen legt er in der Publikation einen rhetorischen Schleier aus Bedingungssätzen und psychologisierenden Begriffen über seine eigentlichen Überzeugungen. Widersprüchlichkeit beherrscht auch sein Privatleben: Er heiratet trotz aller Beteuerungen, niemals eine Witwe zu ehelichen, eine ebensolche.

Ein pseudowissenschaftliches mirabile
Capuanas Novelle ist nicht nur eine typische phantastische Erzählung, sondern sie macht zudem die *hésitation* auf ironische Weise zum Gegenstand der Erzählung. Dies geschieht in der Form, dass der Wiedergänger zunächst im Bericht Lelio Giorgis erwähnt wird, einem Bericht, der im Kontext eines Dialogs zwischen einem (unfähigen) Literaten und einem (erfolgreichen) Wissenschaftler steht. Mit diesem Zwiegespräch wird die Konkurrenz zwischen rational-wissenschaftlicher und übernatürlicher Erklärung gleich zu Beginn der Erzählung explizit thematisiert. Ebenso dürfen die Schlusspointe, dass gerade Mongeri später eine Witwe heiratet, sowie der Beginn der Geschichte als humorvolle Thematisierung der

phantastischen Aspekte des Texts gelten. „No, non ridere"[58] beginnt die Geschichte, Worte, die Giorgi an sein Gegenüber richtet und die sich ebenso gut als ironische metaleptische Aufforderung an den Leser verstehen lassen, sich auf eine Spukgeschichte einzulassen („un sogno da donnicciuola", wie Zenas Erzähler in *Confessione postuma* sagt), zumal der Leser in der Regel die daraufhin von Mongeri geäußerte Meinung vertreten dürfte: „Come vuoi che non rida? – rispose Mongeri. – Io non credo agli spiriti."

Die Erzählung lässt sich in drei Abschnitte unterteilen: Den Beginn macht das Gespräch zwischen Giorgi und Mongeri. Der Dichter und Ehemann berichtet dem Freund und Wissenschaftler von den, wie er glaubt, übernatürlichen Ereignissen. Mongeri unterbricht ihn immer wieder, um ihm zu erklären, dass es sich nur um Einbildungen, Suggestionen, Unbewusstes handeln könne. Bei genauerer Betrachtung ist Giorgis Bericht in der Tat so gestaltet, dass Mongeris These vom Psychomechanismus der gegenseitigen Beeinflussung der Eheleute zuzutreffen scheint, denn Giorgi widerspricht sich. So betont er etwa, die Phänomene mit eigenen Augen gesehen zu haben; die näheren Ausführungen machen indes klar, dass der Wiedergänger für ihn stets unsichtbar gewesen ist, und dass er sich stark auf den Bericht seiner Frau verlässt:

> Vedeva, caro mio, vedeva... Vedevo anche io... quasi. Giacché mia moglie non poteva più avvicinarsi alla culla; una strana forza glielo impediva... Io tremavo allo spettacolo di lei che tendeva desolatamente le braccia verso la culla, mentre colui – me lo diceva Luisa – chinato sul bambino dormente, faceva qualcosa di terribile, bocca con bocca, come se gli succhiasse la vita, il sangue...[59]

Giorgis Bericht ist also über weite Strecken nur der Bericht eines Berichts. Im Laufe des Gesprächs wird Mongeri immer ernster, und seine Bewertung von Giorgis Erzählung verändert sich. Mongeri argumentiert nun nicht mehr psychologisch mit der Autosuggestion, sondern macht sich zum Vertreter eines Wissenschaftsagnostizismus. Er erkennt die Ereignisse als äußerst staunenswert und unerklärlich, aber nicht als übernatürlich an:

> – [...] Vorresti una spiegazione dalla scienza? Ebbene, in nome di essa, io ti rispondo che, per ora, non ha spiegazioni di sorta alcuna da darti. Siamo nel campo delle ipotesi. Ne facciamo una al giorno; quella di oggi non è quella di ieri; quella di domani non sarà quella di oggi. [...] Vuoi che te la dica chiara e tonda? La scienza è la più gran prova della nostra ignoranza. Per

---

[58] Capuana, *Un vampiro*, S. 203.
[59] Capuana, *Un vampiro*, S. 212f.

tranquillarti, ti ho parlato di allucinazioni, di induzione, di recettività... Parole, caro mio! Più studio e più mi sento preso dalla disperazione di sapere qualcosa di certo.[60]

Diese Haltung führt zur zweiten Phase der Erzählung, dem empirischen ‚Experiment' Mongeris. Der Erzähler lässt keinen Zweifel daran, dass sich Mongeri erfolgreich gegen die Möglichkeit einer Autosuggestion wehrt. Was er sieht, darf als real gelten:

> Mongeri non aveva potuto trattenersi di rispondere come a persona viva. E la lucidità della sua mente già un po' turbata, non ostante gli sforzi ch'egli faceva per rimanere osservatore attento e imparziale, venne sconvolta a un tratto quando si sentì battere due volte su la spalla da mano invisibile, e nel medesimo istante si vide apparire davanti al lume una mano grigiastra, mezza trasparente, quasi fosse fatta di fumo, e che contraeva e distendeva con rapido moto le dita assottigliandosi come se il calore della fiamma la facesse evaporare. [61]

Die anfängliche *hésitation* beruht auf dem Bericht Giorgis in direkter Rede und der Plausibilität der Suggestionsthese. Die Eheleute werden als psychisch durchaus prädisponiert für derlei Mechanismen präsentiert: Giorgi aufgrund seiner Eifersucht, Luisa aufgrund des im Raume stehenden Verdachts, dass sie ihren ersten Mann vergiftet hat. Gegen Ende der Erzählung aber wird die phantastische Ambivalenz in der oben beschriebenen Weise aufgelöst. Dass die übernatürliche Erklärung obsiegt, hängt dabei weniger an dem angeblichen kausalen Zusammenhang zwischen der Verbrennung des Leichnams und dem Ausbleiben der Phänomene – zum einen könnte das Verbrennen ja schlicht eine weitere Suggestion ausgelöst haben, zum anderen steht Mongeri in seinem wissenschaftlichen Artikel nicht zu dieser von ihm mit Nachdruck empfohlenen Lösung – als vielmehr an einem ganz konkreten Phänomen: den Bewegungen des Bettchens, ohne dass eine lebende, im Raum anwesende Person es berührt hätte. Diesen Tatsachen muss sich selbst ein Skeptiker wie Mongeri beugen. Die ‚Wahrheit' der Erzählung deckt sich aber nur zum Teil mit der agnostizistischen Position Mongeris. Diese besteht darin, die Existenz von *terrae incognitae* der Wissenschaft zu akzeptieren, andererseits aber Positivist und Empiriker zu bleiben. Die Kombination dieser beiden Überzeugungen bringt Mongeri dazu, seinem Freund zur mittelalterlichen Methode der Leichenverbrennung zu raten. Diese Position beinhaltet auch die Überzeugung, dass das angebliche Übernatürliche in Wirklichkeit ein Natürliches ist, das man lediglich noch nicht erklären kann: „[la scienza] tenta di farli rientrare nella cerchia dei fenomeni naturali. Per la scienza

---

60 Capuana, *Un vampiro*, S. 204.
61 Capuana, *Un vampiro*, S. 220.

non esiste altro, all'infuori di questo mondo materiale." Diese Sicht der Dinge hat offensichtliche Affinitäten zu Max Webers Diagnose von der ‚Entzauberung der Welt'. Man kann die Dinge *noch* nicht erklären, aber es kann keinen Zweifel darüber geben, dass man sie wird erklären können – allerdings nur über die spiritistische Erweiterung des gesicherten Wissens. Dies mag sogar der Überzeugung Capuanas entsprechen,[62] für den Leser aber bleibt nur der Schluss, dass sich die phantastische Ambivalenz am Ende dahingehend auflöst, dass das Übernatürliche in der fiktiven Welt real ist – welchen Namen auch immer man ihm gibt.

Was den Text jedoch im Kontext dieser Arbeit besonders interessant macht, ist die Art und Weise, in der er mittelalterliche Kategorien zur Abgrenzung des Natürlichen vom Übernatürlichen aktualisiert. In der Bewertung des Falls erweist sich Mongeris Argumentation als überaus kompatibel mit mittelalterlichen Begriffsdifferenzierungen, wie wir sie etwa bei Gervasius von Tilbury finden. Wie bereits erwähnt, wird der Bericht Giorgis immer wieder unterbrochen durch die Kommentare seines Zuhörers, der die Ereignisse zunächst als Einbildungen seines Dichterfreundes abtut. Dabei fährt er das medizinische und psychologische Begriffsarsenal seiner Zeit auf: Halluzinationen, die gegenseitige psychische Beeinflussung, das Unbewusste, Wahrnehmungsstörungen, Wachträume. Mongeri rationalisiert durch Psychologisierung. Unter diese Erklärungsversuche mischen sich indes zunehmend andere, die sich wie ein Echo historisch weit entfernter Überzeugungen lesen. Da ist zum einen Mongeris Überzeugung, er würde für kein Geld der Welt eine Witwe heiraten. Sie trägt trotz der ebenfalls enthaltenen spekulativ-‚wissenschaftlichen' Argumentation deutliche Zeichen eines volkstümlichen Aberglaubens:

> Qualcosa permane sempre del marito morte, a dispetto di tutto, nella vedova. Sí. „È lui! È lui!" Non già, come crede tua moglie, l'anima del defunto. È quel lui, cioè sono quelle sensazioni, quelle impressioni di lui rimaste incancellabili nelle sue carni. Siamo in piena fisiologia.[63]

Diese Äußerung mündet später in die ironische Schlusspointe, dass er ausgerechnet eben doch eine Witwe heiraten wird, womit er nicht nur seinen eigenen Überzeugungen, sondern auch seinen wissenschaftlichen Erklärungen zuwider handelt, wie der Erzähler mit den letzten Sätzen der Erzählung kommentiert:

> Il più curioso è che non si è mostrato più coerente come uomo. Egli che proclamava: „Non sposerei una vedova per tutto l'oro del mondo" ne ha poi sposata una per molto meno, per

---

[62] Loria, „Luigi Capuana: *Un vampiro*", S. 405 und passim.
[63] Capuana, *Un vampiro*, S. 209 f.

sessantamila lire di dote! E a Lelio Giorgi che ingenuamente gli disse: – Ma come?... Tu!... – rispose: – A quest'ora non esistono insieme neppure due atomi del corpo del primo marito. È morto da sei anni! – senza accorgersi che, parlando così, contraddiceva l'autore della memoria scientifica *Un preteso caso di Vampirismo*, cioè se stesso.[64]

Dem vorchristlichen Aberglauben noch näher steht Mongeris Ratschlag – als Wissenschaftler, wie er betont – den Wiedergänger nach einer Methode zu bekämpfen, die man schon in den ethnologischen Berichten Wilhelms von Newburgh nachlesen kann: „Fate cremare il cadavere. È una prova che m'interessa, oltre che come amico, come scienzato."[65] Von besonderem Interesse ist seine Begründung, die hier ausführlich wiedergegeben sei:

– [...] Ascoltami bene. *Io non ti spiego niente, perché sono convinto di non poter spiegarti niente*. È difficile essere più schietto di così. Ma posso darti un *consiglio... empirico*, che forse ti farà sorridere alla tua volta, specialmente venendoti da me... Fanne l'uso che credi. [...]. I fatti che mi hai riferito non li metto in dubbio. Devo aggiungere che, per quanto la scienza sia ritrosa di occuparsi di fenomeni di tale natura, da qualche tempo in qua non li tratta con l'aria sprezzante di prima: tenta di *farli rientrare nella cerchia dei fenomeni naturali. Per la scienza non esiste altro, all'infuori di questo mondo materiale. Lo spirito... Essa lascia che dello spirito si occupino i credenti, i mistici, i fantastici che oggi si chiamano spiritisti... Per la scienza c'è di reale soltanto l'organismo*, questa compagine di carne e di ossa formante l'individuo e che si disgrega con la morte di esso, risolvendosi negli elementi chimici da cui riceveva funzionamento di vita e di pensiero. Disgregati questi... Ma appunto la quistione si riduce, *secondo qualcuno, a sapere se la putrefazione, la disgregazione degli atomi, o meglio la loro funzione organica si arresti istantaneamente con la morte, annullando ipso facto la individualità, o se questa perduri, secondo i casi e le circostanze, più o meno lungamente dopo la morte... Si comincia a sospettarlo... E su questo punto la scienza verrebbe a trovarsi d'accordo con la credenza popolare...* Io studio, da tre anni, i rimedi empirici delle donnicciuole, dei contadini per spiegarmi il loro valore... Essi, spessissimo, guariscono mali che la scienza non sa guarire... La mia opinione oggi sai tu qual è? Che quei rimedi empirici, tradizionali siano i resti, i frammenti della segreta scienza antica, e anche, più probabilmente, di quell'istinto che noi possiamo oggi verificare nelle bestie. L'uomo, da principio, quando era molto vicino alle bestie più che ora non sia, divinava anche lui il valore terapeutico di certe erbe: e l'uso di esse si è perpetuato, trasmesso di generazione in generazione, come nelle bestie. In queste opera ancora l'istinto; nell'uomo, dopo che lo svolgimento delle sue facoltà ha ottenebrato questa virtù primitiva, perdura unicamente la tradizione. Le donnicciuole, che sono più tenacemente attaccate ad essa, ci han conservato alcuni di quei suggerimenti della natura medicatrice; ed io credo che la scienza debba occuparsi di questo fatto, *perché in ogni superstizione si nasconde qualcosa che non è unicamente fallace osservazione dell'ignoranza... Perdonami questa lunga disgressione. Quello che qualche scienziato ora ammette, cioè che, con l'atto apparente della morte di un individuo, non cessi realmente il funzionamento dell'esistenza individuale fino a che tutti gli elementi non si siano per intero disgregati, la*

---

64 Capuana, *Un vampiro*, S. 221.
65 Capuana, *Un vampiro*, S. 216.

> *superstizione popolare – ci serviamo di questa parola – lo ha già divinato da un pezzo con la credenza nei Vampiri, ed ha divinato il rimedio. I Vampiri sarebbero individualità più persistenti delle altre, casi rari, sì, ma possibili anche senza ammettere l'immortalità dell'anima, dello spirito... Non spalancar gli occhi, non crollare la testa... È fatto, non insolito, intorno al quale la così detta superstizione popolare – diciamo meglio – la divinazione primitiva potrebbe trovarsi d'accordo con la scienza... E sai qual è la difesa contro la malefica azione dei Vampiri, di queste persistenti individualità che credono di poter prolungare la loro esistenza succhiando il sangue o l'essenza vitale delle persone sane?... L'affrettamento della distruzione del loro corpo. Nelle località dove questo fatto si produce, le donnicciuole, i contadini corrono al cimitero, disseppelliscono il cadavere, lo bruciano... È provato che il Vampiro allora muore davvero; e infatti il fenomeno cessa... Tu dici che il tuo bambino....*[66]

Wie die Menschen in den alten Berichten, so betrachtet auch Mongeri den Wiedergänger in erster Linie als einen Schädling, dessen Bekämpfung eine rein technische Angelegenheit ist. Für ihn geht es einzig darum, das Phänomen zu beobachten, es zu erklären und eine Lösung zu finden. Und in der Tat trägt der Wiedergänger bei Capuana alle Züge eines mittelalterlichen paganen Wiedergängers: Er ist (zumindest unter Umständen) gewaltsam zu Tode gekommen, er peinigt nachts die Lebenden, und er stellt eine konkrete physische Gefahr dar. Er kommt nicht aus dem Fegefeuer, bittet nicht um die Unterstützung der Lebenden, und er lässt sich nur durch die Anwendung grober physischer Gewalt besiegen. Die Tatsache, dass er unsichtbar ist, relativiert seine Körperlichkeit durchaus, ändert aber letztlich nichts an ihr, da er physische Kraft ausüben kann. Die ‚Nachfahren'[67] der christlichen Wiedergänger, die körperlosen Geister oder Gespenster, hält Mongeri hingegen für inexistent. Dahinter verbirgt sich eine Unterscheidung, die noch deutliche Spuren der Trennung des göttlichen Übernatürlichen (*miraculosus*) vom wunderbaren Natürlichen (*mirabilis*) trägt. Die mittelalterlichen Kategorien werden aber vor allem aktualisiert, wenn Mongeri das Unerklärliche für die Wissenschaft vereinnahmen will, indem er die anscheinend übernatürlichen Phänomene als natürlich bezeichnet: „la scienza [...] tenta di farli rientrare nella cerchia dei fenomeni naturali."[68] Das Wiedergänger-Phänomen lässt sich aus dieser Perspektive *noch nicht* endgültig erklären, was aber nicht bedeutet, dass es übernatürlich wäre. Es bedeutet lediglich, dass sich noch keine Hypothese als wissenschaftlich tauglich erwiesen hat. Der dünne Firnis moderner (Pseudo-) Wissenschaftlichkeit verdeckt nur schlecht die Tatsache, dass Mongeris Position strukturell mit derjenigen mittelalterlicher Autoren, die die *mirabilia* systematisch von den *miracula* unterschieden, verwandt ist. Die

---

66 Capuana, *Un vampiro*, S. 213 f. (Hervorhebungen A. R.)
67 Schmitt, *Les revenants*, S. 239–243.
68 Capuana, *Un vampiro*, S. 213.

vorchristliche Position des Aberglaubens wird in Mongeris Ausführungen aufgewertet. Sie wird als früher Beleg für moderne materialistische Thesen bewertet, als Bestätigung *avant la lettre* jener These, dass alles Physik sei, und dass nur die Dinge der Physik Anspruch auf Realität haben. Den Preis für diese Aufwertung des *mirabile* bezahlt das Übernatürliche in seiner christlichen wie in anderen Spielarten. Mit ihm („lo spirito"), so Mongeri, sollen sich die *credenti*, die *mistici* und die *fantastici* beschäftigen. Dieser Bereich aber ist derjenige der Hirngespinste, der Phantastereien, des Religiösen, er umfasst kurz alles, was in Mongeris Sicht der Dinge nicht real, weil nicht physikalisch ist. Das christliche Wunderbare ist damit zu einem Aberglauben unter anderen geworden.

Mongeris Sicht auf das Phänomen hat zwei Aspekte, einen pseudowissenschaftlichen und einen technischen. Mittels eines empirischen Experiments kommt er zu dem Schluss, dass die Phänomene real sind. Der nächste Schritt kann für ihn nur darin bestehen, eine effiziente Lösung für das Problem zu finden. Für das Drama, das sich hinter dem schädlichen Wiedergänger eventuell verbirgt, interessiert er sich überhaupt nicht. Dementsprechend spielt Angst in Mongeris ‚rationalen' Erwägungen eine sehr untergeordnete Rolle, eben weil ihn Verwicklungen und Verdächtigungen nicht sonderlich interessieren. Natürlich nimmt er zur Kenntnis, dass der verstorbene Ehemann eifersüchtig zu sein scheint, aber das Interesse für dieses Motiv geht nicht über eine allgemeine stereotype Vorstellung dieses Affekts hinaus. Mit der Eifersucht hat der Wiedergänger ein Motiv, mehr interessiert Mongeri nicht. Ebenso wenig interessiert er sich für die Gefühle seines Freundes, als dieser ihm unmittelbar vor dem Experiment von den Schrecken der vorangegangenen Nacht erzählt, etwa dass der Tote vom geplanten Experiment wisse und ihnen gedroht habe, bis Luisa auf Knien gerufen habe: „Si, sarò tua, tutta tua!... Ma risparmia quest'innocente [bambino]...". Die Gefühle, die der Anblick dieser Szene in Giorgi auslöst, offenbart eine weitere Dimension des Eifersuchtsdramas, in das der Wiedergänger das Ehepaar stürzt: „E in quel momento mi è parso che ogni mio legame con lei fosse rotto, ch'ella non fosse davvero più mia, ma sua, di *colui!*"[69] Mongeri indes ist in Gedanken schon ganz beim Experiment:

– Calmati!... Vinceremo. Calmati!... Voglio esser con voi questa notte.

Il Mongeri era andato con la convinzione che la sua presenza avrebbe impedito la manifestazione del fenomeno. Pensava:

---

69 Capuana, *Un vampiro*, S. 217.

– Accade quasi sempre così. Queste forze ignote vengono neutralizzate da forze indifferenti, estranee. Accade quasi sempre così. Come? Perché? Un giorno certamente lo sapremo. Intanto bisogna osservare, studiare.[70]

Im Experiment ist Mongeri zwar nervlich angespannt, auch erschrickt er, als er die Schläge der unsichtbaren Faust auf der Schulter spürt, aber dies ist ausschließlich dem außerordentlichen Phänomen geschuldet, nicht der unheimlichen Erfahrung, Besuch aus dem Jenseits zu bekommen.

Ein verhindertes moralisches Drama
Ganz anders stellt sich der Fall für die Eheleute dar. Im Gegensatz zu Mongeri, dem „osservatore attento e imparziale"[71] haben sie Angst, schließlich sind sie tief in das Geschehen verstrickt. Die Eheleute sorgen sich natürlich um ihr Kind, vor allem aber hat der Fall für sie eine moralisch-dramatische Komponente: Es steht der Vorwurf im Raum, dass Luisa ihren ersten Ehemann vergiftet habe – ebendies unterstellt der Tote ihr. In der Tat schrieb sie Lelio bereits zwei Monate nach dem unerwarteten Tode ihres ersten Mannes die schlichten Worte: „Sono vedova. T'amo sempre. E tu?" Dieses Interesse für den Mann, den ihr die Eltern einst verboten, kehrt nicht nur sehr schnell zurück. „Sono vedova" zeugt auch in der Beschränkung auf den für die Zukunft allein maßgeblichen wesentlichen Zustand von einer bemerkenswerten Sachlichkeit, und Lelio Giorgis Gefühle für seine Frau sind nach seiner eigenen Auskunft auch schon von der Vorstellung ihrer Schuld affiziert. Hinzu kommt das Drama der Eifersucht der beiden Ehemänner. All dies führt zu einer völlig unterschiedlichen Wahrnehmung der Phänomene durch die Eheleute einerseits und Mongeri andererseits. Es ist sicherlich kein Zufall, dass christliche Motive ausschließlich dann ins Spiel kommen, wenn es um Abwehrmaßnahmen seitens der Eheleute geht. Diese christlichen, rein symbolischen Maßnahmen bleiben allerdings wirkungslos. Mongeri hält sie dennoch für vernünftig – wegen ihres Placebo-Effekts. Als Giorgi berichtet, die an den Wiedergänger gerichteten flehentlichen Worte seiner Frau, sie wolle Messen für den Toten lesen lassen, hätten ihn dazu bewogen, das Haus von einem Priester mit Weihwasser segnen zu lassen („anche per impressionare l'immaginazione della povera Luisa..., se mai si fosse trattato d'immaginazione esaltata, di nervi sconvolti"[72]), findet er Mongeris volle Zustimmung.[73] Allein, im Falle Luisas zeigt das

---

70 Ebd.
71 Im Gegensatz zu Mongeri, dem „osservatore attento e imparziale" (Capuana, *Un vampiro*, S. 220).
72 Capuana, *Un vampiro*, S. 212.

Weihwasser keine Wirkung. Auch darin liegt eine Parallele zu einigen mittelalterlichen Berichten: Während die christlichen symbolischen Maßnahmen nichts nutzen, zeigt die schiere Gewalt anscheinend unzweifelhaft ihre Wirkung. Doch die Erzählung konzentriert sich vor allem auf Mongeri, seinen Agnostizismus und seine Widersprüche – und eben auf seine Interpretation der Ereignisse. Und da Mongeris Beurteilung der Phänomene im Vordergrund steht, bleibt das narrative Potential der Erzählung beschränkt. Das moralische Drama bleibt eine nicht realisierte Option der Erzählung.

4.3 Ein christlicher Wiedergänger im Film: *The Sixth Sense*

Wenngleich sich problemlos Filiationen des christlichen Wunderbaren in der literarischen und filmischen Produktion des 20. Jahrhunderts ausmachen lassen, so bleiben christliche Elemente doch in den meisten Fällen auf die Oberfläche der erzählten Handlung beschränkt. Dass Kirchen und Klöster in den Gattungen des Unheimlichen ein zwar nach wie vor beliebtes, aber auch seltener werdendes Dekor abgeben, muss man wohl als ein Zeichen abnehmender Relevanz des christlichen Wunderbaren in den modernen Narrativen lesen. Wiedergänger sind aber nach wie vor ein populäres Motiv, die berühmtesten Vertreter sind dem Typus des physischen Schädlings zuzurechnen. Umso erstaunlicher ist die Tatsache, dass der 1999 erschienene amerikanische Kinofilm *The Sixth Sense* mit großem kommerziellen Erfolg eine durch und durch christliche Wiedergängergeschichte erzählt.[74] Der Film ist durch seinen Twist berühmt geworden: Unmittelbar vor dem Schluss sieht sich der Zuschauer gezwungen, die Geschichte völlig neu zu verstehen. Über das formalistische Interesse am *suspense* scheint in der Rezeption des Films indes die christliche Dimension dieses Gruselfilms völlig unbeachtet geblieben zu sein.[75] Damit soll nicht behauptet werden, dass das Übernatürliche

---

73 „Anche la scienza ricorre talvolta a mezzi simili nelle malattie nervose. Abbiamo il caso di quel tale che credeva gli si fosse allungato enormemente il naso. Il medico finse di fargli l'operazione, con tutto l'apparato di strumenti, di legatura di vene, di fasciature... e il malato guarì" (Ebd.).
74 M. Night Shyamalan (Reg.), *The Sixth Sense*, Constantin Video, 2004.
75 Die folgenden Ausführungen konzentrieren sich auf diese Lesart und lassen daher einige Aspekte unberücksichtigt, beispielsweise die metatextuelle Dimension einiger (weniger) Dialoge und einige Inkonsistenzen in der Darstellung des lebenden Toten, die es dem Regisseur erleichtern, sein Spiel mit dem Zuschauer erfolgreich zu einem Ende zu bringen. Für eine formalistische erzähltechnische Analyse siehe: Britta Hartmann, „Von der Macht erster Eindrücke. Falsche Fährten als textpragmatisches Krisenexperiment", in: Fabienne Liptay/Yvonne Wolf (Hg.), *Was stimmt denn jetzt? Unzuverlässiges Erzählen in Literatur und Film*, München: edition

im Film, vor allem die Jenseitsvorstellung, vollständig in den entsprechenden christlichen Vorstellungen aufgehen würde, wohl aber, dass christliche Vorstellungen von der Grenze zwischen den Toten und den Lebenden maßgeblich an der Semantisierung des Plots beteiligt sind.

Ein moderner Wiedergänger

Der Kinderpsychologe Malcolm Crowe kommt mit seiner Frau Anna in einer Winternacht des Jahres 1998 nach Hause. Er ist soeben von der Stadt Philadelphia für seine Arbeit ausgezeichnet worden. Das Paar bemerkt, dass es nicht allein in der Wohnung ist. Ein halbnackter, mit einer Pistole bewaffneter junger Mann steht weinend im Badezimmer. Es handelt sich um Vincent Grey, einen ehemaligen Patienten, der Crowe nun vorwirft, ihm damals nicht geglaubt und mit seinen Ängsten allein gelassen zu haben. Grey schießt auf den Psychologen, bevor er sich selbst tötet. Ein Jahr später im Herbst betreut der wieder genesene Crowe den neunjährigen Cole Sear[76], der von schweren Alpträumen und Halluzinationen geplagt wird. Er ist ein Einzelgänger, seine Mitschüler nennen ihn „freak", wie er Crowe erzählt. Trotzdem gelingt es dem Psychologen schnell, ein Vertrauensverhältnis aufzubauen. Unterdessen verschlechtert sich Crowes Beziehung zu seiner Frau, die man nur noch apathisch schweigen sieht. Zu einer Verabredung im Restaurant anlässlich ihres Hochzeitstags kommt er zu spät, sie spricht nicht mit ihm, zahlt und geht. Coles Mutter Lynn ist alleinerziehend und kümmert sich sehr um ihren Sohn, kommt aber mit seiner extremen Zurückgezogenheit nicht zurecht. Schließlich gesteht der Junge dem Psychologen sein Geheimnis: Er sehe tote Menschen, die nicht wahrhaben wollten, dass sie tot sind. Da auch Vincent Grey dies von sich behauptete, will der von Selbstzweifeln befallene Crowe den Jungen wegen Verdachts auf Schizophrenie zunächst einweisen lassen. Derweil beschäftigt ihn der Fall Grey immer noch: Als er sich eines Nachts noch einmal alte Gesprächsaufnahmen mit seinem ehemaligen Patienten anhört, fallen ihm extrem leise, aber zweifelsohne vorhandene Stimmen auf, die auf den Jungen einreden und die er, Crowe, damals im therapeutischen Gespräch nicht gehört hat. Er ist nun davon überzeugt, dass Greys Geister real waren und dass auch Cole die

---

text+kritik, 2005, S. 154–174; Robert Vogt, „Kann ein zuverlässiger Erzähler unzuverlässig erzählen? Zum Begriff der ‚Unzuverlässigkeit' in Literatur- und Filmwissenschaft", in: Susanne Kaul/Jean-Pierre Palmier/Timo Skrandies (Hg.), *Erzählen im Film: Unzuverlässigkeit – Audiovisualität – Musik*, Bielefeld: transcript, 2009, S. 35–56, hier: S. 50–52. Siehe ferner Claudia Pinkas, *Der phantastische Film. Instabile Narrationen und die Narration der Instabilität*, Berlin/New York: De Gruyter, 2010 (ohne Erwähnung von *The Sixth Sense*).

76 Ein sprechender Name, homophon mit *seer* (dt. ‚Seher').

Wahrheit sagt.[77] Diese Erkenntnis ermöglicht es ihm nun, Cole dabei zu helfen, seine Angst zu überwinden. Crowe schlägt ihm vor, mit den Toten in Kontakt zu treten und seine Gabe dazu zu nutzen, den Toten zu geben, was sie wollen. Der Junge überwindet im Folgenden seine große Angst und hört sich an, was die Toten zu sagen haben. Er nutzt die Hinweise, die sie ihm geben, bisweilen dazu, zur Aufklärung der Verbrechen beizutragen, denen sie zum Opfer gefallen sind. Ein – offensichtlich an Volksmärchen angelehnter – Fall sticht besonders heraus, der eines Mädchens, das von seiner Stiefmutter langsam und von allen Familienmitgliedern unbemerkt mit Haushaltsreiniger vergiftet worden ist. Als sich die Trauergemeinde im Hause der Familie versammelt, geht Cole in Begleitung Crowes dorthin (ohne unter den vielen Menschen aufzufallen). Das tote Mädchen ist dort und übergibt Cole eine von ihr zu Lebzeiten heimlich aufgenommene Videoaufnahme, die der Junge wiederum dem Vater des Mädchens übergibt. Sie zeigt, wie die Stiefmutter Tag für Tag die giftige Substanz in das Essen ihrer Stieftochter mischt. Die Veränderungen in Coles Umgang mit den Toten ermöglichen es ihm auch erstmals, mit seiner Mutter zu kommunizieren. Als er ihr von seinen Fähigkeiten erzählt, hält sie ihn zunächst für verrückt, doch das Detailwissen ihres Sohns über Dinge aus ihrer Jugend überzeugt sie. Als Cole ihr auch noch übermittelt, was ihre verstorbene Mutter ihm aufgetragen hat ihr zu sagen, reagiert sie zutiefst ergriffen. Was Crowe betrifft, so hat er sein Schuldgefühl besiegt, mit dem er seit dem Selbstmord Greys zu kämpfen hatte. Damit ist aber auch seine therapeutische Verantwortung für Cole beendet. Dieser rät ihm zum Abschied, mit seiner Frau zu sprechen, während sie schläft. Eines Abends wird Crowe schließlich klar, dass er selbst nur von Cole und niemandem sonst gesehen werden konnte, weil er selber ein Toter ist, im Jahr zuvor von Vincent Grey erschossen. Diese Erkenntnis ermöglicht es ihm in einem sehr reduzierten, aber essentiellen Dialog mit seiner schlafenden Frau, ihr den Trost zu geben, der es ihr erlauben wird, ein neues Leben nach der Trauer zu beginnen.

Twist und Anagnorisis

Eine plötzliche und unerwartete Enthüllung am Ende eines Films dieser Gattung ist alles andere als ungewöhnlich, doch ist der Twist in *The Sixth Sense* in seiner Wirkung von selten zu beobachtender Radikalität: Die Anagnorisis des Protagonisten fällt in eins mit der Erkenntnis des Zuschauers, den ganzen Film falsch

---

77 In Crowes Notizen, die im Bild zu sehen sind (*Sixth Sense*, 00:10:20 und 00:10:40), sind die beiden Fälle absolut identisch: „Parental status: Divorced", „acute anxiety", „socially isolated", „possible mood disorder".

gesehen zu haben. Malcolm Crowes Hamartia besteht darin, sich für einen Lebenden gehalten zu haben, und eben dies denkt auch der Zuschauer, bis er gleichzeitig mit Crowe die Entdeckung macht, dass dieser ein Wiedergänger ist. Eine abschließende Sequenz aus Rückblenden, Sätzen und Szenen klären den Zuschauer darüber auf, was er schon früher hätte verstehen können. Dass der erzählerische Trick überhaupt funktioniert, verdankt der Film einer äußerst elliptischen Erzählweise. So sieht man Crowe nur in relativ kurzen Szenen in Kontakt mit anderen Lebenden. Erst bei einer aufmerksamen Rekapitulation des Films fällt auf, dass die Lebenden den toten Crowe schlicht nicht wahrnehmen. Wenn Crowe mit seiner Frau im Restaurant sitzt und der Zuschauer ihr Schweigen als Beziehungsstörung interpretiert, so wird dies erst möglich dadurch, dass der Realismus des Films nicht ins Detail geht.[78] Man erfährt etwa nichts über die sonst übliche Anbahnung eines solchen Abendessens (Verabredung, Tischwahl etc.). Eines der frühen Treffen zwischen Crowe und dem Jungen findet in der Wohnung statt, in der Cole und seine Mutter Lynn leben.[79] Als der Junge aus der Schule kommt, sitzen sich Lynn und Crowe schweigend gegenüber, was sich der Zuschauer dadurch erklärt, dass die alleinerziehende Mutter ja meistens erschöpft ist und sich zudem in dieser Szene wohl gerade fragt, wie es mit ihrem Sohn weitergehen soll, und ob die Sitzungen mit dem Psychologen, von denen gerade wieder eine ansteht, überhaupt etwas nutzen. In vielen Szenen lebt die Illusion durch die Mehrdeutigkeit der Blicke der Lebenden: Dass Cole die einzige Figur ist, die den Wiedergänger wahrnimmt, fällt dem Zuschauer nicht auf, da er den ausbleibenden Blickkontakt aller anderen Figuren mit Crowe als Ausdruck einer Befindlichkeit oder als gewollte Missachtung interpretiert. Als Lynn in der oben erwähnten Szene den Raum verlässt, sagt sie zu ihrem Sohn: „I'll make triangle pancakes. You got an hour." Der Zuschauer interpretiert dies als eindeutigen Hinweis darauf, dass die Mutter ihren Sohn und seinen Therapeuten für die Sitzung alleine lässt. Er versteht „You" als zweite Person Plural, tatsächlich aber redet Lynn nur mit ihrem Sohn, und ihre Aussage meint nicht mehr als ‚In einer Stunde ist das Essen fertig'. Die Illusion funktioniert in dieser Szene nur unter der Bedingung, dass der Film einige Details ausspart, Details, von denen der Zuschauer glaubt, dass sie, auch wenn sie nicht gezeigt werden, stattgefunden haben, etwa die – womöglich telefonische – Terminvereinbarung zwischen Crowe und Lynn, die Begrüßung und die Verabschiedung.

---

[78] *Sixth Sense*, 00:25:06.
[79] *Sixth Sense*, 00:19:24.

Eine aristotelisch komponierte Fabel
Die Handlungskomposition stellt ein Paradebeispiel der geschlossenen Form dar. Mit seinem radikalen Twist entspricht *The Sixth Sense* dem aristotelischen Ideal eines Zusammenfallens von Anagnorisis und Peripetie.[80] Bis zu seiner Anagnorisis glaubt Crowe selbstbestimmt zu handeln, dann sieht er sich plötzlich jeder Handlungsfähigkeit beraubt. Er kann sich nur noch in sein Schicksal fügen. Crowes Hamartia besteht wohlgemerkt nicht darin, dass er Grey nicht helfen konnte – das ist vielmehr die Vorgeschichte. Dass er bei Grey einen Fehler gemacht hat, kann schon deshalb keine Hamartia sein, weil er sich dessen bewusst ist und sein bewusstes Handeln ganz darauf ausrichtet, Cole zu helfen (sein *want*), um seine Schuld an Grey wieder gut zu machen.[81] Seine Fehleinschätzung liegt darin, sich für einen Lebenden zu halten, der einem anderen Lebenden hilft. Hat er seinen Fehler einmal erkannt, tritt sein eigentliches Bedürfnis in den Vordergrund, die Vollendung des Übergangs vom Leben zum Tod (sein *need*). Unter dem *want* versteht man das Ziel, dass der Held mit seinen Handlungen bewusst verfolgt, unter dem *need* das meistens unbewusste oder verdrängte Ziel resp. Bedürfnis.[82] Prinzipiell sind zwei Konstellationen möglich: Zum einen kann das *need* in einer Eigenschaft bestehen, die der Held zum Erreichen seines *want* benötigt, aber noch nicht hatte, beispielsweise Mut. Solche Erzählungen gipfeln meist in Bewährungssituationen. Zum anderen kann das *need* mit dem *want* in Konflikt stehen, in dem Sinne, dass das bewusst verfolgte Ziel den Helden von seinem *need* gerade entfernt. Dies ist der Fall in *The Sixth Sense*, mit der Besonderheit, dass der Zuschauer dieses *need* über fast die gesamte Länge des Films fälschlicherweise mit der Behebung der Kommunikationsdefizite zwischen Crowe und seiner Partnerin identifiziert. Erst in Crowes Anagnorisis versteht der Zuschauer, dass Crowe mit der Verfolgung seines *want* zwei Dinge erreicht hat: Er hat Cole geholfen, und er hat sein *need* gefunden, welches darin besteht, den eigenen Tod zu akzeptieren. Welche Variante auch gewählt wird, das Modell zeichnet sich dadurch aus, dass die Erzählung auf jenen Moment ausgerichtet ist, in dem *want* und *need* zusammengeführt werden.

---

80 Aristoteles, *Poetik*, hg. u. übers. v. Manfred Fuhrmann, Stuttgart: Reclam, 1982, S. 35 (1452a).
81 Bei 00:47:10 erzählt Crowe Cole seine eigene Geschichte (in der dritten Person) und formuliert dabei explizit sein *want*: Dass er glaubt, dem einen Jungen, dem er nicht hat helfen können, nun doch zu helfen, indem er dem ‚neuen' Jungen hilft. Cole hatte ihn kurz zuvor mit einem metaleptischen Kalauer darauf aufmerksam gemacht, dass er seine Geschichte mit mehr „twists" erzählen müsse. Im letzten Dialog des Films sagt Crowe zu seiner schlafenden Frau „I think I can go now. Just needed to do a couple of things" (*Sixth Sense*, 01:40:41).
82 Siehe z. B. David Howard/Edward Mabley, *The Tools of Screenwriting. A Writer's Guide to the Craft and Elements of a Screenplay*, New York: Griffin, 1993.

Es liegt wohl an den Konventionen kommerzieller Filmdrehbücher, dass die Bestimmung der narrativen Konfiguration als tragisch trotz aller aristotelischen Züge, über die sie zweifelsohne verfügt, schwerfällt. Mit einigen Zugeständnissen gelingt es aber durchaus, in Malcolm Crowe einen mittleren Helden zu sehen, obgleich er merklich zum ausschließlich Guten tendiert. Er bringt kein Unheil über seine Umgebung (sondern nur über einen einzigen Menschen), und er legt auch keine Hybris an den Tag. Lebend hat er es sich zum Beruf gemacht, besonders hilfsbedürftigen Menschen, kranken Kindern und Jugendlichen, zu helfen. Selbst als er zu Beginn des Films seinen Erfolg feiert, wirkt er nicht überheblich, und auch für den Selbstmord seines Patienten macht ihn der Zuschauer nicht einmal im Nachhinein verantwortlich, da die Szene, in der Vincent Grey erst den Psychiater und dann sich selbst umbringt, zugleich deutlich macht, was für ein schwerer Fall der Mörder und Selbstmörder ist. Dass Crowe sich nicht sofort an Greys Namen erinnert, als dieser nackt und verzweifelt in seinem Badezimmer steht, ist nach einigen Jahren einerseits verständlich, impliziert andererseits aber den Vorwurf professioneller Kälte und mangelnder Empathie. Es bleibt letztlich der Makel bestehen, dass er, der im wahrsten Sinne des Wortes Ausgezeichnete, bei aller moralischen Rechtschaffenheit und Menschlichkeit, eben doch nicht perfekt ist, so dass die aristotelische Bestimmung des Helden zumindest teilweise auf ihn zutrifft.[83] Dennoch bleiben maßgebliche Differenzen zum tragischen *mythos* bestehen, allen voran der Umstand, dass das Ende letztlich kein negatives ist. Sie erklären sich, wenn man die Gestalt des Kinderpsychologen als christliche Figur versteht. Auch das Christentum kennt den ‚mittleren Helden'. Er ist beispielsweise integraler Bestandteil des Mirakelschemas: Typischerweise ist er ein verdienstvoller Geistlicher, der sich zu einer Sünde verführen lässt. Diese Sünde führt zu einer Verstrickung, aus der ihm letztlich nur noch ein Heiliger oder Maria helfen kann. Nach der Rettung lebt der Held wieder fromm und gottesfürchtig. Voraussetzung für diesen Handlungsverlauf sind aufrichtige Reue und die Anrufung des Heiligen – eine Bekehrungsgeschichte. Diesen literarhistorisch wohl prominentesten mittleren Heldentypen, den das Christentum hervorgebracht hat, sucht man in *The Sixth Sense* natürlich vergeblich. Der zweite Kontext, in dem man die Kategorie des ‚Mittleren' im Christentum findet, ist das ternäre Jenseits. Die Tatsache, dass Crowe weder ganz schlecht noch ganz gut ist, macht ihn zu

---

[83] Aristoteles, *Poetik*, Kap. 13, S. 39 (1453a): „So bleibt der Held übrig, der zwischen den genannten Möglichkeiten steht. Dies ist bei jemandem der Fall, der nicht trotz seiner sittlichen Größe und seines hervorragenden Gerechtigkeitsstrebens, aber auch nicht wegen seiner Schlechtigkeit und Gemeinheit einen Umschlag ins Unglück erlebt, sondern wegen eines Fehlers – bei einem von denen, die großes Ansehen und Glück genießen, wie Ödipus und Thyestes und andere hervorragende Männer aus derartigen Geschlechtern."

einem typischen Bewohner des dritten Orts. Sieht man einmal von kategorialen Unsicherheiten kurz vor der endgültigen Etablierung des Fegefeuers im späten 13. Jahrhundert ab, können die Seelen der Verstorbenen allein von dort herkommen, um sich den Lebenden zu zeigen. Crowe tendiert zwar sehr stark zum ganz Guten, trägt aber nun einmal den Makel an sich, im Falle Grey versagt zu haben. Wenn also das, was der Zuschauer sieht, Crowes Purgatorium ist, dann muss am Ende des Films die Erlösung von den Strafen des Purgatoriums stehen – nach einer für mittelalterliche Verhältnisse ohne Zweifel bescheiden ausfallenden Zeitspanne von einem Jahr. Allein daran lässt sich ablesen, dass es sich wohlgemerkt natürlich um kein Fegefeuer im engeren Sinne handelt, sondern nur um eine moderne fiktionale Transformation der *Logik* des Fegefeuers. Der Film bedient sich christlicher Motive, ohne selbst eine christliche Botschaft zu haben. Die Verbindungslinie zwischen dem christlichen Mittelalter und dem modernen Genrefilm soll daher auch nicht überstrapaziert werden, denn das Purgatorium ist in letzterem natürlich ein in mehrfacher Hinsicht modifiziertes christliches Jenseits. Dennoch: Das Erbe der christlichen Vorstellung eines Zwischenreichs im Jenseits ist unübersehbar.

Die christliche Semantisierung des Übernatürlichen
Die Vorstellung, dass ein gewaltsamer Tod einen Menschen zum Wiedergänger macht, ist keine christliche Erfindung. Der vorchristliche Aberglauben unterschied einen schlechten und einen guten Tod. Man kannte viele Gründe dafür, dass ein Toter wieder lebendig werden konnte;[84] ein schlechter Tod war etwa ein Tod, der einen Menschen unvorbereitet traf, sei es durch Gewalt oder einfach zu früh im Leben.[85] Die Kirche vereindeutigte später diese Vorstellung: Unvorbereitet auf den Tod waren alle Menschen, die ohne aufrichtige Reue starben.[86] Malcolm Crowe steht erkennbar in der Tradition christlicher Wiedergänger, nicht weil er eines gewaltsamen Todes gestorben ist, sondern weil seine Unfähigkeit, Vincent

---

84 Vgl. Lecouteux, *Geschichte der Gespenster*, S. 171 ff.
85 In der Grabmalsymbolik wird ein solches Schicksal durch die abgebrochene Säule zum Ausdruck gebracht.
86 „[...] dans le christianisme médiéval, la notion de 'mort prématurée' a connu en fait une extension considérable : au XIIe–XIIIe siècles, tout chrétien est un mort 'prématuré' s'il est mort sans s'être pleinement repenti de ses fautes et sans avoir achevé sa pénitence. Le rite de passage par excellence, qui décide des apparitions éventuelles, est la mort, et le respect de ce rite concerne plus la préparation de l'âme que les actes qui intéressent le cadavre et la tombe" (Jean-Claude Schmitt, „Les revenants dans la société féodale", in: *Le temps de la réflexion* 3 [1982], S. 285–306, hier: S. 303).

Grey zu helfen, einer noch zu büßenden Sünde gleichkommt. Dass er nur von demjenigen, der die Vision hat, wahrgenommen werden kann, spricht zudem für seine Unkörperlichkeit. Er ist, wie alle Toten, die der Junge Cole sehen kann – selbst wenn sie manchmal ungehalten sind –, kein Schädling, sondern bedarf der Hilfe eines Lebenden, um Erlösung zu erlangen. Sein Ziel ist die Erlösung seiner Seele, d. h. die Verkürzung seiner Zeit im ‚Dazwischen'. Damit sind die zentralen Eigenschaften des christlichen Wiedergängers beibehalten worden.

Nun kennt das Jenseits der fiktiven Welt im Film weder Hölle noch Paradies noch Fegefeuer im engeren christlichen Sinne. Es gibt keinerlei Hinweis darauf, dass der Aufenthalt der Toten, die Cole sehen kann, in einem Zusammenhang mit ihrem Handeln zu Lebzeiten stünde, es sei denn, dass sie alle mehr oder weniger Opfer physischer Gewalt geworden sind. Was Crowe betrifft, so lässt sich durchaus eine Art *contrapasso* beobachten: Zwar empfindet Crowe die therapeutische Arbeit mit Cole nicht als schmerzhaft noch ist die empfundene Wiederholung des ‚Vergehens' (das Versagen bei seiner Aufgabe, dem jungen Patienten Grey) als Strafe zu verstehen. Es geht ganz offensichtlich weniger um zu sühnende Vergehen als um ‚Unerledigtes'. Denn das Wiedergänger-Drama ist vor allem ein psychologisches Drama: Crowe hat nicht vor einem für alle verbindlichen Gesetz versagt (von welchem Gott sollte dies im Film auch kommen), sondern vor seinen eigenen Ansprüchen an Menschlichkeit und Aufmerksamkeit. Betrachten wir im Lichte dieser Beobachtung speziell noch einmal das Fegefeuer.[87] Es wird im Film darauf reduziert, ein ‚dritter Raum' zwischen Diesseits und Jenseits zu sein (und nicht im Jenseits zwischen Hölle und Paradies). Aber es bleibt ein liminaler (Zeit-)Raum, dessen Beendigung erst die Erfüllung eines Weges bedeutet und den es deshalb zu verkürzen gilt. Da es in der Welt im Film bei allen Anleihen beim Christentum aber keinen Gott gibt, ist der Weg nicht zu Ende, wenn die Seele des Gläubigen bei diesem ist, sondern schlicht im Tod, mit dem man seinen Frieden gemacht hat.

Die modifizierte christliche Charakteristik findet sich auch in der Figur des Mittlers wieder. Zwar sind Coles Visionen nicht göttlichen Ursprungs, dennoch gehört der Junge zum aus den Exempla bekannten Typus des Mittlers: Er lebt, er sieht Tote, er soll den Aufenthalt des Toten im dritten Raum beenden. Der folgende Dialog ist aufschlussreich hinsichtlich der Übereinstimmungen und der

---

[87] Dass die ‚Sühne' der Seelen geographisch im Diesseits stattfindet, und nur für eine ausgewählte lebende Person sichtbar ist, stellt keine Modernisierung dar, sondern bewegt sich völlig im üblichen Rahmen einer christlichen Jenseitsvision. Coles Vision unterscheidet sich darin nicht von der des Köhlers und des Grafen bei Passavanti. Auch sie könnten von sich sagen, dass sie tote Menschen sehen.

Unterschiede zwischen den Exempla-Wiedergängern und ihrer filmischen Aktualisierung.

CROWE: „What do you think they want?"

COLE: „Just help."

CROWE: „That's right. That's what I think too. They just want help, even the scary ones. And I think I might know a way to make them go away."

COLE: „How?"

CROWE: „Listen to them."

COLE: „What if they don't want help? What if they're just angry and they just want to hurt somebody?"

CROWE: „I don't think that's the way it works."

COLE: „How do you know for sure?"

CROWE: „I don't."[88]

Eingedenk der dem Medium geschuldeten Modifikationen entspricht das Verhältnis zwischen den Lebenden und den Toten in *The Sixth Sense* in seinen Grundstrukturen dem aus den Exempla bekannten. Was der Welt im Film indes abgeht, das ist die aus dem Glauben kommende Gewissheit über die Bedeutung der Visionen. Die toten Seelen verhalten sich im Wesentlichen weiterhin so wie in den Exempla (sie verlangen nach der Hilfe der Lebenden), aber sie treten nicht mit dem Selbstbewusstsein eines mittelalterlichen Toten auf, der weiß, dass er durch die Gnade seines Gottes die Lebenden um Hilfe bitten darf. Während der mittelalterliche Mittler gar nicht anders kann als zuzuhören, und sei seine Angst noch so groß, muss Cole erst einmal die Erkenntnis gewinnen, dass genau darin, im Zuhören, die Bedeutung der Visionen besteht.

Ein weiterer Unterschied zwischen mittelalterlichem Exemplum und modernem Film scheint auf den ersten Blick auch darin zu liegen, dass der Tote im Film nicht nur um die Unterstützung der Lebenden bittet, sondern in doch recht intensiven und wiederholten Kontakt mit einem Lebenden tritt und dabei Dinge anstößt, die im Leben weiterer Menschen bedeutsame Folgen haben. Mittelalterliche Wiedergänger tun hingegen kaum mehr, als einem Lebenden aufzutragen, diese oder jene Schuld aus Lebzeiten für sie zu tilgen oder für sie zu beten. Für verwickeltere Handlungsführungen bietet der pragmatische Kontext des Exemplums wenig Raum, und erst recht nicht für ein folgenreiches Eingreifen der Toten in die Welt der Lebenden. Doch auf der strukturell-erzählfunktionalen

---

[88] *Sixth Sense*, 01:10:27.

Ebene unterscheidet sich das Verhältnis zwischen Cole und Crowe kaum von dem zwischen Lebenden und Toten im Exemplum; es ist lediglich den Notwendigkeiten eines Filmdrehbuchs angepasst worden: Crowe bittet, wenn auch ohne sich dessen bewusst zu sein, einen Lebenden um Erlösung, und der Lebende hilft ihm dabei, diese Erlösung zu erlangen. Die Kommunikation zwischen den beiden ist allerdings, im Unterschied zu den mittelalterlichen Wiedergänger-Exempla, weder explizit noch auf Anhieb verständlich. Im idealtypischen Exemplum äußert der Tote seine Bitte und der Lebende kommt ihr nach, indem er die notwendigen Handlungen ausführt. In *The Sixth Sense* findet diese Kommunikation in Form von Handlungen statt, deren eigentliche Bedeutung – eine gegenseitige ‚Hilfe zur Selbsthilfe' – sich den Beteiligten nur langsam enthüllt. Von essentieller Bedeutung für die Logik der Handlung ist vor allem die späte Erkenntnis Crowes, dass er, der die ganze Zeit über dachte, dem Jungen zu helfen (was er freilich auch wirklich getan hat), selber derjenige ist, der nach Hilfe verlangt. Damit treffen sich *want* und *need*: Das, was Crowe bewusst verfolgt, die Heilung des Jungen, führt auf dem Höhepunkt der Handlung dazu, dass er das erhält, was er, ohne sich dessen bewusst zu sein, wirklich braucht. Diese gegenseitige Hilfe zwischen dem Lebenden und dem Toten entspricht dem auch in Exempla Üblichen. Diese verfügen stets über zwei Aspekte, die von Fall zu Fall unterschiedlich stark gewichtet sind: Der Lebende verkürzt dem Toten die Zeit des Purgatoriums, aber er lernt dabei eben auch Dinge über die göttliche Gerechtigkeit, die für sein eigenes Seelenheil von Belang sind. So hilft Cole dem Toten nicht nur, den dritten Raum zu verlassen, sondern er erhält durch Crowe auch ein Wissen über das Verhältnis von Diesseits und Jenseits und wie man sowohl Sorge für die Toten tragen als auch sein Leben glücklich führen kann. In der Kommunikation mit einem Toten lernt Cole die dem Leben zugewandte Überwindung von Ängsten. Schmitt betont, dass der Umgang mit den Toten in den Wiedergängergeschichten des Mittelalters durchaus nicht als Totenmemoria zu verstehen ist, sondern dass die Geschichten ausdrücklich dem Diesseits zugewandt sind, indem sie den Toten ihren Ort im Jenseits zuordnen. Man erhält sie nicht präsent, sondern befreit sich von ihnen, indem man die Erinnerung an sie ‚abkühlt', denn sie behindern die Trauerarbeit und das Vergessen. Totenmemoria ist auch eine „technique sociale de l'oubli"[89], die es ermöglicht, die schmerzhafte Erinnerung an den Verstorbenen verblassen zu lassen. So erklärt sich, dass gerade die gewaltsam oder zu früh gestorbenen Toten zu Wiedergängern werden, sind sie doch besonders schwer zu vergessen. Ebendies, Trauern und Vergessen, ist auch eines der Themen von *The Sixth Sense*. Der Film erzählt aus der

---

[89] Schmitt, *Les revenants*, S. 18.

Perspektive des Toten von der erfolgreichen Bewältigung der letzten *passage*[90] ins Jenseits, die den Lebenden das Leben wieder möglich macht.

Als Cole schließlich ‚austherapiert' ist, einigen sich Patient und Therapeut darauf, so zu tun, als sähen sie sich am nächsten Tag dennoch wieder wie gewohnt. Als Crowe zum Abschied sagt: „See you tomorrow, Cole", nickt der Junge mit dem Kopf. Er lächelt, als er Crowe anschaut, doch für einen kurzen Moment wird sein Gesichtsausdruck ernst und traurig,[91] was sich wohl dadurch erklärt, dass er bereits weiß, was Crowe selbst erst kurz darauf bewusst werden wird. Und in der Tat werden sich die beiden nicht mehr sehen, da Crowe erkennt, dass er ein Wiedergänger ist. Hat er diesen Erkenntnisprozess einmal abgeschlossen, wird er die Grenze zwischen Jenseits und Diesseits nicht mehr überschreiten. Er wird nicht mehr zu jener Klasse von Toten gehören, die allein Cole überhaupt sehen kann.

Der Wiedergänger als Metapher
The Sixth Sense trägt also das narrative Erbe christlicher Wiedergänger-Exempla in sich. Dabei klang an einigen Stellen schon an, dass die Erzählung dennoch selbst nicht religiös ist. Das religiöse Thema der Erlösung geht nicht mit einer religiösen Botschaft einher. Vielmehr fungiert das Übernatürliche im Film als eine Metapher für zwischenmenschliche Störungen: Alle Konflikte lassen sich als Kommunikationsdefizite verstehen, die sich auflösen, sobald es den Figuren gelingt, doch miteinander zu kommunizieren. Cole kommuniziert zu Beginn des Films nicht mit den Toten und nicht mit seiner Mutter; am Ende des Films sind die Blockaden aufgehoben. Malcolm Crowe kann seinen Tod erst akzeptieren, als er seiner schlafenden Frau die tröstende Botschaft übermittelt, dass sie immer das Wichtigste für ihn gewesen sei. Das ermordete Mädchen hat zu Lebzeiten nicht mit ihrem Vater kommuniziert, über Cole kann sie dies als Wiedergängerin nun tun (in keiner Episode ist Cole mehr Mittler als hier). Lynn und ihre verstorbene Mutter hatten offensichtlich ebenfalls schwerwiegende Kommunikationsdefizite, und wiederum ist es Cole, der sie behebt, als er seiner Mutter die Botschaft seiner toten Großmutter übermittelt, dass sie stolz auf ihre Tochter gewesen sei. Bezeichnend für die metaphorische Bedeutung des Übernatürlichen ist eine Szene, in der Lynn

---

90 Arnold van Gennep, *Übergangsriten*, Frankfurt a. M./New York: Campus, 2005 [*Les rites de passage*, 1909], bes. S. 142 ff. Unter den jüngeren Publikationen zur Phantastik ist das Buch von Annette Simonis zu nennen, die phantastische Erzählungen unter anderem im Lichte solcher Übergangsriten liest (*Grenzüberschreitungen in der phantastischen Literatur. Einführung in die Theorie und Geschichte eines narrativen Genres*, Heidelberg: Winter, 2005, S. 48–59).
91 *Sixth Sense*, 01:42:50.

gegenüber Cole die Wirkungslosigkeit von Gebeten mit der Notwendigkeit von Kommunikation zusammenbringt. Dies geschieht in einer Situation, in der die Kommunikation zwischen Mutter und Sohn einmal mehr blockiert ist, weil Cole ihr nicht von seinem Geheimnis erzählen kann und will.

> LYNN: „I'm so tired Cole, I'm tired in my body, I'm tired in my mind, I'm tired in my heart. I need some help. And I don't know if you noticed, but our little family isn't doing so good. I've been praying, but I must not be praying right. It looks like we're just going to have to answer each other's prayers. If we can't talk to each other, we're not going to make it."[92]

Zum Thema der Kommunikationsstörung passt, dass der Protagonist von Beruf eine Art weltlicher Seelsorger ist. Die erste Begegnung dieses Seelsorgers mit seinem neuen Patienten findet ausgerechnet in einer Kirche statt.[93] Cole hat sie sich als Zufluchtsort ausgewählt und spielt dort in einer Bank mit kleinen Plastikfiguren. Eine von ihnen lässt er den Psalm 130, *De profundis clamo ad te Domine*[94] beten, womit das später auftretende Übernatürliche seine erste christliche Prädikation erhält. In einer einem Kind durchaus angemessenen Weise, nämlich im Spiel, tut Cole das, was für die katholische Kirche die angebrachte Vorgehensweise im Umgang mit Verstorbenen ist: Man empfiehlt die Seele mit eigens zu diesem Zweck bestimmten Gebeten Gott an. Als Crowe die Bedeutung des Psalms in einem Lateinwörterbuch nachschlägt, wähnt er sich auf einer Fährte, versteht aber noch nicht, was dies mit ihm zu tun hat. Er erkennt die Worte, die Cole den toten Seelen in den Mund legt, noch nicht als die seiner eigenen Situation angemessenen.[95] Doch auch hier ist vom Gebet nur als einer letztlich versagenden Maßnahme die Rede, denn die Toten finden keinen Frieden und besuchen Cole weiterhin. Auch die zahlreichen Heiligenstatuen, die Cole in einer Kinderzimmer-Höhle unter einer Decke auf einem Regal aufgereiht hat, sind als Schutz wir-

---

92 *Sixth Sense*, 00:59:34.
93 Die Bedeutsamkeit des Orts wird durch die perspektivische Gestaltung der Sequenz verstärkt: Crowe wartet auf einer Coles Haus gegenüber stehenden Bank darauf, dass Cole das Haus verlässt. Aus seiner Perspektive sieht der Zuschauer, wie Cole schließlich schüchtern vor die Tür tritt, eine viel zu große Brille ohne Gläser aufsetzt (sie gehörte seinem Vater) und wegrennt. Den Psychologen sieht er nicht. Immer noch in Crowes Perspektive sehen wir, wie der Psychologe seinem Patienten hinterherläuft. Er glaubt ihn schon verloren zu haben, da sieht er ihn eine schwere Tür öffnen und hinter dieser verschwinden. Die Kamera richtet sich mit Crowes Blick nach oben, und jetzt erst erfährt der Zuschauer, dass es sich um eine Kirche handelt, denn Turm und Kreuz kommen ins Blickfeld. Crowe lächelt nachdenklich und hintergründig. (*Sixth Sense*, 00:10:46–00:12:44).
94 *Sixth Sense*, 00:12:08.
95 *Sixth Sense*, 00:15:29.

kungslos. Dass sich vereinzelt profane Figuren wie ein Soldat und ein Ritter unter die Heiligen mischen, relativiert zudem die Bedeutung der ansonsten zahlenmäßig überwiegenden Marien- und Jesusstatuen. Die Bildsprache des Christentums bleibt ein privilegiertes Zeichensystem, wenn es darum geht, vom Umgang mit den letzten Dingen zu sprechen, und es bietet sich einem Gruselfilm umso stärker an, als die literarische Phantastik seit jeher auf christliche Motive in der Bekämpfung des bedrohlichen Übernatürlichen zurückgreift.

Zwischen Tragödie und Rührstück

Schauen wir nun im Lichte der christlichen Aspekte noch einmal auf den Twist. In der Anagnorisis wird dem Zuschauer bewusst, dass er das Geschehen fast ausschließlich aus der Perspektive Crowes gesehen hat. Die Rückblenden aus Zitaten Coles und signifikanten Szenen führen ihm schließlich vor Augen, wie überaus folgerichtig diese staunenswerte Wendung ist. Die Handlungskomposition des Films realisiert damit auf geradezu idealtypische Weise das aristotelische Ideal der zugleich folgerichtig und wider Erwarten auseinander hervorgehenden Ereignisverkettung.[96] Was der Film durch die Rückblenden vorführt, ist die zeitliche Struktur des Verstehens der Handlung. Auf die emotionale Reaktion, das Staunen über die unvorhergesehene Wendung, folgt der reflexive Blick auf die Handlungskomposition als Ganzes und damit einhergehend die Erkenntnis, dass das völlig Überraschende gleichwohl mit Notwendigkeit aus der Handlung hervorgegangen ist. Zuerst macht der Zuschauer auf durchaus lustvolle Weise die Erfahrung, dass seine bisherige Sicht der Dinge falsch war, dann versteht er, wie sich die Dinge eigentlich zueinander verhalten und dass das Staunenswerte durchaus folgerichtig eingetreten ist. Hat der Zuschauer dann einmal begriffen, dass Crowe ein Wiedergänger ist, folgt nur noch der Epilog: Das bisher ausgesparte Ereignis vom Beginn des Films, Crowes Tod, wird gezeigt, eingeleitet durch den Schuss, der das Signal dafür setzt, dass die nun folgende Sequenz wieder am Anfang einsetzt.[97] Crowe verabschiedet sich von seiner Frau, die beim Schauen des Hochzeitsvideos eingeschlafen ist, schließt lächelnd die Augen, dann wird der Bild-

---

96 Aristoteles, *Poetik*, Kap. 9, S. 33 (1452a): „Die Nachahmung hat nicht nur eine in sich geschlossene Handlung zum Gegenstand, sondern auch Schaudererregendes und Jammervolles. Diese Wirkungen kommen vor allem dann zustande, wenn die Ereignisse wider Erwarten eintreten und gleichwohl folgerichtig auseinander hervorgehen. So haben sie nämlich mehr den Charakter des Wunderbaren, als wenn sie in wechselseitiger Unabhängigkeit und durch Zufall vonstatten gehen." Die Rückblenden beginnen bei 01:33:33. Vor allem Coles Satz „They only see what they wanna see" (*Sixth Sense*, 01:34:18) löst die Erkenntnis aus.
97 *Sixth Sense*, 01:35:03.

schirm für eine Sekunde weiß. Als letztes sieht man das sich küssende Hochzeitspaar auf dem Fernsehbildschirm, eine streicherbetonte pathetische Musik tut ihr Übriges um zu verdeutlichen, dass für Crowe der Tod keinen Schrecken mehr besitzt und für Anna die erste Phase der Trauer am nächsten Tag vorbei sein wird.

Die Handlungskomposition folgt also dem aristotelischen Modell. Die Fabel verfügt über Hamartia und Anagnorisis, über Peripetien und einen mittleren Helden, der ohne Einsicht handelt und erst nach dem Abschluss dieser Handlung Einsicht gewinnt. Der Gegenstand der Erzählung verfügt auch ohne Zweifel über eine tragödientaugliche Dignität. Die Erfahrung, die Crowe im Laufe der Handlung macht, ist zudem durch den Umschlag von Glück in Unglück gekennzeichnet – wäre da nicht am Ende die allumfassende Versöhnlichkeit, mit der der Film von der Einsicht seines Protagonisten in das eigene Totsein und in die unausweichliche Notwendigkeit, die Welt der Lebenden loszulassen, erzählt. Die Art und Weise, auf die sich diese Akzeptanz vollzieht, ist denkbar weit entfernt vom Schrecken antiker Tragödien. Der Film lässt nun seine Zugehörigkeit zum Horrorgenre hinter sich und gibt sich ungeniert in seinem Umgang mit dem Phänomen Kitsch. Die Tatsache, dass es sich beim Protagonisten um einen Toten handelt, verhindert überhaupt nicht, dass der Rezipient die Handlung auf sich beziehen kann, im Gegenteil: Der Film offeriert dem Zuschauer eine rührselige Geschichte, die von dem Schicksal handelt, das ein jeder Mensch einmal erfahren wird. Und da die gelungene Versöhnung eines Toten mit sich und seinem Schicksal eine Art trauriges Happy End bedeutet, ruft der Film keine Furcht, sondern Mitleid und Rührung hervor. Der Zuschauer darf sich eingeladen fühlen, die eigene und alle Menschen verbindende Sterblichkeit zu beklagen.

Thaumaston und Epiphanie

Aristoteles' Begriff des Wunderbaren zielt nicht auf das Übernatürliche, sondern bezeichnet – nicht nur in der Poetik – das Unverständnis und Überraschung auslösende Wunderliche. *Thaumaston* ist in der Theorie des *mythos* ein formaler Begriff und bezeichnet die Wirkung, die von einer Peripetie ausgeht, in der „die Ereignisse wider Erwarten eintreten und gleichwohl folgerichtig auseinander hervorgehen"[98]. Das in diesem Sinne verstandene Wunderbare hat einen affektiven und einen kognitiven Aspekt. Die Erfahrung, dass er mit seinen Vermutungen falsch gelegen hat, führt im Zuschauer zu einer ‚Erschütterung des Sicherheits-

---

98 Aristoteles, *Poetik*, S. 33 (1452a).

gefühls'[99] und bereitet auf diese Weise einerseits das Empfinden von Furcht und Mitleid und andererseits einen Lerneffekt vor. Es stellt sich aber die Frage, ob sich die Wirkung der Fabelkomposition von der Geschichte, die erzählt wird, trennen lässt. So haben die bisherigen Ausführungen deutlich gemacht, dass der Twist in *The Sixth Sense* seine Wirkung nicht nur seinen formal-kompositorischen Qualitäten verdankt, sondern auch dem Erzählgegenstand: Der Überwältigungseffekt des Zuschauers wird ohne Zweifel dadurch erhöht, dass die Erzählung die grundsätzlichste aller Grenzen thematisiert, die über das denkbar höchste Affektpotential verfügt, die Grenze zwischen Leben und Tod. Zu erkennen, dass er, ohne es zu bemerken, den Handlungen eines Toten zugeschaut hat, involviert den Zuschauer emotional ungleich stärker als etwa die Erkenntnis, dass der Gute in Wirklichkeit der Böse ist, dies tun würde. Da das Übernatürliche in *The Sixth Sense* unter Rückgriff auf das christliche Wunderbare gestaltet wird, liegt es nahe, den Begriff ins Spiel zu bringen, mit dem das Christentum die überwältigende Erfahrung des Göttlichen bezeichnet: die Epiphanie. Er bezeichnet nicht nur die Erscheinung eines personalen Gottes selbst, sondern auch die Zeichen, mit denen er sich in der Welt manifestiert.[100] Das Erleuchtungserlebnis der Epiphanie ist dadurch geprägt, dass zunächst absolut nichts den erhabenen Moment erahnen lässt. Es handelt sich zudem um ein plötzliches Ereignis, dessen Eintreten vom Subjekt nicht herbeigeführt werden kann.[101] Die Reaktion des Menschen, wenn er auf diese Weise in Kontakt mit dem Göttlichen kommt, wird in der Theologie stets mit Staunen, Angst, Schrecken und Freude in Verbindung gebracht.[102] Auch die Figuren in *The Sixth Sense* reagieren sehr emotional auf die Erfahrung des Übernatürlichen. So erklärt sich Coles Angst kaum durch die Bedrohung, die von den

---

99 Vgl. Attila Simon, „Das Wunderbare und das Verwundern. Die anthropologischen Beziehungen des Begriffs des *thaumaston* in der aristotelischen Poetik", in: *Acta Ant. Hung.* 42 (2002), S. 77–92, hier: S. S. 78.
100 Betz, Dieter (Hg.), *Religion in Geschichte und Gegenwart. Handwörterbuch für Theologie und Religionswissenschaft*, Bd. 2, Tübingen: Mohr Siebeck, 1999, Sp. 1368.
101 Die Epiphanie lässt sich beschreiben als „plötzl. Erscheinen eines übernatürlichen Wesens, aber auch als sichtbare Wirkung v. Gottheiten [...], die zeitlich vorübergehend sind. Erfahren wird dies in Visionen od. Auditionen, aber auch das bloße Bewußtwerden der Nähe des Heiligen kann Epiphanie sein." (Kasper, Walter (Hg.), *Lexikon für Theologie und Kirche*, Bd. 3, Freiburg/Basel/Rom/Wien: Herder, 1995, Sp. 719). Siehe auch Rainer Zaiser, *Die Epiphanie in der französischen Literatur. Zur Entmystifizierung eines religiösen Erlebnismusters*, Tübingen: Narr, 1995. Dort findet sich auch ein begriffsgeschichtlicher Überblick (S. 16–25). Zwar ist das Konzept der Epiphanie in keiner Weise auf das Christentum beschränkt, die Bild- und Formensprache des Films lässt es aber evident erscheinen, die Erleuchtungsmomente der Figuren als christliche Epiphanien zu begreifen (die gleichwohl ihrer christlichen Züge entkleidet werden).
102 Siehe Kap. 2.7 dieser Arbeit.

Toten für ihn ausgeht. Sie sind furchtbar anzusehen, drohen ihm in aller Regel aber nicht, höchstens kann ihr Drängen, mit dem sie ihren Wunsch nach Erlösung vortragen, bedrohlich wirken. Und als Lynn von ihrem Sohn erfährt, dass ihre Mutter trotz des Streits, den sie zuvor hatten, sehr wohl eine Tanzaufführung besucht hat, an der Lynn als Jugendliche beteiligt war, und dass Lynn ihre Mutter damals lediglich nicht gesehen habe, weil sie im Dunkeln hinter den eigentlichen Publikumsrängen geblieben ist, und dass sie manchmal mit Cole spricht und ihm gesagt hat, dass sie voller Stolz jeden Tag an Lynn denke, dann ist diese auf eine Weise überwältigt, die sich nicht allein dadurch erklärt, dass sie endlich die Anerkennung erhält, die sie sich offensichtlich so sehr von ihrer Mutter erhofft hat. Ihre Überwältigung erklärt sich zugleich durch die angesichts der Beweislage nicht zu leugnende Erkenntnis, dass ihr Sohn tatsächlich mit Toten kommuniziert, womit sie auch völlig unvermittelt und plötzlich versteht, worin das Problem ihres Sohnes bestand. Der epiphanische Charakter dieser Einsicht in die ‚metaphysische' Funktionsweise der Welt wird noch dadurch verstärkt, dass sie sich in einer ganz alltäglichen Stresssituation ereignet.[103] Crowes Anagnorisis schließlich bezieht sich nicht allein auf das eigene Totsein, sondern auf das Verständnis eines Prinzips und einer Ordnung, welche das Verhältnis der Lebenden zu den Toten regelt, ein Verhältnis, das sowohl durch gegenseitige Hilfe als auch durch das Akzeptieren der Grenze zwischen den Bereichen der Welt gekennzeichnet ist. Damit ähneln die Erfahrungen der Figuren zum einen dem unerwarteten Einbrechen des Numinosen (im Sinne Rudolf Ottos) in die Alltagswelt (selbst der Tote wähnt sich ja in einer solchen). Es ist dies eine Erfahrung, die sich nicht in rationalen und moralischen Erkenntnissen ausdrückt, sondern im Gefühl einer überwältigenden Ergriffenheit. Zum anderen aber verweisen die schockartigen Erkenntnisse der Figuren ziemlich präzise auf die Inkommensurabilität der menschlichen und der göttlichen Vernunft.[104] Der Film erzählt nicht nur vom Einbruch des Übernatürlichen in die diesseitige Welt; die Figuren erhalten vielmehr einen Einblick in eine höhere, überlegene Ordnung, welche die den Menschen bekannten Gesetzmäßigkeiten der Natur als eine defizitäre Ordnung, ja als Un-Ordnung, dastehen lässt. Dass die transzendente Ordnung für die Figuren opak und die Erkenntnisse über sie partial bleiben, erhöht den Effekt der (Ehr-)Furcht noch. Während die Epiphanie den Figuren auf der Ebene der Geschichte vorbehalten bleibt, kennt der Zuschauer nur das Staunen über die kunstvolle Fabelkomposition, die sich in der ebenso überraschenden wie folgerichtigen Anagnorisis Malcolm Crowes offenbart. Dessen Epiphanie verleiht dem *thau-*

---

[103] *Sixth Sense*, 01:31:06 – 01:36:15.
[104] Siehe Kap. 2.7.

maston des Zuschauers gleichwohl eine affektive Intensität, in der noch ein, wenngleich schwacher, Reflex einer spirituellen Erfahrung mitklingt.

Halten wir also fest, dass *The Sixth Sense* trotz seiner Thematik weder eine christliche noch sonst eine irgendwie religiöse Aussage hat. Es handelt sich um eine fiktionale Erzählung, die sich christlicher Vorstellungen und Motive bedient, um eine ebenso unheimliche wie rührende Geschichte zu erzählen. Der Film fordert den Zuschauer nicht auf, dem Übernatürlichen und den Funktionsweisen des Jenseits, wie sie sich im Film darstellen, ein Existenzrecht in der eigenen Wirklichkeit einräumen. Das Verhältnis von *The Sixth Sense* zum christlichen Wunderbaren der Exempla ist somit durch Nähe und Ferne zugleich gekennzeichnet. Der Film erzählt einerseits eine Wiedergängergeschichte mit starker christlicher Einfärbung. Andererseits aber lässt sich gar kein größerer Gegensatz denken als derjenige zwischen einem mittelalterlichen Exemplum, in dem alle erzählerischen Effekte radikal der Glaubensbotschaft untergeordnet sind, und einem modernen fiktionalen Film, der eine Geschichte ohne religiöse Botschaft erzählt, und in dem stattdessen jedes einzelne erzählerische Element dem finalen Effekt untergeordnet ist. Denn das letzte Staunen gehört hier schlicht der handwerklichen Geschicklichkeit des Autors und Regisseurs.

5 Fazit

Die Textanalysen haben gezeigt, wie stark die Bewertung des christlichen Wunderbaren als ideologisch motivierte Verfremdung volkstümlicher Motive den Blick auf die narrative Produktivität und das traditionsbildende literarische Potential des christlichen Wunderbaren verstellt. Dies hat zwar nicht die Revision der These von der Literaturfeindlichkeit der Theologie zur Folge, gleichwohl muss das Verhältnis zwischen Christentum und Literatur in der narrativen Praxis differenziert werden. Ein Großteil der christlichen Texte darf als wenig innovativ in der Darstellung des Wunders und der Evokation von Affekten gelten; dies trifft vor allem auf Texte zu, die von Heiligen erzählen. Andere erweisen sich in der Evokation von Furcht und Unheimlichkeit indes als innovativ. Dabei handelt es sich um Exempla, die von Wundern ohne Heilige erzählen. Einige der Wundergeschichten von Petrus Venerabilis, Caesarius von Heisterbach und Iacopo Passavanti zeichnen sich dabei sowohl durch einen raffinierteren Spannungsaufbau als auch durch eine deutlich größere Sorgfalt in der Ausgestaltung furchteinflößender Szenen unter besonderer Betonung der Wahrnehmung aus. Christliche Texte erscheinen geradezu als ein privilegierter Ort einer derartigen narrativen Modellierung von Affekten.

Ein wichtiger Faktor für die Entwicklung des unheimlichen Erzählens im Christentum ist die Vorstellung eines ternären Jenseits. Die Entstehung des Fegefeuers schafft die Voraussetzung dafür, dass die Lebenden und die Toten in besonderer Weise Verantwortung füreinander tragen können und müssen. Über die Grenze des Todes hinweg sind sie durch echte oder spirituelle Verwandtschaftsbeziehungen in gemeinsame Geschichten verstrickt, innerhalb eines Systems von Schuld und Verpflichtung, das durch die Vorstellung eines dritten Orts im Jenseits erst ermöglicht wird. Damit eröffnet sich ein Feld möglicher Handlungskonfigurationen, die deutlich komplexer sind als das narrative Muster vom schädlichen Wiedergänger, wie es aus der volkstümlichen Überlieferung bekannt ist. Die christlichen Wiedergängergeschichten motivieren das Auftreten des Toten ungleich stärker als die paganen Geschichten dies tun: In der Regel geschieht dies durch den Bezug auf eine Vorgeschichte. Während sich diese von Fall zu Fall unterschiedlich gestaltet, fallen die Erklärungen für das Auftreten der volkstümlichen Wiedergänger eher pauschal aus – von besonderer Bedeutung sind ein schlechter Lebenswandel und ein gewaltsamer Tod. Das narrative Potential der christlichen Geschichten ist aufgrund der Verstrickungen der Lebenden und der Toten ungleich höher zu veranschlagen als dasjenige der volkstümlichen Geschichten, in denen es vor allem um die physische Beseitigung eines Übeltäters geht.

Es scheint, dass das christliche Wunderbare längerfristig auch die volkstümlichen Vorstellungen vom Übernatürlichen nachhaltig verändert hat. Dies lässt sich etwa an den Geschichten des Mönchs von Byland aus der Zeit um 1400 ablesen.[1] Entdeckt wurden die Texte um 1920 von dem Walter-Map-Herausgeber und -Übersetzer M. R. James, der auch als Verfasser mehrerer Sammlungen von Schauergeschichten Eingang in die Literaturgeschichte fand. Ein Mönch des Klosters in Byland/Yorkshire füllte zwei freie Stellen eines Cicero-Manuskripts aus dem Jahre 1200 mit Geistergeschichten. Bei diesen handelt es sich offenbar um mündlich tradierte regionale Erzählungen aus der Gegend des Klosters. Die Akteure kommen fast ausschließlich aus der normalen Bevölkerung, nicht aus dem klösterlichen Milieu, was allgemein als Hinweis darauf gelesen wird, dass die Geschichten dem Mönch von Laien zugetragen wurden und sie daher mehr oder weniger authentisch Auskunft über die Glaubensvorstellungen der Menschen geben. Dies erklärt sich wohl dadurch, dass das Fegefeuer um 1400 längst schon seinen festen Platz in den kollektiven Vorstellungen hatte; diese Entwicklung führte zu einer unlösbaren Verquickung volkstümlicher und christlicher Erzähltraditionen. Im Gegensatz zu den Exempla erzählen die Anekdoten aus dem Kloster Byland keine Visionen: Die *spiriti*, die den Lebenden in diesen Geschichten erscheinen, sind physisch, und häufig sogar boshaft und aggressiv. Manche von ihnen können ihre Gestalt wechseln und erscheinen als Pferd, Rabe, Hund, Ziege oder Heuhaufen. Andererseits aber kommen sie unzweifelhaft aus dem Fegefeuer und suchen Unterstützung in der Buße für ihre Sünden. In den meisten Fällen erhalten sie schließlich die Hilfe eines Geistlichen. Trotz ihrer Körperlichkeit sind sie also keine wandelnden Leichname wie die Wiedergänger, von denen Walter Map und Wilhelm von Newburgh berichten; sie werden in fast allen Fällen als *spiriti* bezeichnet. Die Geschichten des Mönchs von Byland legen die Vermutung nahe, dass das Fegefeuer die volkstümlichen Vorstellungen von den lebenden Toten nachträglich beeinflusst hat: Sie behalten einige Züge der volkstümlichen Wiedergänger des 12. und 13. Jahrhunderts, aber die Gründe für ihre Rückkehr zu den Lebenden haben sich verändert. Sie sind zwar auch boshaft,

---

1 M. R. James, „Twelve Medieval Ghost Studies", in: *English Historical Review* 37 (1922), S. 413–422. Eine zweisprachige Ausgabe findet sich in: M. R: James, *The Haunted Doll's House and Other Ghost Stories* (=The Complete Ghost Stories of M. R. James, Bd. 2), hg.v. S. T. Joshi, London: Penguin, 2006, S. 223–245. Zu Charakter und Bedeutung der Geschichten siehe: James, *The Haunted Doll's House*, S. 223; Schmitt, *Les revenants*, S. 168–173; Caciola, „Wraiths, Revenants and Ritual in Medieval Culture"; Jacqueline Simpson, „Repentant Soul or Walking Corpse? Debatable Apparitions in Medieval England", in: *Folklore* 114 (2003), S. 389–402, hier: S. 394–398; Ronald C. Finucane, *Ghosts. Appearances of the Dead and Cultural Transformation*, New York: Prometheus, 1996, *passim*.

gehören aber nicht der Kategorie ‚Schädling' an, suchen sie doch vor allem Vergebung und Erlösung. Stilistisch stehen sie dennoch den Berichten Wilhelms von Newburgh[2] näher als den Exempla, die ein bis zwei Jahrhunderte zuvor noch zur Etablierung der Vorstellung vom Fegefeuer beitrugen. Insgesamt aber partizipieren die Geschichten an beiden Vorstellungswelten, der volkstümlichen wie der christlichen: Die Erzählhaltung des Mönchs ist einerseits durch eine ethnologische Neugier gekennzeichnet, die keine theologischen Lektionen erteilen will; andererseits aber verbreiten die Geschichten eben jene spezifisch christlichen Jenseitsvorstellungen, die die Wiedergängerexempla des 12. und 13. Jahrhunderts zu etablieren halfen.

Die moderne Phantastik trägt in zweierlei Hinsicht deutliche Spuren des christlichen Wunderbaren – selbst dort, wo dies nicht explizit an Themen und Motiven sichtbar wird. Zum einen schafft die Vorstellung eines Zwischenreichs im Jenseits die Voraussetzung für moralische Dramen, in denen sich die Lebenden und die Toten aufgrund ihrer Verantwortung füreinander begegnen. Besonders stark macht sich dieser Einfluss im Genre der phantastischen Geistergeschichte bemerkbar. Zum anderen zeigt sich in all den phantastischen Erzählungen von Menschen, die in Kontakt mit einer eigentlich verborgenen, höheren und überlegenen Ordnung kommen, eine zutiefst religiöse Denkfigur. Die Vorstellung einer überlegenen transzendenten Ordnung ist zwar kein Privileg des Christentums, aber sie ist ohne dessen Vermittlungsleistung und die mit ihr einhergehenden, bis heute relevanten Semantisierungen nicht denkbar.

Die vorangegangenen Lektüren konzentrierten sich auf die effektvolle Ausgestaltung des Erzählten. Die relevanten Kriterien waren Realismus, der Einsatz von Perspektive sowie der Aufbau von Unheimlichkeit und, damit einhergehend, die Evokation von Angst im Leser. Eine solchermaßen verstandene Literarisierung der Darstellungsverfahren in christlichen Texten seit der Spätantike wurde in der Forschung oft als Profanisierung, Trivialisierung und Säkularisierung des theologischen Wunderbegriffs zum Zwecke besserer Unterhaltung bewertet. Manfred Fuhrmann spricht in diesem Zusammenhang im abwertenden Sinne von „Phantastik" und urteilt:

---

2 Es bestehen auch durchaus inhaltliche Ähnlichkeiten, etwa in der dritten Geschichte: Der Wiedergänger verlässt sein Grab und erschreckt die Dorfbewohner. Dabei wird er von den wild bellenden Hunden des Dorfs begleitet. Und schließlich fassen sich die jungen Männer ein Herz und machen sich zum Friedhof auf, um den Spuk zu beenden. Dann enden die Parallelen freilich, denn als sie den Untoten gestellt haben, zerstückeln sie ihn nicht etwa, sondern ziehen einen Priester hinzu, der dem Geist die Absolution erteilt (James, *The Haunted Doll's House*, S. 233 f.).

> [...] wie Epos und Tragödie als Instrumente der Weltdeutung zu weltersetzenden Gattungen, zu Komödie und Roman, ‚herunterkamen', so konnten auch die weltdeutenden Gattungen des Urchristentums, zumal das Evangelium und die Apostelgeschichte, so konnte weiterhin die Hagiographie, als Inbegriff erzählender Formen in mancher Hinsicht Erbin der genannten urchristlichen Gattungen, die Phantasie, die Verselbständigung des Kunsttriebes und rein literarische Mechanismen (wie Variation und Überbietung) zum Weltsurrogat, zu trivialem Unterhaltungsfutter degenerieren. [...] Die christliche Unterhaltungsliteratur hingegen bedurfte außer der formalen auch einer inhaltlichen Legitimation, wenn sie denn christlich sein wollte: sie lehnte sich an das durch die anerkannte Überlieferung Gegebene an; sie nutzte aus, daß sich ‚glaubwürdige' Wunder und phantastische Wunderbarkeiten nur schwer voneinander sondern lassen; sie versprach religiöse Belehrung und Erbauung und erschlich sich unter diesem Deckmantel die Weltsurrogat-Funktion, den durch Phantastik erzielten Unterhaltungszweck.[3]

Vernachlässigen wir die fragwürdige Wertung und halten fest, dass Fuhrmann hier weniger eine historische Entwicklung zu weniger Theologie und mehr Literarizität anspricht, als vielmehr die für christliche Texte immer schon gegebene Wahlmöglichkeit, entweder der theologischen Botschaft des Wunders oder seiner effektvollen Darstellung eine höhere Priorität zu geben. Die „uns radikal fremde Paarung von Gläubigkeit und ästhetischem Spieltrieb, von religiöser Überzeugung und bedenkenlosem ‚l'Art pour l'Art'"[4], wie Peter von Moos dies weniger normativ nennt, ist eine konstitutive Eigenschaft dieser „christlichen Unterhaltungsästhetik"[5].

Diese Einschätzung wirft einmal mehr die Frage auf, wie man sich die Rezeption dieser Texte vorzustellen hat. Vielleicht sollte man mit der Beobachtung beginnen, dass sich die Leser diesen Texten ‚anvertrauen' konnten, ja mussten. Die Geschichten waren legitimiert, sie erzählten Wahres. Diese Kommunikationssituation impliziert die Gefahr, dass man Erfundenem aufsitzt. Dass diese Möglichkeit im Falle der Wunder-Exempla in der Tat gegeben ist, verdeutlichen schon allein die Beteuerungen der Autoren, man habe nur den glaubwürdigsten Informanten und Autoritäten vertraut. Der Gläubige wird dadurch regelrecht verpflichtet, das Erzählte für wahr zu halten. So konnten sich die Exempla alle Freiheiten des suggestiven Erzählens nehmen, bis hin zu Darstellungsstrategien, die der moderne Leser als eindeutige Fiktionssignale bezeichnen würde. Doch im Unterschied zu modernen literarischen Texten verloren sie dadurch nicht ihren Status als wahre Texte. Der Rezeptionsmodus der Exempla ist daher weder mit

---

3 Fuhrmann, „Wunder und Wirklichkeit", S. 223f. Siehe auch Matuschek, *Über das Staunen*, S. 95f.
4 Von Moos, *Geschichte als Topik*, S. 113, Anm. 276.
5 Ebd.

‚fiktional' noch mit ‚faktual' angemessen beschrieben, bleiben solche Bestimmungsversuche doch letztlich modernen Vorstellungen verpflichtet. Um dem Dilemma der Begriffsoppositionen ‚fiktiv' vs. ‚faktisch' und ‚fiktional' vs. ‚faktual' zu entgehen, wurde bereits an anderer Stelle in dieser Arbeit der Begriff der Evokation vorgeschlagen.[6] Damit ist die Fähigkeit narrativer Texte gemeint, im Leser Vorstellungen von Menschen, Situationen, Handlungen, Erfahrungen sowie Affekte hervorzurufen. Der Text schafft einen Vorstellungsraum, in dem all diese Dinge mittels der Sprache nicht einfach benannt und dargestellt, sondern vielmehr evoziert werden. Dass diese Evokationen innerhalb des religiösen Kommunikationssystems über einen Wahrheitsstatus verfügen, ist für ihre Funktionsweise ohne Zweifel relevant, aber in der Konsequenz schwer zu fassen. Die Angst des Rezipienten dürfte sich zwischen einer realen Angst und (seltener) einer ‚Quasi-Angst' (um eine Opposition Kendall Waltons aufzugreifen) bewegt haben.[7] In unseren Texten ist der ‚Deckmantel' der *utilitas* bei genauerer Betrachtung also mehr als nur eine erschlichene Legitimation; er ist integraler Bestandteil einer spezifischen Wirkungsweise: In einer Welt, die über so gut wie kein allgemein verbindliches Wissen verfügt, genossen christliche Erzählungen das Privileg, unüberprüfbare Dinge imaginieren zu dürfen, ohne dadurch der Lüge verdächtig zu werden und an Autorität einzubüßen (die Exempla fabulieren nicht weniger als die *fabulae*, aber sie berichten eben von den Strafen des Fegefeuers und nicht von Elfen, die nachts an einsamen walisischen Seen tanzen). Für den Leser eröffnet sich durch diese Ambivalenz die Möglichkeit, die vorgestellte Welt entweder als beängstigenden Teil seiner Wirklichkeit wahrzunehmen, oder aber eben doch lustvoll in sie ‚einzutauchen' wie in ein „Weltsurrogat" (Fuhrmann). Eine Rezeption der Exempla als Schauergeschichten in diesem Sinne würde freilich voraussetzen, dass der Leser die im Text dargestellte Angst nicht wirklich zu seiner eigenen macht und das Erzählte also nicht als Antizipation seines eigenen möglichen Schicksals im Jenseits wahrnimmt. Nur dann käme es zu einer Abspaltung lustvoller Textangst von peinigender Wirklichkeitsangst. Sollte der Leser beispielsweise die Geschichten einmal so reißerisch finden, dass er die Möglichkeit einer sensationsheischenden Erfindung in Betracht zieht, kann er die postulierte Wahrhaftigkeit des Berichteten gar als regelrechten Freibrief dazu betrachten, sich dem unterhaltsamen Nervenkitzel der Authentizität hinzugeben.

Man muss zudem bedenken, dass der Wahrheitsstatus eine sehr pauschale Charakterisierung der christlichen Texte darstellt. Diese referieren prinzipiell auf zwei Arten von Wirklichkeit: die eine meint das Dogma, das Jenseits, die Heils-

---

6 Siehe Kap. 2.6.
7 Kendall Walton, „Fearing Fictions", in: *Journal of Philosophy* 75,1 (1978), S. 5–27.

geschichte, den christlichen Kosmos; die andere ist ganz im Diesseits verortet, sie folgt der historischen Zeit und zeigt den Alltag der Menschen, in den das Übernatürliche hereinbricht. Über die Art und Weise, wie sich das narrative Zusammenspiel dieser beiden Wirklichkeiten auf die tatsächliche Rezeption der Exempla auswirkt, kann man nur spekulieren, aber es steht zu vermuten, dass eine Zunahme an Alltagswelthaltigkeit zu einer Ablenkung von dem führt, was eigentlich allein den Wahrheitsstatus dieser Texte ausmacht: der Bezug auf die ‚höhere' Wirklichkeit. Wenn der Realismus die topischen Elemente des Heiligenkults mehr und mehr verdrängt, wer wollte dann ausschließen, dass die *admiratio* dem Leser zur phantastischen *delectatio* wird? – In der frühen Neuzeit liefern beide Sorten von Wundern, die *miracula* wie die *mirabilia*, den Erzählstoff der Flugblätter (der *canards* und *histoires merveilleuses*). Diese Texte werden die Logik des faktual-evokativen *thrill* auf die Spitze treiben. Sie präsentieren sich als nicht-fiktional, wahr und erbaulich, sind aber Teil einer gesellschaftlichen Informations- und Unterhaltungspraxis, und nicht einer religiösen Kommunikationssituation. Bei allem Bezug auf christliche Erklärungsmodelle verfügen sie nicht (mehr) über die Autorität der Exempla, doch liefert das Beharren auf dem wahren und erbaulichen Charakter des Erzählten bei gleichzeitiger Erhöhung des Unterhaltungswertes die Voraussetzung für einen aus heutiger Perspektive seltsam ambivalenten Rezeptionsmodus. Es scheint also, als sei der schöne Schauer als Effekt eingestanden fiktionaler Geschichten ein Alleinstellungsmerkmal der Moderne erst ab der Romantik; noch im 18. Jahrhundert geht der literarische *frisson d'horreur* mit der Behauptung von Faktizität einher. So zeugt die Art und Weise, in der sich Horace Walpole im Vorwort zur ersten Auflage von *The Castle of Otranto* (1764) als Übersetzer einer vermeintlich authentischen Geschichte aus der Zeit der Kreuzzüge inszeniert, von der großen Bedeutung des Faktischen für das Funktionieren des literarischen Schreckens.

Zu Beginn dieser Studie wurde betont, dass die Lektüren mittelalterlicher Angsttexte nicht auf eine ‚Vorgeschichte' des Phantastischen abzielten. Nach der Lektüre sowohl der mittelalterlichen als auch der modernen Texte drängt sich nun die Vermutung auf, dass ein Blick auf die moderne Phantastik als eine *Nachgeschichte* des mittelalterlichen Wunderbaren hingegen sehr wohl einiges an historischer wie konzeptueller Plausibilität besitzt. Was in den angstbesetzten Erscheinungsformen des Phantastischen in Erscheinung tritt, sind jene furchteinflößenden Phänomene einer Sphäre, die mit dem Rationalisierungsschub der Aufklärung aus dem Geltungsbereich des vernünftigerweise Annehmbaren herausgefallen sind. Denn literarische Geschichten erzählen häufig gerade von jenen Dingen, die sich eben nicht mit der Vernunft erklären lassen. Die moderne Phantastik entkoppelt zwar, was zum mittelalterlichen christlichen Wunderbaren unabdingbar hinzugehört – die Erklärung der Phänomene mittels des

Verweises auf den Schöpfer –, es stellt sich aber dennoch die Frage, ob sich die dabei evozierte ‚Lust an der Angst' wirklich nur auf Erdachtes bezieht, oder ob es nicht doch um mehr geht: um die Restbestände einer im Mittelalter selbstverständlichen, in der Moderne freilich entleerten Transzendenz. Wenn auch die traditionellen Religionen ihren Geltungsanspruch verloren haben, so stellt die phantastische Literatur gleichwohl immer aufs Neue die Frage, ob die rational erklärbare Welt wirklich die ganze Welt ist.

6 Literaturverzeichnis

6.1 Quellen

Aristoteles, *Poetik*. Griechisch und Deutsch, hg. u. übers. v. Manfred Fuhrmann, Stuttgart: Reclam, 1982.
Aurelius Augustinus, *Der Gottesstaat. De civitate Dei*, übers. v. Carl Johann Perl, Paderborn/München/Wien/Zürich: Schöningh 1979.
Ders., *Bekenntnisse*. Zweisprachige Ausgabe. Lateinisch und Deutsch. Eingeleitet, übersetzt und erläutert von Joseph Bernhart. Mit einem Vorwort von Ernst Ludwig Grasmück, Frankfurt a. M.: Insel, 1987.
Ders., *De trinitate*. Lateinisch-Deutsch, hg. u. übers. v. Johann Kreuzer, Hamburg: Meiner, 2001.
Biblia Sacra iuxta vulgatam versionem, hg. v. Roger Gryson u. Robert Weber, Stuttgart: Deutsche Bibelgesellschaft, ⁵2007.
Boccaccio, Giovanni, *Decameron*. A cura di Vittore Branca, Turin: Einaudi, 1980.
Calvino, Italo (Hg.), *Racconti fantastici dell'Ottocento*, 2 Bde., Mailand: Mondadori, 1983.
Capuana, Luigi, *Racconti*, hg. v. Enrico Ghidetti, Bd. 3, Rom: Salerno editrice, 1974.
The Church Historians of England. Translated from the Original Latin, with Prefaces and Notes by Joseph Stevenson, Vol. IV-Part II, London: Seeleys, 1861.
Dante Alighieri, *La Commedia secondo l'antica vulgata*, a cura di Giorgio Petrocchi, Mailand: Mondadori, 1966 (*Opere*, Bd. 7).
Erasmus von Rotterdam, *Das Lob der Torheit. Encomium moriae*, hg. u. übers. v. Anton J. Gail, Stuttgart: Reclam, 1949.
Ders., *Opera omnia*, Bd. IV, 3, hg. v. Clarence H. Miller, Amsterdam/Oxford: Brill, 1979.
Gerald von Wales, *Topographia Hibernica*, in: *Giraldi Cambrensis Opera*, hg. v. James F. Dimock, Bd. 5, London: Longman, 1867.
Ders., *The History and Topography of Ireland*. Translated with an Introduction by John J. O'Meara, London/New York: Penguin Classics, 1982.
Gervasius von Tilbury, *Otia Imperialia. Recreation for an Emperor*, hg. u. übers. v. S. E. Banks and J. W. Binns, Oxford: Clarendon Press, 2002.
Ders., *Le livre des merveilles. Divertissement pour un Empereur (Troisième partie)*. Traduit et commenté par Annie Duchesne, Paris: Les Belles Lettres, 2004.
Ders., *Kaiserliche Mußestunden. Otia imperialia*. Eingeleitet, übersetzt und mit Anmerkungen versehen von Heinz Erich Stiene, Stuttgart: Hiersemann, 2009.
Ghidetti, Enrico/Lattarulo, Leonardo (Hg.), *Notturno italiano*, 2 Bde., Mailand: Editori riuniti, 1985.
Helinand von Froidmont, *Opera omnia*, Patrologia Latina CCXII.
Herbers, Klaus/Jirouskova, Lenka/Vogel, Bernhard (Hg.), *Mirakelberichte des frühen und hohen Mittelalters*, Darmstadt: Wissenschaftliche Buchgesellschaft, 2005.
James, Henry, *The Turn of the Screw and Other Ghost Stories*. Edited with an Introduction and Notes by T. J. Lustig, Oxford/New York: Oxford University Press, 1992.
James, Montague Rhodes, „Twelve Medieval Ghost Studies", in: *English Historical Review* 37 (1922), S. 413–422.
Ders., *The Haunted Doll's House and Other Ghost Stories* (= *The Complete Ghost Stories of M. R. James*, Bd. 2), hg. v. S. T. Joshi, London: Penguin, 2006.

Passavanti, Iacopo, *Lo specchio della vera penitenzia*. Edizione critica, hg. v. Ginetta Auzzas, Florenz: Accademia della Crusca, 2014.
Petrus Venerabilis, *De miraculis libri duo*, hg. v. Denise Bouthillier, Turnhout: Brepols, 1988 (Continuatio Mediaevalis 83).
Ders., *Les Merveilles de Dieu*, übersetzt und eingeleitet von Jean-Pierre Torrell und Denise Bouthillier, Fribourg: Cerf, 1992.
Rodulfus Glaber, *Opera*, hg. u. übers. v. John France, Oxford: Oxford University Press, 1989.
Shyamalan, M. Night, *The Sixth Sense*, Constantin Video, 2004.
Walpole, Horace, *The Castle of Otranto*. Edited with an Introduction and Notes by Michael Gamer, London: Penguin, 2001.
Walter Map, *De nugis curialium. Courtiers' Trifles*. Edited and Translated by M. R. James, revised by C. N. L. Broke ans R. A. B. Mynors, Oxford: Clarendon Press, 1983.
Wilhelm von Newburgh, *Historia rerum anglicarum*, 2 Bde., hg. v. Hans Claude Hamilton, London: Sumptibus Societatis, 1856.
Zena, Remigio, *Confessione postuma. Quattro storie dell'altro mondo*, hg. v. Alessandra Briganti, Turin: Einaudi, 1977.

6.2 Forschungsliteratur

Alewyn, Richard, „Die Lust an der Angst" [1965], in: ders., *Probleme und Gestalten. Essays*, Frankfurt a. M.: Suhrkamp, 1974, S. 307–330.
Angenendt, Arnold, *Heilige und Reliquien. Die Geschichte ihres Kultes vom frühen Christentum bis zur Gegenwart*, München: Beck, 1994.
Ders., *Geschichte der Religiosität im Mittelalter*, Darmstadt: Wissenschaftliche Buchgesellschaft, ²2000.
Ders., „Das Wunder – religionsgeschichtlich und christlich", in: Heinzelmann, Martin/Herbers, Klaus/Bauer, Dieter R. (Hg.), *Mirakel im Mittelalter. Konzeptionen, Erscheinungsformen, Deutungen*, Stuttgart: Steiner, 2002, S. 95–113.
Ders., *Grundformen der Frömmigkeit im Mittelalter*, München: Oldenbourg, 2004.
Auerbach, Erich, „Figura", in: ders., *Gesammelte Aufsätze zur romanischen Philologie*, Berlin/München: Francke, 1967, S. 55–92.
Aurigemma, Marcello, *Saggio sul Passavanti*, Florenz: Le Monnier, 1957.
Auzzas, Ginetta, „Dalla predica al trattato: lo ‚Specchio della vera penitenzia' di Iacopo Passavanti", in: Delcorno, Carlo/Doglio, Maria Luisa (Hg.), *Scrittura religiosa. Forme letterarie dal Trecento al Cinquecento*, Bologna: Il mulino, 2003, S. 37–57.
Barthes, Roland, „Analyse structurale des récits", in: *Communications* 8 (1966), S. 1–27.
Bartlett, Robert, *The Natural and the Supernatural in the Middle Ages*, Cambridge/New York: Cambridge University Press, 2008.
Belting, Hans, *Bild und Kult. Eine Geschichte des Bildes vor dem Zeitalter der Kunst*, München: Beck, 2004.
Benveniste, Émile, *Problèmes de linguistique générale*, Paris: Gallimard, 1966.
Betz, Hans Dieter u. a. (Hg.), *Religion in Geschichte und Gegenwart. Handwörterbuch für Theologie und Religionswissenschaft*, Bd. 2, Tübingen: Mohr Siebeck, 1999.
Billiani, Francesca/Sulis, Gigliola (Hg.), *The Italian Gothic and Fantastic. Encounters and Rewritings of Narrative Traditions*, Cranbury: Fairleigh Dickinson University Press, 2007.

Bleumer, Hartmut, „‚Historische Narratologie'? Metalegendarisches Erzählen im *Silvester* Konrads von Würzburg", in: Haferland, Harald/Meyer, Matthias (Hg.), *Historische Narratologie. Mediävistische Perspektiven*, Berlin/New York: De Gruyter, 2010, S. 231–261.

Boiadjiev, Tzotcho, *Die Nacht im Mittelalter*, Würzburg: Königshausen und Neumann, 2003.

Bouthillier, Denise/Torrell, Jean-Pierre, „De la légende à l'histoire. Le traitement du ‚miraculum' chez Pierre le Vénérable et chez son biographe Raoul de Sully", in: *Cahiers de civilisation médiévale* 98 (April–Juni 1982), S. 81–99.

Branca, Vittore, *Boccaccio medievale e nuovi studi sul Decamerone*, Florenz: Biblioteca Univ. Rizzoli, 1981.

Brewer, Keagan, *Wonder and Skepticism in the Middle Ages*, London: Routledge, 2016.

Brittnacher, Hans Richard, *Ästhetik des Horrors*, Frankfurt a. M.: Suhrkamp, 1994.

Ders./May, Markus (Hg.), *Phantastik. Ein interdisziplinäres Handbuch*, Stuttgart/Weimar: Metzler, 2013.

Bronfen, Elisabeth, *Tiefer als der Tag gedacht. Eine Kulturgeschichte der Nacht*, München: Hanser, 2008.

Burke, Edmund, *A Philosophical Enquiry into the Origin of our Ideas of the Sublime and Beautiful* [1757], hg. v. James T. Boulton, London: Routledge and Kegan Paul, 1958.

Burrichter, Brigitte, *Wahrheit und Fiktion. Der Status der Fiktionalität in der Artusliteratur des 12. Jahrhunderts*, München: Fink, 1996.

Bynum, Caroline W., „Wonder", in: *American Historical Review* 102/1 (1997), S. 1–17.

Dies., „Miracles and Marvels: The Limits of Alterity", in: Franz J. Felten/Nikolas Jaspert (Hg.), *Vita Religiosa im Mittelalter. Festschrift für Kaspar Elm zum 70. Geburtstag*, Berlin: Duncker & Humblot, 1999, S. 799–817.

Caciola, Nancy, „Wraiths, Revenants and Ritual in Medieval Culture", in: *Past and Present* 152 (1996), S. 3–45.

Caillois, Roger, *Au cœur du fantastique*, Paris: Gallimard, 1965.

Ders., „De la féerie à la science-fiction", in: ders. (Hg.), *Anthologie du fantastique*, Bd. 1, Paris: Gallimard, 1966, S. 7–24.

Castex, Pierre-Georges, *Le conte fantastique en France de Nodier à Maupassant*, Paris: Corti, 1951.

Chartier, Roger, „La pendue miraculeusement sauvée", in: ders. (Hg.), *Les usages de l'imprimé*, Paris: Fayard, 1987, S. 83–127.

Ders., „Die wunderbar errettete Gehenkte. Über eine Flugschrift des 16. Jahrhunderts", in: ders., *Die unvollendete Vergangenheit. Geschichte und die Macht der Weltauslegung*, Frankfurt a. M.: Fischer, 1989, S. 83–119.

Consolino, Franca Ela/Marzella, Francesco/Spetia, Lucilla (Hg.), *Aspetti del meraviglioso nelle letterature medievali. Aspects du merveilleux dans les littératures médiévales: Medioevo latino, romanzo, germanico e celtico*, Turnhout: Brepols, 2016.

Curtius, Ernst Robert, *Europäische Literatur und lateinisches Mittelalter*, Tübingen: Francke, [11]1993.

Daston, Lorraine, „Wunder und Beweise im frühneuzeitlichen Europa", in: dies., *Beweise und Tatsachen. Zur Geschichte der Rationalität*, Frankfurt a. M.: Fischer, 2001.

Dies./Katharine Park, *Wunder und die Ordnung der Natur 1150–1750*, Frankfurt a. M.: Eichborn, 2002.

Daxelmüller, Christoph, „Exemplum", in: *Enzyklopädie des Märchens. Handwörterbuch zur historischen und vergleichenden Erzählforschung*, Bd. 4, Berlin/New York: De Gruyter, 1984, S. 627–659.

Ders., „Heiligenverehrung in Liturgie und Volksfrömmigkeit", in: *Lexikon des Mittelalters*, Bd. 4, Turnhout: Brepols, 2004, Sp. 2016.

D'Elia, Antonio/Guarnieri, Alberico/Lanzillotta, Monica/Lo Castro, Giuseppe (Hg.), *La tentazione del fantastico. Racconti italiani da Gualdo a Svevo*, Cosenza: Pellegrini, 2007.

Demm, Eberhard, „Zur Rolle des Wunders in der Heiligenkonzeption des Mittelalters", in: *Archiv für Kulturgeschichte* 57 (1975), S. 300–344.

Dicke, Gerd, „Exemplum", in: *Reallexikon der deutschen Literaturwissenschaft*, Bd. 1, Berlin/New York: De Gruyter, 2007, S. 534–537.

Dierkens, Alain, „Réflexions sur le miracle au haut Moyen Âge", in: *Miracles, prodiges et merveilles au Moyen Âge*, Paris: Publications de la Sorbonne, 1995, S. 9–30.

Dinzelbacher, Peter, „Mystik und Krankheit", in: Gerabek, Werner E. u. a. (Hg.), *Enzyklopädie Medizingeschichte*, Berlin: De Gruyter, 2005, S. 1020–1022.

Dubost, Francis, *Aspects fantastiques de la littérature narrative médiévale (XIIe–XIIIe siècle). L'autre, l'ailleurs, l'autrefois*, 2 Bde., Paris: Champion, 1991.

Ders. (Hg.), *Merveilleux et fantastique au Moyen Âge*, 2 Bde. (*Revue des Langues Romanes*, Numéro spécial, 100/2 [1996] und 101/2[1997]).

Ders., „La vie paradoxale : la mort vivante et l'imaginaire fantastique au Moyen Âge", in : Gingras, Francis (Hg.), *Une étrange constance. Les motifs merveilleux dans les littératures d'expression française du Moyen Âge à nos jours*, Saint Nicolas (Quebec): Les Presses de l'Université de Laval, 2006, S. 11–38, wieder abgedruckt in: Dubost, Francis, *La Merveille médiévale*, Paris: Honoré Champion, 2016, S. 145–174.

Ders., *La Merveille médiévale*, Paris: Honoré Champion, 2016.

Ders., „Fantastique médiévale : esquisse d'une problématique", in: Ders., *La Merveille médiévale*, Paris: Honoré Champion, 2016, S. 121–143.

Ebel, Uda, *Das altromanische Mirakel. Ursprung und Geschichte einer literarischen Gattung*, Heidelberg: Winter, 1965.

Eming, Jutta, „Mittelalter", in: Hans Richard Brittnacher/Markus May (Hg.), *Phantastik. Ein interdisziplinäres Handbuch*, Stuttgart/Weimar: Metzler, 2013, S: 10–18, bes. S. 14–16 zu Dubost.

Erll, Astrid/Roggendorf, Simone, „Kulturgeschichtliche Narratologie. Die Historisierung und Kontextualisierung kultureller Narrative", in: Ansgar Nünning/Vera Nünning (Hg.), *Neue Ansätze in der Erzähltheorie*, Trier: Wissenschaftlicher Verlag, 2002, S. 73–114.

Faucon, Jean-Claude, *L'horreur au Moyen Âge*, Toulouse: Editions Universitaires du Sud 1999.

Finucane, Ronald C., *Ghosts. Appearances of the Dead and Cultural Transformation*, New York: Prometheus, 1996.

Freud, Sigmund, „Das Unheimliche", in: ders., *Gesammelte Werke. Chronologisch geordnet*, Bd. 12, Frankfurt a. M.: Fischer, 1982, S. 241–274.

Friede, Susanne, *Die Wahrnehmung des Wunderbaren. Der Roman d'Alexandre im Kontext der französischen Literatur des 12. Jahrhunderts*, Tübingen: Niemeyer, 2003.

Frölich, Juliette (Hg.), *Dimensions du merveilleux/Dimensions of the Marvellous*, 2 Bde., Oslo: Universitetet i Oslo, 1987.

Fuhrmann, Manfred, „Die Mönchsgeschichten des Hieronymus. Formexperimente in erzählender Literatur", in: ders. (Hg.), *Christianisme et formes littéraires de l'Antiquité tardive en Occident*, Genf: Droz, 1976, S. 41–89.

Ders., „Wunder und Wirklichkeit. Zur Siebenschläferlegende und anderen Texten aus christlicher Tradition", in: Dieter Henrich/Wolfgang Iser (Hg.), *Funktionen des Fiktiven*, München: Fink, 1983, S. 209–224.

Gennep, Arnold van, *Übergangsriten*, Frankfurt a. M./New York: Campus, 2005.

Geppert, Alexander C. T./Kössler, Till (Hg.), *Wunder: Poetik und Politik des Staunens im 20. Jahrhundert*, Berlin: Suhrkamp, 2011.

Gerok-Reiter, Annette/Obermeier, Sabine (Hg.), *Angst und Schrecken im Mittelalter. Ursachen, Funktionen, Bewältigungsstrategien in interdisziplinärer Sicht*, Berlin: De Gruyter, 2007 (= *Das Mittelalter. Perspektiven mediävistischer Forschung* 12,1 [2007]).

Giovanna, Maria di, *Remigio Zena narratore*, Rom: Bulzoni, 1984.

Glauch, Sonja, „Fiktionalität im Mittelalter, revisited", in: *Poetica* 46 (2014), S. 85–139.

Dies., „Fiktionalität im Mittelalter", in: Klauk, Tobias/Köppe, Tilmann (Hg.), *Fiktionalität. Ein interdisziplinäres Handbuch*, Berlin/Boston: De Gruyter, 2015, S. 387–418;

Grünkorn, Gertrud, *Die Fiktionalität des höfischen Romans um 1200*, Berlin: Erich Schmidt, 1994

Grosser, Hermann, *Narrativa*, Mailand: Principato, 1985.

Haferland, Harald/Meyer, Matthias (Hg.), *Historische Narratologie. Mediävistische Perspektiven*, Berlin/New York: De Gruyter, 2010.

Harf-Lancner, Laurence, „La métamorphose illusoire. Des théories chrétiennes de la métamorphose aux images médiévales du loup-garou", in: *Annales ESC* 40/1 (1985), S. 208–226.

Dies., „Merveilleux et fantastique dans la littérature du Moyen Âge : une catégorie mentale et un jeu littéraire", in: Frölich, Juliette (Hg.), *Dimensions du merveilleux / Dimensions of the Marvellous*, Oslo: Universitetet i Oslo, 1987, Bd. 1, 243–256.

Hartmann, Britta, „Von der Macht erster Eindrücke. Falsche Fährten als textpragmatisches Krisenexperiment", in: Liptay, Fabienne/Wolf, Yvonne (Hg.), *Was stimmt denn jetzt? Unzuverlässiges Erzählen in Literatur und Film*, München: edition text+kritik, 2005, S. 154–174.

Hattrup, Dieter, „Morbus cupiditatis. Augustinus über die Neugierde", in: Fischer, Norbert/Hattrup, Dieter (Hg.), *Selbsterkenntnis und Gottsuche. Augustinus: Confessiones*, Paderborn: Schöningh, 2007, S. 95–116.

Haug, Walter, „Geschichte, Fiktion und Wahrheit. Zu den literarischen Spielformen zwischen Faktizität und Phantasie", in: Knapp, Fritz Peter/Niesner, Manuela (Hg.), *Historisches und fiktionales Erzählen im Mittelalter*, Berlin: Duncker & Humblot, 2002, S. 115–131.

Head, Thomas, *Hagiography and the Cult of Saints. The Diocese of Orléans 800–1200*, Cambridge: Cambridge University Press, 2005.

Heinzelmann, Martin/Herbers, Klaus/Bauer, Dieter R. (Hg.), *Mirakel im Mittelalter. Konzeptionen, Erscheinungsformen, Deutungen*, Stuttgart: Steiner, 2002.

Howard, David/Mabley, Edward, *The Tools of Screenwriting. A Writer's Guide to the Craft and Elements of a Screenplay*, New York: Griffin, 1993.

Jäger, Ludwig, „Die ‚Apartheit' der Semantik. Bemerkungen zum narrativen Fundament der Referenz", in: Axel Rüth/Michael Schwarze (Hg.), *Erfahrung und Referenz. Erzählte Geschichte im 20. Jahrhundert*, Paderborn: Fink, 2016, S. 11–26.

Jauß, Hans Robert, „Zur historischen Genese der Scheidung von Fiktion und Realität", in: Henrich, Dieter/Iser, Wolfgang (Hg.), *Funktionen des Fiktiven* (Poetik und Hermeneutik 10), München: Fink, 1982, S. 423–431.

Jentsch, Ernst, „Zur Psychologie des Unheimlichen", in: *Psychiatrisch-Neurologische Wochenschrift* 22 (1906), S. 195–198 und 23 (1906), S. 203–205.

Kasper, Walter (Hg.), *Lexikon für Theologie und Kirche*, Bd. 3, Freiburg/Basel/Rom/Wien: Herder, 1995.

Koppenfels, Martin/Zumbusch, Cornelia (Hg.), *Handbuch Literatur & Emotionen*, Berlin/Boston: De Gruyter 2016.

Koschorke, Albrecht, *Wahrheit und Erfindung, Grundzüge einer Allgemeinen Erzähltheorie*, Frankfurt a. M.: Fischer, 2012.

Krüger, Klaus (Hg.), Curiositas. *Welterfahrung und ästhetische Neugierde in Mittelalter und früher Neuzeit*, Göttingen: Wallstein, 2002.

Laliberté, Micheline, „Religion populaire et superstition au Moyen Âge", in: *Théologiques* 8/1 (2000), S. 19–36.

Lanzillotta, Monica, „Una storia dell'altro mondo: *Confessione postuma* di Remigio Zena", in: D'Elia, Antonio/Guarnieri, Alberico/Lanzillotta, Monica/Lo Castro, Giuseppe (Hg.), *La tentazione del fantastico. Racconti italiani da Gualdo a Svevo*, Cosenza: Pellegrini, 2007, S. 351–377.

Largier, Niklaus, „Die Applikation der Sinne. Mittelalterliche Ästhetik als Phänomenologie rhetorischer Effekte", in: Braun, Manuel/Young, Christopher (Hg.), *Das fremde Schöne. Dimensionen des Ästhetischen in der Literatur des Mittelalters*, Berlin/New York: De Gruyter, 2007, S. 43–60.

Lausberg, Heinrich, *Handbuch der literarischen Rhetorik. Eine Grundlegung der Literaturwissenschaft*, Stuttgart: Steiner, ³1990.

Le Goff, Jacques/Patin, J. P. Valéry, „A propos de la typologie des miracles dans le *Liber de miraculis* de Pierre Le Vénérable", in: *Pierre Abélard – Pierre le Vénérable. Les courants philosophiques, littéraires et artistiques en Occident au milieu du XIIe siècle. Actes et mémoires du colloque international à l'abbaye de Cluny 2 au 9 juillet 1972*, Paris: Éditions du CNRS, 1975, S. 181–189.

Le Goff, Jacques/Nora, Pierre (Hg.), *Faire de l'histoire*, Paris: Gallimard, 1974.

Le Goff, Jacques (Hg.), *La nouvelle histoire*, Paris: Retz-CEPL, 1978.

Ders., *La naissance du Purgatoire*, Paris: Gallimard, 1981.

Ders./Bremond, Claude/Schmitt, Jean-Claude, *L'Exemplum*, Turnhout: Brepols, 1982.

Ders., „Le merveilleux dans l'Occident médiéval", in: ders., *L'imaginaire médiéval. Essais*, Paris: Gallimard, 1985, S. 17–39.

Ders., „Préface", in: Gervasius von Tilbury, *Le livre des merveilles. Divertissement pour un Empereur (Troisième partie)*. Traduit et commenté par Annie Duchesne, Paris: Les Belles Lettres, 2004, S. IX–XVI.

Lecouteux, Claude, „Introduction à l'étude du merveilleux médiéval", in: *Etudes Germaniques* 36 (1981), S. 273–290.

Ders., „Paganisme, christianisme, merveilleux", in: *Annales ESC*, 37,4 (1982), S. 700–716.

Ders., *Geschichte der Gespenster und Wiedergänger im Mittelalter*, Köln/Wien: Böhlau, 1987.

Ders., *Au-delà du merveilleux. Des croyances au Moyen Âge*, Paris: Presses de l'Université de Paris-Sorbonne, 1995.

Ders., *Histoire des vampires. Autopsie d'un mythe*, Paris: Imago, 1999.

Loria, Annamaria, „Luigi Capuana, *Un vampiro*. Fra racconto fantastico e racconto spiritico", in: D'Elia, Antonio/Guarnieri, Alberico/Lanzillotta, Monica/Lo Castro, Giuseppe (Hg.), *La tentazione del fantastico. Racconti italiani da Gualdo a Svevo*, Cosenza: Pellegrini, 2007, S. 395–412.
Lovecraft, H. P., *The Annotated Supernatural Horror in Literature*. Revised and Enlarged, hg. v. S. T. Joshi, New York: Hippocampus Press, 2012.
Lugnani, Lucio, „Verità e disordine: il dispositivo del oggetto mediatore", in: Ceserani, Remo (Hg.), *La narrazione fantastica*, Pisa: Nistri-Lischi, 1983, S. 177–288.
Mansuy, Michel (Hg.), *Positions et oppositions sur le roman contemporain*, Paris: Klincksieck, 1971.
Martin, Hervé, *Mentalités médiévales. XIe–XVe siècle*, Paris: Presses universitaires de France, 1996.
Maßschelein, Anneleen, „Unheimlich/Das Unheimliche", in: Barck, Karlheinz u. a. (Hg.), *Ästhethische Grundbegriffe*, Bd. 6, Stuttgart: Metzler, 2005, S. 241–260.
Matuschek, Stefan, *Über das Staunen. Eine ideengeschichtliche Analyse*, Tübingen: Niemeyer, 1991.
Melani, Costanza, *Effetto Poe. Influssi dello scrittore americano sulla letteratura italiana*, Florenz: Firenze University Press, 2006.
Mellmann, Katja, „Literaturwissenschaftliche Emotionsforschung", in: Zymner, Rüdiger (Hg.), *Handbuch Literarische Rhetorik*, Berlin/Boston: De Gruyter, 2015, S. 173–192.
Meslin, Michel, „Le merveilleux, l'imaginaire et le divin", in: Frölich, Juliette (Hg.), *Dimensions du merveilleux/Dimensions of the Marvellous*, Bd. 1, Oslo: Universitetet i Oslo, 1987, S. 27–33.
Miedema, Nine, „Wunder sehen – Wunder erkennen – Wunder erzählen", in: Bauschke, Ricarda/Coxon, Sebastian/Jones, Martin H. (Hg.), *Sehen und Sichtbarkeit in der Literatur des deutschen Mittelalters. XXI. Anglo-German Colloquium London 2009*, Berlin: De Gruyter, 2011, S. 331–347.
Monteverdi, Angelo, *Studi e saggi sulla letteratura italiana dei primi secoli*, Mailand/Neapel: Ricciardi, 1954.
Moos, Peter von, „Was galt im lateinischen Mittelalter als das Literarische an der Literatur? Eine theologisch-rhetorische Antwort des 12. Jahrhunderts", in: Heinzle, Joachim (Hg.), *Literarische Interessenbildung im Mittelalter. DFG-Symposion 1991*, Stuttgart/Weimar: Metzler, 1993, S. 430–451.
Ders., *Geschichte als Topik. Das rhetorische Exemplum von der Antike bis zur Neuzeit und die historiae im „Policraticus Johanns" von Salisbury*, Hildesheim/Zürich/New York: Olms, 1996.
Ders., „Das *exemplum* und die *exempla* der Prediger", in: ders., *Rhetorik, Kommunikation und Medialität. Gesammelte Studien zum Mittelalter*, Bd. 2, hg. v. Gert Melville, Berlin: LIT, 2006, S. 107–116.
Müller, Jan-Dirk, *Höfische Kompromisse*, Tübingen: Niemeyer, 2007.
Nahmer, Dieter von der, *Die lateinische Heiligenvita*, Darmstadt: WBG, 1994.
Neuschäfer, Hans Jörg, *Boccaccio und der Beginn der Novelle*, München: Fink, 1969.
Nolting-Hauff, Ilse, „Die fantastische Erzählung als Transformation religiöser Erzählgattungen (am Beispiel von Th. Gautier, *La morte amoureuse*)", in: Maurer, Karl/Wehle, Winfried (Hg.), *Romantik. Aufbruch zur Moderne*, München: Fink, 1992, S. 73–100.

Norman, Hilda Laura, „The Scientific and the Pseudo-Scientific in the Works of Luigi Capuana", in: *PMLA* 53,3 (1938), S. 869–885.

Nünning, Ansgar, „Narratology and Cultural History. Tensions, Points of Contact, New Areas of Research", in: Gabes, Herbert/Viereck, Wolfgang (Hg.), *The Wider Scope of English*, Frankfurt a. M. u. a.: Lang, 2006, S. 154–185.

Ders., „Narratology or Narratologies? Taking Stock of Recent Developments, Critique and Modest Proposals for Future Usages of the Term", in: Kindt, Tom/Müller, Hans-Harald (Hg.), *What Is Narratology? Questions and Answers Regarding the Status of a Theory*, Berlin/New York: De Gruyter, 2003, S. 239–275.

Oexle, Otto Gerhard, „Die Gegenwart der Toten", in: Braet, Herman/Verbeke, Werner (Hg.), *Death in the Middle Ages*, Leuven: Leuven University Press, 1982, S. 19–77.

Oppel, Hans D., „Exemplum und Mirakel. Versuch einer Begriffsbestimmung", in: *Archiv für Kulturgeschichte* 58 (1976), S. 96–114.

Otter, Monika, *Inventiones. Fiction and Referentiality In Twelfth-Century English Historical Writing*, Chapel Hill/London: University of North Carolina Press, 1996.

Otto, Rudolf, *Das Heilige. Über das Irrationale in der Idee des Göttlichen und sein Verhältnis zum Rationalen*, München: Beck, 1979.

Padberg, Lutz E. von, „Die Verwendung von Wundern in der frühmittelalterlichen Predigtsituation", in: Heinzelmann, Martin/Herbers, Klaus/Bauer, Dieter R. (Hg.), *Mirakel im Mittelalter. Konzeptionen, Erscheinungsformen, Deutungen*, Stuttgart: Steiner, 2002, S. 95–113.

Partner, Nancy, *Serious Entertainments. The Writing of History in Twelfth-Century England*, Chicago/London: University of Chicago Press, 1977.

Peters, Ursula/Warning, Rainer (Hg.), *Fiktion und Fiktionalität in den Literaturen des Mittelalters*, München: Fink, 2009

Peters, Uwe Henrik, *Lexikon Psychiatrie, Psychotherapie, Medizinische Psychologie*, München: Urban und Fischer, [6]2007.

Petronio, Giuseppe, *Geschichte der italienischen Literatur*, Bd. 1, Tübingen/Basel: UTB Francke, 1992.

Pinkas, Claudia, *Der phantastische Film. Instabile Narrationen und die Narration der Instabilität*, Berlin/New York: De Gruyter 2010.

Poirion, Daniel, *Le merveilleux dans la littérature française du Moyen Âge*, Paris: Presses universitaires de France, 1992.

Propp, Vladimir J., *Morphologie des Märchens*, München: Hanser, 1972.

Reichlin, Susanne, „Kontingenzkonzeptionen in der mittelalterlichen Literatur: Methodische Vorüberlegungen", in: Herberichs, Cornelia/Reichlin, Susanne (Hg.), *Kein Zufall. Konzeptionen von Kontingenz in der mittelalterlichen Literatur*, Göttingen: Vandenhoeck und Rupprecht, 2009, S. 11–49.

Ricœur, Paul, *Temps et récit*, 3 Bde., Paris: Le Seuil, 1983–1985.

Rosenfeld, Hellmut, *Legende*, Stuttgart: Metzler, [3]1972.

Sanctis, Francesco de, *Storia della letteratura italiana*, Neapel: Morano, [4]1890.

Schenda, Rudolf, *Die französische Prodigienliteratur in der zweiten Hälfte des 16. Jahrhunderts*, München: Hueber, 1961.

Ders., „Stand und Aufgaben der Exemplaforschung", in: *Fabula* 10 (1969), S. 69–85.

Schmitt, Jean-Claude, „Les revenants dans la société féodale", in: *Le Temps de la réflexion* 3 (1982), S. 285–306.

Ders., „Les morts qui parlent: voix et visions au XIIe siècle", in: Auroux, Sylvain/Chevalier, Jean-Claude/Jacques-Chaquin, Nicole/Marchello-Nizia, Christiane (Hg.), *La linguistique fantastique*, Paris: Denoël, 1985, S. 95–102.
Ders., *Heidenspaß und Höllenangst. Aberglaube im Mittelalter*, Frankfurt a. M./New York: Campus, 1993.
Ders., *Les revenants. Les vivants et les morts dans la société médiévale*, Paris: Gallimard, 1994.
Schneider, Ingo, „Mirakel", in: *Enzyklopädie des Märchens*, Bd. 9, Berlin/New York: De Gruyter, 1999, Sp. 682–691.
Schneider, Marcel, *Histoire de la littérature fantastique en France*, Paris: Fayard, 1964.
Schürer, Markus, *Das Exemplum oder die erzählte Institution. Studien zum Beispielgebrauch bei den Dominikanern und Franziskanern des 13. Jahrhunderts*, Berlin: LIT Verlag, 2005.
Séguin, Jean-Pierre, *L'information en France de Louis XII à Henri II. 517 canards imprimés entre 1529 et 1631*, Genf: Droz, 1964.
Signori, Gabriela, *Wunder. Eine historische Einführung*, Frankfurt/New York: Campus, 2007.
Simon, Attila, „Das Wunderbare und das Verwundern. Die anthropologischen Beziehungen des Begriffs des *thaumaston* in der aristotelischen Poetik", in: *Acta Ant. Hung.* 42 (2002), S. 77–92.
Simonis, Annette, *Grenzüberschreitungen in der phantastischen Literatur. Einführung in die Theorie und Geschichte eines narrativen Genres*, Heidelberg: Winter, 2005.
Simpson, Jacqueline, „Repentant Soul or Walking Corpse? Debatable Apparitions in Medieval England", in: *Folklore* 114 (2003), S. 389–402.
Spangenberg, Peter-Michael, *Maria ist immer und überall. Die Alltagswelten des spätmittelalterlichen Mirakels*, Frankfurt a. M.: Suhrkamp, 1987.
Speer, Andreas, „Kosmisches Prinzip und Maß menschlichen Handelns. Natura bei Alanus ab Insulis", in: ders./Zimmermann, Albert (Hg.), *Mensch und Natur im Mittelalter*, Berlin/New York: De Gruyter, 1991, S. 109–128.
Steinmetz, Jean-Luc, *La littérature fantastique*, Paris: Presses universitaires de France, [4]2003.
Stierle, Karlheinz, „Geschichte als Exemplum – Exemplum als Geschichte. Zur Pragmatik und Poetik narrativer Texte", in: ders., *Text als Handlung*, München: Fink, 1975, S. 14–48.
Störmer-Caysa, Uta, *Grundstrukturen mittelalterlicher Erzählungen. Raum und Zeit im höfischen Roman*, Berlin: De Gruyter, 2007.
Strubel, Armand, „Littérature et pensée symbolique au Moyen Âge", in: Boutet, Dominique/Harf-Lancner, Laurence (Hg.), *Écriture et modes de pensée au Moyen Âge (VIIIe-XVe siècle)*, Paris: Éditions rue d'Ulm, 1993, S. 27–45.
Sturm, Dieter/Völker, Klaus (Hg.), *Von den Vampiren oder Menschensaugern. Dichtungen und Dokumente*, München: Hanser, 1968.
Tartaglia, Marcello, „Descrizionie dell'amore: un percorso in quattro testi da Andrea Cappellano a Boccaccio", in: *Studi di estetica* 17 (1998), S. 177–197.
Todorov, Tzvetan, *Introduction à la littérature fantastique*, Paris: Le Seuil, 1970.
Ders., „Typologie du roman policier", in: ders.: *Poétique de la prose*, Paris: Le Seuil, 1971, S. 55–65.
Tuczay, Christa Agnes, *Geister, Dämonen – Phantasmen. Eine Kulturgeschichte*, Wiesbaden: Marix, 2015.
Twelftree, Graham H. (Hg.), *The Cambridge Companion to Miracles*, Cambridge: Cambridge University Press, 2011.

Uytfanghe, Marc van, „La controverse biblique et patristique autour du miracle, et ses répercussions sur l'hagiographie dans l'Antiquité tardive et le haut Moyen Âge latin", in: Richet, Pierre (Hg.), *Hagiographie, cultures et sociétés IVe–XIIe siècles*, Paris: Études Augustiniennes, 1981, S. 205–233.

Vauchez, André, „Der Heilige", in: Le Goff, Jacques (Hg.), *Der Mensch des Mittelalters*, Essen: Magnus, 1996, S. 340–373.

Ders., „Heiligkeit", in: *Lexikon des Mittelalters*, Bd. 4, Turnhout: Brepols, 2004, Sp. 2015–2016.

Vax, Louis, *La séduction de l'étrange. Étude sur la littérature fantastique*, Paris: Presses universitaires de France, 1965.

Vogt, Robert, „Kann ein zuverlässiger Erzähler unzuverlässig erzählen? Zum Begriff der ‚Unzuverlässigkeit' in Literatur- und Filmwissenschaft", in: Kaul, Susanne/Palmier, Jean-Pierre/Skrandies, Timo (Hg.), *Erzählen im Film: Unzuverlässigkeit – Audiovisualität – Musik*, Bielefeld: transcript, 2009, S. 35–56.

Völker, Klaus (Hg.), *Von Werwölfen und anderen Tiermenschen. Dichtungen und Dokumente*, München: Hanser, 1972.

Ward, Benedicta, *Miracles and the Medieval Mind. Theory, Record and Event 1000–1215*, London: Scolar Press, 1982.

Dies., „Miracles in the Middle Ages", in: Twelftree, Graham H. (Hg.), *The Cambridge Companion to Miracles*, Cambridge: Cambridge University Press, 2011, S. 149–164.

Walton, Kendall, „Fearing Fictions", in: *Journal of Philosophy* 75,1 (1978), S. 5–27.

Warning, Rainer, „Poetische Konterdiskursivität. Zum literaturwissenschaftlichen Umgang mit Foucault", in: ders., *Die Phantasie der Realisten*, München: Fink, 1999, S. 313–345.

Ders., „Petrarcas Tal der Tränen", in: Hempfer, Klaus W./Regn, Gerhard (Hg.), *Petrarca-Lektüren. Gedenkschrift für Alfred Noyer-Weidner*, Stuttgart: Steiner, 2003, S. 225–246.

Ders., *Heterotopien als Räume ästhetischer Erfahrung*, München/Paderborn: Fink, 2009.

Weber, Max, „Wissenschaft als Beruf (1919)", in: ders., *Schriften. 1894–1922*. Ausgewählt und herausgegeben von Dirk Kaesler, Stuttgart: Kroener, 2002, S. 477–511.

Wittmer-Busch, Maria/Rendtel, Constanze, *Miracula. Wunderheilungen im Mittelalter. Eine historisch-psychologische Annäherung*, Köln/Weimar/Wien: Böhlau, 2003.

Wolf, Hubert, *Die Nonnen von Sant'Ambrogio. Eine wahre Geschichte*, München: Beck, 2013.

Ders. (Hg.), *‚Wahre' und ‚falsche' Heilige. Mystik, Macht und Geschlechterrollen im Katholizismus des 19. Jahrhunderts*, München: Oldenbourg, 2013.

Zaiser, Rainer, *Die Epiphanie in der französischen Literatur. Zur Entmystifizierung eines religiösen Erlebnismusters*, Tübingen: Narr, 1995.

Zander, Helmut, „Maria erscheint in Sievernich. Plausibilitätsbedingungen eines katholischen Wunders", in: Geppert, Alexander C. T./Kössler, Till (Hg.), *Wunder: Poetik und Politik des Staunens im 20. Jahrhundert*, Berlin: Suhrkamp, 2011, S. 146–176.

Zipfel, Frank, „Emotion und Fiktion. Zur Relevanz des Fiktions-Paradoxes für eine Theorie der Emotionalisierung in Literatur und Film", in: Sandra Poppe (Hg.), *Emotionen in Literatur und Film*, Würzburg: Königshausen & Neumann, 2012, S. 127–153.

Zumthor, Paul, *Essai de poétique médiévale*, Paris: Le Seuil, 1972.

Zymner, Rüdiger (Hg.), *Handbuch Literarische Rhetorik*, Berlin/Boston: De Gruyter, 2015, S. 173–192.

www.ingramcontent.com/pod-product-compliance
Lightning Source LLC
Chambersburg PA
CBHW031807220426
43662CB00007B/557